JN236567

新橋駅の考古学

福田敏一 著
Fukuda Toshikazu

雄山閣

はじめに

　東京はJR新橋駅西口広場。サラリーマンたちが行き交う背後にその機関車はある。通勤途上のこの場所にSLがあることは日常的に知っていたし、気にかける度合いも他の人より多少大きかったかもしれない。しかし、改めて眼前で対峙してみると、SLとしては決して大きな部類に属するとは思えないその車体がこちら側の様々な想念と拮抗してにわかに肥大化し、細部は鮮明となり、佇立を余儀なくさせるから不思議である。

　車体番号「C11292」。「C11」形式はいく度かの細部の改造はあるものの、昭和7年から22年にかけて計381両生産された車軸1C2のタンク式機関車で、中肉中背の体躯とみるからに馬力の強そうな直径1520mm 3対の動輪は、胸中に志を抱いた田舎出の利かん気の少年といった印象を与える。説明板によれば、292号の製造は終戦の年の昭和20年2月11日ということで、蒸気溜や砂溜の端部が曲線とならずやや角張った感じのいわゆる「戦時規格」となっている。

　終生姫路機関区に在籍したというこのSLがどのような経緯でこの場所に展示されることになったのか、その詳しい事情はわからない。それでも、展示の開始が鉄道開業100年目にあたる昭和47（1972）年10月14日である点を考えれば、この企画が新橋という駅の存在にちなんだものであることは容易に想像がつく。JR新橋駅にはこの他にも鉄道に関連したいくつかの記念物が野外展示されている。平成7年11月に開通したモノレール「ゆりかもめ」の昇降口に面した東口の壁には「C58」の動輪と「鉄道唱歌の碑」がある。「C58」の動輪はともかく、「鉄道唱歌の碑」のほうは作詞者である大和田建樹の生誕100年を記念して昭和32年10月に建てられたものである。いわずと知れた「汽笛一声新橋を」ではじまる例の歌のことである。

　「汽笛一声新橋を」のフレーズそのものは横江鉄石が作詞したもので、明治28年頃、演歌壮士集団によって街頭で演奏されていた「汽車の旅」の一節であったという（中島幸三郎『汽笛一声新橋を－決定版・鉄道唱歌物語－』佑啓社　1968年　9-24頁）。この歌を母胎として各地の地理や風俗、名所旧跡を織り込んで完成させた歌が大和田建樹作詞、多梅稚作曲の『鉄道唱歌』で、その第1集が明治33年に世に出ている。今からちょうど100年ほど前のことである。誕生して

100年にもかかわらず、あたかも約130年前の鉄道開業以来人々に歌い継がれていると錯覚させるくらいに、この歌は私たちの耳に親しい存在となっている。なぜか。

それは、いうまでもなく、ここで歌われている新橋駅がたんに東海道線の出発駅であるという空間的な起点をあらわしているだけでなく、同時にこの駅が我が国最初の駅であるという時間的起点の意味合いを暗黙のうちに含んでいるからに他ならない。このような状況や先ほどふれたJR新橋駅における各種の鉄道記念物の存在を考えれば、明治5（1872）年9月12日（新暦10月14日）に開業した京浜間鉄道の東京側の起点である新橋駅を現在のJR新橋駅であると早合点する人がいても仕方がないだろう。しかし、周知のとおり、開業時の新橋駅は現在のJR新橋駅ではない。

「鉄道唱歌の碑」のある地点から東に約200m、第一京浜を渡って浜離宮との間に広がる旧国鉄汐留貨物駅跡地、10年に及ぶ発掘調査が終了し、現在いくつもの超高層ビルが建ち並ぶこの場所に新橋駅はあった。あったというより、旧汐留貨物駅そのものが新橋駅の後世の姿だったのである。その貨物駅も昭和61年に国鉄からJRへの組織替えによって廃止されることとなり、廃止後数年間、約30ヘクタールに及ぶこの広大な跡地はイベント会場や住宅展示場、駐車場などに使われていた。

こうした中、汐留地区再開発事業計画が持ち上がる。現在の文化財保護法は、ある土地に対する開発行為、すなわち区画整理事業や個別の建設工事などに際して、そこに周知の埋蔵文化財がある場合には工事着手以前の考古学的調査を義務づけており、この場合もその対象となった。汐留地区には江戸時代に仙台藩伊達家をはじめとしていくつかの大名の屋敷が存在したし、また、明治時代にはまさにこれから本書で検討しようとする新橋駅があった場所である。通常、近代の遺跡は調査の対象になりにくいのであるが、汐留地区の場合は大名屋敷の他にも新橋駅の存在を念頭において本格的な発掘調査が実施されることになった。平成3年6月3日のことである。

ここで新橋駅の変遷について簡単にその概略を述べておこう。江戸時代初頭まで海であったこの地に脇坂家（信濃国飯田藩のち播磨国龍野藩）、伊達家（陸奥国仙台藩）、保科家（出羽国山形藩のち陸奥国会津藩）などの大名が江戸屋敷の造営を開始してから約230年の後、徳川幕府を倒した明治政府はこれらの屋敷地を接収し、明治3（1870）年3月25日、芝口汐留付近において我が国最初の鉄道建

設にともなう測量調査を開始させる。この鉄道建設は東京・京都間さらに大阪、神戸までを結ぶ幹線鉄道の一環であったが、当時、東西両京を結ぶこの幹線経路を東海道とするか中山道とするかは決まっておらず、新橋・横浜間の鉄道敷設はその枝線として着工されることになった。

　路線予定地の土砂の切り取りや埋め立て工事は新橋、横浜双方から開始され、両駅の関連施設もそれぞれ個別に建設されることになった。しかし、線路の敷設だけは輸入の関係で横浜から新橋に向けてのみ実施されたようで、明治3年11月16日敷設開始、翌4年10月には六郷川（多摩川）まで、さらに翌年の明治5年2月には品川まで伸びた。そして、最終段階である品川・新橋間の線路敷設が終了したのは開業1ヶ月半前の明治5年7月25日のことであった。この間、明治5年5月7日には横浜・品川間の鉄道が仮開業している。

　新橋駅構内で最初に建設された施設はお雇い外国人技師の宿舎であるインジニール（エンジニア）官舎で、明治4年2月21日着工、同年8月7日に竣工している。最も重要な施設である西洋造り2階建ての駅舎2棟は明治4年3月21日着工で、同年11月14日竣工、その後東西両棟を結ぶ平家部分の竣工で明治5年4月30日ようやくその全体が完成した。一方、駅舎に付帯するプラットホー

ム建設のほうは、明治4年12月10日に着工、竣工したのは5年6月30日のことである。他にも機関車用転車台や客車庫などが造られ、最後に機関車庫と石炭庫が完成したのは開業1ヶ月半前の明治5年7月30日のことであった。着工以来2年半で開業にこぎつけたことになる。

　新橋駅では、開業後も鍛冶場や鋳物場など工場部門に関連した施設や2棟目の客車庫や石炭庫などの新設や旧施設の改築などが行われ、明治30年頃には構内は関連施設でほぼ満たされるようになる。このような施設の増加は、明治22年の東海道線の全通（新橋・神戸間）による所属車両数の増加や、日本鉄道会社など私鉄車両の改造・修理がその一因と考えられるものの、主な原因は明治20年以降、新橋工場において数多くの客車や貨物車が製造されるようになったためである。明治36年には発電所も建設されて、構内の諸施設に電力を供給できるようになり、作業体制は一層充実する。

　こうした中、旅客および貨物施設はもとより、工場部分の施設も飽和状態を迎えた感のある明治末から数年後の大正3年、中央駅（東京駅）の開業を契機として、新橋駅は首都の玄関口としての役目を終え汐留貨物専用駅となる。加えて、新橋駅の名称はすでに開設されていた烏森駅に与えられることになるのだが、これが現在のJR新橋駅に相当する。また、新橋工場のほうも次第にその機能を浜松工場や大井派出所（後の大井工場）などに移管しつつ、一部を除き、大正4年7月には廃止されることになるのである。

　貨物専用駅となった汐留駅は、大正5年頃に新しく整備し直され、その過程で開業以来かろうじて存続していた諸施設も姿を消していったようである。そして最後まで残っていた駅舎も大正12年の関東大震災で焼失崩壊し、さらに、プラットホームのほうも昭和9年の構内の大改築工事によって地下に埋もれることになる。より機能的に整備された改築後の汐留駅は2度の空襲に遭遇しながらも戦時中の物資輸送を行い、戦後も昭和61年10月に廃止されるまで、日本経済の奇跡的発展のためにはかり知れない貢献を果たすことになるのである。

　本書は我が国最初の本格的な鉄道駅である新橋駅の特質に関して、構内施設の様相とその変遷という観点から分析を加えたものである。作業は発掘調査の所見、文献資料、古写真、構内図、聞き取り調査などによって得られた事実を相互に関連づけ、多面的な角度から対象の構造的変遷に迫ることに主眼をおいた。そのうえで全体像をあぶり出すべく、中核となり得る事実を時として数節に重出させるといういわば入れ子手法ともいうべき叙述法を試みた。この一見

冗漫とも思える迂遠な方法が、明治時代における新橋駅の成立と発展の諸様相を、そしてその複雑きわまりない施設変遷の構造的特質を的確に描きだせたか否か、はなはだこころ許ないところであるが、その判断は読者諸賢にゆだねるより術がない。

本書の本編で扱う範囲は、115年間に及ぶ新橋駅の歴史のうち、おおむね明治初頭の開業前後から汐留貨物駅となる大正時代はじめ頃までの約50年間である。しかも検討する事例は、すべての施設をと思いつつも、未調査部分のものも含めて、便所や湯呑所などの小施設でふれられなかったものが若干ある。さらに、考古学的調査にもとづく研究といいながら、出土遺物に関してまったくふれていない点も本書の限界を示している。

いうまでもなく、10年に及ぶ今回の発掘調査によって、旧新橋駅構内からは大量の明治期の遺物が検出されている。これらの中にはお雇い外国人の使用した西洋皿やクレイパイプ、旅客がもたらした大量の汽車土瓶や乗車切符など興味深いものも含まれている。また、当時の双頭レールやプレートに代表される機関車の部品、さらに、工場内で使用されたと考えられる工具なども出土しており、新橋駅の性格はもとより明治期の鉄道を知るうえできわめて貴重なものばかりである。

本書においてもこれらの遺物に言及し、文中にちりばめたなら、さらに興味ある叙述がなされたであろうことは疑いがない。しかし、これらの遺物を中途半端に取り扱うことに対しては私自身抵抗があり、今はその準備ができていない。出土遺物に関する詳細な分析結果については他日を期したいと思う。他には序章として駅舎およびプラットホームの埋没過程の検討を行い、終章として明治時代における文人や外国人たちの文章に描かれた東京および新橋駅の姿を紹介した。

叙述の都合から目次では、明治時代を開業期（明治5年）、前期（明治6〜14年）、中期（明治15〜30年）、後期（明治31〜45年）として区分したが、もちろんこれは便宜上のことにすぎない。また、本書で検討した新橋駅関連の考古学的な成果に関しては、一部を除いて、汐留地区遺跡調査会『汐留遺跡』（第3分冊）1996年、東京都埋蔵文化財センター『汐留遺跡』Ⅰ（第1、4分冊）1997年、同『汐留遺跡』Ⅱ（第5分冊）2000年、同『汐留遺跡』Ⅲ（第1、6分冊）2003年、同『旧汐留貨物駅跡地内遺跡発掘調査概要』（Ⅰ〜Ⅶ　1995〜2001年）などを参照していただきたい。

掲載写真のうち、それと明記のないものはすべて東京都埋蔵文化財センターの所蔵であることを断っておきたい。

　また、資料掲載協力者・機関は以下の通りである（敬称略）。記して感謝申し上げます。

　鈴木一義　高橋正照　国土地理院　東京都埋蔵文化財センター　交通博物館　逓信総合博物館　横浜開港資料館　神戸市立博物館　角川書店　日本地図センター　柏書房　大林組

新橋駅の考古学　目次

はじめに ……………………………………………………………………………… i

序　章　新橋駅の終焉 ………………………………………………………… 1

第Ⅰ章　開業時の新橋駅 ……………………………………………………… 11

　第1節　施設の史料的検討　11
　第2節　施設の考古学的検討　23
　第3節　施設の廃絶時期　43
　第4節　開業時の時代的背景　53

第Ⅱ章　発展期の新橋駅 ……………………………………………………… 65

　第1節　明治前期に建設された施設　65
　第2節　建築資材の調達と石材の問題　81
　第3節　施設建設に携わった人たち　100
　第4節　建設費の問題　111

第Ⅲ章　充実期の新橋駅 ……………………………………………………… 119

　第1節　明治中期に建設された施設　119
　第2節　明治後期に建設された施設　136
　第3節　建物の基礎構造と資材の再利用　160
　第4節　新橋工場の変遷とその作業内容　173

第Ⅳ章　施設の諸問題 ………………………………………………………… 191

　第1節　駅舎およびその周辺施設の変遷　191
　第2節　プラットホームの延長に関する問題　209
　第3節　器械場およびその周辺施設の変遷　220
　第4節　発電所の建設　227
　第5節　構内における上・下水道施設　236

終　章　文人と外国人たちの新橋駅……………………………… 249

おわりに ……………………………………………………………… 265

序章　新橋駅の終焉

　大正12（1923）年9月1日午前11時58分頃、相模湾北西部深さ約12kmを震源とするマグニチュード7.9の地震が首都東京を襲った。余震は3日までに計936回を数え、特に初期の主震数回はかなりの大きさで、この揺れによって市内の高層建築のほとんどが何らかの被害を受けたといわれている。しかし、この地震の被害を甚大ならしめたのは、むしろ昼食時という時間帯と折からの強風であった。建物の倒壊に加えて、都内134ヶ所から発生した火災は下町を中心に都内の大半を焼き払い、その火勢は地震発生3日目の9月3日午前10時頃まで続いたのである[1]。

　この火災は芝区（現在の港区の一部）の汐留貨物駅にも及んで構内を全焼させることになり、この時、開業以来人々に親しまれてきた旧新橋駅の駅舎も焼失崩壊する。当時の記録によると、汐留貨物駅周辺における火災の状況は次のようであったらしい。

　震災直後、港区内からも各地で火災が発生したものの、その多くは消火され、延焼の火元となったのは、赤坂区田町の3ヶ所、芝区金杉二丁目、高輪西台町一丁目の計5ヶ所であった。しかし、金杉二丁目と高輪の火災は大事にいたらず、結局、赤坂田町方面からの延焼と麹町区や京橋区からの飛び火が本区火災の主原因であった。このうち汐留貨物駅は京橋区方面からの猛火により延焼するのであるが、これを当時の報道は次のように記録している。

　「芝は初め桜田本郷町の鞄屋と愛宕町の慈恵医院（東京慈恵医院）の薬局からとほとんど同時に発火したが、自動車ポンプが駆付けて直ぐに消しとめたけれど、後に京橋方面と赤坂方面からの火が合して、目ぬき通りを一なめにした。桜田本郷町の角から、新桜田町、今入町の一画と、虎の門の琴平神社とが残ったのを不思議として、西の久保の明舟町も巴町も愛宕町愛宕下町の一帯も、芝口の通りも皆焼けた。愛宕の塔は地震でつぶれ、愛宕神社も東京病院も赤坂方面からの火で焼けた。汐留の貨物駅は京橋からの火で丸焼けになり、新橋駅もむざんに焼けた。火は御成門に迫って、鉄道病院も丸焼けに

なった。構内に立っていた橘媛のみことの像は地震でいたましく崩れ落ちた。慈恵医院も灰になり、芝離宮も浜松町の電車車庫も焼けた。」[2]

そして、当日の汐留貨物駅構内の具体的な様子は以下のようであった。

「第1回の大地震後、第2、第3震とあったが、石造の旧新橋庁舎の大部分は亀裂、上部側石は崩壊した。有楽町、赤坂方面に出火を見たが、風は南風で、当駅は安全と認められたので、当日は徹夜人員だけ残り、残余日勤者は全部退出せしめた。その後、外部の被災者が陸続構内に避難し来り、盗難のおそれあるを以って警手その他をして厳重警戒せしめた。夜に入り風位西方に変じたため、当駅は赤坂方面の火勢に対し風下なり、やや危険と認められるを以って、空貨車に重要書類、現金を2車に分載し、発送貨物は29車、到着小口扱は4車に分載した。この外、到着未卸96車あったが、地震後会仙川橋梁破損のため機関車は帰庫し、やむなく貨車は手押入換をなし、順次構内主任詰所付近に押下げた。一方、水管を連結し消火に尽力せんとしたが、水道破裂のため用をなさず、よって浴場の水槽を通路に持ち出し貯水し防火準備をなすと同時に、避難中の群衆をさらに芝公園方面に避難せしめた。しかるに尾張町方面の火勢は更に竹川町より芝口、桜田本郷町に延焼し、やがて当駅をおそい、午後10時30分、遂に本屋、旧新橋庁舎も類焼するに至った。この頃、飛火のため汐留倉庫も発火し、旧新橋庁舎をおそいたる火勢は更に東京建築事務所より発送方面、新運事（新橋運輸事務所）、新保事（新橋保線事務所）、電力事（電力事務所）とを延焼、本屋を延焼せる火勢は川岸線上家より到着方面に及び四面火の海と化した。よって各員を督励、重要書類及び現金、搭載貨車外39両を第2構内主任詰所方面に移動せしめ、夜を徹して微力なる消火栓を使用防火に尽力した。火はもえるだけ、その猛威を逞しくし、2日ようやく鎮火したが、このため事務取扱は全く不可能になり、市民又貨物を発送する者もなく、全部休業ということになった。」[3]

以上の状況を正式な被害報告[4]に添付された構内図（図1、以下「大12構内図」と呼ぶ場合がある）で検証してみよう。

9月1日の東京は本州中部を横断して北東に進行中の低気圧の影響で朝から強い南風が吹いており、地震発生当時も風速は10～15メートルほどであった。しかしこの時、南風のため汐留地区が火災の風下になる状況になかったことは前述の記録のとおりで、駅でも特別な警戒体制はとっていない。風向きが北西に変わったのは午後7時半頃で、隣接した京橋区方面からの火は強風に乗じて

図1 「大12構内図」

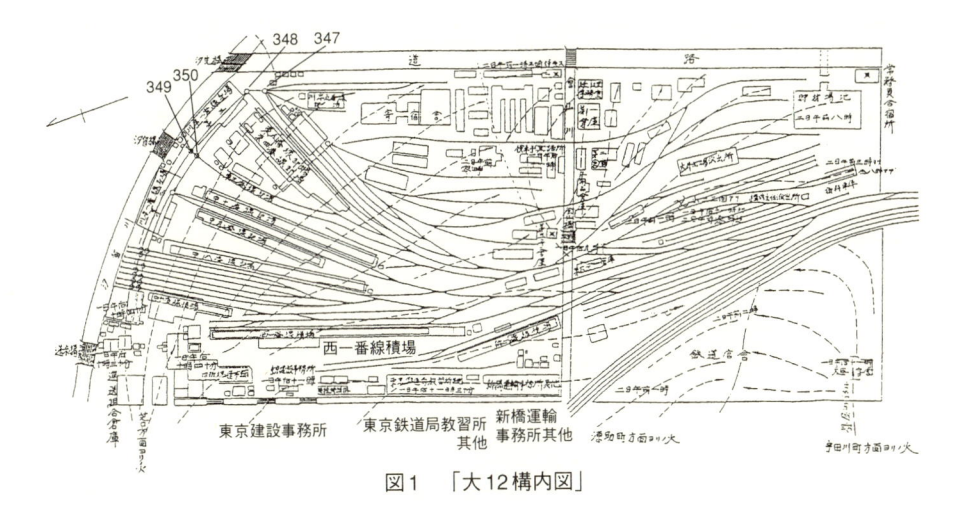

桜田本郷町、芝口を焼き尽くし駅構内に進入してくる。しかし、付図によれば、この北西風が吹いていたのは午後10時頃までであり、しかも構内入り口にある本屋（汐留駅駅舎）や旧新橋庁舎（旧新橋駅駅舎）の類焼が報告のとおり10時半から40分頃とすれば、構内における北西風による火勢の被害はいまだ軽微であったと推察される。

駅構内の被害を甚大ならしめたのは午後10時頃を境に北東に転じた風速17.8メートルとされる強風である。付図は、この強風に煽られた火が本屋、旧新橋庁舎付近を起点として汐留川に沿って南下し、川岸一番線卸場上家はもとより、これに直交して展開する中一番、中八番、中九番、中十番線卸場、さらに東三番、東四番、東五番線卸場、川岸五番線卸場などの到着ホームに達したことをうかがわせる。一方、構内の西辺に沿って立ち並ぶ東京建築事務所や東京鉄道局教習所、新橋運輸事務所などの建物や西一番線積場や新一番線積場などの発送ホームも1日の午後11時から11時半にかけて類焼している。この状況は『港区史』に「一日の午後七時半頃より風向きが変わり、これに乗って東電および京橋区八官町方面からの火が次第に南進し、芝口一丁目より汐留駅に向かい17.8メートルの強風と相まって午後十一時半には芝口二丁目、三丁目、烏森と焼け延びた。」と記載されている内容と一致する。

そして、これらの猛火は2日と日付が変わる夜中から朝の8時頃にかけて、構内を北からなめるように蹂躙していくのである。また、付図によれば、構内の南西の一画にあった官舎付近は源助町あるいは宇田川町方面からの火によっ

て類焼したようである。

　以上、いくつかの記録によって関東大震災時における汐留貨物駅構内の様子をみてきた。それによれば、これから検討しようとする新橋駅の駅舎は、大正12年9月1日午後10時30分頃、構外からの猛火によって類焼し、ほどなく焼失倒壊したようである。しかし、この状況は逆に、この建物が震災当初のたび重なる強震に対して、多くの部分に亀裂を生じたものの、そのままでは倒壊しなかったことを物語っている。すなわち、新橋駅の木骨石張りの駅舎は、明治5年の築造以来約半世紀を経てもなお、マグニチュード7.9の地震およびその余震に耐えられたのであり、当時の建築技術がいかに高かったかが証明されるのである。

　それはともかく、焼失崩壊した駅舎がその後どうなったのか、記録もなく、詳細はまったく不明である。ただ、鉄道史研究家の石井満が著書に次のように書いているから、その残骸の一部は後世まで残っていた可能性がある。

　「佐藤功一博士によれば、「新橋の停車場は、米国人フリンジスの設計にかかるもので、畏くも明治天皇が臨幸あらせられた由緒ある建物で、斑のある房州石を用いた木骨石造の二階建であった」とある。この"斑のある房州石"という言葉は、千葉県人である私にとっては殊に興味の深いものがある。私の親戚には鉱山の石を切り出すことを家業としている者もあり、現に、私の郷里の如きも、明治の初めには天神山といって、東京では相当に知られたものである。されば、私はある日汐留駅に参り、石の販売元をしている鈴木四郎右衛門君を同伴し、駅長さんの案内で、構内に残っている石材の鑑定をして貰ったが、「多分これは伊豆石でしょう」ということであった。ともあれ、あの建物は大正十二年の大震災のときに破壊されたが、あの石材を捨てた場所をつきとめて、あの石材で新橋駅の模型を造ると共に、大隈、伊藤両公の像の台くらいはあの石でこしらえたらよかろうと思っている。」[5]

　震災で焼失した汐留駅本屋は、昭和9（1934）年にはじまる構内大改築工事の時点においてもバラック建ての仮本屋であったとされるから、新橋駅の駅舎に関しても何らかの痕跡が残っていた可能性は捨てきれない。しかし、改築工事着工直前の構内図（図2、以下「昭9構内図-1」と略称）の該当地には各種の事務所とおぼしき建物が描かれており、少なくともこの時点で駅舎は完全に地中に埋没していたと考えてよかろう。おそらく、震災後の片付けや地均し作業によって整地されたものと推察される。

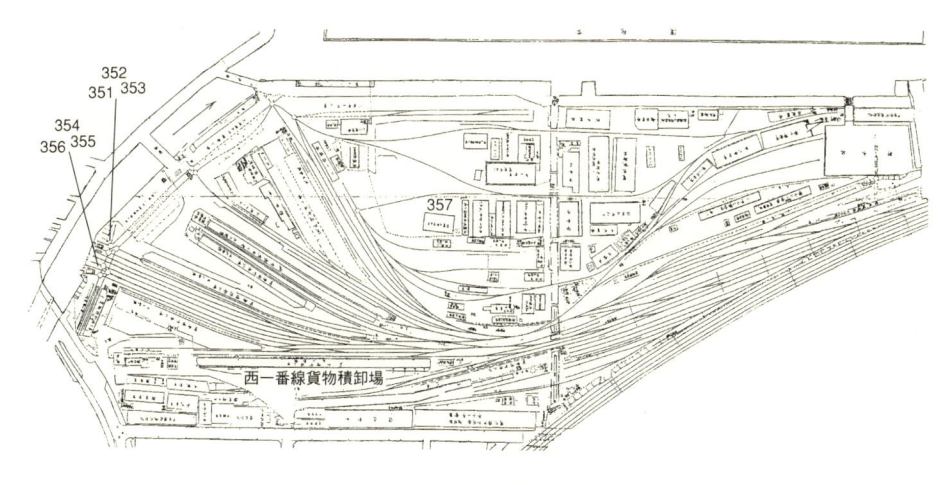

図2 「昭9構内図-1」

　駅舎は焼失、その跡地は整地されたけれども、プラットホームのほうは関東大震災後も残っていたようである。震災時、このプラットホームは「西一番線積場」と呼ばれており、主に貨物の発送用ホームとして使われていたが、この名称は先にふれた大改築工事直前の「昭9構内図-1」にも「西一番線貨物積卸場」としてでてくる。もちろん上家は焼失したと考えられるものの、本体は石造りのため残り、その後も使用可能だったのであろう。しかし、昭和9年に行われたこの大改築工事は、基本的に新橋駅時代のそれを踏襲してきた貨物駅構内の線路配置を根本的に変えるものであり、その過程で開業時の施設で唯一残っていたプラットホームも地中に埋没することになる。改築の方針および実際の工事内容に関してはいくつかの記録[6]が残されており、これらによってその概略を知ることができる。しかしその一方、詳細については不明な点も多く、ここでは発掘調査の所見も勘案したうえで、プラットホームの埋没に焦点を合わせて工事内容を確認しておく。
　改築工事の目的は、端的にいえば、年々増加する膨大な貨物量に対応するために従来の施設を一新することにあった[7]。それは線路（貨物用ホーム）および建物の大幅な配置換えという、いわば構内の構造的な改変と震災以来応急的に使われてきた仮施設の新築化という二つの主要な観点から実施されたものであり、他にはホーム間の道路つまり荷卸しおよび荷積み用車両が通る路面を花崗岩ブロックを貼った石敷きのものに統一するという工事も含まれていた。

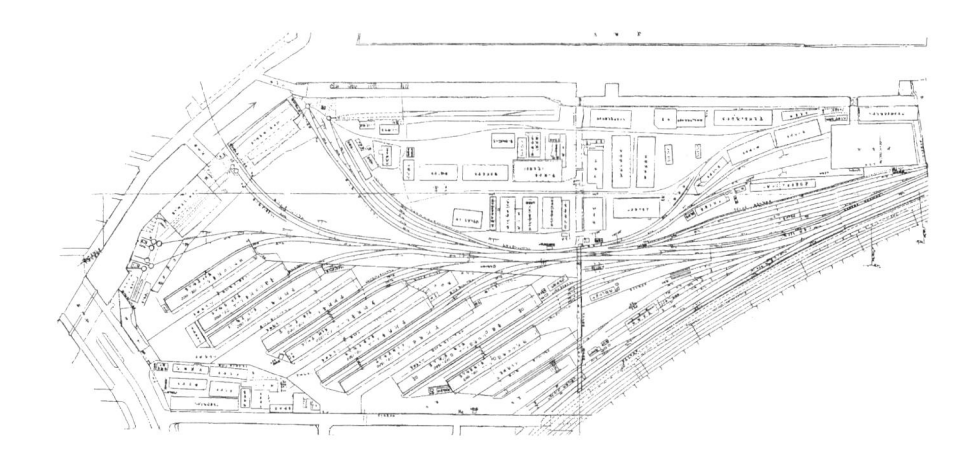

図3　「昭9構内図-2」

　特に構内における発送および到着用ホームの空間的配置は、ホーム自体が開業以来必要に応じてそのつど設置されてきた関係で統一性を欠き、たとえば、構内東辺に集中する到着用ホームの到着貨物を昭和通りや新橋大通りに出すには構内外を大幅に迂回しなくてはならないという状態であった。新たに造られた計9本の発着用ホームは、改築後の構内予定図（図3、以下「昭9構内図-2」と略称）にみられるような配置を呈し、この配置換えのためには約10工程に及ぶ段階的な改修工事が行われた。それは、この工事が以下の原則に沿って実施されたからであり、そのためにはかなりきめの細かい綿密な施工計画が必要とされたのである。

　1、駅作業を阻害しないこと。
　2、仮建物を可及的に僅少ならしめること。
　3、総体の工事費を小にし、且つ施工期間の短縮を計ること。

　施工計画によれば、「西一番線貨物積卸場」すなわち開業時のプラットホームは、このうち第2、第3の工程によって消滅し、その部分には新たに5本ほどの貨物用ホームが横断して新設されることになっている。しかし、発掘調査の結果、プラットホームは最上部の笠石は除去されてはいたものの、基本的に全容の把握を可能とするほどの良好な状態で検出された。このことは工事による旧施設への破壊が、これを完全に除去するほど深いものではなく、その上位部分にとどまったことを示している。これは何を意味するのか。

この点に関して参考になるのが、工事記録に記載された「盛り土」の項目である。工事の具体的な工程を記した部分にはまったくふれられていないものの、記録には工事用の盛り土として22,650m³の土砂が計上されている。これによれば、必要とされるこれらの土砂のうち、6,170m³は構内から

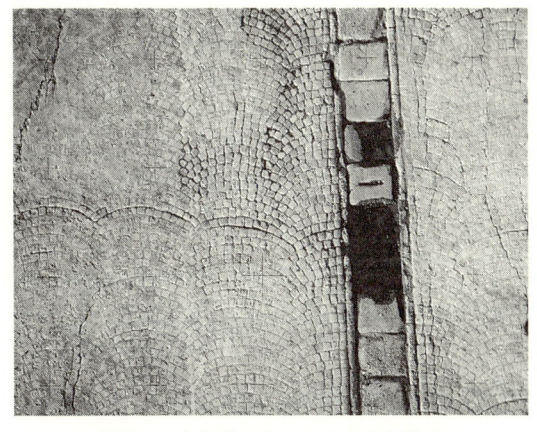

写真1　大改築工事にともなう石敷き

の切り取りその他でまかない、不足分の16,480m³は日野市郊外から建築列車で運搬したいとしている。全体の22,650m³の土砂のうち、ホーム（積卸場）用の4,420m³は別として、構内用の土18,230m³が構内に盛り土されたと考えて差し支えあるまい。

　先に述べたように、盛り土工事に関しては記録に一切記載がないため、盛り土された範囲が構内のどの部分に及び、またその厚さがどれくらいなのか詳細は不明である。しかし、手がかりがないでもない。それは、花崗岩のブロックを貼った石敷きの遺構、すなわち大改築後の構内の道路面（地面）が、今回の発掘調査によって部分的に確認されているからである（写真1）。

　この石敷き面は、昭和30年にはじまる構内のさらなる近代的改築とそれにともなうコンクリート舗装工事にもかかわらず残存していたもので、昭和61年に汐留貨物駅が廃止された時点においても構内の地表面の一部として機能していたと考えられる。したがって、工事終了後の昭和11年以降の約50年間の構内作業は、昭和30年以降のコンクリート面も含めて、基本的にこの石敷き面の上で行われていたことになり、さらにこの面が貨物駅の廃止後も含めて、基本的に現在の地表面となっているのである。

　調査の結果、この石敷き面の標高（海抜）は3.92mであることがわかっている（ただし、昭和30年次におけるコンクリート舗装面の標高は、部分的には4.0〜4.1mの高さを示す）。そして、この数値は検出されたプラットホームの残存部の標高がほぼ3.6〜3.8m前後であることと関連してくる。開業時のプラットホーム本来の高さが標高4.17mであったことは復元の結果からほぼ確実であるから

（第Ⅰ章第2節にて後述）、その上部40〜60cmほどがこの大改築工事（直接には石敷き工事によって）の際に破壊されたことになる。記録にみえる施工計画によれば、石敷き面の構築は厚さ15cmのコンクリートを貼った後、高さ約8.5〜10cmの石を敷き詰めるとあり、合わせて約25cmほどの厚さになったはずである。

しかし、プラットホームの残存標高が最高で3.84mを示す部分が存在することから、実際にはそれほどの厚みはなかったと考えられ、実物の観察結果からも、厚さは約10cmほどであったことがわかっている。基礎のコンクリートは当然盛り土の上に貼るわけであるから、盛り土の最上面の標高は3.92mから10cmを減じた3.8m前後ということになる。

ところで、改築以前の地表面すなわち今問題にしている新橋駅のプラットホームが西一番線として使われていた頃の地表面の標高はどれくらいであろうか。この面は基本的に、明治5年の新橋駅開業時の構内の地表面の標高に近いわけであるが、これは江戸時代の大名屋敷地の最終生活面（標高2.90m）を整地した際に造られた面である。発掘調査の結果、この整地層が確認されている。この層は関東ローム層に類似した黄褐色の土からなる整地層で、厚さは40〜50cm、最上面の標高は3.40m前後であった。その後、関東大震災後の整地による盛り土なども考慮に入れると、改築直前の地表面の標高はおおむね平均して3.50m前後であったと推定できる（35頁図14参照）。

以上の事実から、昭和9年における改築工事の盛り土の厚さは、平均して3.8mから3.5mを減じた約30cmであったという結論に達する。そうすると、構内に使用された全体土量は先ほど述べたように18,230m^{3}であるから、盛り土が施された範囲は計算上約60,766m^2（約18,414坪）ということになろう。この範囲が構内のどの部分に相当するのか確たる証拠はないものの、会仙川をはさんだ北側で、発着ホームを中心とした軌道部分（本屋周辺を含む）の面積が約20,000坪であるから、ほぼ数字的に合致する。もちろん、会仙川北半部分のみに盛り土したとすれば、南半部分との間に高低差が生じるから、盛り土は一部会仙川の南にも及んだものと推測される。

このようにみてくると、改築の前後で変わらない建物の配置状況をみせる会仙川をはさんだ構内中央東部分の一画には、盛り土は施されなかった可能性が高いといえよう。

以上、開業時のプラットホームの埋没について検討してきた。しかし、前述したようにこの点に関しては記録がなく、不明な部分が残るのは致し方ない。

なお、改築以前の貨物駅の他のホームに関しては、その遺構がまったく検出されなかったことを付け加えておく。約30cmの盛り土が施されたのだから、開業時のプラットホーム同様その下部だけでも残っていてよさそうなものであるが、発掘の結果はその痕跡すら確認することができなかった。

　改築前の貨物発着用ホームは一部に石やコンクリートが使われてはいたものの、擁壁などは木造であり、その除去は比較的容易であったのだろう[8]。撤去に手間のかかる石造りの開業時のプラットホームは別として、他の木造のホームは盛り土工事着手以前にあらかじめ完全に除去されたものと推測される。そして、周囲を埋められ、唯一盛り土面から顔を出していた開業時のプラットホームも石敷き工事のために、ほどなく笠石部分を含めてその上端部が削平・除去されたのである。

註

（1）　内務省社会局『大正震災志』1926年　319-523頁、他。

（2）　大正12年10月10日付「報知新聞」付録大正大震災誌（港区役所『港区史』1960年　845頁）。

（3）　東京南鉄道管理局『汐留・品川・櫻木町驛百年史』1973年　133・134頁。なお、この記録の出典はこれを探し出すことができなかった。内部資料にもとづく記載と考えられる。

（4）　鉄道省『大正十二年鉄道震害調査書　補遺』1927年。

（5）　石井　満『日本鉄道創設史話』法政大学出版局　1952年　372・373頁。

（6）　平井喜久松「汐留駅改良工事に就て」（『帝国鉄道協会会報』第35巻第7号　1934年　1-15頁）。

　　　佐藤輝雄「汐留駅改築工事に就て」（『土木学会誌』第21巻第9号　1935年　1-22頁）。

　　　佐藤輝雄「汐留駅改築工事に就て」（鉄道省工務局『第七回改良講演会記録』1936年　1-24頁）。

　　　論文の内容は基本的に同じであるが、佐藤論文のほうが詳細であり、ここでは主としてこれによった。

（7）　『鉄道技術発達史』第2編（日本国有鉄道　1958年）によれば、費用120万円を投じたこの改良工事の重点は以下のとおりである（同書　1045頁）。

　1、取扱貨物に精製品が多いため上家設備を完備する。
　2、水陸連絡設備については水面との接触面を広くする。また陸上貨物については小運送機関の進歩に即応して設備する。
　3、高級貨物その他保管を要する貨物が相当多いので積卸場の一部を保管倉庫として設計する。
　4、事業用品は分離する。
　5、中央市場に接続する側線を完備し市場扱貨物を直送する。

6、駅における入替作業をなるべく品川に移す方針で計画をたてる。
7、東京築港計画の進捗に伴い水陸連絡貨物はこれを品川方面に移し、汐留における作業のはん雑をさける。
8、取扱貨車は現在700車見当であるが、約1,400車を扱う事が出来るよう拡張の余地を考える。
9、荒荷はなるべく構内をさけ、浜離宮近くの埋立地において適当な地域を考慮する。

（8）　前掲「汐留駅改良工事に就て」4頁および写真其二、其三、其四を参照のこと。

第Ⅰ章　開業時の新橋駅

第1節　施設の史料的検討

　開業時における新橋駅[1]の関連施設に関しては、個々の施設の設計図はもとより、その仕様書や建築記録あるいは全体の構内図なども残されていないため、建物の配置およびそこから類推される機能の問題などについても十分に認識できていないのが現状である。ただし、開業時にどのような施設が存在したかについては記録があり、その記載と後世の施設平面図や構内図をもとに当時の様子を類推することはある程度可能であった。しかし、その成果はあくまで類推にすぎず、また不明な部分も多かったのである。

　10年に及ぶ今回の発掘調査では、開業施設のすべての遺構を検出することができ、また、この間に従来公表されていなかった開業前後の新たな構内図などが見つかったこともあって、開業前およびその後10年間の新橋駅の関連施設についてかなり詳しく言及し得るようになった。本章ではこれらの資料を使って、開業時における関連施設全体の復元を試みたいと思う。

　開業時の施設に関する包括的な唯一といってもよい記録が、明治32年に発表された「従東京新橋至横浜野毛浦鉄道諸建築費用綱目」(以下「諸建築費用綱目」と略称)である[2]。著者は工部省鉄道掛出仕の大島盈株で、大島には他に新橋駅建設に関する作業日誌ともいうべきいわゆる『鉄道日誌』[3]の著作もある。「諸建築費用綱目」には明治5年10月現在における新橋・横浜間の鉄道施設のすべてがその名称、規模、棟数、着工・竣工年月日、建築費、建設担当者とともに記載されており、当時の鉄道関連施設を知るうえで、きわめて貴重な資料となっている。

　橋や汽車留などの小施設を除けば、開業時に新橋駅に存在した施設は表1に示したとおりである。旅客にかかわる駅舎やプラットホームはもちろんのこと、貨物輸送のための貨車用転車台や荷物庫、荷物積所、車両のための機関車用転車台や機関車庫、客車庫、それに機関車修復所などのメンテナンスもしくは工

表1　開業時の施設

名称	番号	桁行	梁間	着工	竣工	費用
駅舎（西洋造）	1	65尺8寸	31尺5寸	4年3月21日	4年11月14日	金22,913両3分、永55文5分
駅舎（平屋）	1	8間	8間	4年9月2日	5年4月30日	金2,253両、永94文6分、洋銀10弗
プラットホーム	7	長500尺	幅30間	4年12月10日	5年6月30日	金8,767両2分、永216文2分、洋銀25弗
客車庫	26	120尺	45尺6寸5分	4年7月21日	5年5月4日	金3,804両3分、永46文2分
荷物庫	23	150尺	50尺6寸5分	4年7月21日	5年6月14日	金7,232両3分、永49文9分
荷物積所	24	長150尺	幅22尺	4年7月21日	5年6月14日	金632両、永187文2分
板庫	14	200尺	60尺	4年7月21日	4年10月14日	金5,190両2分、永105文6分、洋銀25弗
石炭庫	25	85尺	17尺	5年1月7日	5年7月30日	金1,952両1分、永235文9分
機関車庫	9	前81尺、後134尺	67尺5寸	4年11月26日	5年7月30日	金7,897両1分、永192文8分、洋銀77弗
インジニール官舎	28	不明	不明	4年2月21日	4年8月7日	金7,774両、永190文2分
廐	28付属	10間	2間	4年4月3日	4年6月18日	金268両3分、永14文8分
外国人職工官舎	27	12間、6間	3間半、2間	5年3月6日	5年5月27日	金1,726両3分、永91文3分、洋銀15弗
機関車修復所	15	150尺	30尺	5年2月17日	5年7月	金6,215両、永55文8分
機関車用転車台	8	直径40尺	深さ4尺	4年12月23日	5年6月20日	金2,712両3分、永3文3分
貨車用転車台	13	直径12尺5寸	深さ2尺	5年1月7日	5年2月25日	金822両、永232文8分

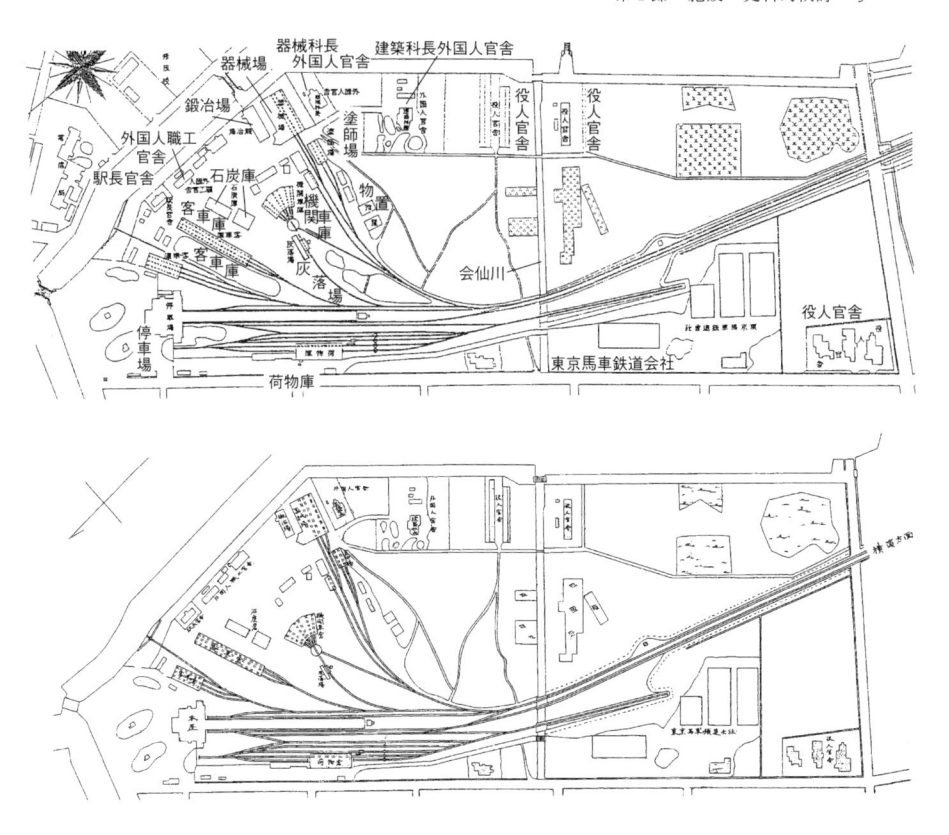

図4 「明14構内図-1」(上)および「明14構内図-2」(下)

場に相当する施設もあった。しかし、この資料だけではこれらの施設が構内のどの位置に存在したのか皆目見当がつかない。これを補完する資料が『日本鉄道史』上篇(鉄道省 1921年)に掲載され、従来新橋駅の創業期を語る際に頻繁に引用される明治14年の「新橋停車場平面図」である。この明治14年銘の構内図にはもう一つ別な類似資料が存在しており、それとの関係が気になるところであるが、以下『日本鉄道史』所収のものを「明14構内図-1」、別なほうを「明14構内図-2」と呼ぶことにする[4](図4)。

今まで最古のものとされてきたこの構内図の内容には、開業後10年近くたっている関係で、いくつかの施設の増設、また逆に開業時に存在した施設ですでに記載のないものなども認められる。それでも、駅舎やプラットホームはもちろんのこと、機関車庫や荷物庫などは開業時の位置を保っていると考えられ、

発掘調査の所見や新たに見つかった資料を加味して各施設を個別に検討すれば、開業時の姿を復元することは十分に可能である。

発掘調査によって発見された遺構群の姿は次節に示しておいたが（25頁図10参照）、検出されたのは多くの場合建物の基礎および土台部分のみである。しかしその形状や規模はもとより、土台の素材（切り石、煉瓦、コンクリート、木造）などを残されている資料と関連づけて検討すれば、これらの施設の構築年代や廃絶時期を特定することができるはずである。以下、本節において構内図や文献資料などを検討し、次節で発掘の成果を検討するという具体的な復元作業に取りかかりたいと思う。

なお、構内図や文献に記載された施設名に関して、あらかじめ断っておかねばならないことがある。それは、資料によって、同一の施設に対して、語句の上でしばしば異なった名称が与えられる場合があるという点である。名称の差異が機能の差異をもあらわす場合は、当然その建物は異なった役割を担っていることになり、別施設ということになるが、今問題にしているのは、たとえば「石炭庫」が「石炭倉」とされるように明らかに同一機能の施設間で語句上差異のある場合である。この点の混乱を避けるため、各施設の異称は巻末の構内施設変遷一覧表（表22）に項を設けて記載することとし、以下の文章では原文の引用など例外はあるものの、最も一般的な名称を使用することにした。

まず、「明14構内図-1」にみえる駅舎、プラットホーム、機関車庫（扇形機関車庫）、機関車用転車台、貨車用転車台、荷物庫、荷物積所に関しては、特に開業から明治14年の間に移転などの記録がなく、また、規模の点からも当時の位置を保っていると考えてよいだろう。ただし、プラットホームに関しては増設の可能性があり、この点については第Ⅳ章第2節で詳細に検討する。

客車庫が2棟描かれているが、桁行き150尺余、梁間37尺余の大規模なほうは明治9年に竣工した新しいものであるから[5]、開業時の客車庫は駅舎に隣接したより小規模な建物のほうであろう。この点は「諸建築費用綱目」に示された規模から考えても、また今回新たに発見された構内図からも裏づけられる。

ここで少しこの新発見の構内図（図5）に関してふれておこう。この構内図には「明治十四年四月二十七日　新橋駐停場　此坪六万七千八百八十六坪　芝区役所へ送リタル控　大正二年二月」の記載が認められるが、たとえば、明治13年2月に焼失し、同年12月に建築科長外国人官舎となるインジニール官舎[6]が開業時の姿で描かれているなど、内容的には、明らかに「明14構内図-1」

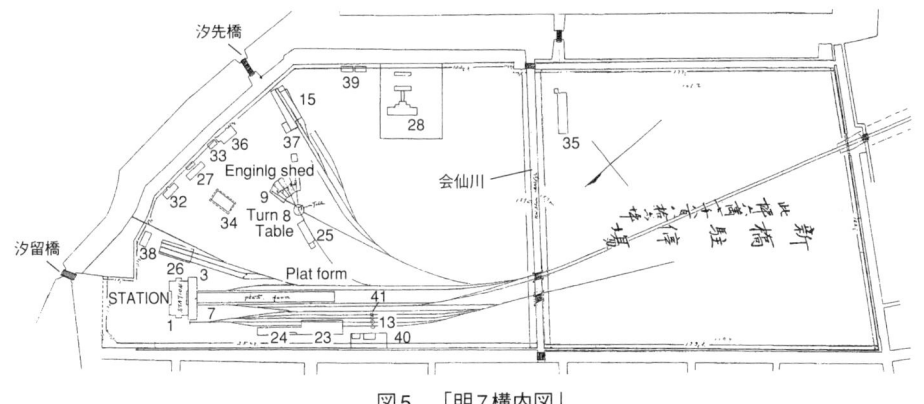

図5 「明7構内図」

より古い内容をもっている。したがって、作成年代は明治14年とされているものの、この構内図は明治14年以前のものか、あるいは同年作成だとしてもより古い資料にもとづいて作られたと考えられるのである。「大正二年二月」の意味は不明であるが、あるいは新橋駅が貨物専用駅に移行することと関連して図面を作成する必要が生じたのかもしれない。

この構内図の内容上の年代を推定するポイントはいくつかある。最も古い年代を示す根拠は、明治7年に設置される土蔵[7]や駅舎東部分の湯呑所[8]、それに同年に存在が確認できる駅長官舎[9]が描かれていない点である。明治8年中に完成したと推定される鍛冶場も見あたらない。さらに、同8年設置の器械科長外国人官舎[10]がないこと、同9年に設置された3棟目の石炭庫[11]や前述した同年設置の2棟目の客車庫がないこと、プラットホームの先端に13年設置のランプ部屋[12]のないこと、などがあげられる。

以上みてきたように、もし描かれた内容に省略がないならば、この構内図が明治7年以前の古い様相を示していることは確実である[13]。しからば、この構内図が開業時の新橋駅の姿をあらわしているのであろうか。残念ながら答えは否である。なぜならそれは開業時に存在したはずの板庫が図中に描かれていないからである。

桁行き200尺、梁間60尺の規模を有する構内最大の施設である板庫に関しては、明治7年2月に改築し、これを客車修復所および器械方倉庫に模様替えしたとの記録[14]がある。その後この施設は、同年9月に焼失し、客車の修復作業は機関車修復所で行うことになる[15]が、明けて明治8年3月には板倉（客車修復所）の新設が上申され[16]、同年5月にはやはり焼失した器械方倉庫の代わり

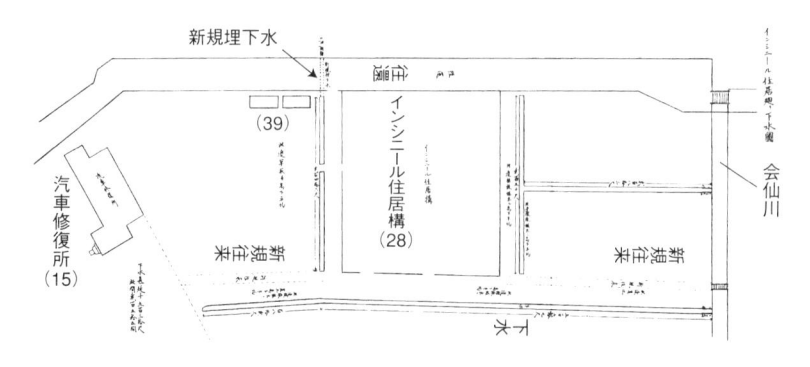

図6　明治6年構内部分図

に煉瓦造り鉄製丸屋根の倉庫が建設される[17]ことになる。

　板庫の存否を基準に考えれば、この新発見の構内図の内容は明治7年9月以降のものということになり、同年6月竣工の駅舎東部分の湯呑所や、やはり同年6月竣工の器械方内外詰所[18]が描かれていないという事実と矛盾をきたしてしまう。もちろん構内図の作成と実際の建物の竣工との間にはタイムラグが想定されるから、多少の矛盾には目をつぶるとしても、限定された資料のもとでの追求はここまでである。しかしいずれにせよ、この構内図の内容が明治7年以前の古いものであることは確かで、以下この構内図を「明7構内図」と呼ぶことにする。なお、この図中にみえる破線で囲まれた建物は、次に紹介する2番目の新発見資料によれば、石炭庫である。この石炭庫が開業時のそれでない点は後述するとおりで、その建設記録も知られていない。

　話を「明14構内図-1」の検討に戻そう。先ほど「明7構内図」との対比から、「明14構内図-1」の建築科長外国人官舎が開業時のインジニール官舎の建て替えであることを述べたが、この点は器械場に関しても同様のことが指摘できる。すなわち「明14構内図-1」に描かれた器械場の形は「明7構内図」のそれと明らかに異なっており、その名称も明治7年の時点ではいまだ「汽車修復所」であった可能性が高いのである[19]。

　汽車修復所は開業時の機関車修復所に相当すると考えられ、後に増築されて器械場と呼ばれるようになる施設である。『鉄道日誌』にも少なからず記載が認められ、[20]開業時の規模は「桁行150尺、梁間30尺　二棟」となっている。しかし、明治6年の記録[21]の付図（図6）に描かれた汽車修復所の梁間の長さは2倍になっているから、おそらく記録にある「二棟」は30尺のもの2ス

第1節　施設の史料的検討　17

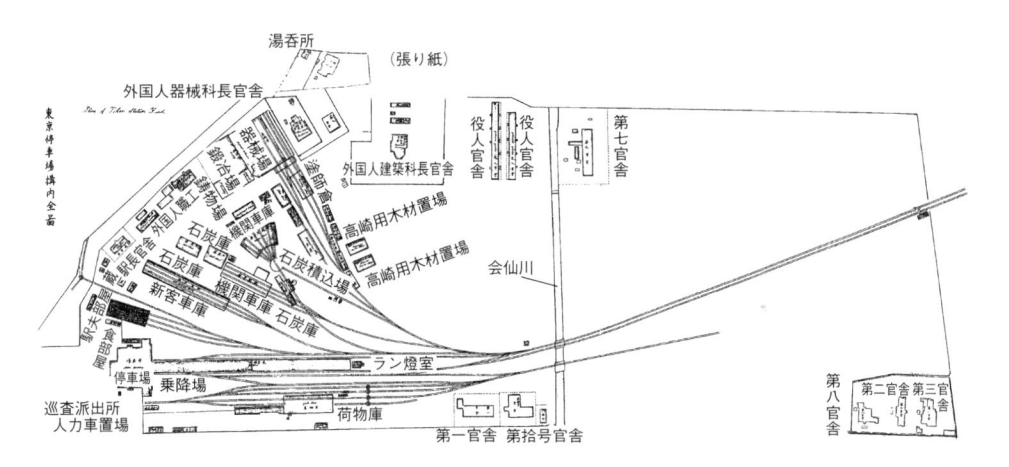

図7　「明15〜17構内図」(主な施設名記載)

パンの意味であろう。

　さて、「明14構内図-1」には先に少しふれた「明7構内図」にでてくるものも含めて、2棟の石炭庫が描かれているけれども、「諸建築費用綱目」に記載された規模から考えると、いずれも開業時の石炭庫とはいい難い。「明14構内図-1」にはすでに開業時の石炭庫は描かれていないのであろうか。

　この問題を解決してくれたのが、2番目に新しく発見された「東京停車場構内全図」銘のある別の構内図 (図7) である。この構内図は作成年の記載もなく、また図中の「Plan of Tokoi (Tokio か) Station Yard」の記載から計画図である可能性も捨てきれないものの、内容的には明治15〜17年頃のものを含んでいると考えられる。

　その根拠の第一は、この図が参考資料として載せた参謀本部陸軍部測量局作製の汐留地区の地図 (図8) ときわめて類似している点にある[22]。明治15年3月に工場となった鋳物工場[23]が描かれている点、さらに、明治17年の記録[24]にみえる第二汽鑵車庫が凸形をした機関車庫に相当するなら、この点も有力な根拠となるだろう。加えて、明治18年6月発行のお雇い外国人の記録で確認できる「製罐工場に改造された古い機関車庫」[25]が開業時の扇形機関車庫に相当するなら、図中にはまだ存在するから、その内容は18年以前ということになる。さらに、明治17年5月に開通する日本鉄道会社線の上野・高崎間工事に関連すると思われる「高崎用木材置場」の表示もこの点を裏づけている (以下この構内図を「明15〜17構内図」と略称)。

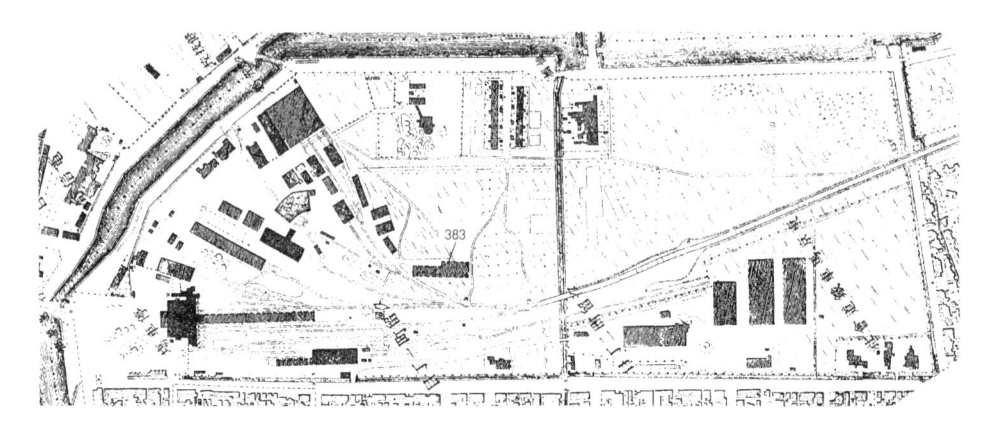

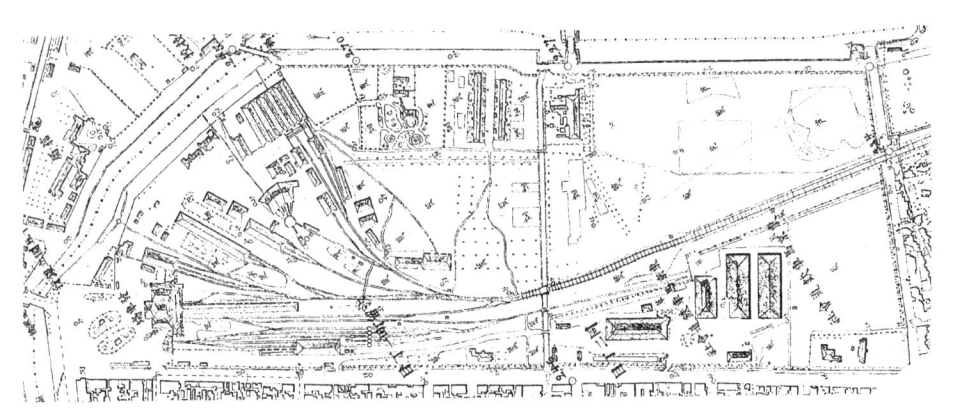

図8 「明17参考図-1」（上）および「明17参考図-2」（下）

　さて、この「明15〜17構内図」には3ヶ所の「石炭庫」の記載が認められ、そのうち2ヶ所は「明14構内図-1」にも認められる施設である。並んだ2棟のうち西寄りの石炭庫は明治8年12月に建築申請されたものであり、東寄りの施設は、すでに「明7構内図」中に破線で描かれていることがわかっている。しかし「明15〜17構内図」における重要な問題は、「明14構内図-1」において灰落場とされた施設がこの構内図では「石炭庫」と記載されているという事実である。

　素直に考えれば、開業時に石炭庫とされた施設が明治14年の段階で灰落場になり、さらにその後再び石炭庫になったことになる。しかし、そのようなことがあり得るだろうか。今問題としている機関車用転車台手前のこの地点は、本来機関車に石炭および水を積み込む場所であるとともに帰還した機関車の灰を

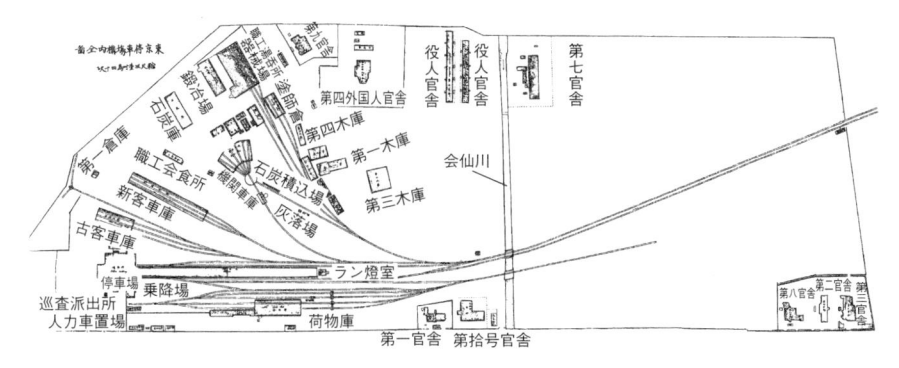

図9 「明18構内図」(主な施設名記載)

落とす場所でもある。同一施設を別名で呼称しているのかもしれない。

　石炭庫の問題が迷宮入りしかけたその矢先、この難問を解決してくれたのが、続いて3番目に新しく発見された「東京停車場構内全図」銘のある構内図（図9）である。やはり年代銘を欠くこの構内図の内容上の年代が、ランプ部屋（図中では「ラン燈室」となっている）の存在や新客車庫の増設[26]後という点から、明治13、14年以降のものを含んでいることは確実である。図中にみえる職工会食所が明治12年設置のもの[27]でないことは確かで、明治15年3月に新しく工場に昇格する鋳物場もないから年代的には明治14、15年頃に絞れそうであるが、明治18年に移転させられる扇形機関車庫裏の汽車課および建築課の事務所が描かれている点から、同年まで下る可能性も考えられる。鋳物場や2棟目の機関車庫、第五倉庫が描かれていないという難点があるものの、器械科長外国人官舎の場所に後から造られた湯呑所の名称が「明15〜17構内図」のように付箋上に記載されるのではなく、正式に職工湯呑所として描かれている点や扇形機関車庫の東および南に存在する倉庫や事務所の配置の連続性などを重視し、一応この構内図の年代を明治18年の内容を含むものと判断しておく（以下この構内図を「明18構内図」と略称）[28]。

　さて、一部を除き「明15〜17構内図」にきわめて類似した内容をもつこの「明18構内図」にも灰落場の記載はあるが、対象となる施設は線路を付帯したより小規模な施設にすぎない。確かに「明15〜17構内図」で石炭庫と記載のあるのは線路の北に接した長方形の施設に対してであり、「明7構内図」のこの部分にも灰落場は描かれていない。したがって、「明14構内図-1」にみえる灰落場の記載に関しても、その対象は線路をともなう小施設のことであって、北

に隣接する石炭庫の名称は省略されているとみるのが妥当である。このような経過を経て、開業時の石炭庫は規模の点からいっても、この灰落場の北に接して存在する長方形の施設以外には考えられないという結論に達したのである。

なお、水溜に関しては、「明14構内図-1」にみえる灰落場に接してその南に認められる円形の施設であろうと考えられる。「明7構内図」には描かれておらず、省略されたものと考えられる。なお、先に少し述べた2棟の客車庫に関しては、「明15～17構内図」、「明18構内図」ともに、開業時のものを古客車庫、明治9年に新設されたものを新客車庫として記載している。

以上、新橋駅構内における開業時の関連施設に関して、新資料で補正しつつも基本的に「明14構内図-1」を対象に検討してきた。こうして板庫を除き、すべての施設が構内図上で確認された。これを施設一覧表（巻末表22参照）に示した施設番号（以下「施設＋番号」で表示。なお、施設番号は必要に応じて文中、構内図、部分図中に記入した）で確認しておけば次のようになろう。

駅舎（施設1）、便所（施設3）、プラットホーム（施設7）、客車庫（施設26）、荷物庫（施設23）、荷物積所（施設24）、石炭庫（施設25）、機関車庫（施設9）、インジニール官舎・厩（施設28）、外国人職官舎・煮炊所（施設27）、機関車修復所（施設15）、機関車用転車台（施設8）、貨車用転車台（施設13）、水溜（施設31）。

なお、どの構内図でも確認できなかった板庫に関しては、平面形および規模が図10（25頁）中のプラットホーム先端南に位置する大型の遺構のそれと一致したことにより、これを板庫（施設14）と判断した（後述）。この施設は開業後ほどなくして焼失したため、現存する開業後最古の構内図である「明7構内図」にも描かれることはなかったのである[29]。

註
(1) 京浜間鉄道の東京側の起点駅は建設当初「汐留ステーション」と呼ばれていた。これが「新橋ステーション」と改称されたのは明治5年5月24日のことである（『工部省記録』巻1）。なお、残された構内図をみると、開業後のこの駅が「新橋停車場」の他にも「新橋駐停場」、「東京停車場」、「東京停車場」などと呼ばれていたことがわかるが、本書では便宜的に「旧新橋駅」を使う場合、および原文を引用する場合を除き、「新橋駅」という名称に統一して使用した。
(2) 大島盈株「従東京新橋至横濱野毛浦鉄道諸建築費用綱目」（『帝国鉄道協会会報』第1巻第4号　1899年　46-69頁）。
　　また、これと同内容の論文が同人の名で明治39年にも発表されている。「従東京新橋至横濱野毛浦鉄道諸建築箇所分費用綱目（鉄道寮）」（『建築雑誌』第230号　1906年　19-32頁）。

（3）　新橋駅の建設を記録したいわゆる『鉄道日誌』は大島の私的な日記で、半紙四つ折り横帳の小冊子が6冊ほど残されていたらしい。内容に関しては、堀越三郎が昭和7年に「明治建築史料その儘（Ⅰ）」（『日本建築士』第10巻第1号　1932年　2-4頁）、「明治建築史料その儘（Ⅱ）」（『日本建築士』第10巻第3号　1932年　7-11頁）、「明治建築史料その儘（Ⅲ）」（『日本建築士』第10巻第4号　1932年　18-24頁）としてその一部を紹介している（日本科学史学会『日本科学技術史大系』第17巻・建築技術　1964年　155-163頁に再録）。原本は現在所在不明で、関係者の言によれば、戦災のため焼失した可能性が高いとのことである。

（4）　二つの構内図は基本的に同じ内容であるが、今回の文献探索の際、はじめて交通博物館に所蔵されていることが知れた「明14構内図-2」のほうは、記載されている施設名が、「明14構内図-1」のそれが印刷された活字であるのにくらべて、手書きである点でやや古さささを感じさせる。しかし、「明14構内図-1」に描かれていて「明14構内図-2」で省略されている施設があること、また「明14構内図-2」中の建物の輪郭線がやや鈍く表現なども雑なこと、そして何よりこの構内図に「本図ハ大正博覧会掲示ノ額面ヨリ縮図セシモノナリ」とある点から、「明14構内図-2」は「明14構内図-1」を複写したものと判断した。

　　「明14構内図-2」において省略されている施設は、施設45、54、57、63、75の5施設である。なお、これらの構内図の内容の年代に関しては、一応表題どおり明治14年のものとしておく。

（5）　「新橋ステーション構内客車庫建築之義伺指令」（『鉄道寮事務簿』第29巻）。
（6）　「新橋停車場構内建築師官舎新築ノ伺」（『工部省記録』巻18ノ2）。
（7）　「新橋構内土蔵建築伺并指令」（『鉄道寮事務簿』第20巻）。
（8）　「新橋ステーション内湯呑所并鑿井伺并指令」（『鉄道寮事務簿』第20巻）。
（9）　「新橋構内土蔵建築伺并指令」（『鉄道寮事務簿』第20巻）付図。
（10）　「御雇外国人器械方世話役住居官舎新築ノ伺并指令」（『鉄道寮事務簿』第29巻）。
（11）　「新橋ステーション構内ヘ石炭貯蔵所一棟建築ノ義伺指令」（『鉄道寮事務簿』第29巻）。
（12）　「新橋停車場構内ランプ部屋新築ノ伺」（『工部省記録』巻18ノ1）。
（13）　この構内図の会仙川（会津藩と仙台藩の境の川という意）最南端に接する北側道路部分は、架橋地点がやや広くなっているものの、そこから直角に曲がり、基本的に直線の道路として描かれている。この道路の形は、この地区の幕末の姿が描かれた『御府内沿革図書』芝口之内（文久2年）でも認められる形であって、開業当初の構内の輪郭の特徴をあらわしている。これが「明14構内図-1」をみると、広くなった架橋地点の構内側の輪郭が直角に曲がらずに斜めに従来の道路とつながって描かれている。この斜線は「明14構内図-1」以降大正4年銘のある構内図（後述、51頁図21参照）まで認められるから、明治10年前後に一部道路の造り替えが行われたことを想起させる。

　　しかるに、明治6年12月8日付「新橋ステーション構内下水堀割1件」（『鉄道寮事務簿』第14巻）付図（16頁図6）に描かれたこの部分は、すでに後者

の特徴（斜めにつながっている）を示しており、会仙川河口北側の道路がこの時点ですでに造り替えられていたことを示している。そうすると、今問題としている構内図の内容上の年代も明治6年12月8日を下らないことになろう。本文では板庫（施設14）との関係から、その年代を明治7年9月以降と想定したが、他の要素はおおむねこの構内図の内容が明治6年以前であることを示しているようにも思う。

(14)　「新橋ステーション内四番板蔵模様替1件」（『鉄道寮事務簿』第20巻）。
(15)　「新橋ステーション構内板倉新築伺指令」（『鉄道寮事務簿』第29巻）中の「客年九月焼失ニ及候新橋ステーション構内四番板庫ノ処ハ其半ヲ客車修復所ニ相用候處焼失後右ニ交換之場所無之ニ付機関車修復所ヲ兼用致候得共」の記載。
(16)　「新橋ステーション構内板倉新築伺指令」（『鉄道寮事務簿』第29巻）。
(17)　「新橋ステーション構内エ物置所新築伺指令」（『鉄道寮事務簿』第29巻）。
(18)　「新橋構内器械方詰所并横濱陸橋起エ伺」（『鉄道寮事務簿』第20巻）。
(19)　明治6年12月8日付「新橋ステーション構内下水堀割1件」（『鉄道寮事務簿』第14巻）付図（図6参照）に「汽車修復所」としてでてくる。
(20)　前掲「明治建築史料その儘（Ⅲ）」。
(21)　「新橋ステーション構内下水堀割1件」（『鉄道寮事務簿』第14巻）。
(22)　参謀本部陸軍部測量局が作製した5000分の1の汐留地区の地図には、明治16～17年測量とされる「参謀本部陸軍部測量局地図」（玉井哲雄編『よみがえる明治の東京』角川書店　1992年　155頁に掲載、以下「明17参考図-1」と略称）と明治17年2月および7月付の「東京府武蔵国京橋区木挽町近傍」図および「東京府武蔵国芝区芝浜崎町近傍」図（ともに参謀本部陸軍部測量局『五千分一東京図測量原図』（財）日本地図センター　1984年所収）があり（以下「明17参考図-2」と略称）、両者の間には表現方法（後者は着色されている）および記載内容、施設名の有無などに若干の差異が認められる。

　　内容上の一番大きな相異は、「明17参考図-1」では構内西端角付近に存在する3棟の官舎が「明17参考図-2」では2棟しか描かれていない点であるが、しかし、「明17参考図-2」に隣接する「東京府武蔵国芝区芝公園地近傍」（同書所収）の本地図との境目部分には描かれているから、誤植（欠落）と考えられる。いずれにしろ、2種類の「参謀本部陸軍部測量局地図」が存在する事実は、「明17参考図-1」が掲載されている出典として例示した『よみがえる明治の東京』中の125頁に「明17参考図-2」がやはり明治16～17年測量の「参謀本部陸軍部測量局地図」として掲載されている点から明らかである。
(23)　横川四郎　青木清一編『日本鉄道史料要覧』鉄道書院　1935年　171頁。
(24)　「京間鉄道部内風災修繕予算上申」（『工部省記録』巻32ノ1）。
(25)　『Imperial Government Railways Japan Annual Reports by Foreign Staff』(For The Twelve Months From 1st July, 1884, To 30th June, 1885) Tokio 1885　p. 27.
　　なお、本文中でも後述するように、この製罐工場の場所にはほどなく梁間115フィート、桁行き114フィートの新工場（「明30構内図」〔後述、46頁図18、124頁図40参照〕中の組立工場・西鍛工場の一部に相当、施設11・12）が建てられることになる。

(26)　前掲『日本鉄道史』上篇　87頁。
(27)　明治12年に設置された職工会食所（施設59）の位置は、「新橋停車場へ器械科物置職工会食場建築伺」（『工部省記録』巻15ノ2）の付図（78頁図32）によれば、扇形機関車庫の真後ろである。
(28)　以前発表した拙論「新橋停車場構内における鉄道関連施設の変遷」（東京都埋蔵文化財センター『汐留遺跡』Ⅰ　東京都埋蔵文化財センター調査報告第37集　1997年　382-412頁）においては、この構内図の年代を明治14〜15年頃と判断して考察を進めた。今回、本文に述べた理由からこれを改めその年代を明治18年頃とするが、計画図である可能性も含めて、いずれにせよ決定的な証拠は見つかっておらず今後の課題とするしかない。
(29)　正式な構内図に描かれたことのない板庫ではあるが、唯一「明17参考図-1」および「明17参考図-2」において、かって板庫が存在したであろう場所に描かれた一つの建物（施設383）を確認することができる。年代から考えて、この建物が板庫である可能性はまったくないが、他の構内図、構内部分図、参考図に一切姿をあらわさない施設であり、その性格は不明とせざるを得ない。内容上やや問題のある「明18構内図」で確認できないのはやむを得ないとして、明治17年前後に建てられ、30年までに撤去された施設なのであろう。

第2節　施設の考古学的検討

　約10年に及ぶ今回の発掘調査の範囲は、南西部の大半を欠くとはいえ、おおむね旧新橋駅構内に存在した施設のほとんどを含んでいる。特に開業時のすべての施設が存在した構内北半部（会仙川以北）は、周辺の一部を除いてほぼ完全に調査することができ、多くの重要な発見をもたらしたのである。発掘調査によって見つかった遺構はおびただしい数にのぼり、しかも他の遺構と重なり合って検出される場合が多い。これらの遺構群は、極端に新しいものを除けば、おおむね明治から大正はじめまでの約50年間に次々と築造された建物の痕跡であって、古い遺構はより新しい遺構に壊された状態で発見されることになる（写真2）。
　このように新橋駅跡地の発掘調査は明治から大正にかかる50年間の建物群の集積を一挙に開示してくれるけれども、これらの遺構のすべてが一時期に（同時に）存在したのでないことはいうまでもない。遺構どうしの重複（重なり合い）という現象は、どちらが壊し、どちらが壊されているかを正確に把握することで時間的な前後関係に還元され歴史学の対象となるわけであるが、この場合発掘調査は一面で、壊された施設はそれを壊して建てられた施設よりも年代的に

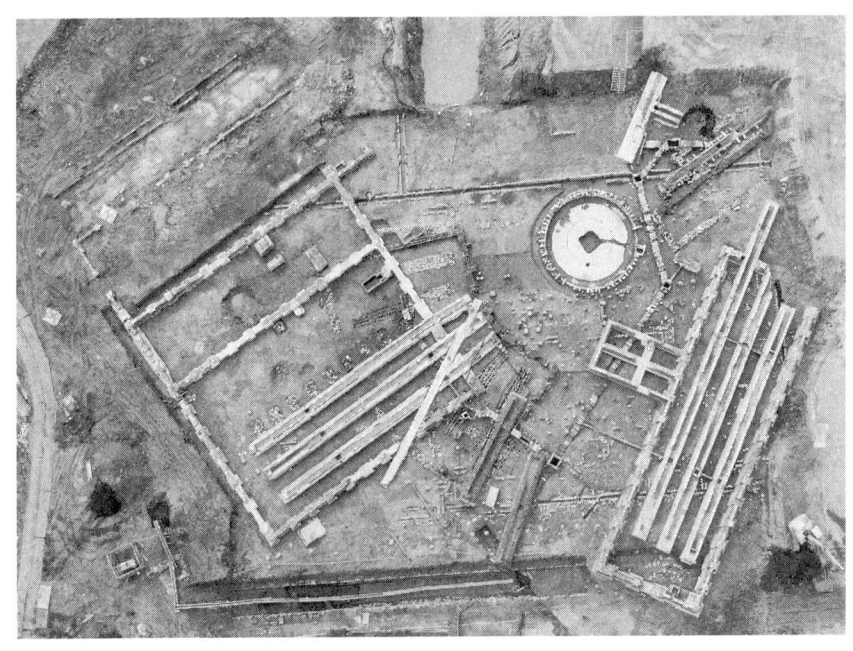

写真2　主要関連施設の遺構群

古い、という自明な点を様々な局面において確認していく作業に他ならない。

　図10が発掘調査によって検出された近代遺構のうち会仙川以北の大半のものを示した図である（南端部を除く）。検出された遺構は、建物の土台（基礎）部分とそれに続く側壁の一部に限られる場合がほとんどである。側壁に関しては、施設の性格などの違いによって木造、石造り、煉瓦造りの3種類が明治時代を通じてみられるものの、土台の場合は、開業時においては最下部に捨て杭、その上に割栗石、そして土台本体である切り石がその上に乗るという構成をとっている。そして、やや年代が下って、コンクリートが土台の主流を占めるようになるが、基礎部分には依然として捨て杭に割栗石が使われているというのが大きな流れである（第Ⅲ章第3節にて詳述）。新橋駅の関連施設に限っていえば、前者の土台に煉瓦壁の建造物が乗ることがあっても、それは時代がやや下ってからのことであり、開業時の施設の場合多くは石造りである。以下、検出された開業時の遺構に関して具体的にみていくことにする。

　駅舎（施設1）の土台は、一部後世の削平（破壊）によって残っていない部分があるものの、長辺約34m、短辺約21mの長方形を基本に、二つの短辺に長さ約6m、幅約2mの張り出しがつき、また長辺のプラットホーム側が約3m

第2節 施設の考古学的検討　25

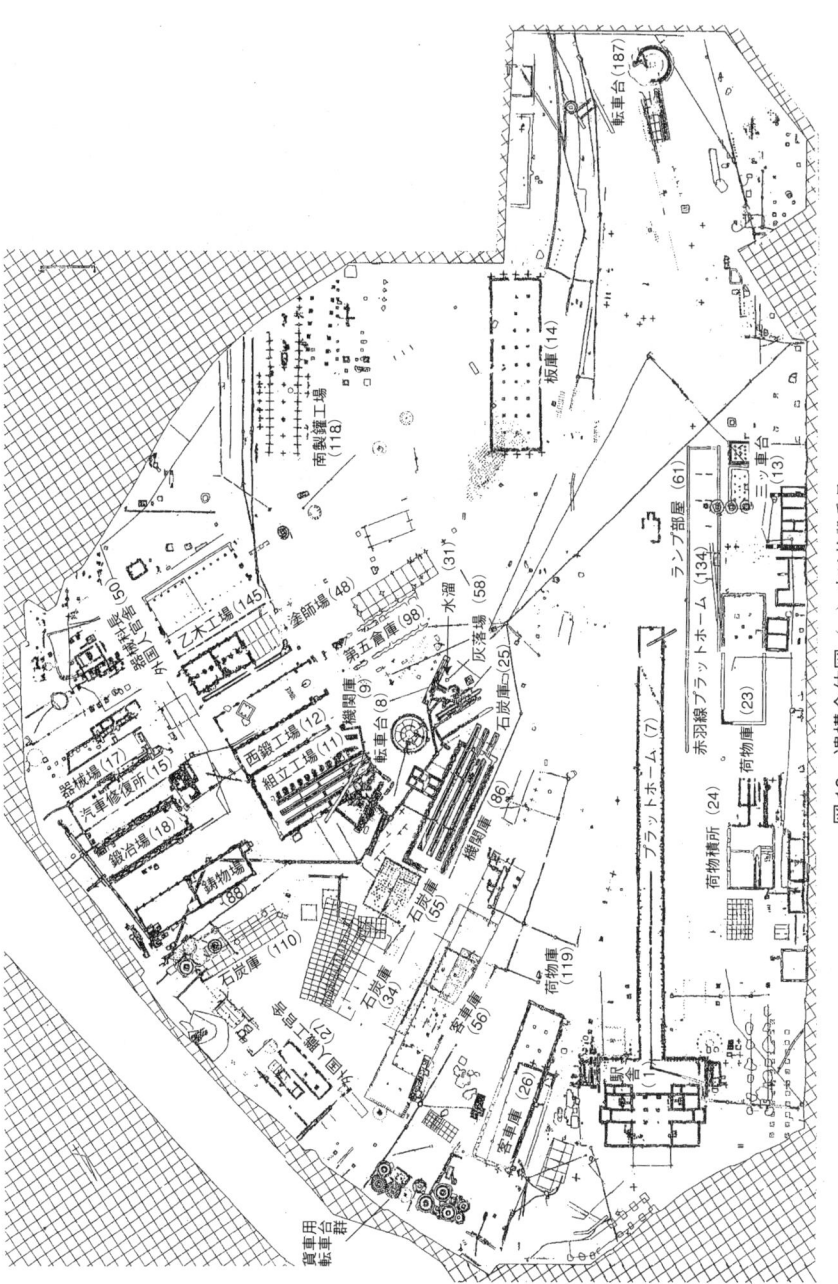

図10　遺構全体図（ ）内は施設番号

写真3　駅舎の遺構

へこむという形状で検出された（写真3）。長辺の34mは「諸建築費用綱目」にみえる西洋造り建物2棟分の短辺と平家の1辺を足した111尺2寸（31尺6寸＋48尺＋31尺6寸）にほぼ一致し、短辺の21mは西洋造り建物の長辺の数値である68尺8寸とほぼ一致した（192頁図53参照）。

　駅舎に関する記録をみると、2種類3棟の建物はまったく別々に造られたような印象を与えるけれども、発掘の所見からいえば、土台部分は共通のものとして全体形を念頭に置きつつ築造されたようである。ただし、正面入口部分の土台は、2階建て土台の4段目（「目」といういい方は下から数えての段数を示す）に相当する切り石が1段設置されているだけで明らかに異なった構造を示しており、記録にみえる8間×8間の平家が本来西洋造り2階建ての間にはさまれた正方形の部分であったことを示している。1段分の切り石しか検出されなかった正面入口部分の土台は、後ほど述べるステップの1段目を乗せるために設置されたものであり、「諸建築費用綱目」で確認できる当初の建築予定にはなかったものと考えられる。（第Ⅳ章第1節で後述）

　土台は長さ85cm、幅30cm、厚さ22cmほどの凝灰岩製の切り石を素材として、これを小口面からなる段と長手面からなる段を交互に積み重ねて構築され

第 2 節　施設の考古学的検討　27

ている。先ほど述べた正面入口部を除いて、ほとんどの箇所で 3 段以上の土台石が残存しており、最高は 5 段であった。しかしその一方、建物外縁部は最高で 4 段までの残存であり、加えてその上面には青石設置のための細工痕が認められた。これは何を意味しているのだろうか。

写真 4　駅舎入口のステップ

ところで、正面入口部分には車寄せから駅舎内に入るためのステップが 1 段だけ残っていたのだが（写真 4）、この点に関しては、開業前後の駅舎を写した写真（写真 5）にステップが写っており、その最下段が発掘によって検出されたステップに相当すると考えてよい。

写真には東西の建物の外壁として 5 段の青石[1]も写っている。これらの青石

写真 5　開業時の駅舎（横浜開港資料館蔵）

はほぼ地表面の高さに相当するステップ最下段から積み上げられており、その下部には4段の土台石が埋まっていると考えられる。しかし、土台石が5段目まで残存していた部分は、基本的に駅舎の外壁の下部ではなく内部壁の下に限られており、これは青石の本来の目的が建物の外観を装飾するための素材であるということを想起させる。すなわち、基本的に青石は人目にふれる外壁に使用されることはあっても、床下となってしまう内部壁の下には使用されなかったと考えられるのである。

したがって、駅舎内部の5段目の切り石は外壁部分の1段目の青石に相当することになり、床面までは、外縁部分が4段の切り石と5段の青石、内部には9段の切り石がそれぞれ積み上げられていたと想定して大過ない。これで建物外縁部4段目の切り石上面にみられた加工痕の意味が理解できた。

ちなみに写真をみると、駅入り口のステップは本来9段であったことが読み取れ、1段目が正面入口部の仮土台の上に乗るとすれば、9段目が本来の平家部分の土台の手前付近に位置することになるのであろう。写真からは各段のス

写真6　駅舎の土台と基礎部分

第 2 節　施設の考古学的検討　29

テップが何個の加工石からなっているかまではわからないが、発掘で見つかった 1 段目のステップの残存部分は長さ約 80cm、幅 40cm の切り石 3 枚からなっているから、計算上、1 段は 18 個の石からなっていたことになり、したがってステップ部分には本来 162 個の切り石が使われていたことになろう。

　4 段に積まれた土台切り石の 2 段目から下は幅約 1.0 m、深さ 1.1 m の布堀（建物の基礎を設置するための溝状の掘込み）となっており、その中には多量の割栗石や瓦片とともに、長さ 90cm の角材が枕木状に等間隔に敷き並べられていた。間隔には 30cm と 60cm のものがあり、特に 60cm 間隔の部分には角材と角材の間に 50cm 大の円石がはさまれるように設置されていた。そしてさらに驚いたことに、角材の下には長さ約 3.6 m の捨て杭が多数打ち込まれていることも判明したのである。この駅舎基礎部分の堅緻な状態は、その建設に携わった大島盈株が「又基礎工事には甚だ念を入れたもので地を深く掘り松杭を打ち込み割栗石を入れて至極堅固にいたしました。」[2]と述べている内容と一致する。

　基本的に 1 本の角材は 2 本の捨て杭の頭部に乗っており、鎹で杭に固定されていた。切り石より下の基礎

図11　駅舎・プラットホーム遺構平面図

部分の調査は駅舎保存の関係でその一部にとどまり、全体の様相を把握することはできなかったが、おそらく駅舎の土台の下にはおびただしい数の捨て杭と角材、それに円石が設置されているものと考えてよいだろう（写真6、35頁図14も参照）。

なお先に、土台石の構造が異なり、当初の建設計画になかったと想定した平家入口部分の下部からは、円石や捨て杭も検出されなかったことを付け加えておく。

駅舎およびプラットホームの遺構平面図は図11に示したとおりである。駅舎の土台の形はシンメトリカルなもので、これは基本的に開業時の駅舎内の間仕切りを示していると考えられる。前節でも述べたように、開業時の駅舎に関する平図面は見つかっておらず、内部のレイアウトも現在のところ知られていない。今のところ、駅舎内の様子がわかる最古の資料は図12に示した平面図で、明治6年末のものである[3]。

この図によれば、正面入口を入って東棟の1階には、手前から上等待合所、湯呑所、上等出札所、不寝番詰所、上等婦人待合所、駅長詰所などがあり、同2階には上局、主計課、運輸局、小使、倉庫課、三井組などの事務所があったことがわかる。これに対して西棟には1階の最奥に車長詰所と守線長詰所の記載があるだけで、他は空白となっている。東棟の間取りは検出された遺構の間取りと完全に一致するものの、西棟の図には本来あるはずの横壁の張り出しもな

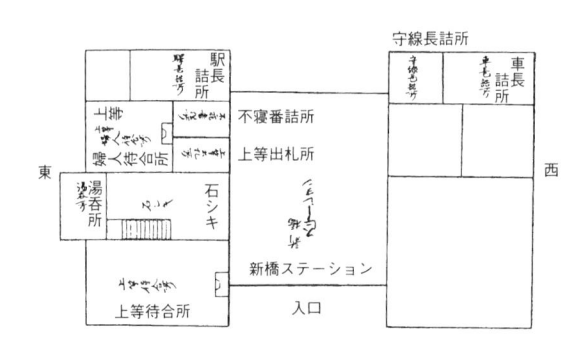

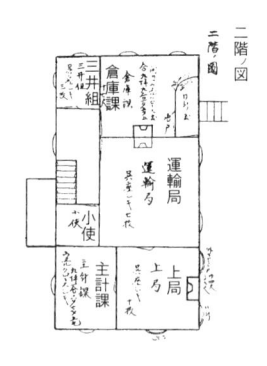

図12　明治6年駅舎平面図

いから、間取りの記載にも省略があるようである。なお、他の資料(4)によると、西棟の空白部分には中・下等待合所と中・下等出札所があったとされている。

さらに西棟の2階に関しては、図そのものがなく用途についてはまったく不明である。しかし開業前に許可された構内食堂(5)がもし駅舎内にあったとしたら、ここに存在した可能性が高い。中央の広場に関しても特に記載はないものの、やはり開業前に許可されたとされる新聞の販売(6)が後に新橋駅もその対象とされたのなら、ここに存在し

写真7　プラットホームの遺構

写真8　プラットホーム側面の石積み

ていた可能性が考えられる。なお、駅舎の変遷については第Ⅳ章第1節で詳述することにする。

次にプラットホーム（施設7）に関してみてみよう（写真7）。検出された遺構は全長151.5m、幅9.0mであり、これは「諸建築費用綱目」にある開業時のプラットホームの長さ500尺、幅30尺の数字とほぼ一致する。側壁は駅舎同様凝灰岩製の切り石を積み上げて構築されており、積み方は各段中に小口面と長手面を交互に横積みする仕方で、基礎部分にあたる最下段の切り石だけは小口面をみせて敷き詰められていた（写真8）。発掘調査によって明らかとなったプラットホームの構築方法を復元すれば、以下のようになる。

まず、側壁設置のための長さ約152m、幅約2mほどの布堀が2本掘られたものと考えられる。布堀内には直径50cmほどの円石や破砕石が充填され、最

上部に長さ85cmほどの切り石を小口面を手前にみせて間断なく設置する。駅舎の基礎工事で確認された捨て杭は、一部の箇所[7]を除いて、特に検出されなかった。ここまでが基礎にあたり、側壁はその上に切り石を4段、最上部に笠石を1段重ねて構築している。

　積み方は先ほど述べたように、各段の中に小口面と長手面を交互にみせて横積みするもので、笠石はすべて長手面をみせた横組みである。開業時の写真（193頁写真32）によれば、地上に出ているのは笠石を含めて上から3段だけで、基礎部の切り石はもとより、側壁の2段目の切り石まで地中に埋まっていたことがわかる。なお、「諸建築費用綱目」にはプラットホームの高さとして「四尺」（約1.2m）とあるから、基礎部分の切り石を除いた側壁の4段の切り石と笠石を合わせた5段の石の数値が設計上の高さに相当するのであろう（35頁図14参照）。

　検出されたプラットホームはおおむね側壁の3段目までが残っており、部分的には4段目まで残存していたものの、逆に側壁がまったく削平され、基礎部分の切り石だけがかろうじて検出された箇所もあった。特に先端部の20mほどは削平が激しく、ところによってその破壊は基礎部分にまで達していた。さらに、基礎部分における切り石の下の円石に関して、どういうわけか左側壁先端部約25m、右壁同部15m、それにプラットホーム先端からはまったく検出されなかった。その上に設置された切り石は残存していたのだから、削平の所産でないことは明らかであり、当初から設置されなかったと考えざるを得ない。

　それにしても、いかに長大なものとはいえ、一つの施設の建設に関して、部分的に建築の仕様を変えるとは思えないから、何らかの理由があったのだろう。この点はプラットホーム建設に関する仕様書や材料表が残っていない現在想像の域を出ないけれども、もし布堀内に充填されている円石や破砕石や瓦片が建築材料として正式に計上されたものでなかったとすればどうであろうか。

　最初に述べたように、江戸時代の汐留地区は大名の江戸屋敷であり、大島が「名にし負う三大名の屋敷跡でありましたから、其の広さといったら仲々宏大なものでありまして、周囲は総て丸太柵矢来を巡らし、内には築山や泉水等がありました。併し建物といってはインヂニールの官舎がタッター棟あった限りですから、夜などは実に寂莫を極めました。」[8]と述懐しているように、鉄道関連工事の開始時、その痕跡は色濃く残っていた。

　検出された鉄道関連の遺構の中には、往々にして大名屋敷の礎石や間知石を

再利用したと考えられるケースがあり、また何らかの工事で土砂を必要とした時、それを構内から採取した場合には土砂中に瓦片や近世の陶磁器片が混入することはまぬかれ難い。実はプラットホーム内の土砂はこの後者の例なのであるが、側壁部分布堀内の直径50cmにも及ぶ円石や破砕石、それに形の大きな瓦片などの混在は意図的に行われたとしか考えられない。しかし、これらの資材は最初から正式に計上されたものではなかったのではあるまいか。それは整地作業にともないいわば現地調達の所産であり、再利用すべき（地表近くにあらわれていて入手し易い）大名屋敷内の礎石やこれに相当する円石がもはや手に入らなくなった時、プラットホーム側壁用布堀内への円石設置は頓挫せざるを得なかったのであろう。円石の欠如がプラットホームの先端部にみられるのは、この工事がプラットホームの根元から実施されたことを物語っている。

　話がかなり細かくなってきたので次の検討に移ろう。先に少しふれたように、両側壁に囲まれたプラットホームの内側には土砂が入れられるのであるが、この土は側壁の切り石を支えるためにも、段ごとの石積みに対応して段階的に充填されたものと考えられる。さらに、駅舎寄りの根元から約90mまでの地点の内側からは上家を支える柱の礎石とT字状を呈したその基礎部分が検出されており、確かにプラットホームの上には「諸建築費用綱目」にでてくる長さ300尺の上家があったことを証明している。

　このようにして造られたプラットホームであるが、ここで気になるのが、利用客が直接乗り降りする部分、すなわちホーム上面の状態がどうなっていたかという点である。この点に関しては建築仕様書も残っていないため不明といわざるを得ないが、プラットホームの中央部分から切り石製の排水溝が見つかっているから、石敷きであったという想定も可能である。

図13　「東京開華名所図絵之内しんばし鉄道寮」　　（神戸市立博物館蔵）

しかしその一方、三代歌川広重による明治初期の作とされる「東京開華名所図絵之内しんばし鉄道寮」（図13）[9]をみると、どうしても砂利敷きとしか思えない表現となっており、また当時を知る人の記憶でも「土の上へ砂利をおいたものです」[10]と、少なくとも建設当初は砂利敷きであった可能性を示唆している。

　記録によれば、明治33年の段階で確認できる[11]プラットホーム上面はコンクリート製である。当初砂利敷きであったプラットホーム上面が、いつの時点でコンクリートに代わったのかはつまびらかでないけれども、明治10年にモースがはじめて横浜から新橋駅に着いた時、「我々は東京に着いた。汽車が停ると人々はセメントの道に下りた。木製の下駄や草履が立てる音は、どこかしら馬が沢山橋を渡る時の音に似ている。」[12]と書いており、さらに翌11年に日本を訪れたイサベラ・バードも横浜駅と新橋駅に関して「どちらの終着駅にも、広くて天井がつき石を敷きつめたプラットホームがあって」[13]と書いているから、明治10年頃からはすでにコンクリートもしくは敷石になっていた可能性が考えられる。

　しかし、明治10年の錦絵（「東京名勝開化真景　新橋鉄道」長谷川竹葉　明治10年出版）[14]および11年の錦絵（「東京名所図絵　新ばしステンション蒸気車」三代歌川広重　明治11年出版）[15]をみると、その状態はいまだ図13にみえるような砂利敷きを思わせる表現となっており、モースが固く敷き詰められた砂利面もしくは敷石を「セメント」と間違えた可能性は十分にあり得る。なぜなら、当初砂利敷きだったプラットホーム上面は、バードの記述や明治26年の錦絵（「新橋停車場　福嶋中佐着車之図」梅堂小国政　明治26年出版）[16]あるいは翌27年の錦絵（「大日本鉄道発車之図」東洲勝月　明治27年出版）[17]などからわかるように、まずは石敷きにされたと考えられ、いきなりコンクリート敷きになったとは思えないからである。もしかしたら、モースの文章にみえる人々が下りたという「セメントの道」とはプラットホームではなく、後に引用するように（254頁参照）人力車との関連から、あるいは駅前広場のことかもしれない。

　なお、駅舎内部の床面に関しては、明治7年3月に新たな出札所を造る際の工事仕様書に「在来敷石巾弐尺長延三丈五尺余掘起し」[18]とあり、開業当初から石敷きであったことがわかるし、この点は明治6年時点の駅舎内部を描いた三代歌川広重作「東京汐留鉄道館蒸気車待合之図」[19]でも確認できる。

　さて、駅舎とプラットホームの間に位置しているコンコース部分に関しては、切り石積みからなる側壁の構築方法がプラットホームのそれと同じであり、同

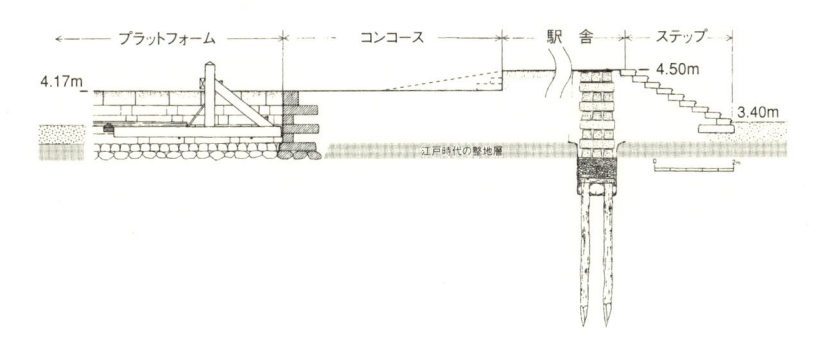

図14　駅舎・プラットホーム断面模式図

時期に造られた可能性が高いものの、個別に記載がなく本来の規模などは不明である。検出された遺構は幅40m、奥行き12mの広さである。コンコース両端の外側からは便所の遺構が検出されているが、開業時の写真（193頁写真32）をみると、プラットホームからコンコースを経て便所の外周を囲む側壁は連続しており、発掘の所見と若干の食い違いがあるようである。

ただ、便所の築造は日程的に駅舎やプラットホームの竣工より後であり、建設中の新橋駅の写真（197頁写真33）をみると、コンコースから続く側壁は便所建設予定地の手前で直角に曲がりそのまま駅舎側壁方向に伸びている状態を見て取ることができる。この状態は切り石土台が便所手前で屈曲して検出された発掘所見を裏づけるものであり、便所はその後に造られたものと考えられる。開業時の写真にみえるプラットホームから続く一連の側壁の状態は、便所竣工後の造り替えの可能性が高いといえそうである。この点に関しては、再度第IV章第1節で詳述したい思うが、今は開業時の写真にみえる便所が後述する際の便所Bに相当するということを確認しておけばよい。

さて、駅舎及びプラットホームの基礎部分の断面を復元した模式図が図14である[20]。この図をもとにもう一度要点をまとめておけば、駅舎は外縁部が4段の地中部分の斑石基礎と5段の床面までの青石土台からなり、内部は床面まで9段の斑石が使われていた。さらに、駅舎の基礎造は、4段の基礎石の下にさらに丸石や捨杭が設置されるというかなり堅固なものであった。一方、プラットホームは丸石および小口積みの基礎の上に4段の側石と1段の笠石からなっていた。そのうち地中には基礎および側石の2段目までが埋もれており、地上には笠石を含めて3段のみが露出していた。

なおこの復元によれば、駅舎床面の標高は4.50m（3.40m＋22cm×5段）となり、これはほぼ確実と考えられるプラットホーム上面の標高4.17mと33cmの齟齬がでてしまう。駅舎からコンコースを経てプラットホームにいたる床面（足元）は、安全面からいっても平坦であることが常識であろうから、この段差の存在は合点がいかない。写真5（27頁）をみると、駅舎の床面の高さを示す青石外壁が5段なのに対して、左端にみえる便所裏の土台石は3段であり、地表面の高さを一定と仮定すれば、この5段の青石と3段の斑石は高さにおいて一致すると考えざるを得ない。しかし、計算上は前述のように数値に差が生じてしまうのである。駅舎内とコンコースとの間にスロープもしくは階段を設置した[21]とも考えられるが（図14中に破線で表現）、新選東京名所図絵として描かれた「新橋停車場之図」（東洋堂『風俗画報』第241号　1909年）をみても段差があるとは思えないから、やはりデータ不足によるこちら側の過誤である可能性が高い。

　以上、駅舎およびプラットホームの遺構に関して検討してきた。しかし、プラットホームそのものに関しては開業後の変遷について検討すべき難問があり、これは第IV章第2節で扱うことにする。

　次に検討するのは、機関車用転車台（施設8）とこれと対をなす機関車庫（施設9）である。

　「諸建築費用綱目」に「大車台」と記載のある機関車用転車台は、直径40尺とされ、この数値は検出された遺構の内径12.2mとほぼ一致した。検出されたのは土台から下の部分であり、上部施設の構造は確認できなかった。それでも、転車台の場合、土台といっても見方によっては本体でもあり、我が国最初の機関車用転車台の構築方法が解明されたことの意義は大きい。

　建築素材には駅舎およびプラットホーム同様凝灰岩製の切り石が使われており、長さ85cmほどのそれを積み上げることによって円形の土台を構築している。下から1段目は長手面をみせて横に並べ、2、3段目は小口と長手を組み合わせて築造されていた。残存していたのは3段で、その高さは1.0mほどであったが、記録にある深さは4尺（約1.2m）とされるから、本来は4段の石積みからなる施設であったことがわかる。土台部分は地中に埋まっており、人の目にふれるのは円形の内側だけであるからその壁面は外側にくらべて丁寧に積まれており、内側の底面には厚さ約10cmのコンクリートも打たれていた。

　コンクリート底面の中央には軸装置を納めるための一辺2.5mほどの正方形の掘り込みがあり、その周囲には排水用の溝が巡っていた。廃水は煉瓦製の桝を

経て、鉄管および土管を通って施設外に排水される仕組みとなっていた。掘り込みの底にはやはりコンクリートが打たれており、その中央には1本の木杭が頭を出しているのが観察された。そしてさらに、基礎部分には長さ2m前後の捨て杭が1,828本も打ち込まれていることも判明したのである。この捨て杭は外壁およびレールが乗る外周部分と軸装置の乗る中央部分だけに限られ、重量のかかる部分のみの措置であったことがわかる（写真9、24頁写真2も参照）。

以上の調査所見から、この施設の築造過程を復元すれば次のようになろう。まず、転車台より一回り大きな直径13m、深さ2.2mほどの大穴を掘る。次に、設計図から軸装置部分と外壁およびレールを巡らす位置を割り出し、その部分に長さ2mほどの捨て杭を大量に打ち込む。その際、まず施設の中心に他よりやや

写真9　機関車用転車台の遺構（上）とその基礎（下）

写真10　機関車用転車台と扇形機関車庫（交通博物館蔵）

浅めに杭を打っておき、コンクリートを貼ってもその頭がみえるようにしておく。軸装置部分の底にはコンクリートを貼り、そのままにしておき、その周囲には厚さ約1.0mほど土砂を、また外壁・レールに対応する位置にはコンクリートブロック混じりのガラを同様の厚さで盛り土する。

最後に盛り土の上に4段からなる石壁を構築し、その他の盛り土上にはコンクリートを貼る。底面のコンクリートを貼る以前に排水用の施設を設置しておくことはいうまでもない。なお、当時の写真（写真10）をみると、4段からなる石壁の最上段は笠石となっており、さらにその上に幅の薄い木製？の縁が巡っている様子が見て取れる。

転車台内部底面のコンクリート（セメント）に関しては、大島の『鉄道日誌』に次の記載[22]がみられ、その使用を裏づけている。

二月十四日（明治5年）曇風　キンク氏差図にてトロンテーブル（ターンテーブル）遣いスメント（セメント）砂利練合台槻背板ニテ拵ル

二月十七日（明治5年）晴　トロンテーブルスメント砂利取交入突堅真中大石居方致ス

二月十八日（明治5年）晴　トロンテーブル廻りスメント砂利入突堅メ

次に転車台と対をなす機関車庫についてみてみよう。検出されたのは扇形をした長辺約42m、短辺約24m、奥行き20mの遺構で、上部からの削平および後世の建物によってかなり壊されていた。土台部分の残存は凝灰岩製の切り石積み3段ほどであるが、一部には4段の部分も認められた。切り石の土台は扇形の外周部のみにみられ、内側には割栗石や捨て杭からなる幅1mほどの6本の帯状の基礎は認められるものの、特に痕跡は残っていなかった（24頁写真2参照）。内部の土台は切り石以外の素材が使われたのであろう。

外壁部分の石の積み方は、長さ85cm、幅30cm、厚さ22cmほどの切り石を小

写真11　機関車庫の基礎部分

口面と長手面を段ごとに変えるもので、正面からみて1段および3段目は小口面を、2段および4段目には長手面をみせて積んでいる。なお、正面入口部の土台には、両端を除いてほぼ4mの距離で等間隔に5ヶ所の張り出しが認められ、この6分割が写真10にみえる6ヶ所の車庫に対応すると考えられる。この点は、先に述べた機関車庫内側の割栗石や捨て杭からなる帯状の基礎の数が6ヶ所であるのと対応している。

写真12　三ッ車台（貨車用転車台）の遺構

　外周部の基礎は写真11に示したように、切り石の下部約70cmほどが布掘りされており、底面には横木が、またその上には大きな角石が充填されていた。さらに、横木の下には長さ約2mの捨て杭が2本1組で打ち込まれていた。この手法は駅舎の基礎部分と同じ構造となっており、横木と捨て杭が鎹で固定されていたのも同様であった。

　次に貨車用転車台についてみてみよう。貨車用転車台は明治30年以降数が増えるものの、それまでは荷物庫付近に4基とその他構内北東端の河岸に1基があるだけであった。前者の4基は「明7構内図」（15頁図5）でも確認できるから、開業後まもなくこの状態になったと考えられるが、開業時には「諸建築費用綱目」に「三ッ車台」（施設13）とあるように3基だけが築造されたようである（写真12）。検出されたのは回転板を除いた土台（前述したように本体でもある）から下の部分のみであるが、初期の貨車用転車台の基礎構造が判明したことの意義は大きい。

写真13　外国人職工官舎の遺構

本体部分は上面の削平が激しく残っておらず、かろうじて内部底面以下が残存していただけである。それによると、底面はコンクリート製で、その下部には、長さ1.8mほどの捨て杭が400本前後打ち込まれていた。杭が打たれているのは外周部と軸装置部分であり、転車台の直径は5mほどである。コンクリートでできた底面から立ち上がる本体外壁の素材は不明であるが、痕跡からみて機関車用転車台同様、凝灰岩製の切り石であった可能性が高い。

　お雇い外国人のための施設である外国人職工官舎（施設27）、インジニール官舎（施設28）および附属厩は基礎部分のみが検出されている。そのうち「諸建築費用綱目」に「工夫外国人一番官舎　西洋二階建て　煮焚所共」とある外国人職工官舎は、「明14構内図-1」（13頁図4）に描かれた位置で煮焚所とともに検出された。基礎は他の開業時の施設同様凝灰岩製の切り石積みであるが、石の大きさは一辺45cmと小さく厚みも薄い。この点は隣接した煮焚所の遺構でも同様で、官舎は3段、煮焚所は2段が残存していた（写真13）。煮焚所遺構内には間仕切りに対応すると思われる基礎も検出されており、また官舎遺構内からは方形をした捨て杭ブロック2ヶ所も見つかっている。なお、基礎の下からは2本1組の捨て杭が全周する形で検出されている。

　インジニール官舎（施設28）および附属厩は、先に述べたように明治13年に焼失し、その後同じ場所に新官舎が建てられた関係で、遺構は必ずしも明瞭に確認されたわけではない。特に土台部分に関しては、新官舎を建設するにあたって、旧施設の礎石や束石を除去後再利用しており、開業時のインジニール官舎の形を遺構のうえで確定することは困難であった。この点は機関車修復所（施設15）においても同様で、新橋工場中最も増改築の激しかったこの施設の当初の土台を復元することは難しく、一部想像の域を出ない。なお、機関車修復所の変遷については、後ほどふれることがあるだろう。

　荷物庫（施設23）の遺構は「明14構内図-1」（13頁図4）に描かれた地点から基礎部分だけが検出され、これは「明7構内図」（15頁図5）に示された位置とも一致している。基礎は一部円石が使われているものの、ほぼ角石を敷き詰めて構築されており、その下には捨て杭が2〜3本1組みを単位として、ややランダムに打ち込まれていた。一部に横木も残っていたから、本来はこれも設置されていたものと推定される。荷物積所（施設24）の基礎は後世の破壊により明瞭に把握することができなかったけれども、荷物庫同様角石で構築されているのが確認できた。なお、荷物庫は記録に「外側石壁造」とあるから、この基礎

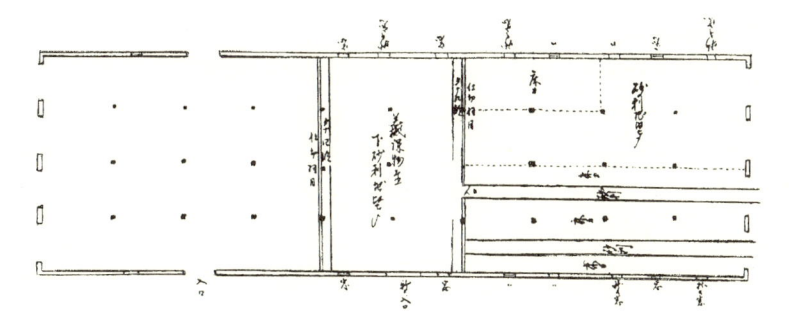

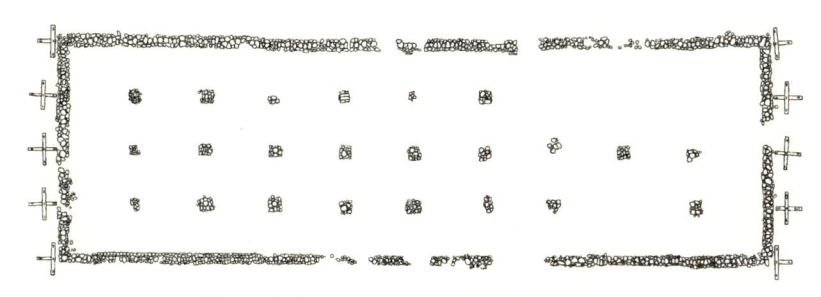

図15　板庫平面図（上）および遺構平面図（下）

の上に切り石の土台や側壁が乗っていたと考えられるものの、ほとんどが除去されており、一部しか検出できなかった。

　荷物庫でみた状況は客車庫（施設26）でも同様で、残存していたのは遺構西端にあたる基礎部分だけであった。基礎は割栗石に径60cmほどの円石を敷き詰めたもので、特に捨て杭は確認されなかった。客車庫も記録によれば「外側石壁造」とあるから土台や側壁には凝灰岩製の切り石が使われた可能性が高いが、まったく残っていなかった。

　板庫（施設14）も検出されたのは基礎部分だけであった。前述したように、この施設は開業後で最も古いと考えられる「明7構内図」にも描かれておらず、位置の確定に苦慮したけれども、「諸建築費用綱目」にみえる数値と平面図からこの遺構に同定した（図15）。これで、存在は知られていたもののその場所が不明であったこの施設の構内での位置がはじめて確定したことになる。なお、建物の基礎には割栗石および角石を使用しており、柱の礎石も同様であった。

　「諸建築費用綱目」にでてくる開業時の石炭庫を「明14構内図-1」（65頁図23）の施設番号25に同定した経緯は前節で述べたとおりである。検出されたの

は土台と基礎部分で、土台は凝灰岩製の切り石からなっていた（24頁写真2参照）。同記録に「外側煉瓦造」とあるから、切り石の上に煉瓦の側壁が乗る構造であったと考えられるが、その痕跡はまったく認められなかった。もし記録にあるとおりに造られたとしたら、開業時の鉄道施設の中で唯一煉瓦造りの建物であったことになるが、そうすると、大島の『鉄道日誌』の記述とは矛盾することになってしまう（後述）。

水溜（施設31）は灰落場（施設58）に接して捨て杭のみが検出された。おびただしい数の木杭で、直径は約4.3mである。

以上、開業時の鉄道施設に関して個別に検討してきた。次節ではこれらの廃絶時期について検討しよう。

註

（1） 佐々木高踏「新橋ステーション」（『建築工芸叢誌』第22冊　1913年　35頁）によれば、駅舎は「内部は漆喰塗り、外部は木柱に伊豆の斑石を五六寸厚に張り、その角を同じ伊豆の青石にした」とある。写真5をみると駅舎外壁5段の土台部分は、駅舎のコーナー部分に使用したとされる「伊豆の青石」と同じ石材であることがわかる。
（2） 大島盈株「新橋停車場の昔噺」（沢和哉編『鉄道－明治創業回顧談』築地書館　1981年　162頁）。
（3） 「新橋ステーション間内修繕伺并指令」（『鉄道寮事務簿』第14巻）付図。
（4） 日本国有鉄道『日本国有鉄道百年史』2　1970年　139頁。
（5） 「上田虎之助拝借地ノ儀伺并下示」（『鉄道寮事務簿』第4巻）。なお、伊藤滋「停車場の変遷」（『建築雑誌』第57輯第697号　1943年　307-316頁）中にも「階上には貴賓室、料理店を設けたのであるが」云々との記載があり、駅舎の2階に食堂があったことがわかる。しかし、この記述のもととなった出典に関しては特にふれられていない。
（6） 「ブラック新聞紙売払願出ニ付往復」（『鉄道寮事務簿』第3巻）。この時点での許可対象駅は横浜と品川であろう。
（7） プラットホームは脇坂家および伊達家の旧藩邸にまたがって構築されており、それは両藩邸の境に存在した堀割の上にも及んでいる。プラットホームはこの堀割を埋め立てて造られたわけであるが、地盤が弱いため、この部分にのみ捨て杭を打って補強している。
（8） 前掲「新橋停車場の昔噺」160頁。
（9） 神戸市立博物館『明治鉄道錦絵』1994年　18頁。
（10） 日本国有鉄道『国鉄の回顧－先輩の体験談－』1952年　200頁。
（11） 「新橋駅乗降場上家等工事」（『逓信省公文』第59巻　建築27）。
（12） E・S・モース　石川欣一訳『日本その日その日』1（東洋文庫171）平凡社　1970年　12頁。

(13)　イサベラ・バード　高梨健吉訳『日本奥地紀行』（東洋文庫240）平凡社　1973年　13頁。
(14)　港区立みなと図書館『港区資料室所蔵　増補非図書目録』1992年　80頁。および東京ガス株式会社『明治瓦斯燈錦絵づくし　ガス資料館』1995年　150頁。
(15)　品川区立品川歴史館『品川歴史館所蔵　浮世絵図録』1993年　53頁。
(16)　前掲『明治鉄道錦絵』1994年　40頁。
(17)　同前『明治鉄道錦絵』1994年　47頁。
(18)　「新橋ステーション出札所新設等伺并指令」（『鉄道寮事務簿』第20巻）。
(19)　三和新聞社『三和テッキ株式会社所蔵　明治鉄道錦絵図録－文明開化と日本の鉄道－』（1987年　32・33頁）および品川区立品川歴史館『明治鉄道錦絵とその時代』（1992年）所収。
(20)　模式図の作製の関しては、斉藤進「新橋駅舎・プラットホームについて」（東京都埋蔵文化財センター『汐留遺跡』Ⅱ〔第5分冊〕2000年　253-260頁）中の「駅舎・プラットホーム断面復元図」を参考にした。
(21)　同前　255頁。なお、斉藤は青石（斉藤は笠石と呼んでいる）1個の高さを25cmとし、駅舎床面の標高を4.66ｍと算出しているから、段差は約50cmとなる。
(22)　前掲「明治建築史料その儘（Ⅱ）」。
(23)　「新橋ステーション内四番板蔵模様替1件」（『鉄道寮事務簿』第20巻）付図。

第3節　施設の廃絶時期

　駅舎およびプラットホームの廃絶の問題に関しては序章で詳述したので繰り返さない。
　開業時の施設の中で最初に姿を消すのは板庫（施設14）と呼ばれた建物で、すでに「明7構内図」（15頁図5）でその存在が確認できなくなる。明治7年2月24日付文書にこの施設を客車修復所および器械方倉庫に改築する旨が記載されているから、開業後ほどなく分割されて客車修復所および器械方倉庫になったことがわかる（前述）。そもそも板庫とされたこの施設の機能が何であったのか不明であるが、改築後の機能として客車修復があげられている点、およびこの施設の焼失後に造られた客車修復所が、別名で板庫と同義の「板倉」と呼ばれている点などを勘案すると、本来客車の修復に関連した施設であったことが想定される。
　それはともかく、改築を経たこの建物そのものが廃絶するのは、今述べたように、同年9月に起こった火災によってである。そして、この施設の機能であ

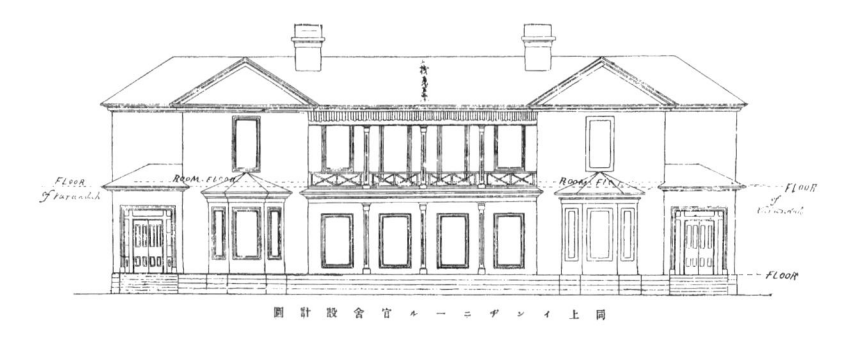

図16 インジニール官舎側面図

った客車修復作業は機関車修復所で継続され、やがて翌8年3月14日付文書で板倉（施設47）新設の伺いが出されることになる。一方、器械方倉庫のほうは、同じ年の5月にその代わりとして煉瓦造り鉄製丸屋根の倉庫（施設53）が建設される、ということになる。

　次の施設の検討に入る前に、ここで対象となる建築物の廃絶および拡張の問題に関して、少し言葉の問題を整理しておこう。まず、建物そのものが壊され、しかもそのもっていた役割（機能）もなくなってしまう廃絶がある（変化A）。この場合は物理的にも、機能的にもその施設がもっていた役割が構内から消えてしまういわば完全な廃絶で、例としては外国人職工官舎（施設27）のような施設があげられる。次に、建物そのものは壊されたものの、もっていた機能が他の建物に移るケースが想定される。移った先が新設の建物ならば、それは移築ということになるし（変化B）、既存の建物内ならば、機能のみの移動ということになろう（変化C）。ここまでがいわば物理的な視点からみた建物の廃絶のパターンの分類である。

　一方、建物は残ったものの、もっていた役割が消滅もしくは移転する場合がある。そうすると、対象となるこの建物には新たに別の機能が負わされるわけであるが、これは機能のみの変化ということになる（変化D）。また、現在の施設にもとの機能の他に新たに別な役割が付加される場合も考えられ（変化E）、逆に機能はそのままで、入れ物としての建物が拡張される場合もあろう（変化F）。そして最後に想定されるケースは、変化Eと変化Fを合わせた、その施設が物理的にも機能的にも拡充され、総合的な施設に変化する場合である（変化G）。入れ物としての建物が残る変化D以下の分類は、機能や建物の拡張に関する分類ということになろう。

第3節 施設の廃絶時期 45

話がやや込み入ってきたのでこのへんで止めるけれども、様々なケースを定義しておくことで語彙の混乱を防ぐことができる[1]。なお、この変化の区分に関しては、構内施設変遷一覧表（巻末表22）中に項を設けて記載しておいた。

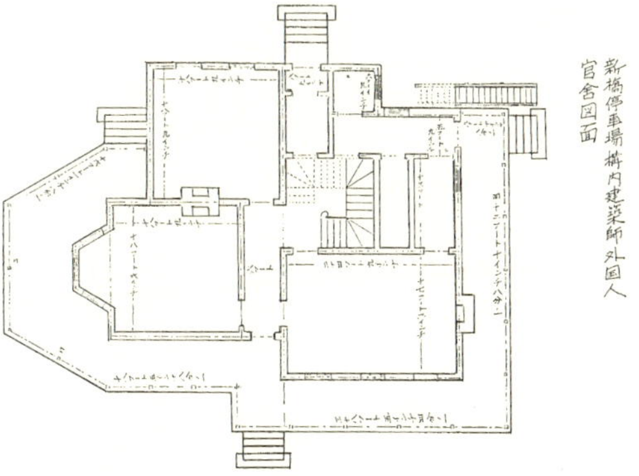

話をもとに戻そう。開業時の施設のうち「明14構内図-1」（13頁図4、65頁図23）で確認できないものに、明治13年2月の焼失後建築科長外国人官舎として建て替えられた開業時のインジニール官舎（施設28）、それに明治13年7月16日付文書による客車製造所（施設16）建増しを契機として器械場（施設17）となる機関車修復所（施設15）があげられる。

インジニール官舎（施設28）は新橋駅構内において最初に建設された施設（図16）で、着工は明治4年2月21日、竣工は同年8月7日である。明治13年2月に焼失するのであるが、同年12月にはほぼ同じ場所に建築科長外国人官舎（図17）が建てられる。したがって、建物自体は廃絶したものの、その機能は再建された同様の施設に受け継がれたといってよい。

機関車修復所（施設15）の特徴は、機能を変質させつつ建物を拡大させたといってよい例で、先に述べたように、明治13年6月から開始される客車製造所建増し工事[2]を契機として、その後器械場（施設17）と呼ばれる総合的な職場になる。機関車修復所では明治7年9月に客車修復所（施設14）が焼失した時、代わりにその作業を行っており、またその後ここに客車製造所（施設16）もあったと推定されるから、器械場になっても機能的にそう大差があるとは思われない。

板庫（施設14）に関しては、この施設の機能が不明なため分類に苦慮するが（冒頭で述べたように、客車の修復施設である可能性が大きい）、いずれにせよ建物自体はなくなっているので変化A・B・Cのいずれかの範疇であろう。

次になくなる施設が外国人職工官舎（施設27）で、「明15～17構内図」（17頁図7、119頁38）にはまだみられるものの、「明18構内図」（19頁図9、122頁図39）、

図17　建築科長外国人官舎平面図

46　第Ⅰ章　開業時の新橋駅

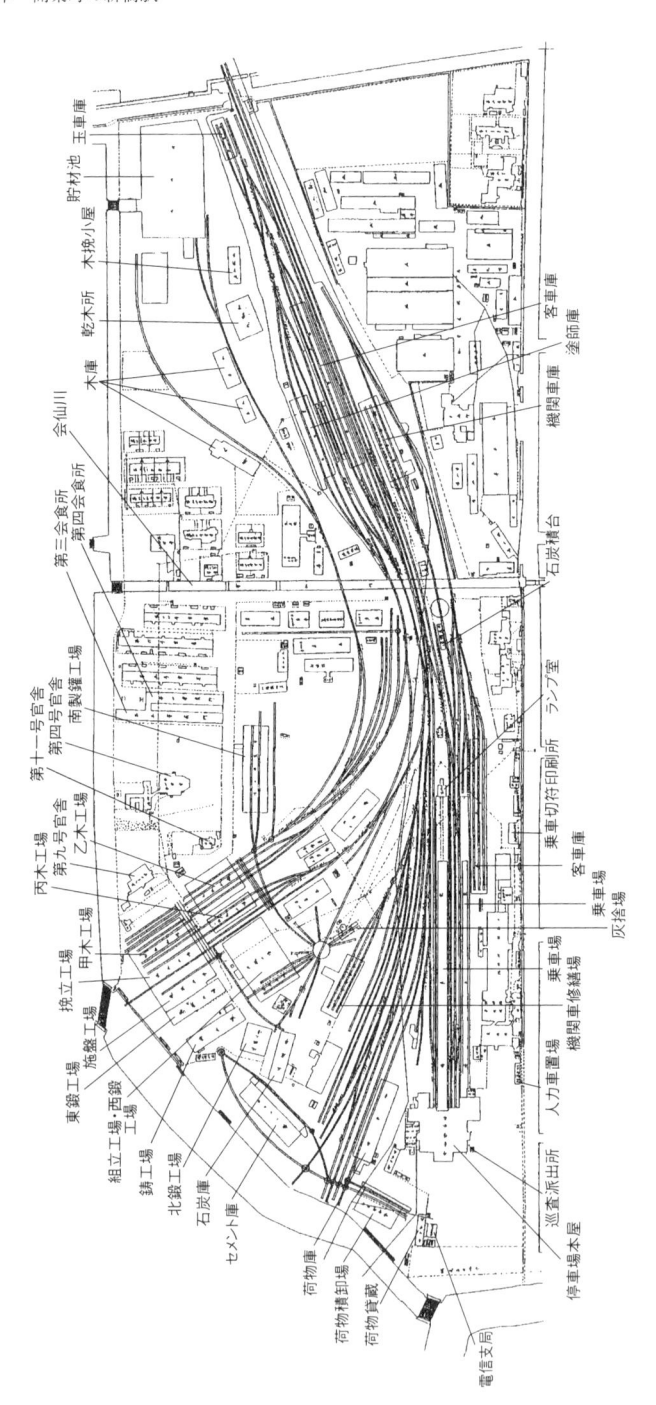

図18　「明30構内図」（主な施設名記載）

「明17参考図-1」(18頁図8)ではすでに建物が消えている。一方、明治13年頃の構内の様子をあらわしていると想定できる[3]『東京実測全図（築地・新橋）』（地図資料編纂会『江戸－東京市街地図集成』〔柏書房　1988年〕所収、以下「明13参考図」と略称、75頁図30。）に描かれていないのは奇異であるが、明治30年銘のある構内図（図18、以下「明30構内図」と略称）では確認できないから、明治18年から30年の間に消滅したことは確実である。この施設の消滅はいうまでもなくお雇い外国人の数が激減したことが原因であり、明治8年の段階で構内に19人いた外国人職工も明治10年代後半にはほとんどいなくなっていたものと推察される。

　「明30構内図」（図18、124頁図40も参照）において確認できなくなる施設に、扇形機関車庫（施設9）、石炭庫（施設25）、客車庫（施設26）、荷物庫（施設23）、荷物積所（施設24）、三ツ車台（施設13）などがあげられる。

　扇形機関車庫（施設9）に関しては、明治17年9月15日の台風による新橋駅構内の被害報告の中に「屋根角回リ瓦吹落サレ併下屋回リ破損セル分左ノ如シ」として第一汽鑵車庫および第二汽鑵車庫の名をあげており[4]、第一汽鑵車庫が開業時の扇形の機関車庫に相当するなら、少なくともこの時点までは存在していたことがわかる。この状況が表現されているのが「明15～17構内図」で、新しい機関車庫（第二汽鑵車庫、施設86）が転車台の北に出現しているのが確認できる。

　また前述したように、明治18年6月のお雇い外国人の報告の中に「製罐工場に改造され、製罐用の機械も装備された古い機関庫を除いて、すべての工場は良好な修繕状態にある。」[5]とあるから、扇形機関車庫が明治17年9月15日以降、明治18年6月までの間に機能の面で改造されていたことがわかる。その際、建物自体が改造されたか否かは不明であるが、やはりこの報告に「この製罐工場は非常に危険な状態で、何の前触れもなく屋根が落ちてきそうなほどである。」とあるから、台風による破損箇所がそのまま放置されていた可能性も考えられる。たぶん、この製罐工場（施設10）は扇形機関車庫の建物そのものを改装した程度の、いわば機能的な改変だったのではあるまいか。その後この製罐工場はほどなくこの場所に建設される新工場（「明30構内図」で確認される組立工場・西鍛工場の前身、施設11・12）によって壊されることになるが、この破壊の様子は発掘調査によっても確認されている（24頁写真2参照）。

　扇形機関車庫の建物自体は、このようにして廃絶された。しかし、構内にお

ける機関車庫の役割はいささかも衰えるものではない。先にみたように「明15〜17構内図」には新たな機関車庫（施設86）が描かれており、この点は「明17参考図-1」でも確認できる。この2棟目の機関車庫は「明30構内図」では機関車修繕場（施設87）に変わっており、その代わりに会仙川の南に大規模な3棟目の機関車庫（施設135）が造られている。機関車庫の機能はこのようにして、機関車運行の帰着点が新橋駅構内にある限り継続し続けていくのである。なお、この機関車修繕場は明治44年銘のある構内図（図19、以下「明44構内図」と略称）では姿を消すものの、少なくとも明治34年までは存在していたことがわかっている[6]。

次に、「明30構内図」にはすでに描かれていない石炭庫（施設25）に関してであるが、この構内図をみると、その廃絶の原因は隣接して新たに出現した機関車修繕場（施設87）と関係がありそうである。この図では石炭庫は機関車修繕場の建物とは接触していないものの、そこに入り込む3本の車線には抵触している。この状況は石炭庫が描かれている「明15〜17構内図」でも同じで、こちらの図では車線は石炭庫の上に重ねて表現されている（ただし、この図ではまだ機関車庫である）。

この点は年代が近く2棟目の機関車庫（施設86）が描かれている「明17参考図-1」でも同様で、この参考図にはもはや石炭庫は描かれていない。したがって、「明15〜17構内図」に描かれた開業時の石炭庫（施設25）はすでに機能を停止していると判断され、石炭収納の機能は同図に描かれた別の二つの石炭庫（施設34・55）に移ったと考えられるのである。以上の点から、開業時の石炭庫は明治15〜17年頃に廃絶されたと考えて大過あるまい。

客車庫（施設26）の廃絶時期は不明である。客車庫に関してはすでに明治9年3月の時点で2棟目の施設（施設56）が建設されており、これは「明14構内図-1」をはじめ「明15〜17構内図」、「明18構内図」、「明17参考図-1」で確認できる。したがって、その時点でこの施設のもつ機能は分散されていたと考えてよいが、建物そのものが壊されるのは「明30構内図」にでてくる新しい荷物庫（施設119）の建設によってである。

当初この荷物庫は、構内図内の位置から客車庫（施設26）の改築の可能性が考えられたものの、発掘の結果、両者の土台は位置がずれており別物で、客車庫を壊して荷物庫が造られていたことが判明した。したがって、客車庫の廃絶時期はこの荷物庫の建設時以前ということになるけれども、その時期を記録上で

第3節 施設の廃絶時期 49

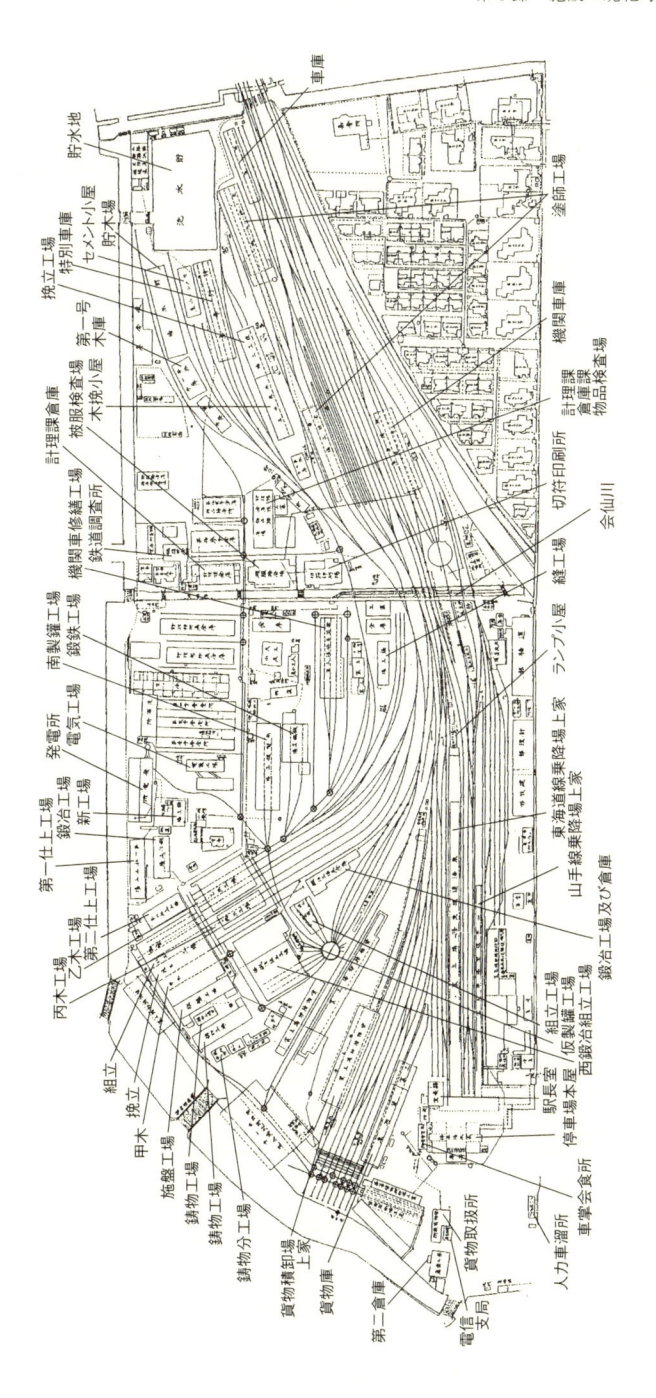

図19 「明44構内図」(主な施設名記載)

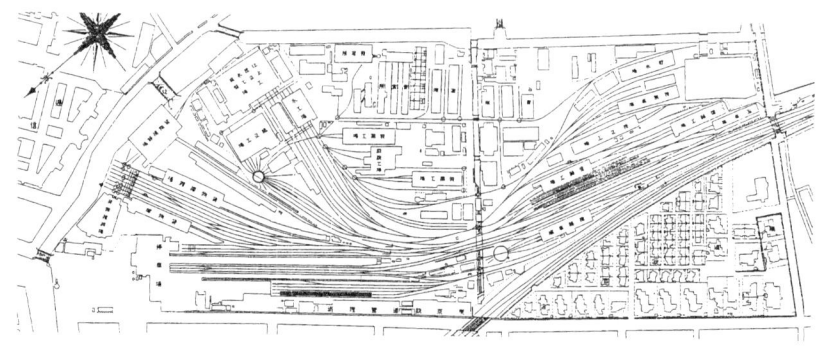

図20　「大２構内図」

確認するすることができず、客車庫の廃絶時期も特定することができない。ただし、明治20年11月の時点ですでにこの場所にこの新しい荷物庫（施設119）が存在しているから[7]、客車庫の廃絶時期は少なくともそれ以前ということになろう。

　今「明30構内図」にあらわれた新しい荷物庫にふれたが、これは開業時の古い荷物庫（施設23）が移転したものと考えられる。古い荷物庫は「明18構内図」をみてもわかるように、明治18年頃までは開業時の姿のままで機能していた。それが「明30構内図」のその周辺をみると、建物は建て替えられて各事務所となり、しかも開業時のプラットホーム（施設7）との間にもう1本別のプラットホームが存在していることがわかる。この新しいプラットホーム（施設134）にはたんに「乗車場」との記載があるだけだが、明治末の「明44構内図」（図19、137頁図43）には「山手線乗降場上家」の文字がみえ、また別の史料[8]には「赤羽線乗降場」とあるから、これが明治18年3月に乗り入れを開始した赤羽・新橋間直通運転に対応した施設であることがわかる。

　この山手線用のプラットホームの建設記録は現在のところ知られておらず、その時期も特定できないが、おそらく私鉄である上野・高崎間鉄道が全通し、赤羽から渋谷を通って品川、新橋に乗り入れ運転が開始されたことと関係があるのだろう。ちなみに、明治24年5月[9]の駅舎平面図（第Ⅳ章第1節にて後述、201頁図55）にもこのプラットホームは描かれておらずやや奇異であるが、もしこの平面図に省略がないとすれば、その建設はそれ以降ということになろう。

　いずれにせよ、このプラットホームの建設によってこの一画は、新しい客車庫（施設137）の出現にもみられるような旅客用の空間となり、貨物用の空間は駅

第3節　施設の廃絶時期　51

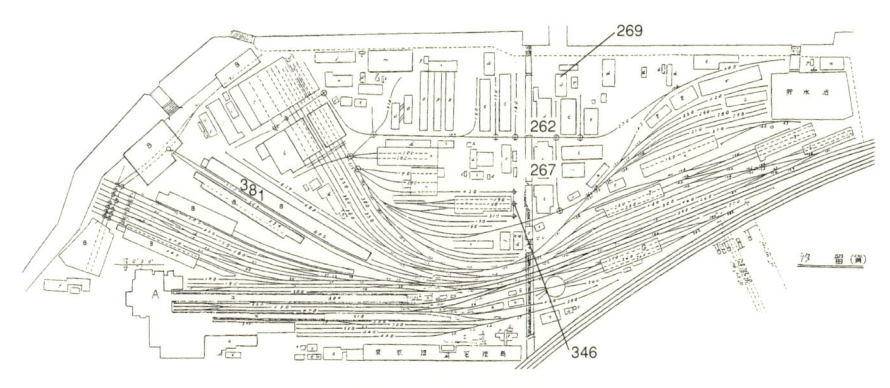

図21　「大4構内図」

舎南東側の一画へと移転することになる。開業時の荷物庫（施設23）および荷物積場（施設24）は壊され、荷物庫は新しい場所に移設されたのである。このことから、荷物庫および荷物積場の廃絶時期を赤羽線列車の乗入れ時頃と推定することは許されるであろう。これをまとめておけば、赤羽からの乗入れ開始は明治18年3月からであり、荷物庫もこれを機に移転した可能性が考えられるものの、赤羽線専用のプラットホームは明治24年5月の時点でも造られていなかった、ということになる。

　なお、この時荷物庫および荷物積場と対をなす開業時の貨車用転車台（施設13）が、新たな旅客取扱い空間創出のために廃絶されたことはいうまでもない。「明30構内図」をみると、いくつかの新しい貨車用転車台が主に汐留川に沿った構内東端に描かれており、駅前広場左手の南、新橋工場との間が新たな貨物取り扱い空間として機能していることがわかる。そして、この空間の出現は明治17年前後まで存在したと考えられる外国人職工官舎（施設27）の意味がなくなり、その直後に建物が廃絶された結果でもあったのである。

　最後に機関車用転車台（施設8）の廃絶に関して確認しておこう。開業以来、「明7構内図」、「明14構内図-1」、「明15～17構内図」、「明18構内図」、「明13参考図」、「明17参考図-1」、「明30構内図」、「明44構内図」、明治45年銘のある構内図（以下「明45構内図」と略称、141頁図45）、大正2年銘のある構内図（図20、以下「大2構内図」と略称）と描かれ続けてきた開業時の機関車用転車台がその姿を消すのは、大正4年銘のある構内図（図21、以下「大4構内図」と略称）からである。これは当然、大正3年に新橋駅が貨物専用駅になったこととの関連が想定されるものの、廃絶に関して記録がなく想像の域を出ない[10]。

新橋駅構内における機関車用転車台は、開業時のものが少なくとも明治18年頃まで単独で使われており、その後明治30年の時点では会仙川の近くに2基目の直径のより大きなもの（施設187）が存在していたことがわかっている。さらに、明治44年の段階では会仙川以南にやはり規模の大きな機関車用転車台と思われる施設（施設238）が確認できるものの、この時点では先にみた2基目の転車台はすでになくなっている。そして、会仙川以南に出現したこの3基目の転車台が明治30年の段階で確認された2基目の転車台が移転したものなのか、あるいはそれとは別個に造られ、明治44年の段階では2基目の転車台はたんになくなっただけなのか定かではない。そして、大正2年まではこの状態が続き、大正4年頃にはついに開業時の転車台は新たに出現した巨大な貨物積卸場（施設381）によって廃絶されることになるのである。

　ちなみに、関東大震災時の「大12構内図」（3頁図1）には機関車用転車台は描かれておらず、機関車の帰還場所が汐留駅構内になかったことを示しているが、これは記録に「（大正）五年二月ニハ機関庫ハ廃止トナリ」[11]とあるように、すでにこの時点で汐留駅構内に機関車を置く必要がなくなっていたからである。この文脈でいえば、続いて同じ記録にでてくる大正5年4月19日の「転車台ノ改造ヲ行ツタ」の記載が、その一連の動きであることが理解されよう。

註

（1）　新橋駅が現在存在していない以上、論理的にこの定義には期間的な限定が前提となる。ここではその時間幅を、新橋駅が総体として汐留貨物駅に変化してしまう大正3年までとしておきたい。そうすると、この時まで基本的にその建物内において当初の機能を果たし続けているケースもでてくる。表22中では「H」としておく。

（2）　「新橋停車場構内客車製造所建増ノ伺」（『工部省記録』巻18ノ2）。

（3）　内務省地理局が作製したこの地図は明治19年3月に出版されるが、描かれた内容を詳細に検討すると、鋳物場がないこと、明治14年に実施された新客車庫の増設が認められないこともさることながら、明治13年9月に完了する器械場南端部の客車製造所の建て増しがいまだ行われていないこと、一方、明治13年6月に設置されるプラットホーム先端部のランプ部屋がすでに存在しているなどの点から、その実体は明治13年6月から9月までの3ヶ月間に限定できる。さらに、この点は明治13年2月に焼失し、同年12月に再建されるインジニール官舎（施設28）が描かれていないことからも裏づけられよう。

　　　またこの地図は、明治8年に建設された3棟の長屋形の職員官舎（150頁図49参照、施設372・373・374）が、構内西端部において確認できる唯一の資料でもある。一方、本文でも述べたように、「明14構内図-1」（13頁図4）の段

階においてもいまだ存在する器械科長外国人官舎（施設50）や外国人職工官舎（施設27）が描かれていないのはどういうわけであろうか。
　なお、これとは別に明治13年とされる地図が存在することも知られている。それは参謀本部測量局が正式測量に先立って実施した「迅速測図」のことで、汐留地区のそれ（「新橋」〔『明治前期・昭和前期　東京都市地図1　東京東部』柏書房1995年〕）は明治13年測量とはされるものの、内容をみると、15年に開設される東京馬車鉄道会社や「明14構内図-1」でもまだ出現していない2棟目の機関車庫（施設86）らしき施設が描かれるなど、少なくとも明治15年以降の様相を示しており、にわかに測量年代を鵜呑みにするわけにはいかない。加えてこの地図は不鮮明でもあるため、本書では参考資料とするにはいたらなかった。

（4）　「京浜間鉄道部内風災修繕予算上申」（『工部省記録』巻32ノ1）。
（5）　『Imperial Government Railways Japan Annual Reports by Foreign Staff』(For The Twelve Months From 1st July, 1884, To 30th June , 1885.) Tokio 1885　p.27.
（6）　「新橋停車場貨物積卸場等工事」（『通信省公文』第66巻　建築34）付図。
（7）　「新橋停車場車夫溜所移転ノ件」（『鉄道局事務書類』第2巻）付図。
（8）　「新橋停車場ランプ小屋改増築其他工事」（『通信省公文』第68巻　建築36）付図。
（9）　「新橋停車場模様替ノ件」（『鉄道庁事務書類』第3巻）付図。
（10）　わずかに「大正五年五月一日ヨリ二十二日ニ亘リ構内配線ノ大改築ガアリ、旧東海道線ホームヲ貨物積卸場ニ変更、五年四月十九日ニ転車台ノ改造ヲ行ツタ」（汐留駅長『七十年の抄録』1932年　7頁（『上野駅史・汐留駅史』〔大正期鉄道史料　第2集（6）〕日本経済評論社　1984年に採録）として転車台改造の記載がみられる。
（11）　同前。

第4節　開業時の時代的背景

　今まで本章では開業施設の様相に関して、文献および発掘データにもとづいて具体的に検討してきた。本節ではやや時間を戻して、鉄道設置にいたる経緯と新橋駅の包括的な特質に関して一瞥しておきたい。
　明治3（1870）年3月25日、明治政府は芝口汐留付近において、我が国最初の鉄道建設にともなう測量調査を開始させるが、これは前年11月10日の廟議決定にもとづく東京・京都間さらに大阪、神戸までを結ぶ幹線鉄道の一環としてであった。当時、東西両京を結ぶこの幹線経路を東海道とするか中山道とするかは決まっておらず、新橋・横浜間の建設はその枝線として着工されること

になったのである。

　日本における鉄道建設の必要性については、廟議決定に先立つ1ヶ月前の10月11日付外務省発太政官宛の「鉄道建設ニ関シ建議ノ件」に略述されており、特に東京・横浜間鉄道に関して次の記載がある。

　「追而遠路マテ連続致し候発起之見本として差向東京より横浜迄之間ハ土地平坦ニて河も少なく初發之業ニハ功成り易く（略）勿論横浜と東京之間は海路搬運自在ニ而汽車相備候とも無用ニ可有之との議論も可有之候得共横浜之繁昌は一日ハ一日より相増東京トハ聲息相通商法之懸ケ引呼吸ニ至候而ハ寸刻之時間を争候儀ニ付車道相開候得バ比隣一町内も同様ニ相成老幼婦女ニ至迄安楽ニ往来いたし貿易益盛大ニ可相成去迚従来之興丁馬夫舟子駅店等ハ繁昌之予沢ニ浴し」[1]

　建議書をみる限り、新橋・横浜間の鉄道建設には全国鉄道網の「発起之見本として」の政治的効果と「商法之懸ケ引、貿易益盛大」という経済的効果の二つの側面があったことがわかる。さらに、この文面は建議に先立つ約半年前の明治2（1869）年3月、燈台機械方イギリス人ブラントンが、神奈川県判官事を通じて外国判官事に提出した「鉄道建設ニ関スル意見書進達ノ件」の影響を強く受けており、当該区間の鉄道建設が外国特にイギリスの要請でもあったことを示している。ブラントンは日本中いたるところに鉄道網を敷くのが理想としつつ、次のように述べている。

　「此網之如くニ敷詰むる時は黄金も数多費ヘ又時も久しく掛り候ヘとも短き鉄道ニ而も其益ハ同じく唯違ふ所ハ多少なり又短き物を立つれハ是を手本として世間へ出ざりし者ニ鉄道と言へる者之此様ニ驚へき働きを知らしめ又人民之是れを好む事いくなる哉此手本を以て試むべし右様之短き鉄道を作る地ハ横浜と江戸の間より外ニ都合能所なし其地ハ

　　第一　地面平にして鉄道を作る事容易し入費も少かるへし
　　第二　右両所之隔り適宜にて鉄道之働きを顕わすにハ十分なる隔り也
　　第三　右之地ハ京都併南国へ通行之大道路故後日是れニ鉄道をつきたす時ハ重なる鉄道之根本となるべし
　　第四　江戸ハ舟之近寄り難く外国との交易にハ不便なる所ゆへ横浜より其地へ鉄道ニ而も作らさる時ハ決して盛んとなるへからす
　　第五　此両地當今ハ商賣多く通行繁き故入費を少にして一個之鉄道を作る時ハ其金主慥ニ利を得るべし」[2]

このようにして京浜間の鉄道建設が具体化されるわけであるが、なぜ東京の玄関口として汐留地区が選ばれたのか、またそれが誰の意向であったのかは、これを確認できる資料がなく想像の域を出ない。ただし時の民部兼大蔵大輔大隈重信に関して、「大隈侯は非常な卓見の持ち主で、明治二年の頃、すでに東京には中央停車場が入用である。中央停車場としては、上野の広小路が最も適当である（といっていた）」⁽³⁾との証言があり、その信憑性を問わないとすれば、汐留地区が選ばれたのは、あくまで枝線としての東京の玄関口ということになりそうである。

しかし、実際にはすでに市街地化していた東京の中心部を避け、市街地との接点として汐留地区が選ばれたというのが真実に近いのではあるまいか。その理由としては、東京の中心部に外国人が直接入ってくることの軍事上の不安もさることながら、敷地買収や移転に要する費用の面からも、明治維新後に接収した広大な旧大名屋敷地を利用することが考えられたのであろう。加えて、築地にあった外国人居留地に近いこと、船による物資輸送が可能であることなどもその理由としてあげられるかもしれない。

この点に関して、記録には「（明治3年3月）廿五日先に（本年正月）民部省用地トセシ、芝汐留町旧仙台外弐藩邸ノ地ヲ、東京停車場ノ地ト定メ、線路測量ニ着手ス。（4月）十二日東京芝汐留町近傍ヨリ土工ヲ起ス。」⁽⁴⁾あるいは「（明治3年）三月二十五日東京芝口汐留ノ近傍ヲ量地スヱヲ起業ノ叡始トス（略）是年四月元龍野、仙台、会津ノ三邸ヲ敷地トシ蒸気車会所建築ノ為十二日ヨリ地均工事ヲ施シタリ」⁽⁵⁾などとあるだけである⁽⁶⁾。

いずれにせよ、以上あげた様々な要素を勘案して、大隈に代表される鉄道建設推進派政治家とイギリス公使であるパークスたちが政治的・経済的観点から停車場の位置を汐留地区に選定したことが想像される。その際、用地選定にあたって幕末まで汐留地区に藩邸を構えた3藩、すなわち上屋敷のあった旧播磨国龍野藩脇坂家、旧陸奥国仙台藩伊達家、中屋敷のあった旧陸奥国会津藩保科家の存在が何らかの形で影響を与えたのか、あるいはそうではなく、まったく偶然の所産なのかは興味あるところであるけれども、これも資料を欠いており、つまびらかにすることができない。

以上が鉄道建設に関する一般的な状況説明であるが、次に着工以前の汐留地区について、残されている資料をもとにその具体的な様相を確認しておこう。仙台藩伊達家の上屋敷（芝口屋敷）に関しては、まず次の文書⁽⁷⁾をあげることが

できる。

　「中将（藩主）家族ハ文久度不残引払置申候。且屋敷屋敷、家来下部並婦女子等迄モ不残去月始迄ニ引払ヒ申付候。其内留守居両人諸向談事懸リモ御座候ニ付、居残申候外、下屋敷弐ヶ所蔵屋敷弐ヶ所ハ諸物貯物モ御座候ニ付、取都等之タメ壱両人宛役人共、相残置候迄ニ御座候」

　この史料は、慶応4（1868）年4月10日に仙台藩留守居役遠藤小三郎が新政府に提出した上申書の一部である。この文書によれば、藩主とその家族は早くも文久年間には国許に帰っており、藩士とその家族たちにも慶応4（1868）年の3月はじめまでには藩邸を引き払うよう命令が下されていたことがわかる。したがって、同年4月の時点で江戸に残っていた藩邸関係の役人は、2ヶ所の下屋敷や同じく2ヶ所の蔵屋敷に置いてある荷物を取り締まる役人および留守居役など少数を数えるだけであった。

　このように当時の上屋敷には人がほとんどいなくなっていたことがわかるが、この屋敷は明治元（1868）年9月16日（慶応4年は9月に改元されて明治元年となる）「亥刻過ぎ、芝仙台侯明屋敷焼亡、類焼なし」と記録[8]にあるように火災に遭ってしまう。なお、上屋敷（芝口屋敷）については、『日比谷邸日記』（宮城県図書館蔵）中の屋敷周辺の辻番に関する記述（明治2年4月3日条）に「芝口元御上屋敷表通南北弐ヶ所・御裏通新辻壱ヶ所御手持」とあり、また「日比谷御門内上屋敷大手御門前辻番壱ヶ所」ともあるから、この時点では日比谷屋敷が上屋敷になり、芝口屋敷は元上屋敷と呼ばれていたことがわかる。日比谷屋敷の名は、すでに明治元年12月26日付の「日比谷屋敷惣図」（宮城県図書館蔵）で確認することができ、戊辰戦争降伏後に仙台藩が新たに取得した屋敷である可能性が高い。

　さらに、この日記には明治2年4月18日付の東京府からの通達として「芝口三町目拝領之屋敷明十九日八時引渡候間為請取可相越候事」とあり、何らかの理由で東京府の管理下にあった芝口屋敷を同年4月19日に再び仙台藩に引き渡したことが書かれている。引き渡しの理由は明らかでないけれども、引き渡し当日には「右付公用人并作事方来候」とあるように、公用人の他に作事方の役人も同行しているから、半年前の火災によって荒廃した屋敷の再建もしくは修理が目的であったと考えられる。再建や修理後の芝口屋敷の様子はどうであったか。これを示す史料が『大槻安広履歴』[9]である。

　戊辰戦争時、奥羽鎮撫総督府下参謀世羅修蔵の暗殺事件に連座して逮捕され

た大槻安広の履歴を記したこの記録によれば、逮捕されたのは明治2年6月15日で、東京での取り調べのため仙台藩芝口屋敷に到着したのは7月27日のことである。大槻は出頭命令を受けた逮捕直前に自殺をはかっており、仙台からの道中は治療を続けての上京の旅であった。芝口屋敷内の様子は彼の次の行動によってある程度知ることができる。

「(明治2年)九月五日安広創所快方ニ付、初テ同邸ノ浜通ノ陽洋閣ニ徐歩シ登楼シテ海原ヲ望見シタリ、快然トシテ帰ル、同六日小監察横山氏ヲ訪フ（同邸ノ内ナリ）、新吉・貫蔵等両人ニ頗ル看護ヲ受タリ、同八日風呂湯ニ初テ入浴ス、益々快気ヲ覚ヘタリ、同九日横山氏来リ、明十日刑部省江卯ノ上刻出頭ノ儀達シラレタリ、同日節句ニ付酒肴ヲ給フ（安広養生トシテ牛肉或ハ白牛鳥肉等藩費ヲ以テ給フ、薬料モ同断）」(同史料)

まず、屋敷内の浜御殿に面した地点に「陽洋閣」という海をみわたせる高さの楼閣があったことがわかる。その位置は、おそらく藩邸南半部を占める庭園内にあったと推定されるが、しかしこの建物は少なくとも18世紀前半の屋敷内をあらわしていると推定される[10]『伊達家江戸上屋敷絵図』や19世紀初頭頃のものと思われる『御上屋敷絵図』[11]では確認できず（存在していても描かれなかった可能性もあるが）、それ以降に建設された可能性が高い。幕末にいたって建設された可能性もなくもないが、大槻を預かるためだけの理由でこの建物が新設されたとは想定し難く、それまでにはすでに建設されていたと考えてよいだろう。他には邸内に少なくとも風呂があったこと、客人をもてなす部屋があったこと、酒や料理を賄える施設があったことなどがわかる。これらの施設を維持するためには当然使用人が必要であるから、大槻を監視する藩士も含めて、ある程度の数の人間が邸内にいたと推定される。

しかし、この芝口屋敷の存続もそう長い期間ではなかったようである。すなわち、同史料に「十一月、十二月無事明クレバ明治三年新ナル元旦ヲ向フ、当日酒肴ヲ給フ、同廿八日大風（国許モ大風大火此日小平氏ノ仙台邸焼ル）、二月十三日芝邸ヨリ日比谷邸ニ移転シタリ（此邸ハ此頃日伊達ニテ拝領ノ邸三邸ヲ一邸トナシタル邸ナリ、芝邸ハ召シ上ラル、七邸ノ内二邸トナル）」とあるように、大槻は明治3(1870)年2月13日に日比谷屋敷に移されることになり、この時点で芝口屋敷は明治政府に接収されてしまう（註4に引いた史料では、民部省用地として接収されたのは正月とされている）。そして先に述べたように、その約1ヶ月後の3月25日には新橋駅建設のための地均し工事が開始されることになるのである。

なお、隣接する龍野藩脇坂家の記録に明治初頭の芝口屋敷の記事がでてくるのは、『龍野藩政日記』（内海勇氏旧蔵）にみえる「（明治2年）十二月廿八日東京鍋町失火延焼我芝口

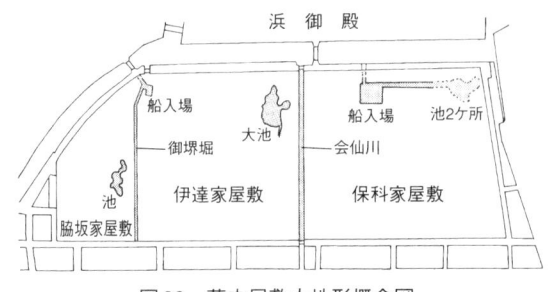

図22　幕末屋敷内地形概念図

邸」および「(明治) 三年庚午正月有命収芝口邸干官更賜邸干新道一番町」のみである。この記載によって龍野藩では仙台藩より一足早い明治3年の1月頃に汐留地区の屋敷を明治政府に引き渡していることなどがわかる。また、やはり隣接する会津藩保科家に関する動向も気になるところであるが、文献からはわずかに、慶応4（1868）年の2月18日に江戸詰め藩士の婦女子たちの帰国がはじまり、同月28日から3月5日頃にかけて藩士の帰国が続いたことが知られる程度である（菊地明編『会津戊辰戦争日誌』上　新人物往来社　2001年　69-79頁）。

　このようにみてくると、構内の地均し工事が開始された時点では、前述したように、いまだに大名屋敷の面影が色濃く残っていたと考えられ、この点は建設工事に携わった大島盈株が「名にし負う三大名の屋敷跡でありましたから、其の広さといったら仲々宏大なものでありまして、周囲は総て丸太柵矢来を巡らし、内には築山や泉水等がありました。」[12]と語っている内容と一致している。したがって、建設工事の過程で、遺棄されていた江戸時代の遺構や遺物を利用しようと考えるのも自然なことで、先にみてきた礎石や石材の再利用はこの端的なあらわれである。他にも発掘調査によって、開業時の諸施設から出る雑廃

写真14　伊達家屋敷庭園内大池の遺構（雨水がたまった状態）

水のための排水施設が、龍野藩邸と仙台藩邸の境に位置する「御堺堀」をそのまま利用してその中に設置されていたことや、仙台藩の船入場はそのまま建設工事に必要な材料を搬入するために利用されていたことなどが明らかになっている。

　しかし、大名屋敷時代の邸内の特徴が最も顕著に看取できるのは、何といっても新橋駅構内諸施設の配置そのものにおいてであろう。図22は発掘調査によって明らかとなった幕末における龍野、仙台、会津各藩の屋敷内の比較的大きな池および船入場の位置を示したものである。最も北に位置する脇坂家屋敷内においても池は認められるものの（東京都埋蔵文化財センター『汐留遺跡』Ⅱ　付図11参照）、他は建物が建ち並ぶ平坦地で船入場も存在していない。

　一方、伊達家屋敷内には南半部分に広大な庭園が認められ（註10、11の絵図および19世紀前半の庭園を描いたと推定される菊田伊洲作『江戸藩邸芝口上屋敷庭園図』〔仙台市博物館所蔵〕参照）、その主体は大きな池（写真14）であったと考えられる。また、保科家屋敷に関しては、調査が主として屋敷東端部分に限られたためその全体像は不明であるが、邸内の東部から船入場が検出されており（東京都埋蔵文化財センター『汐留遺跡』Ⅲ〔第5分冊〕参照）、さらにこの船入場がその南に存在した庭園内の二つの池につながっていた[13]こともわかっている。

　したがって、鉄道工事着工直前の構内には、脇坂家屋敷内はともかく、伊達家屋敷内には南半部に庭園や大池が、保科家屋敷内南東部には広大な船入場や複数の池が広がっていたのであって、地均し工事はこれらの窪地を埋め立てることからはじめられたはずである。特に保科家屋敷内南東部に低地が広がっていたであろうことは、明治17年の時点においてもこの地に芦原が存在した点（18頁図8参照）や、後年構内最南端部に貯材池（施設220）が設置される点からもその様子を知ることができる（46頁図18、124頁図40参照）。

　しかし、この埋め立て作業は十分に行われなかったのではあるまいか。「明7構内図」（15頁図5）をみると、図22のスクリーントーン部分に相当する場所は空白になっており、特にこれといった施設の設置が認められないことに気づく。これは池や船入場を埋め立てて造成したこの周辺がいまだ窪地になっており、建物を建てるのに不都合であったからで、唯一伊達屋敷庭園内の小池（幕末以前に埋められたので図22には示されていない）付近に相当する場所に建設されたインヂニール官舎（施設28）周辺も、「構内インヂニール官宅囲處々地凹之場所有之水吐悪敷不絶雨水等溜滞いたし為夫レカ臭気ヲ生シも右官宅中住居之者え健

表2　本書で使用した構内図

略称	掲載	表題	記年銘	記載	実年代	出典
「明4構内図」	図35	芝汐留ステーション構図	明治四年四月五日	明治四年四月五日ニ初メテ現場見タル図	明治4年4月	鈴木一義氏蔵
「明7構内図」	図5	新橋駐停場	明治十四年四月廿七日	大正二年二月芝区役所ヘ送リタル控　明治十四年四月廿七日此坪六萬七千八百八拾六坪	明治6・7年	交通博物館蔵
「明14構内図-1」	図4・23	新橋停車場平面図	明治拾四年現在	縮尺四千分之弐	明治14年	『日本鉄道史』上篇
「明14構内図-2」	図4	東京停車場平面図	明治拾四年現在	縮尺約貳千分之壱　本図ハ大正博覧会掲示ノ額面ヨリ縮図セシモノナリ	明治14年	交通博物館蔵
「明15〜17構内図」	図7・38	東京停車場構内全図	なし	plan of Tokoi (Tokio?) Station Yard	明治15〜17年	交通博物館蔵
「明18構内図」	図9・39	東京停車場構内全図	なし	大正二年二月謄写　縮尺以壹時為四十呎	明治18年頃	交通博物館蔵
「明13参考図」	図30	東京実測全図（築地・新橋）	明治19〜22年		明治13年頃	『江戸・東京市街地図集成』
「明17参考図-1」	図8	参謀本部陸軍部測量局地図	明治16年から18年測量		明治16・17年	『よみがえる明治の東京』
「明17参考図-2」	図8	参謀本部陸軍部測量局地図（京橋区木挽町・芝区芝浜崎町）	明治十七年二月・七月		明治17年	『五千分一東京図測量原図』
「明30構内図」	図18・40	新橋停車場構内平面図	明治三十年六月現在	縮尺以壱時為四十呎	明治30年6月	交通博物館蔵
「明44構内図」	図19・43	新橋停車場平面図	明治四十四年現在		明治44年	平井喜久松「汐留駅改良工事に就て」
「明45構内図」	図45	新橋停車場構内平面図	明治四十五年七月現在	縮尺弐千四百分ノ壱	明治45年7月	『中部鉄道管理局所属工場略図』
「大2構内図」	図20	新橋停車場平面図	大正弐年現在	縮尺四千分ノ弐	大正2年	『日本鉄道史』下篇
「大4構内図」	図21	汐留（貨）	（大正4年）		大正4年	『停車場平面図』
「大12構内図」	図1	停車場火災調査図（汐留駅）	（大正12年）		大正12年9月1・2日	『大正十二年鉄道震害調査書補遺』
「昭9構内図-1」	図2	汐留駅現在図	（昭和9年）		昭和9年1月	平井喜久松「汐留駅改良工事に就て」
「昭9構内図-2」	図3	汐留改良工事竣工後図	（昭和10年）		昭和10年12月	平井喜久松「汐留駅改良工事に就て」
「昭27構内図」	未掲載	汐留駅平面図	昭和27年現在		昭和27年	『鉄道技術発達史』第二編
「昭30構内図」	未掲載	貨物駅平面図（汐留駅）	（昭和30年）		昭和30年頃	『鉄道辞典』上

康ニモ相係り候事故」⁽¹⁴⁾という理由でお雇い外国人から早急な排水工事を求められているのである。

　会仙川をはさんだ構内中央部分の土地には第Ⅲ章第2節でも述べるように、明治30年頃まで窪地が存在した可能性があり、開業時にはこの傾向がさらに顕著であったと考えられる⁽¹⁵⁾。そして、この場所が関連諸施設、特に平坦地上の敷設を基本とする線路（軌道）の設置予定地から除外されたであろうことは想像に難くない（実際に線路はこの部分を避けるように大きく湾曲して敷設されている）。明治30年以降になれば、この部分にも官舎などを中心とした諸施設が建ち並ぶけれども、「明7 構内図」（15頁図5）によって想定される開業当初の線路の敷設位置および関連施設の配置は、基本的にこのような大名屋敷内の窪地の規制を受けて決定されたものと推察されるのである。

　もちろん、初期の関連施設の多くが旧脇坂家屋敷跡地内に建設された理由として、構内作業の手順や運行システムの重視といった観点があったことは論を俟たない。しかし一方、その選択の背景に前述したような各屋敷間の地形的な相異があったことも見逃すべきではないだろう。そして、開業時に決定されたこの新橋駅構内における線路の配置は、本書に掲載した多くの構内図をみればわかるように、その後の構内の線路はもとより関連施設の配置をも規定し続けるのであり、この点は昭和9年の構内大改築工事以降昭和61年の貨物駅廃止時にいたっても基本的には変わらなかったのである⁽¹⁶⁾。

　なお、一部を除き本章で検討する構内図の概略をまとめておけば、表2に示したごとくである。

註

（1）　外務省調査部『日本外交文書』第2巻第3冊　1938年　74・75頁。
（2）　前掲『日本外交文書』第2巻第1冊　1938年　581・582頁。
（3）　前掲『日本鉄道創設史話』259頁。
（4）　大蔵省『工部省沿革報告』1889年　180頁（大蔵省『明治前期財政経済史料集成』第17巻　改造社出版　1931年　所収）。
（5）　前掲『日本鉄道史』上篇　47・48頁。
（6）　京浜間鉄道の建設に関しては他にも、土木請負業者である平野弥十郎の日記の存在が知られている（石井満が『日本鉄道創設史話』で「平野弥十郎の手記」として紹介）。この史料の全文を紹介した桑原真人、田中彰編著『平野弥十郎幕末・維新日記』（北海道大学図書刊行会　2000年）によると、鉄道工事の開始は明治2年のこととされており、同年7月の時点ですでに「最も測量ハ大半相済たるとの事なり」（同書　273頁）と記され、また、翌3年の記事にも「此年

正月、例年之通にて、高輪鉄道土工事追々進み」（同書 277頁）とある。

　京浜間鉄道に関しては、すでに述べたように、測量の開始さえも明治3年の3月25日とされているから、もし、これが事実だとしたら、この日記は驚くべき内容をもっているといわねばなるまい。しかし、この日記には、明治3年閏10月に発足する工部省に関して、すでに明治2年7月の時点で「東京より横浜迄鉄道建築が今度始るに付、築地尾張邸の跡を更に工部省として」（同書 273頁）、などの記載があり、明らかに記述年代に錯誤が見受けられる。

　平野の錯誤の過程に関しては、日記のもととなったメモなどの原史料も発見されているというから、これらを逐一照合していけば明らかになると思うが、私はまだその史料にあたっていない。したがって、結論めいた記述は慎まねばならないが、おおよそ明治2年7月の記述は、明治3年の錯誤であり、同様に明治3年正月の記述は明治4年の誤りであろうという予測は許されるであろう。平野が北海道に赴任する明治5年の記述に関しては、錯誤の可能性は低いであろうから、明治3、4年の記述に鉄道工事関係の記述が重複してでてくることになる。

　しかし、何といってもこの史料の決定的な特徴は、作者である平野がこの日記を、日々あるいは年毎のメモをもとに隠居後の明治19年以降にまとめ書きしたというその書き方にある。つまり、この史料は、日記とはいっても日々リアルタイムで逐一書き次いでいくいわゆる「日次記」ではないのである。メモである原史料をまとめる段階で、平野の記録もしくは記憶に何らかの錯誤が生じた可能性が高いといえよう。

　なお、この『平野弥十郎日記』に関して最初に注目した石井満は、これらいくつかの矛盾点に関して、「しかし、さらによく考えてみると、本当の測量ならともかく、多少の実施調査、設計の研究等は当然それまでに出来ていなくてはならぬから、こう書いてあっても、必ずしも間違いと断ずることは出来ない。平野弥十郎の日記は毎年かなり詳細につけてあるから、大きな間違いがあろうとも思われぬ。」といい、また「これも一寸考えると変なことで、翌三年三月十七日から測量がはじまるというのに、すでに明治二年の頃から請負師が出来て、工事に取りかかるというのも、日取りの関係がおかしいようであるが」と疑問を述べつつも、結局「これで見ると、明治二年に早くも工事の一部に着手したことは事実である。」という結論に達してしまうのである（前掲『日本鉄道創設史話』286・287頁）。

　ちなみに、この年代上の錯誤に関して、『平野弥十郎幕末・維新日記』の解題・注釈では特に何もふれていない。

（7）　　『東京市史稿』遊園編第4　50頁。
（8）　　斉藤月岑『増訂武江年表』（東洋文庫118）平凡社　1968年　223頁。
（9）　　平重道『仙台藩の歴史1　伊達政宗・戊辰戦争』（宝文堂　1969年）に所収。
（10）　　記年銘を欠くこの絵図の年代に関しては、従来、享保19（1734）年から天明4（1784）年までのものとされてきた（佐藤巧『近世武士住宅』叢文社　1985年　47-104頁）。詳細な論証は省略に従うが、今回これを18世紀前半に限定した根拠は、屋敷の東角にある船入場開口部に架橋されている点（『御府内往還其外沿革図書』）や寛保3年に奥御殿の玄関のが東向きに建て替えられる（『忠山

公治家記録』巻1之下　寛保3年9月11日之条)にもかかわらず、いまだ西向きに描かれている点などによる。仙台市博物館所蔵。
(11)　伊達家の支藩である留守家に伝わっていたもので、詳細は省略に従うが、記載内容からほぼ19世紀初頭のものに間違いない。水沢市立図書館所蔵。
(12)　前掲「新橋停車場の昔噺」(沢和哉編『鉄道－明治創業回顧談』築地書館　1981年　160頁)。
(13)　汐留地区内の各江戸屋敷に伴う船入場に関しては、拙稿「江戸大名屋敷の船入場」(『考古学ジャーナル』第474号　ニューサイエンス社　2001年　19-22頁)参照のこと。また、保科家屋敷内の船入場から南に続く庭園の池に関しては、『名園記』(東京市『東京市史稿』遊園篇　第1　1929年　264-268頁)に記載があり、19世紀前半の時点で保科家屋敷内南端部に真水および潮入二つの池が存在したことが明らかとなっている

　なお、この記録にでてくる「(潮入の池内の)魚を出さる様」に「三重に柵を用ひ」た船入場との間の施設は、発掘調査によって検出されている (『汐留遺跡』Ⅲ (第5分冊) 参照)。
(14)　「新橋ステーションインジニール官宅修繕伺并指令」(『鉄道寮事務簿』第14巻)。
(15)　「明14構内図-1」(13頁図4) 中央の△模様で囲まれた部分は、発掘の結果から窪地と考えられ (汐留地区遺跡調査会『汐留遺跡』第3分冊　1996年　55・56頁)、また、南東部の×模様で囲まれた部分は「明30構内図」(46頁図18、124頁図40) や「明44構内図」(49頁図19、137頁図43) を参考にすれば、水溜まりであった可能性が高い。なお、「明17参考図-2」(18頁図8) では、△模様部分には「畑」の文字、×模様部分には「芦」もしくは「芝」の文字が打たれている。
(16)　「昭9構内図-1」(5頁図2) や昭和27年銘のある構内図 (以下「昭27構内図」と略称) および昭和30年頃と推定される構内図 (以下「昭30構内図」と略称) 参照。「昭27構内図」は『鉄道技術発達史』第2篇 (施設)」(日本国有鉄道　1959年　1047頁)、「昭30構内図」は『鉄道辞典』上 (日本国有鉄道　1958年　243頁) 所収。なお、後者所収の構内図を昭和30年頃のものとした根拠は、同年の改修工事で壊されることになる汐留川河岸の3基2対の貨車用転車台がいまだ図中に存在する点にある。

第Ⅱ章　発展期の新橋駅

第1節　明治前期に建設された施設

　前章では開業時の関連施設に関して検討してきた。しかし、個別施設の情報に限界があり、考古学的知見で具体像を補正してもなおその復元は、構内図などにもとづいた鳥瞰的なものにならざるを得なかった。それにくらべ、開業後10年間は不十分ながら『工部省記録』や『鉄道寮事務簿』などに新施設に関するデータが散見され、これに構内図および発掘データを加えることで、より具体的な構内の様子を復元することが可能となる。史料および発掘所見から得られた開業後の新施設のデータは表3に掲載した。

　本節ではまず、開業後10年間に建設された施設の変遷について概観する。参考にするのは「明14構内図-1」である（図23、13頁図4も参照）。開業後10年目にあたる明治14年は、5月の新橋・横浜間の複線全通や隣接して東京馬車鉄道の発着点ができた点それに汐留川の水運との関係などの理由から、構内諸施設に対して大幅な改良拡張工事が施された年である(1)。本構内図もその関係で作成され残された可能性があるが、いずれにせよ、これ以後構内の様子が変貌していくのは事実であり、ここに開業後10年間の姿をとどめている「明14構内図-1」

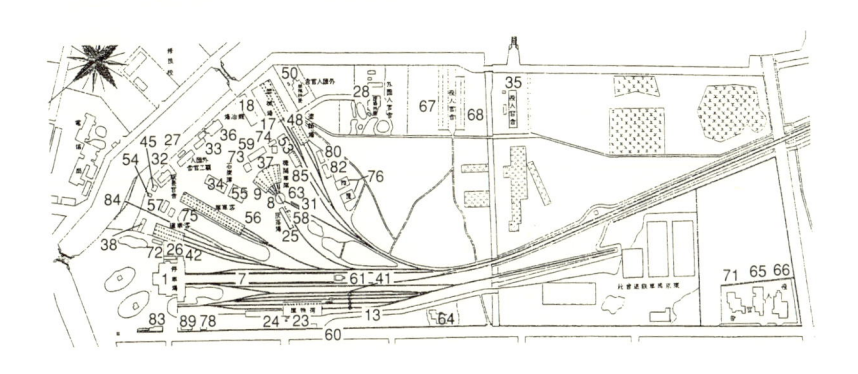

図23　「明14構内図-1」（施設番号記載）

表3　開業直後の新設施設

名称	施設番号	桁行	梁間	着工	竣工	材料費	人件費	消耗品費	合計
器械方内外詰所	46	65尺	16尺5寸	7年2月2日	7年6月1日	815円406	294円358	5円254	1,115円018
＊湯呑所	42	8間半	2間	7年4月28日	7年6月16日	378円513	184円107	2円650	565円270
出札所（新規）	1	15尺	10尺	7年3月10日	7年5月8日	224円553	260円310	0	484円863
荷物蔵大秤台	23	長15尺	幅7尺6寸	7年5月1日	7年5月30日	294円450	203円650	7円700	505円800
貯蓄科土蔵	45	3間半	2間半	7年8月25日	7年10月13日	448円815	92円056	0	540円871
器械方物置	53	65尺5寸	32尺5寸	8年3月2日	8年5月31日	1,807円922	826円452	15円000	2,649円374
器械方外国人官舎	50	31尺5寸	36尺2寸5分	8年3月11日	8年6月8日	1,811円759	844円015	5円000	2,660円774
人力車置所	51	45尺	9尺	8年5月27日	8年6月25日	104円300	77円462	0	181円762
＊官員官宅三棟	372～374			8年5月27日	8年9月23日	3,215円869	2,628円368	2円300	5,846円537
ポンプ置所	54	16尺	12尺	8年6月18日	8年7月17日	111円234	64円466	0	175円700
客車修復所（板蔵）	47	74尺2寸5分	38尺2寸5分	8年3月18日	8年7月15日	2,581円854	1,119円775	17円500	3,719円129
客車庫（二棟目）	56	150尺6寸	37尺2寸3分1厘	8年12月18日	9年3月16日	2,531円440	1,689円720	10円000	4,231円160
石炭置所	27	10間	8間	9年1月17日	9年4月15日	686円980	314円760	6円250	1,007円990
機関車灰落所上家	58	36尺7寸5分	14尺5寸	11年6月1日	11年7月10日	277円228	102円284	720	380円232
派出倉庫局物置	57	7間	3間	11年8月13日	11年9月11日	131円115	189円885	0	321円000
ランプ部屋	61	4間	3間	13年4月12日	13年6月廿日	544円440	283円685	625	828円750
客車製造所建増	16	150尺		13年6月	13年9月30日	2,192円174	760円242	15円000	2,967円416
＊建築師外国人官舎	28			13年9月15日	13年12月6日	3,987円814	1,461円982	5円200	5,454円996

（『工部省記録‐鉄道之部‐』および『鉄道寮事務簿』中の「建業表」より作成）

＊湯呑所には井戸1基のデータも含まれる。
＊官員官宅は3棟からなり、規模は複雑につき省略。
＊建築師外国人官舎は不整形にて規模は多様。

第1節　明治前期に建設された施設　67

（本節では「本構内図」と呼ぶ場合がある）を検討する意味がある。

　開業時になく本構内図ではじめて確認できる施設には、駅長官舎（施設32）、鍛冶場（施設18）、器械場（施設17）、器械科長外国人官舎（施設50）、建築科長外国人官舎（施設28）、塗師場（施設48）、灰落場（施設58）、役人官舎（施設35・67・68）、それに2棟目の客車庫（施設56）と、3棟目の石炭庫（施設55）、東京馬車鉄道会社の建物[2]などがあげられる。また、蔵（施設45）、ランプ部屋（施設61）、石炭積込場（施設63）、駅夫部屋（施設38）、荷物庫附属塗家物置（施設60）、派出倉庫局物置（施設57）、器械方物置（施設53）、鉄物庫（施設85）、職工会食所（施設59）、食部屋（施設72）、物置（施設75）などのように形だけ描かれ、後世の資料によって名称が判明した施設もある。以下、順番に検討していこう。

　駅長官舎（施設32）に関しては、「明15〜17構内図」（17頁図7、119頁図38）に記載のある蔵（施設45）の建設が明治7年8月19日付文書[3]で確認でき、その添付図（図24）に隣接する駅長官舎の一部も描かれているから、少なくともこの時点までには建設されていたことがわかる。平面図によってわかる建物の規模は4間×8間ほどである。しかし、駅長官舎そのものの建設記録が見あたらないため、時期を特定することができない。ちなみに、第Ⅰ章第2節で検討した明治6年12月8日付駅舎内の間仕切り図（30頁図12）では、東棟1階の最奥に駅長詰所が確認でき、この時点で官舎があったとすれば、駅長にかかわる職住の2地点が確定することになる。

　駅長官舎は「明15〜17構内図」にはみられるものの、「明18構内図」（19頁図9、122頁図39）や「明17参考図-1」（18頁図8）には認められず、「明30構内図」（46頁図18、124頁図40参照）ではすでにこの部分には貨車用の引き込み線が設置されている。

　一方駅長室は「明44構内図」（49頁図19、137頁図43）駅舎東棟で確認できるから、開業以来この付近にあったことがわかるけれども、住まいの方は第Ⅲ章第2節で述べるように、明治18年頃には第一号官舎に移り、30年5月にはさらに第二十一号官舎に移ったことが確認さ

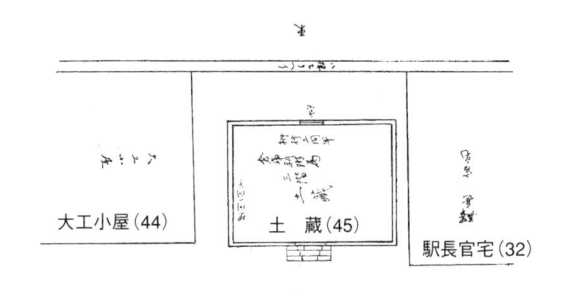

図24　蔵・駅長官舎平面図

れている。なお、この駅長官舎の遺構に関しては、わずかに付帯施設らしき遺構（排水溝、排水桝）が検出されたものの、明確にすることはできなかった。

蔵（施設45、図24）は「明15〜17構内図」を参考にすれば、本構内図では名称が省略され、「明14構内図-2」（13頁図4）では建物も省略されていることがわかる。先ほど述べたようにその建設は明治7年8月19日付文書で確認可能であり、これによれば、この施設はどこかにあった古い土蔵を移築したものらしく、その理由を「今般古土蔵ニ而手堅キ分見当リ候ニ付古買入引建直シ費用等取調候處余程安直ニ出来致候ニ付」と記している。「明18構内図」では第一倉庫とされ、「明17参考図-1」および「明17参考図-2」でもそれらしき施設が確認できるけれども、駅長官舎同様「明30構内図」にはもはや認められず、同年までには廃絶されたようである。後に造られることになる貨車用転車台群による破壊が一部にとどまったため、丸石および角石からなる土台を検出することができた。規模は6.4ｍ×4.64ｍほどで、記録にある平面の規模（3間半×2間半）とほぼ一致した。同書によると、この蔵は3階建であった。

ちなみに、構内図中蔵の北に接して描かれている正方形の小さな施設は、同付図によれば、大工小屋（施設44）とされている。しかし、この大工小屋は翌年の明治8年にこの場所に造られるポンプ小屋（施設54）によってほどなく廃絶されることになる。

鍛冶場（施設18）に関しては、不十分ながら『鉄道日誌』に記載があり、その大要を知ることができる。これによれば、鍛冶場の建設工事に関して最も早く確認できる記載は明治6年10月4日のもので[4]、いつ完成したのかはわからない。おそらく明治8年中には竣工したと推測されるものの、この施設の建設に関しては、他に興味深い重要な史料も残されており、この点は本章第3節で詳しく検討する。鍛冶場は本構内図をはじめとして「明15〜17構内図」、「明18構内図」、「明13参考図」（75頁図30）、「明17参考図-1」で確認でき、「明30構内図」では東鍛工場となっている。なお、「明30構内図」には他に西鍛工場（施設12）という施設もあり、この時点ですでに鍛冶作業の機能が分散していたことがわかる。

建物に関する設計書や仕様書などの史料はなく設計上の規模は不明であるが、発掘調査の所見によれば桁行き36ｍ、梁間13.6ｍほどの大きさであったことがわかる。検出されたのは土台および基礎部分のみで、土台は長さ80cmほどの凝灰岩製の切り石からできていた。土台の残存はおおむね3段だけで（一部4段）、

第1節　明治前期に建設された施設　69

1段中に小口面と長手面を交互に横積みし、これを上段の小口・長手面と互い違いになるよう積み重ねている。一部煉瓦の残存がみられたものの、詳細に検討することはできなかった（写真15、110頁写真21も参照）。

器械場（施設17）はすでに述べたように、開業時にあった機関車修復所（施設15）を基盤として、客車製造所（施設16）およびその増設の結果出現してくる施設である（写真16）。これに関連して、明治13年6月に客車製造所の増築工事[5]が機関車修復所に南接した地点で開始された時、工事の妨げ

写真15　鍛冶場の遺構調査

写真16　器械場の遺構

になるとして一つの施設が解体・移築させられている。これが明治7年6月に機関車修復所の南に建設された器械方内外詰所（施設46）である[6]。桁行き65尺、梁間16.5尺の小施設ではあるが、開業以来の関連施設の中で設計図（平面および側面図）、建業表（建築資材一覧）、建築仕様書のすべてが揃った建物としては構内最古の施設である。この器械方内外詰所に関しては、建築資材、建設方法に着目して次節で詳細に検討することとし、ここではこの施設が「明7構内図」と「明14構内図-1」の間にあって、構内図にあらわれてこないことを指摘しておけばよい。唯一、明治10年の部分図（図25）によって存在が確認できる[7]この建物は、発掘調査の結果、基礎部分のみが検出され（91頁写真20参照）、その規模や基礎の素材が残されていた記録と一致した。

さて、器械場の名称がいつの時点で使われるようになるのかは不明である。

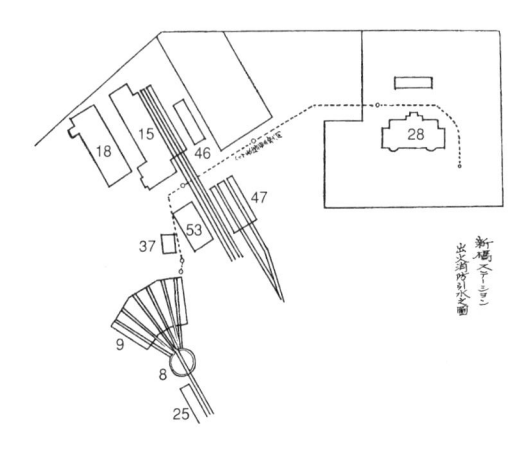

図25　明治10年構内部分図

しかし、明治7年9月、開業時の施設である板庫（施設14）を改築した客車修復所および器械方倉庫が焼失した後、客車修復作業が機関車修復所（施設15）で行われている点、前述した客車製造所（施設16）の増築工事が明治13年に実施される前提として、すでに客車製造所がこの場所に存在していたとみられる点などを勘案すると、明治15年1月に各職場が工場に昇格する以前に、この一画で車両の製造、組立、改造、修繕が行われていたことが想定できる。

「明30構内図」をみると、器械場はこの時点で旋盤工場（施設21）、挽立工場（施設20）、甲木工場（施設19）となって機能が分化している様子がうかがえ、また本来の機能である車両の製造、組立、修繕などの作業が南製鑵工場（施設118）、組立工場（施設11）、機関車修繕場（施設87）などの新施設に移っていることもわかる。明治18年頃まで構内図に描かれる器械場がこのような総合的な職場になったのは、明治20年の外国人の記録にでてくる「もし新橋工場が北地区（日本の北半部）における中心的な位置にとどまるつもりならば、各施設は鉄道システムそのものの拡大にともなって拡充することが必要であろう。鉄道車両に重大な修繕を施す場合には、いくつかの小さな工場で行うよりも、一つの大きな工場で行うほうが安上がりである。」[8]という状況を勘案すれば、明治19年から20年頃にかけてということになろう。

器械科長外国人官舎（施設50）は明治8年3月11日に着工された施設で、同年6月8日に竣工している[9]。発掘調査によって検出されたのは、基礎部分にあたる丸石や破砕石それに割栗石などであり、その下部には捨て杭が打ち込まであった。基礎の形状は記録に残る平面図（図26）に類似しているとはいえ、一部破壊されており、完全に確認するまでにはいたらなかった。記録にみえる3ヶ所の「ストーウフ」（ストーブ）基礎部分には捨て杭がより密に打ち込まれ

ていた。記録によれば、建物は西洋風であったが、台所、庇、物置などは日本風に造られたとされている。

廃絶時期に関しては、「明30構内図」をみればわかるように、北から下る甲木工場（施設19）と乙木工場（施設145）の間の引き込み線が直角に東に

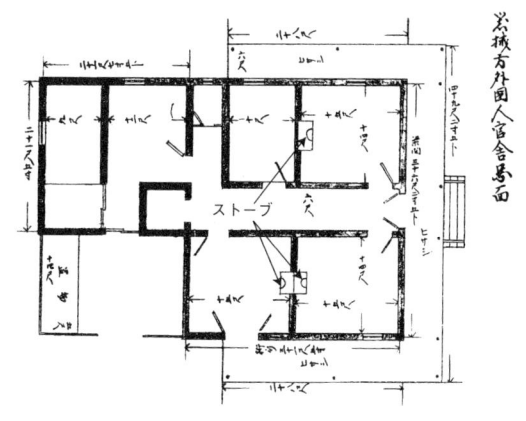

図26　器械科長外国人官舎平面図

曲がってこの施設の位置まで伸びており、すでにこの時点で廃絶していたことは明白である。「明15〜17構内図」には描かれているものの、しかし、その上に湯呑所（施設93）と記載された付箋があること、また「明18構内図」の同じ部分に職工湯呑所とある点を勘案すると、この場所には「明15〜17構内図」作成後ほどなく湯呑所が造られたのではないかという想定が成り立つ。この点は先に検討した外国人職工官舎（施設27）やこれから検討する建築科長外国人官舎（施設28）の廃絶時期とも関連するのであるが、要は明治10年代後半になって益々少数になったお雇い外国人のうち、器械方の技師長が新橋駅構内からいなくなるのはいつかという問題と関連してくる。

ここで少しお雇い外国人に関して述べておけば、お雇い外国人のうち全国各セクション（路線）の部署別の責任者は、1年間の工事、線路、車両、工場、事故などの状況を最高責任者に報告し、最高責任者は鉄道頭である井上勝にこれをまとめて毎年報告している。この『Imperial Government Railways Japan Annual Reports by Foreign Staff』は現在ほとんどが散逸したとされるが、幸い明治12年（明治11年7月〜12年6月分）、同18年（同17年7月〜18年6月分）、同19年（同18年7月〜19年3月分）、同20年（同19年4月〜同20年3月分）発行のものは残っており、これをみると京浜間鉄道の報告は、明治18、19、20年の3ヶ年ともにこの区間の責任者であるフランシス・ヘンリー・トレビシックが行っている。所在を示す事務所は「Shimbashi Station」となっているから、彼が新橋駅構内にあってこの報告書を作成した可能性は十分考えられる。もちろん、仕事場が新橋だからといって官舎が駅構内にあったとは限らないけれども、少

なくとも明治20年3月までは構内に責任者の住む官舎が存在したのではないかという推定が成り立つ。

この明治10年代末の報告には京浜間鉄道のスタッフとして他にジョン・マクドナルド（汽車運転兼造車方）、R・ワード（汽車掛）、リチャード・ホスキング（汽車器械方）の名がみえるが、彼らは日給5～6円のいわゆる下級職工であり、高級技師はトレビシックだけである[10]。器械科長および建築科長の職掌上の区別に関する明治20年の記載は明確でないが、トレビシックは構内唯一の技師長（汽罐方頭取）として、その頃まだ存在したと思われる建築科長外国人官舎（施設28）で寝起きしていたと考えられる。なお、器械科長外国人官舎（施設50）のほうは、前述したようにこの時点ではすでに壊されていた可能性が高く、機能とともに、建物自体も消滅していたということになる。

建築科長外国人官舎（施設28）は「明30構内図」にも第四号官舎（施設30）として建物は残っているものの、トレビシックは明治30年3月の時点で退職しているから、この構内図が作成された同年6月の段階でこの建物に外国人が住んでいたとは思われない。そうすると、日本人用のしかもコック部屋付き（？）の官舎であるから、高級官僚用として使われていたのかもしれない。この建物は前述したように、明治13年2月に焼失した開業時のインジニール官舎を同年9月に建て替えたもので[11]、その際、建物の土台は旧施設のものを再利用しているものの、形や規模はかなり異なっている。

発掘調査の結果、丸石を主体とした基礎部分が検出されたが、旧インジニール官舎を造り替えた関係で残存状況に不明な点が多く、もとの形状を復元するまでにはいたらなかった。なお、この施設の建築仕様書は、当時の建築師ホルサム自らが「(小道具は) 錠、ボート、鈎、蝶番、肘紐等ハ上等家屋築造用ニ用ユベキ堅固ナル品ヲ要ス」とか「(物品は) 都テ腐レタル及不充分ナル物品ハ何レノ所ニテモ決シテ用ユベカラズ物品ハ家屋築造用ノ最上品ヲ要ス」などと書いている。

機能の廃絶時期に関しては定かでないが、先にふれたトレビシックが少なくとも明治20年まで、最長で30年3月まではここにいたと考えられるから、その時期はそれ以降明治30年6月までの間ということになり、建物自体の消滅は30年以降でこの施設が構内図から消える明治44年までの間ということになろう。ただし、「明44構内図」（49頁図19、137頁図43）中に南接してみえる発電所（施設231）の建設が明治34年のことであり[12]、この工事によってコック部屋

が壊されるのは確実であるから、この時同時に取り壊された可能性も考えられる。

塗師場（施設48）に関しては、この名称が『工部省記録』や『鉄道寮事務簿』などの記録に見あたらず検索に苦慮したものの、検出された遺構の規模や間仕切りの形、礎石の位置などの特徴が、明治8年7月に竣工した客車修復所（施設47）の平面図（図27）と完全に一致していることがわかった[13]。すなわち、塗師場の前身は客車修復所（板倉）であり、加えてその規模や建築材料なども判明したのである。なお、この建物がいつの時点で塗師場と呼ばれるようになったのかは不明であるが、基礎の状態をみる限り客車修復所のそれを踏襲しており、特に改築は施されていない。両者の機能上の相異に関してはよくわからないけれども、客車の再塗装を修復と捉えれば、それほど異なった作業でないのかもしれない。

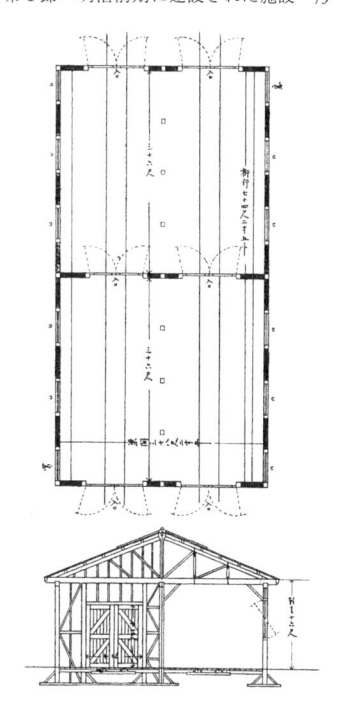

図27　客車修復所（板倉）平面・側面図

したがって、明治8年7月に竣工するこの施設の消長は、明治14年までの間に機能に若干の変化があり、さらに「明30構内図」で確認できるように明治30年までに西側に増築される形で丙木工場（施設49）として登場してくるということになる。丙木工場は「明44構内図」や「明45構内図」（141頁図45）にも描かれており、また名称は省略されているものの、「大2構内図」（50頁図20）や「大4構内図」（51頁図21）にも同じ姿で描かれている。序章でふれた関東大震災時の「大12構内図」（3頁図1）ではこの場所はすでに貨物卸場になっているから、建物自体の消滅は新橋駅が貨物専用駅となり、新橋工場も移転することになる大正4年から12年までの間ということになろう。

遺構は丸石および破砕石を敷き詰めた基礎部分のみの検出であり、3ヶ所の柱の土台下に相当する基礎部分にも同様の石が敷設されていた（225頁写真37参照）。

基礎の形状はこの遺構が大きく2区画に間仕切りされていたことを物語っており、この点も塗師場をもとの客車修復所（板倉）と判断する根拠となった。

灰落場（施設58）は開業時の石炭庫（施設25）の南に接して位置する機関車用転車台（施設8）手前の小施設である（写真17、24頁写真2も参照）。開業時の施設リストになく、「明7構内図」(15頁図5)にも描かれていないから、その設置は明治7年以降と考えられる。しかし、明治11年5月27日に灰落場の上家新設に関する文書が提出されており[14]、少なくともこの時点には存在していたことがわかる（図28）。以後、「明15〜17構内図」、「明18構内図」、「明13参考図」、「明17参考図-1」と描かれ、「明30構内図」では灰捨場となっている。明治34年まではその存在が確認できる[15]ものの、「明44構内図」ではすでにこの部分に貨物積卸場上家（施設299）の文字がみえるから、明治34年から44年までの間に壊されたことは確実である。

写真17　灰落場の遺構

遺構として検出された土台および側壁は、凝灰岩製の切り石からできており、1段目は小口積み、2段目は小口積みと平積みを組み合わせたものであった。ピットの底面はアーチ状を呈し、長手面をみせた煉瓦で敷き詰められていた。なお、基礎部分は丸石および角石を敷き詰めて構築されていた。

さて、2棟目の客車庫（施設56）に関する記録に

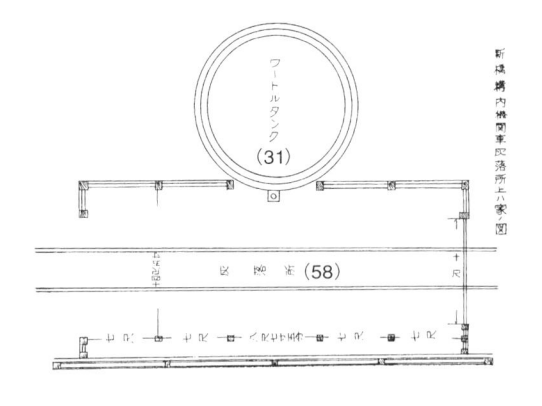

図28　灰落場上家平面図

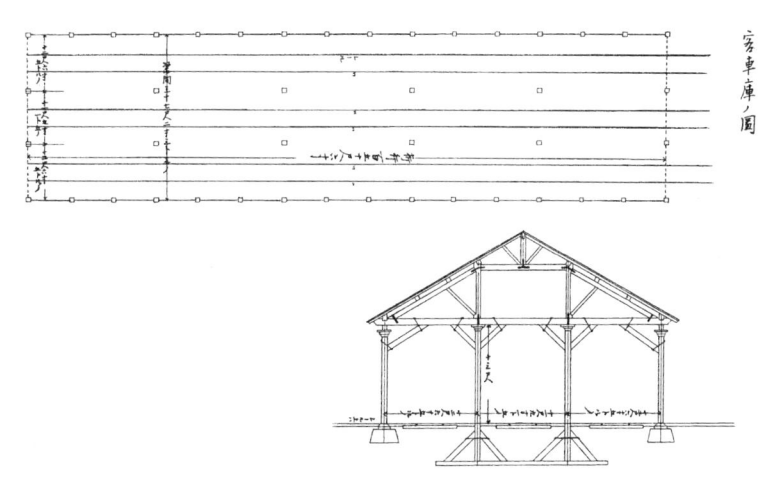

図29　新客車庫平面・側面図

は明治 8 年 12 月 4 日提出の建築伺書[16]があり、添付資料によると竣工したのは翌 9 年 3 月 16 日のこととなっている（図29）。この客車庫は明治14年にさらに120 フィート継ぎ足されており[17]、本構内図にはその姿が描かれている。以後「明15〜17構内図」、「明18構内図」、「明17参考図-1」と描かれ、「明30構内図」では数本の貨車用線路によって姿を消している。このように構内図に描かれた新客車庫はいずれも増築後のそれであるが、唯一「明13参考図」（図30）において増築前の新客車庫らしき姿が確認できる。この参考図はもちろん構内図などではなく、たんに東京全図の一部に相当する地図にすぎないけれども、その内容は前述したように会仙川以南の 3 棟の長屋形官舎（施設372・373・374）が描かれていることといい、意外に信憑性が高いといえよう（第Ⅰ章第 3 節の註 3 参照）。

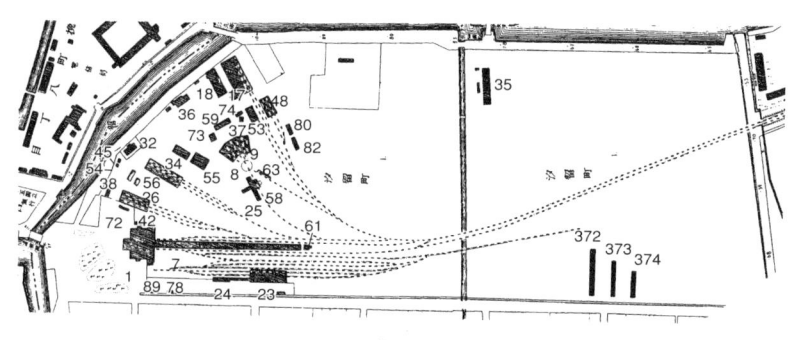

図30　「明13参考図」

検出されたのは基礎部分のみであり、大きめの丸石と角石を横木とともに敷き詰めている。横木はほぼ60cm間隔で規則正しく並べられており、その下には長さ約90cmの捨て杭が打ち込まれていた。規模は長辺61m、短辺15.4mで、建築記録にある「桁行百五十尺六寸、梁間三十七尺二寸五分」と合致しないものの、桁行き長と梁間長の比率はそれぞれ4対1で一致している。つまり、この数値は旧施設を桁行き方向と梁間方向に同じ比率で拡張したことを示しており、興味ある事実であるが、その意味するところは不明とせざるを得ない。廃絶の時期を特定することは困難であり、明治17年以降30年の間とするしかないが、これは建物自体の廃絶のことであり、その機能は3棟目の客車庫（施設137）や会仙川以南の4棟目の客車庫（施設139）に引き継がれたと考えてよい。

「明7構内図」で確認された2棟目の石炭庫（施設34）の西に接して3棟目の石炭庫（施設55）が描かれている。これら二つの石炭庫は、本構内図をはじめ「明15～17構内図」、「明13参考図」、「明17参考図-1」に認められる。本構内図ではじめて確認されたこの3棟目の石炭庫（施設55）の建設の経緯は、明治8年12月15日に伺書提出、実際に竣工したのは翌9年の4月15日となっている[18]。検出されたのは、建物の礎石と土台、それに基礎部分であり、その規模は文書に添付された平面図（図31）のそれと完全に一致した。礎石は丸石および角石からなる整然としたものであり、土台は木組のもので、ほぞ穴が規則正しく穿たれていた。おそらく壁の部材が直立していたものと考えられる（写真18）。

基礎部分は土台の下に長さ80cmほどの丸太を等間隔に敷き詰め、その間に丸石や角石を充填させていた。一方、2棟目の石炭庫（施設34）のほうは、すでに述べたように、「明7構内図」中に破線で描かれており、建設記録は残っていないものの、意外に古い建物であることがわかる。わずかに礎石などの痕跡を検出したのみで、遺構を明確にすることはできなかった。2

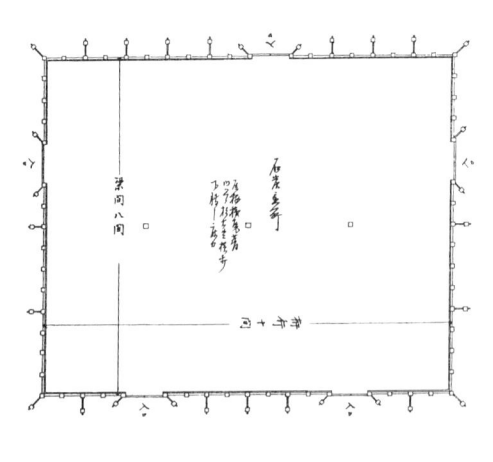

図31　石炭庫（3棟目）平面図

第1節　明治前期に建設された施設

棟とも「明18構内図」や「明30構内図」には描かれておらず、建物自体は遅くとも明治30年までに廃絶していたことがわかる。しかし、石炭の収納場所という意味では、同じ「明18構内図」に4棟目の石炭庫（施設110）が描かれているし、「明30構内図」にも別の5棟目の石炭庫（施設120）の記載を見出すことができる。

写真18　石炭庫（3棟目）の遺構

開業時のプラットホーム（施設7）先端にみられるランプ部屋（施設61）は、明治13年に新築されたもので[19]（210頁図59参照）、従来は同様の施設（施設42）が明治7年に駅舎東棟の東端に設置された一画に湯呑所・大焚所・物置とともに存在していた[20]（195頁図54参照）。新施設の設置理由は「停車場各課用及客車点灯用之為〆多数之ランプ有之候處是迄別ニ右置所取設無之ヨリ仮ニ湯呑所脇ヲ仕切リ取扱所兼帯置場ト致来候處屢危難之義モ有之何分停車場家屋ト接続候場所ニテハ火災等之懸念モ有之候ニ付今般更ニ煉化石造ニ新築致度」ということであった。

ちなみに、ランプ収納施設は名称に若干の差異（ランプ部屋、ランプ室、ランプ小屋、ラン燈室、燈室）がみられるものの、本構内図以降「大4構内図」までのすべての構内図に描かれている。その位置は、基本的にプラットホームの先端部分であるが、これらのランプ収納施設が明治時代を通じて同一の建物か否かという点については問題がある。この点に関しては第Ⅳ章第2節で詳しくふれることにする。

石炭積込場（施設63）は、本構内図では名称が省略されているものの、「明15～17構内図」、「明18構内図」には記載があり、「明13参考図」、「明17参考図-1」にもそれらしき施設が描かれている。「明14構内図-2」（13頁図4）に描かれていないのは省略されたのだろうが、「明7構内図」に描かれていない原因はわからない。もし、明治7年の時点で存在しなかったとすれば、当然その設置はそれ以降14年までの間ということになろう。一方、「明30構内図」にはすでにないから、廃絶されたのは明治18年以降30年の間と推定される。

写真19 「鋲道」銘煉瓦

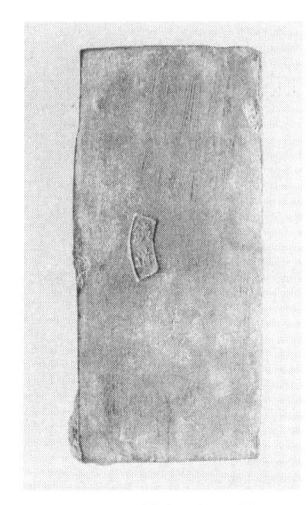

検出された遺構は、コンクリートの土台からなる煉瓦製の施設で、煉瓦は10段ほどが残存していた（24頁写真2参照）。積み方は小口面の段と長手面の段を交互に積み重ねたいわゆるイギリス積みであった。なお、この遺構で特記すべきことは、素材である煉瓦のほとんどすべてのものに「鋲道」文字の刻印がみられた点である（写真19）。この「鋲道」銘を有する建築用煉瓦は、新橋駅構内においてはきわめて限定的な使われ方をしており、検出されたのはほぼこの石炭積込場に限定される。鉄道用に特別に焼かれたであろうこの煉瓦の出自については非常に興味あるところであるが、その追求は他の機会に譲りたいと思う。

開業時の客車庫（施設26）の東に位置する駅夫部屋（施設38）に関しては、「明15～17構内図」で名称が確認できる。建設時期は不明であるが、「明7構内図」でも確認することができ、意外に古い施設であることがわかる。本構内図の他にも「明15～17構内図」、「明13参考図」、「明17参考図-1」に描かれ、「明18構内図」で確認できなくなるから、その廃絶は明治18年頃ということになろう。機能は職員の休憩室といったところであろうか。

荷物庫（施設23）の西にある建物は明治12年10月に設置された[21]荷物庫附属塗家物置（施設60）で、「明15～17構内図」で名称が確認できる。同じく2棟の客車庫（施設26・56）にはさまれた2棟の建物のうち、より東の建物は「明15～17構内図」ではたんに物置となっているものの、規模の面から明治11年8月に設置された派出倉庫局物置（施設57）[22]と考えて差し支えあるまい。さらに、扇形機関車庫（施設9）の真後ろ（東）の長方形の建物は明治12年設置の職工会食所（物置2部屋も含む）（施設

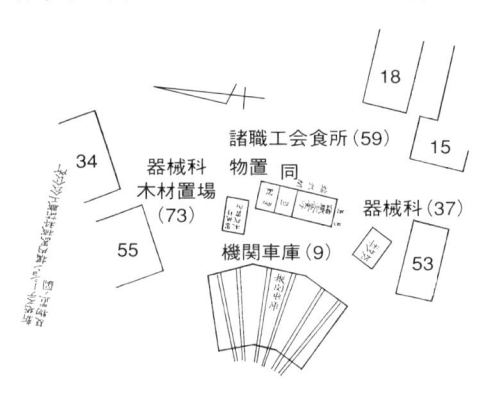

図32 明治12年構内部分図（方位は筆者添付）

第1節　明治前期に建設された施設　79

59）であり（図32）、南に存在する長方形の2棟の倉庫のうち、より東の倉庫が明治8年5月設置 [23] の煉瓦造り鉄製丸屋根の器械方物置（施設53、図33）である。そして、もう一つのより西の倉庫が明治14年2月設置 [24] の鉄物庫（施設85、図34）に相当すると考えられる。

　以上、新橋駅構内における開業後10年間の関連施設の増加に関して、「明14構内図-1」（13頁図4、65頁図23）をもとに検討してきた。開業から10年後の構内の様子をあらわしたこの構内図をみる限り、客車庫、石炭庫の建設や若干の工場部門の拡大、それに倉庫などの小施設の増加は認められるものの、基本的には開業時の施設構成を踏襲しているというのが率直な感想である。もちろん、この間の施設の新設は20数ヶ所にも及び、工場では鍛冶場や客車修復所あるいは器械場（客車製造所を含む）など注目すべき施設も建設されている。これらの施設では機関車、客車、貨車の組立・修繕はもとより、客車、貨車

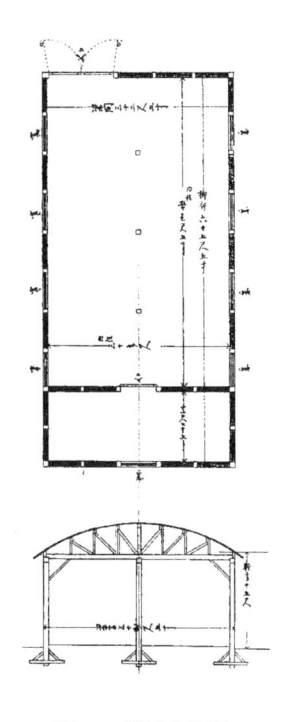

図33　器械方物置平面・側面図

の改造や製造までも可能となっており、基本的な構内施設の充実ぶりは疑う余地がない。しかし、その一方で新設の施設に物置などの小施設が多いことも事実であり、運輸量の増加を端的に示す構内の線路数も開業時のそれとほとんど

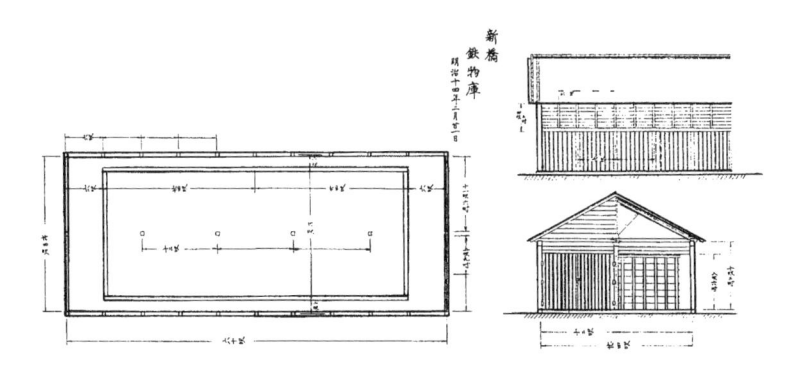

図34　鉄物庫平面・側面図

変わっていない。

　営業開始後10年、確かに京浜間の乗客数や貨物量は大幅に増加し、運転本数も増えた。しかし、京浜間の車両数の増加の推移をみると意外な事実に気づく。すなわち、貨車の数こそ開業時の75両から159両（明治13年）に増えたとはいえ、機関車の数は開業時の10両から12両（明治12年）、また客車の数は開業時の58両から68両（明治13年）とそれほどの伸びを示してはいないのである（179頁表15参照）。

　その原因はどこにあるのか。もともと外国からの借金ではじまった事業であるから、当然、予算の問題はあるだろう。景気の動向や西南戦争の影響も大きかったに違いない。この点に関しては、今あげたように様々な要因が考えられるものの、その本格的な原因究明は本書の枠外にある。ただし、予算の問題については本章第4節で若干の検討を加えることにしたい。

　次・次々節では少し視点を変えて、この10年間の施設建設に関して、建築資材および建設に携わった人々に焦点をあてることにより、新橋駅の形成過程の一端を復元してみることにする。

註
- （1）　前掲『日本鉄道史』上篇　87頁。
- （2）　東京馬車鉄道の開業は明治15年6月25日のことであるが、鉄道局構内を借用しての汐留本社の建設は、明治14年7月に着工、竣工したのは翌15年の3月である（東京都公文書館『東京馬車鉄道』（都史紀要33）1989年、篠原宏『明治の郵便・鉄道馬車』雄松堂出版　1987年　111-122頁）。したがって、構内図中に「東京馬車鉄道会社」の文字があってもおかしくないし、逆にこの点はこの構内図の作製年代が明治14年7月以降であることを示している。
- （3）　「新橋構内土蔵建築伺并司令」（『鉄道寮事務簿』第20巻）。
- （4）　前掲「明治建築史料その儘（Ⅱ）」。
- （5）　「新橋停車場構内客車製造所建増ノ伺」（『工部省記録』巻18ノ2）。
- （6）　「新橋構内器械方詰所并横濱陸橋起工伺」（『鉄道寮事務簿』第20巻）。
- （7）　「新橋構内インジニール官舎引水新築ノ伺」（『工部省記録』巻7ノ2）付図。
- （8）　『Imperial Government Railways Japan Annual Reports by Foreign Staff』 (For The Twelve Months From 1st April, 1886, To 31th March, 1887.) Tokio　1887　p.32.
- （9）　「御雇外国人器械方世話役住居官舎新築ノ儀伺并指令」（『鉄道寮事務簿』第29巻）。
- （10）　前掲『工部省沿革報告』165-180頁。
- （11）　「新橋停車場構内建築師官舎新築ノ伺」（『工部省記録』巻18ノ2）。
- （12）　『明治三十五年度鉄道作業局年報』75頁。

(13)　「新橋ステーション構内板倉新築伺指令」（『鉄道寮事務簿』第29巻）。
(14)　「新橋ステーション構内灰落所上家新築伺」（『工部省記録』巻11ノ1）。
(15)　「新橋停車場貨物積卸場等工事」（『逓信省公文』第66巻　建築34）付図。
(16)　「新橋ステーション構内客車庫建築之義伺指令」（『鉄道寮事務簿』第29巻）。
(17)　「前掲『日本鉄道史』上篇　87頁。
(18)　「新橋ステーション構内ヘ石炭貯蔵所一棟建築ノ義伺指令」（『鉄道寮事務簿』第29巻）。
(19)　「新橋停車場構内ランプ部屋新築ノ伺」（『工部省記録』巻18ノ1）。
(20)　「新橋ステーション内湯呑所并鑿井伺并指令」（『鉄道寮事務簿』第20巻）付図。
(21)　「新橋構内荷物庫附属塗家新築伺」（『工部省記録』鉄道之部　巻15ノ2）。
(22)　「新橋停車場構内ヘ倉庫物置新築伺」（『工部省記録』巻11ノ2）。
(23)　「新橋停車場構内エ物置所新築伺指令」（『鉄道寮事務簿』第29巻）。
(24)　「新橋停車場構内エ倉庫一棟新築之伺」（『工部省記録』巻21ノ2）。

第2節　建築資材の調達と石材の問題

　構内の関連施設の建設には各種の木材をはじめとして、石材、大小の釘類、鉄物、銅物、硝子、瓦、ペンキなど様々な建築資材が使われている。この点に関して、開業時の施設については建業表や仕様書がなく、発掘調査の所見や『鉄道日誌』以外に良好なデータはないが、一方、開業後10年間の新施設に関しては少なからず資料が残っており、やや詳細な検討を加えることが可能である。本節ではこの建築資材のうち、特に石材の問題を通して新橋駅の建設について考えてみることにする。
　まず図35をみていただきたい。「芝汐留ステーション構図」と題されたこの構内図には、図中に「明治四年四月五日ニ初メテ現場見タル図」とあるように、開業約1年半前の建設中の構内の様子があらわれている。描かれている関連施設は駅舎（ステーシン仮屋、施設1）、エンジニア官舎（インシニール官舎、施設28）の2棟だけで、これは表1（12頁）に示した開業施設のうちの明治4年4月5日時点での既着工施設名と一致する。インジニール官舎附属の厩も2日前に着工されているはずであるが、これは建設開始直後のためもしくは小施設のために省略されたのだろう。構内の輪郭に関しては、まだこの時点では後に駅前広場となる「三角屋敷と云町家」が存在し、他にはほぼ柵矢来で囲まれた構内の、東辺汐留川沿いの一部分に「脇坂家土塀」が残っているのが確認できる。

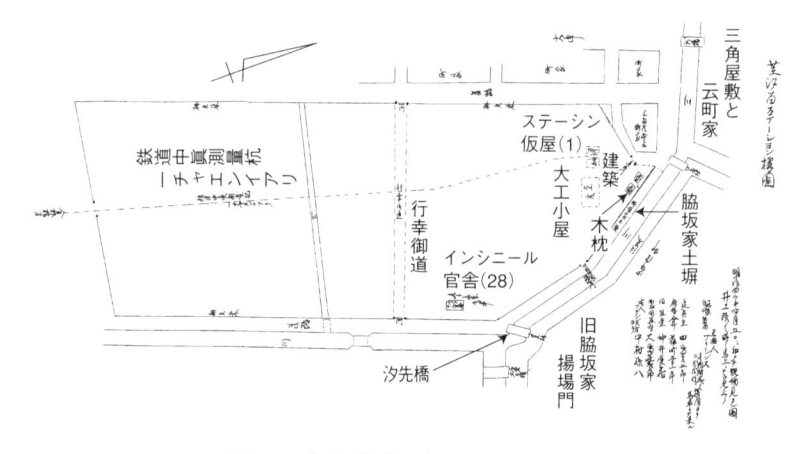

図35　「明4構内図」(方位は筆者添付)

　ここでこの構内図発見の経緯に関して少し説明しておこう。この構内図は明治4年4月5日、時の鉄道頭井上勝がはじめて停車場建設現場を視察した際、製図係大島盈株（荘次郎）が書いたものといわれており、昭和7年に、東京科学博物館が実施した「江戸時代の科学展」に建築家堀越三郎が所持していた「写し」が紹介されたことでその存在が知れた（ただし、翌年発行された『江戸時代の科学』〔東京科学博物館　1933年〕には図自体は掲載されなかった）。今回掲載した資料は、その際堀越から借用したものを博物館がさらに「写しておいた」といういわば3次資料で、長年所在不明であったが、博物館移転にともなって出された廃棄書類の中から同館の鈴木一義氏がかろうじて見つけ出したものである。大島直筆の原図および堀越の作成した「写し」の所在は現在不明であり、構内の輪郭に関しても若干の疑問点[1]が指摘できるものの、その内容は「諸建築費用綱目」で裏づけられたとおり明治4年4月5日時点のもので間違いなかろう（以下この構内図を「明4構内図」と略称）。図中には次の記載がある。

　　「明治四年四月五日ニ初メテ現場見タル図　井上頭其時之馬上ニテ御見廻り　建築設計製図米国人ブリシンス　壱周間或は二周間位ニ横濱ヨリ馬車ニテ来ル　建築主田島吉五郎　庶務會計藤崎幸一郎　同監督仲井愛蔵　製図監督大島荘次郎　此人ブリシンス方ヨリ中村源八」

　他には「大工小屋」「建築」「木枕」などの記載も認められる。そのうち「大工小屋」は、駅舎建設に関係した職人たちの飯場的な建物と思われ、「芝汐留ステーション建築の棟札の写し」という別の史料[2]によれば、この時構内には大

工、石工、左官、塗師、瓦、屋根、建具、皮形板、木材、人足、硝子、鋳物などの職人がいたことがわかっている。彼らは図中の記載にもあるように、「壱周間或者二周間位ニ横濱ヨリ馬車ニテ来ル」アメリカ人ブリシンス設計の駅舎を、技術長イギリス人セッハルト指導のもと、日本人監督者とともにその建設に携わることになる。

一方、「建築」や「木枕」の記載は建築資材の置き場をあらわしていると考えられ、そのうち「建築」は石材その他の建築資材の意であろう。問題は「木枕」が何を意味しているかである。結論からいえば、これは線路敷設用のいわゆる「枕木」ではなく、建物の基礎部分に打ち込む捨て杭であろう。本書の冒頭でも紹介したように、京浜間の最終区間にあたる品川・新橋間の線路敷設の開始は明治5年2月以降と考えられ、これをさかのぼること約1年前のこの段階で「枕木」が調達されていたとは考えにくいからである。

加えて、第Ⅰ章第2節でふれたように、駅舎の基礎部分にはおびただしい数の捨て杭の存在が想定されるし（28頁写真6参照）、何よりこの図が駅舎建設を主眼として描かれたものである以上、「木枕」は駅舎用の捨て杭の保管場所とするのが妥当である。このことは4月5日という日付が、駅舎の着工日である3月21日から2週間しかたっていないという点からも裏づけられよう。

さて、先にもふれたように、開業以前および開業初期に建設された関連施設の土台は、ほぼ凝灰岩製の切り石を使って構築されており、基本的に煉瓦およびコンクリートは使われていない。これは開業後しばらくたって建設された施設のそれにコンクリートや煉瓦が多用されるのとは著しい相異であり、構築年代不詳の検出遺構に対して、ある程度の年代幅を与える考古学的根拠にもなっている。さらに、駅舎や機関車庫で確認されたように、この土台の下部には大量の丸石や角石が等間隔に配された横木とともに充填されており、これを支える無数の捨て杭も検出されている。

このように、新橋駅構内の関連施設をはじめとして、新橋・横浜間の施設建設に使用された石材や木材は膨大な量にのぼるものと考えられるのであるが、これらの資材（特に石材）はどのようにして調達されたのであろうか。その実体に関しては、わずかな史料が残されているにすぎないが、以下2、3の例を瞥見しておこう。

「鉄道並造船所其外當省管轄場所建築用ニテ多分之石類御用可相成候ニ付相州石山之儀右御用中當省ヘ御渡方有之度旨去午十二月中相伺候處伺之通被

仰渡其段小田原藩ヘモ御達相成當省官員出張夫々所置致シ申候就テハ韮山縣管内豆州伊豆山神社境内其外堅石産出場所之儀モ右御用中當省ヘ御渡有之度左候ハ丶其段韮山縣ヘ御達有之候様致度此段申進候也」[3]

この文書は明治4年5月20日に工部省が政府に提出した上申書で、前年12月に申請した小田原藩内同様、鉄道、造船所など工部省管轄施設の建設用石材調達のため、伊豆山神社境内をはじめ韮山県内（伊豆地方）の石材産出場も工部省の管轄としたい旨が述べてある。周知のとおり、明治時代初期は政府にとって様々な分野で近代化をはからねばならない時期として認識されており、工部省においても鉄道をはじめ燈台、造船所、学校、電信、鉱山施設などの建設が急務とされた。そのような中、特に建設資材の中心をなす石材は木材とともに膨大な量が必要とされたものの、両者はともに不足がちだったようである。

石材調達の実態については、明治3年12月10日付「工部省伺」[4]によって工部省の管轄下となった小田原藩内（足柄縣下）数ヶ村の石材切り出しに関する次の史料が参考となる。明治3年11月から翌年の3月まで毎月2,222本（3月のみ1,112本）計1万本の石材切り出しを請負った江之浦村の源左衛門ら5人は、元締めである真鶴村の青木丈左衛門に次のように述べている。

「今般鉄道方御普請御用石伐出し候處実正ニ御座候尤其砌吉浜村石工之手明き五拾人見込取斗仕候處跡注文有之吉浜村請負いたし候ニ付右石工共被引取左候得者当村石工拾弐人右人数ニ而者壱万本難行届御用兼ニ相成申間鋪と私共心痛罷在難渋無拠右石数減方御歎願奉申上候乍併当村石工拾弐人ニ而精々伐出し方壱ヶ月ニ付四百参拾弐本宛御用弁ニ相成候様出精仕候様可申上候間石数減方御聞済被下候様幾重ニも御願申上候一札依而如件」[5]

すなわち、石材1万本の切り出し作業者として予定していた吉浜村の50人が、他の仕事を吉浜村が請け負ったため引き抜かれて仕事ができない。そうかといって、江之浦村の12人では1万本はとうてい無理で、については切り出す石の数を月に432本に減らして欲しい、と。この石工50人が抜ける原因となった吉浜村の「跡注文」の請負仕事とは、他の記録[6]を勘案すると六郷川（多摩川）橋脚用の石材の切り出しであったらしく、しかも石工の手当が「上直段」（上値段）であった。

このように、石材の入手には作業員の確保が問題となっていたことがわかるが、さらに、切り出した石材の品質も問題となったようで、政府役人の見分に際し「目荒之分」と判定されたものは、請負石数から除かれた。次はこれに関

する記録である。差出人は根府川村の下請人安五郎他二名、宛先はやはり真鶴村の丈左衛門である。

「右者鉄道御普請御用石我等下請仕處処実正ニ御座候然ル處御出役様ヨリ月割員数丈左衛門殿方江差出し可申旨御用状ニ而被仰付承知仕候則前書之員数申上候得共先達而御出役様御見分之砌、目荒之分者御刎石ニ相成由右石之分ニ而伐出し納方ニ相成兼候而其外ニ伐出し山見込とも無之候間何卒右石ニ而伐出し納方ニ相成候様仕候間左様無之候而者右日限通迄ハ納兼候間此段書付ヲ以奉御願申上候以上」[7]

安五郎らは、我々は鉄道建設用の石材の切り出しを下請けとしている者に間違いありません。そして、担当の御役人様より示された月々のノルマ分の石を丈左衛門殿に納入しておりますが、先日御役人様が検査した折、「目荒之分」は数に入らないということで、除外されてしまいました。したがって、このままではノルマを達成することが不可能で、他に石を切り出せる山もありません。どうか（「目荒之分」も含めて）従来通りの石材で納入させて下さい。そうでないと期限までには間に合いません、と述べている。

ここでいう「目荒之分」が、いかなる石を指しているのか判然としないけれども、いずれにせよ規格外あるいは石質の状態の悪い石を指すのであろう。石材を大量にしかも早急に欲しい明治政府ではあるが、品質に関しては厳格であったことがわかる。

また、工部省は以上のような新たに産出される石材とは別に、江戸時代以来の石材の再利用についても考えていたようである。この点は、プラットホームの基礎石の件でもふれたように、新橋駅構内の関連施設には往々にして大名屋敷の礎石や間知石が使われており、再利用を思わせる事例は多い。これを正式な文書でみると次のようになる。

「鉄道建築用之石類多分之義ニ候間兼而豆相両州より切出し方いたし精々為相勤居候處元来不容易事業就中高輪沖新土手建築之用石ハ速カニ切出候義ニも至り兼追々築造方も遅延ニ及ヒ候段必然之義ニ付差向急務之勘弁いたし候處此程諸見付櫓台等取除之場所も有之候へ者即チ右等之石ヲ以テ築造筋へ相用候ハ、多分之大石立トコロニ相弁築造も格外相取一層之便利ニ可相成と被存候就而者小石川筋違浅草御門之義ハ外郭之義ニ付外カ橋ニ同様相成候而も御取締筋ニ差障候義も有之間敷哉と被考候間櫓台并近傍石垣堤塘ニ不拘分等ハ悉ク當省へ御渡取崩し方被仰様いたし度左候ハ、御入費も遥可省ケ成

功方運ヒ之一端ニも罷成候間早々御評議相成候様いたし度此段相伺申候也」[8]

この明治4年3月12日付史料は、新橋・横浜間の鉄道建設、特に高輪沖の線路土手建設を急ぐ工部省が、これに必要な多量の石材を、このほど江戸城の各見附・櫓台などが壊されることを聞き及び、鉄道用に使用したい旨の文書である。この目論見は結局「先般御申立之外郭諸見付石垣之石取用度等之義者御聞届不相成候條此段申入候也」として政府から不許可になるけれども、当時鉄道関連施設の建設にいかに多くの石材が必要とされたかがわかる。

さらに、再利用の件については、上記の文書が提出される約2ヶ月前、やはり工部省が「品川沖七番御台場」の石材の入手に関して、海軍省と少々やり合っている様子が記録[9]にみえている。明治4年1月20日、まず工部省が海軍省に対して次のように先制攻撃をかける。

「品海七番之台場毀方両日中ニ取掛候旨申達候處於御局も追々御入用之趣ニ而双方毀場所境界立置候ため来ル廿二日十一字頃御掛合之衆御立会因而当方も最前御懸合之節七番之台場悉く受取候筈ニ相心得居候處於御局も御入用之趣何程御入用ニ候義承知致し度不日早々御申越有之度此段及御打合候也」

すなわち、私たちは品川沖の第七番御台場に関して、（その石材を利用すべく）一両日中に取り壊す予定でいたが、あなた方もその石材が必要とのこと、したがって両者の採石部分を区別するため、明後日の11時に関係者で立ち会いの場をもちたい。私たちは以前から七番台場について（政府に？）掛け合っており、石材に関してもすべて利用できると思っていたが、あなた方は一体どのくらい必要なのか、それを知りたいと思うが、近いうちにお知らせ願いたい。

これに対して、海軍省も負けてはいない。同日付の文書には次のようにある。

「品川七番台場云々再応御掛合之趣致承知候然る所於当方も右石取入候義者最初之積ニ而悉皆御渡申訳ニ者無之乍去多分之義ニも無御座大概西北之三分一も有之候へ者事足り可申何様双方都合宜敷方取毀度右等於現地御来談致し度候條兼而申達候通御局も御出張有之度此段答申入候也」

すなわち、七番台場に関する再度の催促の件、承知しました。しかし、台場の採石に関しては、私たちも最初からそのつもりであり、あなた方にすべて渡すというわけにはいかない。しかしながら、私たちもなるべく多くというわけではなく、だいたい西北部分3分1もあれば足りる。とにかく両者が都合よく取りつぶすため、現地で相談したいので、以前からいうようにあなた方も出張

願いたい。

　これらの史料も、当時の政府内の各部署において、いかに石材が必要とされていたかを示す一例となろう。

　もちろん、以上で検討した村々や御台場の石材が直接的に新橋駅構内で使用されたという確証はなく、説明も一般的とならざるを得ないが、表1（12頁）で示したように明治4年2月に構内で最初に着工されたインジニール官舎（施設28）をはじめ3月着工の駅舎（施設1）など他の建物の築造期間もおおむね石材切り出し関連文書の作成時期と一致しており、関連性が見て取れる。

　石材調達の一般的な説明はこれくらいにして、次に、石材の実際の使われ方に関して、新橋駅構内における事例を検討する。

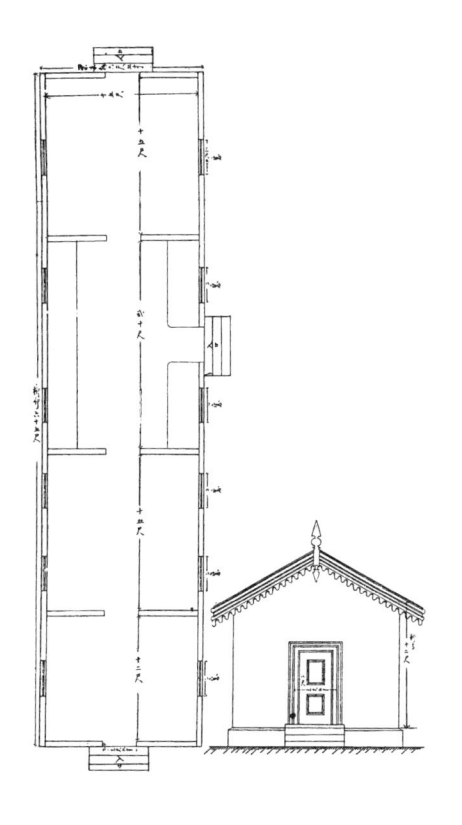

図36　器械方内外詰所平面・側面図

ここでは、開業時の施設に関するデータがないため、比較的古い時期に建設されたいくつかの工事を例にとる（表4）。まずは器械方内外詰所（施設46）である（図36、表4‐7参照）。この施設はすでに述べたように詳細な建設記録の残る最古の施設の一つで、明治7年2月2日着工、同年6月1日に竣工している[10]。

　表5が建業表に掲載されたこの建物の資材の一覧である。桁行き65尺、梁間16.5尺ほどのさして大きくもない建物にこれほど多種・多量の資材が必要とされるとは意外であるが、ここで注目したいのは使われている石材の種類である。前述したように発掘調査の結果、初期の鉄道施設の土台に多くの切り石が使用されていることが確認されてはいるものの、その産出地に関しては想像の域を出ないのが現状であり、特に駅舎に関しては、「内部は漆喰塗り、外部は木

表4　明治前半の

番号	工事名　【　】はデータ対象部分	施設番号	建業表石材名（仕様書）	調達本数	値段
1	外国人職工官舎附属石炭置所【側壁】		斑石	40本	10円36銭
2	外国人官舎井戸廻り下水修繕【側石】		斑石（斑石壱尺三寸石）	45本	11円65銭5厘
3	インジニール官舎修繕【溝】	28	斑石三石	124本	32円11銭6厘
4	インジニール官舎廻り下水【蓋石】		豆州堅石	81本	15円39銭
5	同【底石】		斑尺三石（豆州斑尺三石）	63本	16円31銭7厘
6	同【側石】		間知石	216本	27円
7	器械方内外詰所并横濱陸橋【側壁】	46	房州並尺角石	170本	13円60銭
8	同	46	斑石（豆州斑尺三石）	350本	90円65銭
9	四番板蔵（板庫）模様替【柱】	14			
10	湯呑所壱棟建築并井戸壱ヶ所【側壁】	42	斑石（斑尺三石）	232本	81円20銭
11	同	42	房州石（房州壱尺角石）	156本	15円60銭
12	同【井戸】		*斑石	15本	3円
13	出札所新規取建【側壁】	1	柱石	6ツ	2円11銭2厘
14	同	1	青石【小】	11本	3円52銭
15	同	1	青石【大】	10本	6円40銭
16	荷物蔵大秤台新規築造	23	堅石	250切	104円25銭
17	貯蓄科土蔵壱棟建築【側壁】	45			
18	器械方物置壱棟新築【側壁】	53	斑尺三石	80本	26円
19	同	53	上煉化石	21,000本	199円50銭
20	器械方外国人官舎新築【柱】	50	斑尺三石（斑石）	428本	39円10銭
21	同	50	根石丸石	200敷	6円
22	同	50	房州並尺角石	200本	25円
23	同	50	天神山並尺角石	440本	33円
24	人力車置所新築【側壁】	51	房州石	26本	2円60銭
25	客車修復所新築【側壁】	47	斑尺三石	70本	25円73銭
26	同	47	上煉化石	15,000本	142円50銭
27	官員官宅三棟新築【側壁】				
28	同【柱】				
29	同【通用門】				
30	客車庫新築【柱】	56	堅石	36本	18円
31	同	56	斑尺三石	40本	12円
32	石炭置所新築【柱】				
33	機関車灰落所上家新築【柱】	58			
34	派出倉庫局物置壱棟新築【柱】	57			
35	器械科物置及職工会食所壱棟【柱】	59			
36	荷物庫付属塗家壱棟新築【柱】	60			
37	ランプ部屋壱棟新築【側壁】	61	伊豆堅石	543切5分	198円92銭1厘
38	同	61	下田青石	40切	9円
39	同	61	煉化石	3,500本	57円75銭
40	客車製造所建増【柱】	16	相州堅石	76切1分	30円44銭
41	倉庫壱棟新築（鉄物庫）【柱】	85	丸石	31本	4円65銭

＊合計では房州石に含まれている。

第2節　建築資材の調達と石材の問題

建設工事用石材

1本当り	再利用・現地採取品	対象工事の基礎部分の築造工程	工事申請年月	出典
25銭9厘	焼瓦、砂利	布堀→焼瓦・砂利→斑石	明治6年11月	寮14
25銭9厘	在来古石		明治6年12月	寮14
25銭9厘	古石		明治6年12月	寮14
19銭			明治6年12月	寮14
25銭9厘			同	同
12銭5厘			同	同
8銭		布堀→割栗石・砂利→房州並尺角石→豆州斑尺三石	明治7年1月	寮20
25銭9厘			同	同
	堅石	砂利→堅石	明治7年2月	寮20
35銭		布堀・捨杭→割栗石・砂利→房州壱尺角石→斑壱尺三寸石	明治7年4月	寮20
10銭			同	同
20銭			同	同
35銭2厘	堅石	布堀→平均石・青石→柱石・堅石・青石	明治7年3月	寮20
32銭			同	同
64銭			同	同
41銭7厘		布堀→割栗石→コンクリート→堅石	明治7年4月	寮20
	割栗石、砂利、丸石	布堀→（割栗石・砂利）・丸石→根石	明治7年8月	寮20
32銭5厘		布堀→割栗石・砂利→コンクリート→斑尺三石→煉瓦	明治8年2月	寮29
95円			同	同
32銭5厘		布堀・捨杭→割栗石・砂利・根石丸石→斑尺三石	明治8年3月	寮29
3銭			同	同
12銭5厘			同	同
7銭5厘			同	同
10銭	（割栗石）	布堀→（割栗石）→房州石	明治8年5月	寮29
32銭5厘		布堀→割栗石・砂利→コンクリート→斑尺三石→煉瓦	明治8年3月	寮29
95円			同	同
	砂利	布堀・捨杭→割栗石→土台木	明治8年5月	寮29
	丸石		同	同
	伊豆堅石		同	同
50銭		壺堀・捨杭→割栗石→コンクリート→堅石	明治8年12月	寮29
30銭			同	同
	割栗石、砂利、丸石	布堀・捨杭→割栗石・砂利・丸石→土台木	明治8年12月	寮29
	割栗石、砂利	壺堀→割栗石・砂利→土台木	明治11年5月	工11-1
	割栗石、丸石	壺堀/→割栗石→丸石	明治11年8月	工11-2
	割栗石、砂利、丸石	壺堀・捨杭→割栗石・砂利→丸石	明治12年9月	工15-2
	割栗石、砂利、丸石	壺堀→割栗石・砂利→丸石	明治12年10月	工15-2
36銭6厘	割栗石	布堀→割栗石→側通石→煉瓦→笠石	明治13年4月	工18-1
22銭5厘			同	同
1円65銭			同	同
40銭		布堀・捨杭→コンクリート→相州堅石	明治13年7月	工18-2
15銭		布堀・捨杭→割栗石→丸石	明治14年3月	工21-2

『工部省記録－鉄道之部－』および『鉄道寮事務簿』中の「建業表」、「仕様書」より作成

表5　器械方内外詰所建設工事用資材

資材名	規格	数量	値段
檜板	長3間半、巾1尺、厚1寸半	3枚	7円86銭
檜	長2間、5寸角	20本	11円20銭
同木尺貫		15本	40円90銭5厘
杉材	長2間半〜1尺　5〜4.5寸角	103本	40円65銭
同	長2間、4寸、2寸角	87梃	13円58銭
同板割		196枚	28円20銭
同大貫		240梃	18円
同三寸貫		125束	30円
松丸太	長2間〜2間半　4寸〜7寸角	31本	16円28銭
同	長2間、2寸角	170本	11円90銭
同板	長1間、巾1尺　厚1寸半	230枚	15円41銭
房州並尺角石		170本	13円60銭
斑石		350本	90円65銭
割栗石		3坪	18円
砂利		1坪	4円75銭
大小釘類		51,300本	20円92銭
樋釣鉄物		30本	4円50銭
蝶番鉄物		60枚	18円
分銅		48本	33円60銭
上ケ卸シ銅物		24本	12円
真鍮車		48組	11円52銭
箱錠類		6組	7円50銭
杉唐戸		6枚	30円
窓硝子障子		24枚	9円60銭
同硝子戸		24本	28円8銭
硝子板		144枚	36円
西洋油引苧縄		96尋	4円80銭
家根葺板		60把	15円
瓦葺土		29坪7合9夕2才	44円68銭8厘
堅瓦		44坪	30円80銭
漆喰土砂共		150坪	112円50銭
家根漆喰		29坪7合9夕2才	12円52銭3厘
ペンキ		40坪	22円40銭

柱に伊豆の斑石を五六寸厚に張り、その角を同じ伊豆の青石にした」[11]とか「斑のある房州石を用いた木骨石造の二階建であった」[12]などとその石材の産出地が問題となっているのである。

話をもとに戻そう。この建業表には石材として房州並尺角石、斑石、割栗石、砂利などの名称がみえ、しかも添付された建築仕様書から、これらの石材が主に建物の基礎および土台部分に使われたことが確認できる。基礎および土台造りの作業工程は次のようである。

「右仕様建物地所地低ニ付高三尺通置土致側通間仕切共巾深弐尺つつ丁堀ニ根切いたし地形足代掛渡し地形割栗石砂利をも入突堅メ十露盤房州並尺角石木口出して敷平均側石弐タ重ね豆州斑尺三石見へ掛り小樽キ合口切合セ敷漆喰ニ而居付同漆喰共致し間仕切下同石合口斗切合セ同断居付床カ束下大サ弐尺四方深壱尺三尺（三寸の誤記か？）夫々根切致し割栗石入突堅メ丸石居付上り段三段斑尺三石見へ掛小樽キニして居付之事」

写真20　器械方内外詰所の遺構

やや不明確な部分があるものの、文章の意味はおおむね以下のようである。すなわち、最初に、低地となっている現地表面に90cmほど土盛りしてならしたうえで、壁および間仕切り予定部分を幅・深さともに60cmほど掘り、割栗石や砂利を入れて突き固め、その上に房州並尺角石を小口をみせるようにして敷く。そして、さらにその上に側石として豆州斑尺三石を2段に重ねる。柱部分は大きさ60cm四方、深さ40cmの根切り部分に割栗石を入れ、その上に丸石（礎石）を設置する。また、入り口の3段の階段にも斑尺三石を使って構築する。

この遺構は、写真20でわかるように割栗石を充填した基礎部分のみが確認され、残念ながらその上に設置されたとされる房州並尺角石や豆州斑尺三石は残っていなかった。この建物は先にも述べたように、別施設の建設工事（客車製造所建増）のために移転を余儀なくされるのであるが、記録に「在来器械方外国人詰所最寄江引建直シ」とあるから、これらの石は再建築を目的として丁寧に除

去された⁽¹³⁾と考えてよいだろう。しかし、仕様書の内容および石材の規格などから土台部分を復元することはある程度可能である。

　まず、布堀内に割栗石や砂利を充填するまでは問題はない。次にその上に房州並尺角石を「小口を出して敷く」とあるけれども、房州並尺角石1個の大きさ（長さ2尺以下、幅1尺、厚さ1尺と仮定する）および計上されている数（170本）、それに布堀の総延長の長さを勘案すると、石の配置は、図37のように布堀方向に対して直交して設置されたとしか考えられない。布堀の延べの長さは212.5尺（65尺×2＋16.5尺×5）であるから、幅1尺の房州並尺角石を間断なく敷き詰めるとすれば、212本必要になるわけであるが、建業表によれば、房州並尺角石の計上数は170本であり、計算上は42本が足りなくなる。

　しかし、間仕切り部分を除いた外壁だけを考えれば、延べの長さは163尺で、石は163本あれば足りる。また、長さ2.7尺、幅0.85尺、厚さ0.75尺の豆州斑尺三石⁽¹⁴⁾を図のように設置した場合、石は1列で79本必要になり、2列2段で316本になる。豆州斑尺三石は350本計上されているから（建業表では単に斑石となっている）、残り34本の石で3ヶ所3段の階段を構築したことになろう。

　次に、明治6年12月に申請されたインジニール官舎（施設28）の排水溝建設⁽¹⁵⁾に関してみてみよう（表4‐4・5・6参照）。この工事には底石として斑尺三石63本、側石として間知石216本、それに蓋石として豆州堅石81本が計上されており、その規模は「長さ九間（54尺）、巾壱尺五寸、深さ弐尺」である。築造の仕方を記した仕様書には次のようにある。

　　「右仕様巾深五尺つつ根切致し在来石垣之方江蛇口壱ヶ所居付下水底石豆
　　州斑尺三石居付左右側石壱尺面間知石ヲ以弐タ重ネ築立蓋豆州堅石ニ而居付
　　跡埋立之事」

　この文章で注目すべきは、建業表中では斑尺三石とされる石材が豆州斑尺三石となっている点で、これは先に述べた器械方内外詰所建業表中の斑石が仕様書においては豆州斑尺三石とされていることからも、一般に斑石と呼ばれる石が伊豆産であったことを示している。それはさておき、調査範囲外であったた

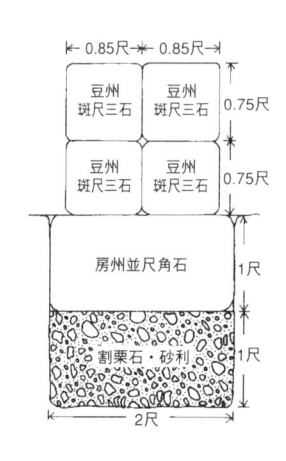

図37　器械方内外詰所
　　　基礎模式図

め調査できなかったこの排水溝を復元すれば次のようになる。ちなみに、この溝は構内東辺に接して南に走る往来の下を横断する施設で、場所は図6（16頁）中の「新規埋下水」とある部分に相当する。

　まず、底石である豆州斑尺三石の巾は8寸5分だから、全長54尺の溝に敷き詰めると、63本必要となり計上数と一致する。同様に側石である間知石は、建業表によれば、「一尺四方の面」とあるから、1列に54本必要で、これを2段左右に積み上げるとすれば、合計216本で、これも計上されている数と一致する。さらに、蓋に使われる豆州堅石は、その規格（長さ2尺、幅8寸、厚さ6寸）から、68本あれば十分であるから、残りは別の工事その他に利用されたのだろう。

　今みてきたように、一般的に斑石という場合は豆州斑尺三石を指していると考えられ、これは駅舎外壁に貼られたという「伊豆の斑石」をあらわす可能性が高い。そして、この斑石こそが、発掘調査によって検出された開業時の鉄道関連施設の土台部分の主体をなす石材であり、私たち発掘調査者が仮に「凝灰岩製の切り石」などと呼称している石に他ならないのである。駅舎（施設1）やプラットホーム（施設7）の土台はすべてこの斑石で築造されており、機関車用転車台（施設8）や外国人職工官舎（施設27）においても使われていた。

　ちなみに、新橋駅関連の石材を『工部省記録』および『鉄道寮事務簿』中に探すと、他に房州石、赤砂利、房州壱尺角石、青石、豆州青石、柱石、堅石、玉川砂利、堅石壱尺角、堅石弐尺角、根石丸石、房州並尺角石、天神山並尺角石、間知石、伊豆堅石、下田青石、相州堅石、などの名称を確認することができる。これらの名称には産地や石材の属性（色調や性質）、規格による区別が錯綜して混在しており、並尺角、弐尺角など規格を示す表現を除けば、産地としては房州（千葉県）、豆州（伊豆半島）、相州（神奈川県）、それに玉川（多摩川）などが抽出できる。これに石材の属性を関連させた場合、確実に伊豆産といえそうなものに青石があり、具体的な産出地は下田付近ということになろう。

　斑石は前述したように伊豆産とされる場合が多いとはいうものの、「斑のある房州石」（前出）といういい方や、第Ⅲ章第3節で述べるように房州産斑石や相州産斑石という記載も確認されており、事情はやや複雑である。さらに、これも後述するが、房州産元名石との関連も気になるところである。

　堅石には伊豆産のものと相州産のものがあり、たんに堅石とある場合にはどちらのものか区別がつかない。しかし、1本あたりの値段をみると、豆州堅石、伊豆堅石が安価なのに対し、堅石はやや高価で、値段的には相州堅石に近い。

一方、房州産として確実なのは角石であろう。産地は天神山並尺角石とあるように千葉県富津市天神山付近と思われ、房州並尺角石という名称もある。

したがって、たんに房州石という場合はこの角石を指す可能性が高く、この点は、湯呑所（施設42）建設工事[16]の資材として房州石が斑石と別に計上されていることからも裏づけられよう（表4-10・11参照）。しかしそれでも、一般的に房州石という場合には斑石に代表される凝灰岩製の石材のイメージが強いのも事実で、『本邦産建築石材』[17]にも斑石の名称はないものの、凝灰質砂岩として多くの種類の房州石（尺三、大尺三など）をあげている。はたして房州石とはいかなる石を指すのであろうか。

この点に関しては、26個の房州石が資材として計上されている人力車置所（施設51）の建設記録[18]が重要である（表4-24参照）。明治8年5月に申請されたこの長方形を呈する施設の規模は桁行き45尺、梁間9尺であるが、壁は3方だけで延べの長さは63尺である。したがって、この長さの基礎部分に土台として26本の石を設置した場合、1本の石の長さは単純に計算して2尺4寸3分（63尺÷26本）となる。1本の石の値段は10銭で、房州並尺角石や天神山並尺角石に近く角石を想起させるけれども、長さからみると、3尺の角石を21本使ったとするよりは、2尺7寸の尺三石を24本使用したと考えるほうがより合理的である。

さらに、先ほど房州石と斑石の別計上の例として引用した湯呑所建設工事に関して、同時に実施された井戸の掘削工事に必要とされた15本の斑石が、合計では湯呑所建設工事の房州石の項に合算されているという事実もある。この斑石は湯呑所建設に計上されている斑石とは値段が異なり、またそうかといって房州石の値段とも異なっており、現象をより複雑にしている。詳細な検討は今後の課題であるが、名称の混乱には本来同系統である凝灰岩質砂岩のうち房州産のものを角石、伊豆産のものを斑石と呼んでいたものが、時に普通名詞としての房州石や斑石といういい方と混在し、錯綜して使われているという事情があったのではあるまいか。

なお、このことは同じ凝灰岩製の切り石にもいくつかの種類があることを示しており、これに関連してプラットホームの側石のうち、最下部の小口積みの切り石とそれより上部の切り石が、同じ砂質凝灰岩であるにしろ、強度や色調の点で明確な相違が認められた点が想起される。検出された最下部の切り石は粒子が粗く色調的にも均一で、より上部の切り石のように斑石の名称が端的に

示すような白と黒の斑模様を呈してはいなかった。しかし、何より異なる点はその強度で、上部の切り石が崩れることなく取り上げ可能だったのに対し、最下部の切り石はきわめてもろく持ち上げるだけで割れてしまうという状態であった。

もちろん、最下部の切り石が重量的に負荷が大きく、また開業以来120年にわたって地中にあった点も考慮に入れなければならないけれども、逆に上部の切り石は埋没年数は60年と短いとはいうものの、埋没以前の60年間は外界にさらされていたわけであり、単純に埋没年数だけを比較するわけにはいかない。しかも側石に関しては2段目までは、既述したように、開業時から地中に埋まっていたという事実もある。

プラットホームの側壁に使われたこの2種類の石材が何であったのか、資料が残されていない現在その名称を特定することは容易ではない。しかし、たとえば、先にみた器械方内外詰所（施設46）の側壁の構造が最下部に房州並尺角石を設置し、その上に2段の豆州斑尺三石を重ねている点、さらに明治29年4月施工の計理課事務所（施設201）修増築工事[19]の側壁のうち地中の4段に房州産元名壱尺参寸角石を使い、その上の地上の3段に相州産斑石大壱尺参寸角ノ石を重ねているという事例を考慮に入れる必要がある（第Ⅲ章第3節にて後述、162・163頁表13-10参照）。

このことは、両施設の最下部（地中）に設置された房州並尺角石と房州産元名壱尺参寸角石が角石という名の同質の石材であり、また、地上部分に設置された上部の豆州斑尺三石や相州産斑石大壱尺参寸角ノ石が、斑石の名が示すようなより見栄えのする石材であることを想起させる。この点はプラットホームや駅舎の側壁においても同様であって、その斑模様は非常に美しいコントラストを写し出しているのである（27頁写真5、31頁写真7・8参照）。ちなみに、器械方内外詰所側壁に使われた最下部の房州並尺角石1個が8銭なのに対して、上部に積まれた豆州斑尺三石は1個24銭9厘と3倍以上の値段であることを付け加えておく。

石の値段について少しふれたが、次に石材の異同を裏づけるために、関連施設の石材の値段について検討してみよう（88・89頁表4参照）。もちろん、物価の変動あるいは1本あたりの大きさ・規格を考慮に入れなければ単純にくらべることはできず、特に単位が「切」であらわされる場合には注意が必要であるが、一つの目安にはなるだろう。

豆州斑尺三石や斑尺三石の値段は一部例外（35銭）はあるものの、明治6、7年は斑石のそれと一致して25銭9厘であり、8年にはわずかに値上がりして30銭から32銭5厘ほどになっている。このことは、いわゆる斑石が豆州斑尺三石や斑尺三石であることを端的に示している。一方、房州並尺角石、房州石、天神山並尺角石の値段は10銭前後でおおむね共通しており、いわゆる房州石と呼ばれる石材が、少なくとも値段的には房州並尺角石や天神山並尺角石に近い存在であることを示しているように思える。

堅石は前述したように40銭以上とやや高価であり、値段的には相州堅石に近い。豆州堅石の値段は斑石以下、伊豆堅石は相州堅石以下である。最も値の張る石材は青石で、大（長2尺5寸、巾1尺、厚8寸）が64銭、小（長2尺5寸、巾8寸、厚5寸）が32銭である。青石は別名豆州青石ともいい、また、下田青石の名称が示すように各々同一のものと考えられるものの、青石にくらべ下田青石の値段はかなり安価である。しかし下田青石の本数は28本（40切）であり、これで計算すると1本あたり32銭2厘弱で青石（小）の値段とほぼ同額になる。

後述するように、石材調達に関連して引用した小田原藩内各村（早川、米神、根府川、江之浦、真鶴、岩、吉浜、門川、稲村など）産出の石材が安山岩系の堅石である可能性は、石材分析の結果をみれば、十分に考えられる。一方、相州堅石や相州産堅石の名称は、明治5年3月に「汽車修復所内器械台」用に買い上げられた石をはじめとして、明治13年の客車製造所建増工事や明治20年代から30年代にかけて数多く史料にでてくる。

ちなみに、布堀内を充填する際に多用される割栗石は、その多くは相州産の堅割栗石であり、いわゆる相州六ヶ村産出の安山岩系の石材とみて間違いなかろう。たぶん相州産堅石を破砕したものを指すのであろう。『鉄道日誌』中の6種の相州堅石の規格と値段は次のとおりである。

相州堅石（長3.4尺、巾1.2尺、高1尺、1切24銭5厘）
相州堅石（長5尺、巾2尺、高1.5尺、1切50銭）
相州堅石（長3.2尺、1.5尺角、1切38銭）
相州堅石（長3尺、1尺角、1切25銭）
相州堅石（長5尺、巾3.8尺、高1尺、1切1円25銭）
相州堅石（4.5尺角、高1尺、1切1円36銭）

以上、構内の関連施設を例にして、鉄道創設期における石材使用の実例を簡単に検討してきた。しかし、石材名称の検討と産出地の同定、さらに供給プロ

セスの解明など残された課題は山積みである。特に産地同定に関しては、化学的な石材分析が有効な手段として考えられ、それは想定される産出地のサンプル採集、文献調査、聞き取り調査などの現地調査の必要性とともに今後の一つの研究方向を示している。

ちなみに、現在までに実施された石材分析の成果によれば、駅舎土台部に使われた凝灰岩製の切り石の産出地として静岡県沼津市江ノ浦地区（石材調達の例として最初に引用した、旧小田原藩内真鶴地区の江之浦村とは別地）の可能性が指摘されており[20]、今後はこれらのデータを勘案しつつ、房総地方の石材をも視野に入れて研究を進めていく必要があろう。

なお、建築資材の中心をなすものとして他に煉瓦やコンクリート（セメント）があり、この素材の鉄道施設への導入も重要な課題の一つである。詳しくは別の機会に述べたいと思うが、セメントに関しては、第Ⅰ章第2節でふれたように、発掘調査の結果、明治5年6月完成の機関車用転車台（施設8）の底部内面に使用されていることがわかり、『鉄道日誌』の記載が裏づけられた。他に早い例として、やはり『鉄道日誌』の明治6年3月の三番秤台地形作業や同年11月の鍛冶場（施設18）地形作業に使用されたことが知られており[21]、具体的には明治7年5月築造の荷物蔵（施設23）大秤台の建業表[22]に「セメント　三拾樽　金百五円」とあるのが数量のわかる最初の例である。

さらに、明治8年3月着工の器械方物置（施設53）の建業表（表4-18参照）には「玉川砂利立　九坪　金四拾円五拾銭」および「生石灰　三百俵　金八拾四円」[23]とあり、仕様書の記載「同上コンクリート玉川砂利生石灰練交、通置付之事」をみれば、これがコンクリートの材料であることがわかる。コンクリートの使用は明治8年12月着工の2棟目の客車庫（施設56）にも認められ[24]、この頃から建物（木造は除く）の土台部分に使用されることが一般化するようである。

一方、新橋駅構内における煉瓦使用の記録は、『鉄道日誌』の次の記載[25]が嚆矢とされてきた（全文は次節で引用）。

　　「十月四日（明治6年）　　晴　右同所（鍛冶場）地形並練化石積方とも繪図
　　　　　　　　　　　　　　　　　佐畑公より受取」
　　「三月十二日（明治7年）　風　小菅盛練社より練化石見本差出す」
　　「七月十八日（明治7年）　晴　鍛冶場煉化石積初の事」

しかし、明治6年12月12日付の文書に「練化石　60本　36銭6厘」[26]とあ

ることが判明し、もしこれが赤煉瓦なら、この作業は同年12月17日に終わっているから、明治7年7月18日に鍛冶場（施設18）ではじめて積まれた例より半年以上早い例となる。ただ、同仕様書に「火筒三ヶ所塗込、カッヘル取崩、練化石ニ而積替直シ」とあるとおり、この煉瓦は駅舎（施設1）内にある3ヶ所の火筒（暖炉？）の修繕に使われており、種類としては耐火煉瓦（白煉瓦）である可能性もある。使用した煉瓦の数が60本というのも気になる。

　しかし、これを「火筒を塗り込め、カッヘル？を取り崩し、煉瓦でその箇所を積み直す」という状況として想定するなら、別に耐火煉瓦である必要はない。もちろん、耐火煉瓦の使用が確認された場合でもその重要性に変わりはないのであるが、赤煉瓦の使用は本当に明治7年7月18日をさかのぼらないのであろうか。発掘調査の所見では、開業時に存在した機関車用転車台（施設8）の一部（排水用の桝）や、やはり開業時に存在した可能性の高い灰落場（施設58）のアーチ状の底面に赤煉瓦の使用が確認されており（後年の造替えの可能性もあるが）、文献資料においても遡及の記録発見の可能性は捨てきれない[27]。

註

（1）　この構内図では、構内の最東端コーナーにみえる汐先橋の西側の架橋点が浜離宮に平行して走る道路の開始部分にあたっており、いわば橋は汐留川に対して斜めに架けられた状態で描かれている。しかし、この汐先橋の形態は「明13参考図」ではじめて確認される形態であって、それ以前の汐先橋は「明7構内図」にみられるように汐留川に対して直交する形で、しかもやや北の地点に架けられていた。この汐先橋の架け替え工事に関しては、明治10年6月付の「汐先橋架換費等下附」（『東京市史稿』市街篇59　708-713頁）に記録があり工事は確かに同年に竣工しているから、橋の形は明治10年の時点ですでに「明30構内図」に描かれた状態になっていたはずである。

　　　したがって、「明14構内図-1」（13頁図4、65頁図23）に描かれている汐先橋も年代からいえば実態と異なっていると考えざるを得ないが、この架け替えの事実は、描かれている構内図の内容はともかくとして、今問題としているこの構内図の作成年代（模写も含めた）が橋の架け替えの時期以降に下る可能性を示している。この史料の伝世に関しては不明な点も多く、数回に及ぶ書き写しも行われていることから、あるいは、架け替え以降の時点（可能性としては明治10年以降）で模写した際に、当時（模写時）の現況をそのまま付け加えるという錯誤があったのかもしれない。

（2）　「芝汐留ステーション構図」と同様の経緯で伝わった資料に「芝汐留ステーション建築の棟札の写し」がある。これは明治4年11月14日の駅舎西洋造2階建て部分竣工時に同施設にかかげられた棟札を大島盈株が書き写したものであり、その後前述した経緯を経て鈴木一義氏の所有するところとなった。この資

第 2 節　建築資材の調達と石材の問題　99

料は『江戸時代の科学』に部分的に紹介されているが、以下全文を記しておく。
　　「奉御棟札東京横濱間鉄道芝汐留ステーション建築　鉄道頭井上勝　東京事務長大属伊東勅典　技術長英国人セツハルト　起工明治三年三月廿一日　竣工同四年十一月十四日　設計製図米国人ブリシンス　建築掛　庶務中属藤崎昭　仲井愛蔵　建築同田島徳益　會計権中属野口真彦　〃　権少属本多高久　製図附属大島盈株　現場監督同中村正徳　柴野謹吾　大工御助代　園吉　熊次郎　石工増田や為吉　加納屋義兵衛　小池平兵衛　瓦西村惟造　左官伊三郎　拾五郎　吉五郎　屋根遠州や金兵衛　塗師伊兵衛　建具松五郎　留五郎　人足梅田半之助　山本政次郎　皮形板塚本屋弥三郎　木材室田太郎兵衛　木や謙吉　遠州屋金兵衛　三州屋平八　硝子石川長次郎　鋳物増田安次郎」
　なお、「起工明治三年三月廿一日」は「諸建築費用綱目」を参考にすれば、明治 4 年 3 月 21 日の誤りであろう。また、この他に鉄道建設に携わった職人を記載した資料に『日本鉄道請負業史』明治篇（鉄道建設業協会　1967 年　8-9 頁）がある。

(3)　内閣記録局『法規分類大全』第 18 巻　官職門（9）1891 年　2 頁。
(4)　同前。
(5)　「石切出シ月割員数調」（『鉄道寮事務簿』第 1 巻）。
(6)　前書中に納められた他の文書中の「跡口（六郷川）橋台御用石吉浜村平六殿より当村庄兵衛請負仕村役人奥印いたし上直段伐出候ニ付村方石工不残村役人手配ニ相成」の記載。
(7)　前書中に収められた文書。
(8)　「諸見付石垣等所轄」（『工部省記録』巻 1）。
(9)　「品川七番台場取毀ノ義海軍往復」（『鉄道寮事務簿』第 1 巻）。
(10)　「新橋構内器械方詰所并横濱陸橋起工伺」（『鉄道寮事務簿』第 20 巻）。
(11)　前掲「新橋ステーション」（『建築工芸叢誌』第 22 冊　1913 年　35 頁）。
(12)　前掲『日本鉄道創設史話』372・373 頁。
(13)　明治 13 年 6 月に撤去されることになるこの建物が、その後どこに「引建直シ」されたのかは不明である。年代的には、翌年 2 月に設置された鉄物庫（施設 85）が想起されるが、この施設は「是迄横浜表江建設有之候倉庫追々大破損ニ及」んだため、その代わりとして新橋駅構内に設置されたのであるから除外せざるを得ない。年代からいって「明 14 構内図-1」（13 頁図 4、65 頁図 23）に描かれているはずであるが、該当する建物は見つかっていない。
(14)　「豆州斑尺三石」の規模に関するデータがないため、ここでは「房州石（金谷）」に関するデータを参考にした（臨時議院建設局編纂『本邦産建築石材』1921 年　119 頁）。
(15)　「新橋ステーションインジニール官宅修繕伺并指令」（『鉄道寮事務簿』第 14 巻）。
(16)　「新橋ステーション内湯呑所并鑿井伺并指令」（『鉄道寮事務簿』第 20 巻）。
(17)　前掲『本邦産建築石材』1921 年。
(18)　「新橋ステーション構内へ人力車置所新築伺指令」（『鉄道寮事務簿』第 29 巻）。
(19)　「新橋停車場構内計理課事務所新築及増築工事」（『通信省公文』第 41 巻　建築 9）。

(20) 汐留地区遺跡調査会『汐留遺跡』第 3 分冊　1996 年　176-189 頁。
(21) 前掲「明治建築史料その儘（Ⅱ）」。
(22) 「新橋ステーション大銓衝台設置ノ伺并指令」（『鉄道寮事務簿』第 20 巻）。
(23) 「新橋ステーション構内エ物置所新築伺指令」（『鉄道寮事務簿』第 29 巻）。
(24) 「新橋ステーション構内客車庫建築之義伺指令」（『鉄道寮事務簿』第 29 巻）。
(25) 前掲「明治建築史料その儘（Ⅱ）」。
(26) 「新橋ステーション間内修繕伺并指令」（『鉄道寮事務簿』第 14 巻）。
(27) 大島の『鉄道日誌』を紹介した堀越によれば、新橋駅構内における実際の煉瓦使用は明治 6 年末のことであるが、その一方「諸建築費用綱目」には開業時にすでに「外側煉瓦造」とされる石炭庫（施設 25）が存在していたことが記載されている。

　この石炭庫の建設には大島も名を連ねているから、「諸建築費用綱目」の内容に誤りもしくは建築変更がない限り、大島が明治 5 年の時点で煉瓦使用の実態を把握していたことは十分考えられる。あるいは『鉄道日誌』にある「鍛冶場煉化石積初の事」の記載は、新橋駅構内における煉瓦使用の嚆矢ではなく、たんに鍛冶場（施設 18）建設工事における煉瓦積み作業の開始をいっているにすぎないのかもしれない。しかし前述したように、この石炭庫の煉瓦製の外壁はまったく残存しておらず、発掘調査によっても、その煉瓦の有無を確認することはできなかった。

第 3 節　施設建設に携わった人たち

　日本における明治初期の近代施設の建設にとって、外国人、中でも工部省所属のイギリスお雇い外国人の果たした役割ははかり知れないものがある。この点は、具体的な鉄道関連施設の建設という局面においても、問題をパークスやブラントンをはじめとするイギリスの融和的・政策手段的な対日鉄道勧誘政策[1]の延長上で考えねばならないことを示しており、後年日本の鉄道が国有化されるのも基本的にこの文脈においてである。

　工部省所属（明治 3 年閏 10 月以前は大蔵・民部省、明治 18 年 12 月以降は内閣直属）の鉄道関連のお雇い外国人は 256 名で[2]、明治 3 年 12 月から 21 年 3 月までの延べ人数は 757 人に達する。最も多かったのは明治 7 年 12 月現在の 115 人で、以下明治 8 年 12 月現在の 109 人、明治 9 年 6 月現在の 104 人、明治 6 年 12 月現在の 101 人などとなっている[3]。

　さて、具体的に新橋駅構内において、いつの時点で何人のお雇い外国人が住んでいたかという点になると、実体はよくわかっていないのが現状である。し

第3節　施設建設に携わった人たち　101

表6　新橋駅勤務のお雇い外国人

氏　　　名	国籍	職名	給料	解雇時の報酬	雇入年月	解雇年月
トーマス・アール・セルビントン （トーマス・アルセルビントン）	英国	建築師長	月給600円	0	6年10月	14年4月
フレデリッキ・カリール・クリステー （クリステー）	英国	汽車監察方	月給400円	0	4年8月	9年9月
ジー・チャールス・ウヲルス （チャーレス・ウヲース）	英国	書記役	月給125円	0	5年10月	12年4月
ヘンリー・ホフトン	英国	車工頭取	日給8円	200円	6年5月	11年2月病死
エー・カロル （アントニー・カロル）	英国	送車方	日給4円	150円	6年6月	13年5月
リチャルド・イーグル	英国	汽車運転方兼器械方	日給4円	0	6年9月	9年10月
ヂョルヂ・エルリス （ヂョーヂ・エルリス）	英国	汽車運転兼造車方	日給4円	0	6年5月	9年7月
ゼー・リューイス （ジョン・レイウス）	英国	漆工頭取	日給4円	0	7年5月	9年8月
ドブユル・テンペスト （ウイリアム・テンペスト）	英国	汽車器械方	日給4円	0	7年5月	10年9月
イー・コックス （エドワード・コックス）	英国	鑵工	日給4円	0	7年5月	10年5月
ヂー・クロチェリー （ジョージ・クラッチレー）	英国	車工	日給4円	980円	7年9月	12年5月
リチャルド・ウイルキンソン （リチャード・ウイルキンソン）	英国	汽車運転方	日給3円	500円	7年11月	9年10月
トーマス・ウイルキンソン	英国	汽車運転方	日給3円	0	7年11月	11年10月
トーマス・ベンミー （トーマス・ベルラミー）	英国	汽車運転方	日給4円	150円	8年7月	15年4月
トーマス・スコット	英国	汽車運転方	日給4円	150円	8年7月	11年12月
トーマス・ストーン	英国	器械取付方	日給3円	0	8年8月	9年1月
ジョージ・ジョーイ （ジョーシ・ヂョイ）	英国	器械取付方	日給4円	0	8年8月	11年10月
ジョージ・ヘインス （ジョーシ・ヘーンス）	英国	汽車器械方	日給4円	150円	8年8月	13年6月
＊イー・ウイラ						
ウイリアム・ライリー （ライリー・ウイリアム）	英国	施轍工	日給3円	630円	7年4月	11年8月
シー・リーキス （ラヤーレス・リークス）	英国	施轍工	日給3円	630円	8年7月	11年12月
ゼー・エッチ・ハヂソン （ゼー・エーチ・ホッドソン）	英国	見廻役	日給2円	500円	8年7月	8年9月

※氏名の上段は『鉄道寮事務簿』第二十五巻、下段は『工部省沿革報告』中の記載名。ただし一致する場合は単一記載。

＊イー・ウイラの名は『鉄道寮事務簿』記載の東京詰め名簿にはあるものの、『工部省沿革報告』中の鉄道関係お雇い外国人一覧表に該当する人名が見あたらず、データが求められない。記載漏れか、両書間で英語の読み方に著しい相異があるものと思われる。

かし、それ以前はともかく、開業時にはすでに構内に外国人職工官舎（施設27）や技師の官舎（施設28）が設置されており、新橋駅勤務の者は大半が構内で寝起きしていたものと考えられる。この点に関しては、発掘調査の結果、外国人職工官舎の遺構周辺のゴミ穴から多くの西洋陶磁器やクレイパイプなどが見つかっており、これらの遺物はまぎれもなく彼らが使用したものである。

　明治8年10月29日付文書[4]によれば、この時点で新橋・横浜間に勤務していたお雇い外国人は36人で、そのうち新橋勤務の者はクリスティーをはじめとして22人、チャールス・ウヲルスを除く21人が新橋駅構内の官舎に住んでいたことがわかっている。新橋駅勤務の外国人の氏名および職名その他のデータをまとめたものが表6である。これによれば、当時構内にいた外国人のすべてがイギリス人で（イー・ウイラは不明）、他の国籍の者は1人も含まれていない。

　また、給料をみると、技師である建築師長のセルビントンおよび汽車監察方のクリスティーを除けば、全員が日給8円以下のいわゆる下級職工である（月給125円の書記役は別であるが、これも月の稼働日を25日として日給に換算すれば5円にすぎない）。2人の技師は各々専用の官舎に、他の19人は外国人職工官舎に住んでいたものと考えられる。特に汽車監察方クリスティーは、明治6年12月3日の時点ですでにシャヘル（シュッパルト・チャルス？）とともにインジニール官舎（建築科長官舎、施設28）に住んでいたことが確認されている[5]。

　表6でもみたとおり、一般にお雇い外国人は、差配役カーギル（月給2,000円）や初代建築師長モレル（月給850円）さらに汽車監察方クリスティー（月給400円）のような高給取りの上級職と日給2～8円ほどの下級職工とに分けることができる。しかし、それでも施設建設に従事した日本人大工の日当が40銭前後、新橋駅の駅長が月給45円、さらに鉄道局長の井上勝でさえ月給350円であることを考えれば、下級職工でさえ破格の待遇であったといえよう。

　構内の各施設は、こうした少数のお雇い外国人技師や職工、それに後ほどみる多数の日本の職人たちによって建設されるわけであるが、両者の関わりを検討する前に、日本側職人の給料に関して少しみておこう。表7は前節でふれた器械方内外詰所（施設46）の建設に携わった日本側職人の人数と賃金の一覧表で、各職種の人数は、約120日間にわたる建設期間中の延べ人数である[6]。賃金が最も高いのは日当47銭5厘の石工で、大工は39銭1厘、他に屋根職、左官、塗師職など専門性を有する職人の賃金がこれに続く。それにくらべ手伝人の賃金は一様に低く、土こね手伝人の賃金はわずか18銭3厘にすぎない。

高給取りのお雇い外国人と低賃金の職人たち、両者はいかにして施設建設に従事し、また建物はいかにして築造されたのだろうか。ここでは、新橋工場の重要な施設である鍛冶場（施設18）の建設に関して、検討することにしたい。

　まず、次の史料を参照されたい。

表7　日本人職人の賃金

職工名	人数	賃金合計	賃金
大工	250人	97円75銭	39銭1厘
石工	67人	31円82銭5厘	47銭5厘
同手伝	34人	7円34銭4厘	21銭6厘
屋根職	10人	3円70銭	37銭
瓦師	8人	2円12銭8厘	26銭6厘
同手伝	12人	2円49銭6厘	20銭8厘
左官	85人	28円30銭5厘	33銭3厘
同土古祢	20人	4円32銭	21銭6厘
同手伝	50人	9円15銭	18銭3厘
塗師職	32人	9円60銭	30銭
人足	452人5分	97円74銭	21銭6厘

「新橋ステーション構内鍛冶所建築并品川鉄道線左右水咄石下水築造及同所両側法切諸費明治六年中伺済工業致居十二月中落成之見込ニ而当七年目途江加入不致處雨天等ニ而本年ヘ工業相越且六郷川低地築試臨時測量費とも本年目途外ニ付而者新橋横濱両ステーション前面レストーレンス并人力車上覆及外国人官舎弐棟建築之積目途出之處差向建築不致差支之義モ差止候ニ付前書鍛冶所建築其外之方ヘ目途振向ケ額内仕払方取斗度此段相伺候也　　七年二月廿四日
　井上鉄道頭
　　伊藤工部卿殿　　　　　　　　　　　　　　　　　　　　」(7)

　この文書の意味はやや不明な部分もあるが、おおむね以下のようである。すなわち、新橋駅構内における、鍛冶場の建築および鉄道線下の下水施設建築・法切り作業に関して、明治6年度中（6年1月〜12月）に終了を予定していたので、7年度の予算措置はしていなかった。ところが、雨天などの事情で建築工事が7年度（7年1月〜12月）に入ってしまい、また六郷川（多摩川）低地に関する測量費も臨時に必要になった。ついては新橋および横浜駅前に予定していた食堂と人力車置場の上覆の設置、あるいは2棟の外国人官舎の建築など差し当たって支障のない部分の予算を鍛冶場建築その他の継続事業のほうに振り替えてほしい。

　具体的には、必要経費2万5,386円38銭7厘（鍛冶場建設、法切り工事、測量費など）に対して、明治6年12月までに1万3,082円8銭3厘は措置されており、不足分の1万2,304円30銭4厘を新橋・横浜両駅前の食堂2棟、人力車上家、外国人官舎2棟など明治7年度分の建設費2万360円の中から振り替えるというものである。

ところで、この鍛冶場建設に関しては、前出の大島盈株の『鉄道日誌』にも簡単な記録[8]がみえている。

 十月四日（明治6年）晴　右同所（鍛冶場）地形並練化石積方とも絵図佐畑公より受取
 十一月十四日（明治6年）晴　金　鍛冶場地形コンクレートにて一間に付杭打にて一間に付、右両様とも取調差出候様財満公御達ニ付即刻取調差出す
 十一月十九日（明治6年）曇ル　水　鍛冶場コンクレート並根石積とも地形一間に付金二十三圓四十八銭に取調財満公差出す
 三月十二日（明治7年）風　小菅感（盛の誤記か？）練社より練化石見本差出す
 四月廿八日（明治7年）晴　鍛冶場コンクレート本日より築初めの事
 七月十二日（明治7年）晴　日　鍛冶場煉化石積方の義製作寮御雇久保福太郎弟子中村初五郎呼出し明日より可罷出旨達す
 七月十三日（明治7年）晴　練化石積職罷出堅ヤリカタ等差図の事練化石積方都て外国人キング氏へ引合済の事
 七月十八日（明治7年）晴　鍛冶場煉化石積初の事

この記録によれば、鍛冶場の建設は明治6年度中はおろか翌年の7月18日になっても、やっと煉瓦を積みはじめた段階であったことがわかる。このような建設作業の大幅な遅れは、雨天などという天候がその原因ではなく、他に深刻な要因があったものと推察されるが、それを示す史料が『鉄道寮事務簿』第24巻に残された一連の記録である。少し長いが引用してみよう。
 まず、明治7年12月18日付の伊藤工部卿宛の井上鉄道頭名の上申書である。
 「別紙ハ新橋局使役人足之儀ニ付カーギル氏より相廻候右ハ畢竟其総括之指揮不行届下官之者斗え任セ置候ヨリ之弊害ニシテ兼々同類之苦情不少就中甚敷ニ至リ申出候儀ト相見申候未ダ新橋長官モ其力充満ト申義ニも無之候得ハ現場御洞察ヲ以て不都合無之様一層御鞭撻被下度此段御倚頼ト為及上申候也」（前史料中「新橋局人足怠惰云々ボイル申立ノ件」）

別紙とは1874年12月4日付の次に紹介する文書のことで、最高責任者である鉄道差配役カーギルが建築師長ボイルの報告を聞いて、鉄道頭井上勝に回して寄こしたものである。事実の部分はボイルの、前置きと判断の部分はカーギルの文章と考えられる。
 「建築令官ヨリ左之通リ新橋鍛冶場建築之義ニ付可報知申来リ候即チ

坊（職の意か？）工ハ八屋翼（ハフ）端並他之鎖細小工事ヲ出来候ノミ三架之屋根桁之義ハ只今組立ニ取掛候　十四人の工夫の内吸烟可外ニ仕事致候者ハ僅カニ六名ノミ屡々説諭致候而も毫も聞入不申候十一月一カ月中相運候仕事ハ欧州の工夫壱人ニテ一週間ニ落成可致程ノ事ニ御座候工事遅滞之義ハ全ク右之次第ヨリ怠慢ヲ生し候而随而冗費も多ク有之必竟工夫取締方不行届銘々勝手之所業ヨリ生し候事と相見候」

　鍛冶場建築の進捗に関して、建築師長ボイルは次のように述べている。すなわち、日本の職人たちは屋根破風の一部（？）および細小（最小？）の工事しか行っておらず、屋根桁の高架作業も取りかかったばかりである。職人14人のうち仕事中にタバコを吸わない者はたったの6人で、他の者は何度注意してもまったく聞き入れない。彼ら全員が（明治7年）11月中に行った仕事は、ヨーロッパの職人1人が1週間でやってしまうほどの量である。

　これを聞いたカーギルは次の判断を下す。すなわち、鍛冶場の建築工事が遅れている原因は、ひとえに（日本側）職人たちの仕事に対する怠慢にあるのであって、これにより費用もだいぶかさんでいる。思うに、この現状は（上司が）きちんと職人たちを取り締まらないからであり、各自が勝手な振る舞いをしているからである。

　このような外国人側のいい分に対して、井上鉄道頭も伊藤工部卿への文書で、この問題を現場レベル（下官之者）に任せておいた上級者（新橋長官）の監督不行届を指摘しつつ、伊藤工部卿に一度現場をみてもらい鞭撻して欲しいと述べている。つまり、井上鉄道頭も工事延滞の原因に関しては、日本側職人の職務怠慢というボイルらのいい分を信じており、その善処を求めているのである。

　井上鉄道頭の報告を受けた伊藤工部卿は、明治7年の暮れも押し迫った12月25日、佐畑鉄道権助および財満実信両日本側責任者にこの件に関して、早急に調査するよう通達を出している。

　「其局使役人足の義ニ付別紙之通建築之長ホーイル氏ヨリ申出候趣ヲ以テカーケル氏ヨリ相回候処右ハ如何之次第ニ候哉不取締之義詳細取調至急可申出此段相達候也」

　しかし詳細な調査を踏まえた結果、現場の日本側責任者（佐畑・財満）が下した判断は、外国人たちのいう事実とはだいぶ趣を異にしていたようである。翌明治8年1月19日、伊藤工部卿に提出した財満実信・佐畑鉄道権助の文書には次のようにある。

「当課使役人足之義ニ付建築師長ホイル氏よりカーギル氏え申出同氏より申立候趣を以別紙相添取調之義過般御達委細承知致候右工業之義ハ素より細大ト無之都而外国人関係指揮致居殊更官員ニ於テも事業相捗取リ候様差図諸事注意致候故人足共ニ於テハ吸煙雑話等徒ニ時刻を費し候様之義ハ決而無之致候處往々外国人指揮違ひより工業態度模様替或ハ仕直し等ニ而畢竟期限遷延ニ及候を彼等失策を覆ハンカ為メ踪跡も無之義を飾言申立候様相見候過般御回し相成候別紙之旨趣一図了解難致依而夫々事実取糺し候処別紙之通申出候ニ付則相添此段上陳候也」

佐畑らのいい分はこうである。すなわち、鍛冶場の建築に関しては、作業の大小・粗密に関係なくすべて外国人が指揮しており、我々役人も作業がはかどるよう何かと注意をしている。したがって、日本の職人たちがタバコを吸ったり、おしゃべりをして仕事を怠けるなどということは決してあり得ない。むしろ、外国人たちは誤った指図をして、度々作り替えや作業のやり直しをさせることがあり、これこそが工事の遅れの原因である。そして彼ら外国人は、自分たちの失敗を覆い隠そうとして、根も葉もない嘘をいっているように思えてならない。先日回覧された（外国人の書いた）文書の内容は理解し難く、よって事実を調べたところ（真実は）別冊のとおりであった。

佐畑らは自信を持っていいきっている。それは彼らの意見が、後ほどみる調査結果に裏打ちされているからであり、特に「踪跡も無之義を飾言申立」とは役人らしからぬ、なかなか思いきった小気味のよい表現である。佐畑たちの提出した文書は、鍛冶場の実際の築造過程を知るうえで重要であるばかりでなく、お雇い外国人と日本側職人双方の行動がわかる貴重な資料である。少々長いが全文を翻刻しておこう。

「新橋構内鍛冶場建築工業之義追々期限遷延相成候處右ハ模様替其他仕直等ニ而二重之手数相懸リ候廉も有之候ニ付　工程之大略左ニ申上候
一　七年七月十五日迄ニ地形并根石居付等全く落成之上同十八日ヨリ煉瓦石積立ニ取懸リ十月廿五日迄ニ軒下迄出来十一月廿日迄ニ合掌鉄物請石居付入口丸形共出来十二月九日迄ニ合掌取付方落成其後棟母屋鉄物取付方ニ取懸リ当今工業中ニ候事
一　九月三十日より十一月廿日迄煉化積職拾三人手伝人足十弐人石工弐人大工壱人位宛日々雇上ケ窓台石二十六ヶ所居付窓枠取運同所丸形窓並裏表入口両妻共セリ持煉化石積立處側通リ立煉化石共違ひ下拵之上居付ニ取懸リ候

義ニ付自然手数も相懸リ殊ニ外国人ペータルソン附添差図致候得共間々差図違ひより積替致候事も有之右様手戻等より工業捗取兼候義ニ有之候事

一　煉化石積立之間ハペータルソン懸リニ而工業見合候處柱形煉化石積立之節同人差図ニ而長弐尺斗ノ下ヶ糸定規を以段々組上サセ候處何分工業運び面職人も難渋致候ニ付官員差図ニ而縦横縁之定規を建テ段々ニ目盛リ是を目的ニ積立サセ候處工業運び方宜敷ペータルソンも格別存奇無之ニ付右仕方ニ而工業取斗候事

一　窓枠内外弐枚ニ拵エ煉化石積立後枠居込可致旨キントル氏差図ニ候得共後ニ而居込候事ハ工業難渋而已ならず同漆喰馴合兼自然保方も不宜ニ付キングえ談し窓台取居付相添直ニ窓枠居付煉化石積立候處元来弐枚枠を壱本之材を以拵候得は手数も少ク持方も宜敷可有之ト存候事

一　東西両入口之外横側え新規入口を拵フニ付積立之煉化石ヲ取崩新規丸形枠居付候事

一　合掌鉄物上ケ方ニ指向仮上家並内廻リ足場等取除可申旨キントル氏差図致候處官員中之見込ニ而ハ合掌鉄物其外屋根鉄物取付方等ニ差支フ候丸太而已取除ケ上家等有儘ニ差置不申而は職人之働不自由且雨天之節ハ工業難相成ニ付其位キントル、キンク、コックスえも度々相断候得共雨天之節ハ休業致候との事ニ而承引不仕故無余義任申分候處案之如く工業難渋ニ付又候内廻え低く上家を拵ヘ足場等懸渡候事

一　合掌鉄物上ケ方ニ至り十一月廿日頃よりコックス懸リニ相成候處最前之仕様ハ蟹ボードを以合掌鉄物越請石之取付候筈ニ付セメントニテ受石取付置候處頭付ボードを以取付候段コックス指図ニ付請石取起しボード穴を堀後にて前之通取付候處此工業官員之見込ニ而は屋根下ヲ組之節地形水盛等致し請石居付合掌鉄物を乗セ棟母屋鉄物等仮ニ取付曲直見極メ之上請石ボード穴ヲ堀置候而受石居付候ハバ鉄付ボルトニ模様替相成候共手数も懸リ不申且合掌棟母屋鉄物等取付方も工業手安く可有之ト存候事

一　十二月二日より合掌鉄物上ケ方に取懸棟母屋鉄物等取付候兼而右鉄物類不出来之ヶ所も有之様見請候ニ付曲直し之上取付候方可然旨外国人えも申談候得共更々取用不申弥取付候末出来形不宜故歟当今鍛冶職三人人足三人ニ而悉皆取付直し而已ニ二十余日も相懸リ申候

右之数ヶ条ハ模様替仕直シ等ニ而是カ為メ無益の手数を費し時日遷延ニ及候尤職人取締向ハ工業場所当科詰所間近之義故官員中時々見廻り監視仕候間

定則休時間之外吹煙談話等ニ而時刻ヲ移シ候義一切為致不申候ニ付諸職人共之不精より斯く延ニ相成候訳ニハ無之候元来工業之義ハ丸ニ外国人引受差図仕官員中之見込通り相成兼候ニ付遅速も外国人之巧拙ニ依り候義ニ有之已往迎も見込相立兼候間現場之事情御汲取被成下度此段申上候也

　　八年一月　　　　　　　新橋　　修繕科」

これをみると、作業の進捗は、おおむね明治7年7月15日までに土台基礎工事が完了し、7月18日〜10月25日の間に軒下まで煉瓦積み作業が完了していることがわかる。その後11月20日まで鉄製屋根骨組（合掌鉄物）設置の基礎作業（受け石の設置）終了、12月9日までに合掌鉄物の設置を完了し、現在は母屋の鉄製部分？の取り付け中ということになる。そして、佐畑らは工事が遅れた原因として、次の点をあげている。

　1、煉瓦壁築造の折、26ヶ所の窓枠および出入り口妻部分の煉瓦積立を間違い、居付作業も含めて積み直しをした点（ペータルソン指図）。

　2、柱部分の煉瓦積み作業に際して、方眼の入った適切な定規ではなく、下げ糸定規を使用したため手間取った点（ペータルソン指図）。

　3、窓枠設置に際して、壁の煉瓦積み後に2枚の枠を挿入しようとしたため手間取り（キンドル指図）、結局煉瓦積みと同時に窓枠（1枚）を設置することで簡単にしかも強固に造ることができた点（キングに相談）。

　4、東西二つの入り口の他に、新たに（計画を変更して）側壁に入り口を設置するため、すでに積み上げた煉瓦壁を取り壊した点。

　5、合掌鉄物設置の際、これを覆っている仮上家と内側の足場を取り除くよう指示があった（キンドル指図）が、とりあえず合掌鉄物設置に差し障りのある丸太だけ取り除くのはよいとして、上家は雨天作業に欠かせないとしてその除去には反対した（キンドル・キング・コックスへ）。しかし、雨天日の作業はないということで、仕方なく任せておいたところ、案の定仕事にならず、一度取り除いた上家をかけ直し、足場もまた造り直した点。

　6、合掌鉄物設置の際、直前の指示では壁の上端にセメントで固めた受け石を置き、これを土台に蟹ボルトを使って合掌鉄物を固定させるはずであったが、頭付ボルトを使えという指図なので、固めた受け石を取り除き、（壁上端に）ボルト穴を穿ち、またもとに戻した点（コックス指図）。だから、合掌鉄物を設置する場合は、土台（壁上端部）の水平を確認し、仮に骨組をおいたうえでボルト穴を造っておけば、鉄付（頭付）ボルトに替える場合にも好都合である（でもそ

第3節　施設建設に携わった人たち　109

ういう指示ではなかった)。

　7、合掌鉄物設置に際して、母屋の鉄物自体が不出来であったので、造り直してから取り付けたほうがよいと進言したが取り合ってくれず、しかし、取り付け後にやはり不出来ということで、鍛冶職3人、人足3人ですべて取り付けし直した点、などがあげられる。

　以上細々した点をみてきたけれども、概していえることは、外国人監督（技師・職工）の指示の不正確さと日本側職員（職人も含めて）の判断の冷静さである。もちろん、煉瓦積みやセメントの使用など新しい具体的な技術については外国人の指導を必要としたのであろうが、工程全体に対する段取りやきめ細かな仕上げという点に関しては、日本側職人は侮れない経験と感性をもっていたのではあるまいか。

　佐畑らは「右工業之義ハ素より細大ト無之、都而外国人関係指揮致居」とか「元来工業之義ハ丸ニ外国人引受差図仕官員中之見込通り相成兼候ニ付遅速も外国人之巧拙ニ依り候義ニ有之已往迎も見込相立兼候間」と書いているけれども、文書の内容をみる限り、これは彼ら日本人側役人にその能力がなかったからではなく、たんに指揮系統上の問題であったことがわかる。このように考えてはじめて、文書の最後に佐畑らが「現場之事情御汲取被成下度此段申上候也」すなわち、外国人に牛耳られている現場の事情を察してくれ、と書いたことの意味が理解できるのである。

　この一連の騒動が起きた約10年後の明治10年代も後半になるとお雇い外国人の数が極端に少なくなり、様々な分野で日本人職員が活躍するようになるけれども、この報告をみるとすでにその素地は醸成されていたように思う[9]。

　一方、直接の現場監督として、ここに登場するペータルソン（石工頭取）、キンドル（建築助役）、キング（汽車運転兼造車方）、コックス（鑢工）などは、月給300円の建築助役キンドルを除けば、いずれも日給3円（ペータルソン）や日給4円（キング、コックス）のいわば下級職工である[10]。もちろん、賃金の多寡とその人の技術の巧拙は無関係である場合も多いが、彼らは上司であるキンドルの助言のもと、施設建設の直接的な指図を行っていたと考えられる。建築助役のキンドルや石工頭取であるペータルソンはよいとして、汽車運転兼造車方や鑢工の者が鍛冶場の建設に関わっている点はよくわからないけれども、ペータルソンはドイツ人であり、大勢いるイギリス人にくらべ、言葉の問題で日本側職人と意思の疎通を欠く点があったのかもしれない[11]。しかし、彼は煉瓦積み

作業に使う定規の種類に関して、日本側官員の適切な助言を素直に受け入れており、そういった面では職人特有の合理性を備えている。

まとめとして佐畑らは、模様替えや造り直しなどが原因で、むやみに時間を費やした点を述べ、職人の取り締まりに関しては、現場が近いことおよび見回りも行っているとして、彼らが休憩時間以外に喫煙・雑談をしていた事実はないことを強調して報告を終えている。

写真21　鍛冶場の遺構

以上、やや冗漫のきらいはあるが当時の記録によって、具体的に新橋駅構内の鉄道施設建設に関して検討してきた。明治6（1873）年度の事業として予算措置されたものの、現場で働く多くの職人や役人それにお雇い外国人、ひいては鉄道官僚や官庁の最高責任者まで巻き込みつつ、2年後の明治8年1月の時点でいまだ築造途中のこの鍛冶場がその後どうなったのか、これに続く記録がないので詳述することはできないが、たぶん8年度中には完成したものと推察される。平成5（1993）年の秋、発掘調査によって約120年ぶりに姿みせた礫敷きコンクリート基礎、切り石積みの鍛冶場の土台は、その辺の事情に関して黙したままである（写真21）。

註
（1）　田中時彦『明治維新の政局と鉄道建設』吉川弘文館　1963年　27-155頁。
（2）　前掲『工部省沿革報告』165-180頁。
（3）　前掲『日本国有鉄道百年史』1　1969年　316頁。
（4）　「京浜間外国人住所取調東京府へ通知」（『鉄道寮事務簿』第25巻）。
（5）　「新橋ステーションインジニール官宅修繕伺并指令」（『鉄道寮事務簿』第14巻）。
（6）　「新橋構内器械方詰所并横濱陸橋起工伺」（『鉄道寮事務簿』第20巻）より作成。
（7）　「新橋構内鍛冶所其他建築費目途振替伺并指令」（『鉄道寮事務簿』第20巻）。
（8）　前掲「明治建築史料その儘（Ⅱ）」。

(9) 　もちろん、異なる意見もある。日本の近代化に多大な貢献をなし、第Ⅰ章第4節でも少しふれた灯台技師のブラントンは、京浜間鉄道敷設の事実を紹介しつつこれを次のように評価している。
　　　「東洋で最初の鉄道であるこの路線の建設が最悪の不運や錯誤に見舞われたとしても、多分それは当然のことであったといえよう。建造物が完成したと思うと打ち壊されて、別の場所に再建されたり、線路の変更も何回となく行われた。橋梁は完成したかと思うと間もなく補強工事が行われた。線路は思いつくままに曲がりくねって敷設され、その上に汽車を走らせるなどとても思えなかった。鉄道建設の総経費は法外もなく巨額に上ったと伝えられているが、しかし総額については公式な発表はされなかった。このような悲観すべき状態をもたらした原因は、工事を主導すべきカーギルを首班としたヨーロッパ人技師団が、作業に当たって日本人役人たちの介入を許したためである。この種の工事に当然必要な、そして経済的な工事施工システムに全く無知な癖に頑固で、ひとりよがりで、許される限り横柄に振舞う彼らが、工事の破滅を回避するための絶対的要素である強い指導権をとったためであった。」（R・H・ブラントン　徳力真太郎訳『お雇い外人の見た近代日本』（講談社学術文庫751）講談社　1986年　106・107頁）。
　　　ブラントンは本節で引用したカーギル報告その他の文書の存在を知っていた可能性が高い。
(10) 　前掲『工部省沿革報告』165-180頁。
(11) 　ペータルソンは明治8年8月に解雇されており（前掲『工部省沿革報告』176頁）、先に検討した同年10月29日付「京浜間外国人住所取調東京府へ通知」には名前がでてこない。彼の離職の時期は鍛冶場竣工直後と考えられるから、あるいは解雇（もしくは自ら辞めた）理由として鍛冶場建設における数々のトラブルがあげられるかもしれない。

第4節　建設費の問題

　新橋・横浜間鉄道の建設費に関しては現在までにいくつかの史料が知られており、この問題を扱う場合にはこれらの史料の中のいずれかの数値を根拠に説明されることが常であった。しかし、ひとたびやや踏み込んで各史料に記載された数値間の相異やその整合性を問題にする時、多くの不明な点や矛盾点が生じてくることも事実であって、その統一的な理解は必ずしも自明のものではない。以下本節では各史料に即してこの建設費の問題を検討していくが、結果は惨憺たるもので、かろうじてその大枠を把握したとはいえ、答えを得られないまま数値の羅列に終始したというのが現状である。
　最初にあげられる数字は資材購入費の14万5,083ポンド5シリング2ペンス

表8　新橋・横浜間

年度	期間	引継越高	本費元受	興業費元受	別途金元受
3	3年10月～4年9月	29,123円998	689,900円218		0
4	4年10月～5年9月	＊20,070円184	658,540円876		76,300円000
5	5年10月～12月2日	0	53,841円031		0
6	6年1月～12月	34,269円736	270,773円158		0
7	7年1月～12月	0	84,713円118		668,880円770
8	8年1月～6月		149,976円575		0
8	8年7月～9年6月		169,995円350		0
9	9年7月～10年6月		209,615円701		
10	10年7月～11年6月		28,030円934		
18	18年6月～12月			0	
合計		83,463円918	2,315,386円961		745,180円770

※明治5・8年度は過渡的期間
＊原典には420,070円184とあるが、明らかに誤記である。

（69万9,078円14銭4厘）で、これは計画段階において、イギリス人レーとの契約を引き継いだオリエンタル銀行からの公債93万ポンド（453万8,400円）のうち、京浜間および阪神間の鉄道建設費に振り向けられた30万ポンド（146万4,000円）の一部である[1]。この30万ポンドは着工以来、鉄路築品、貯品雑具、鉄道館築品、鉄船製鉄、機関車、客車、貨車、歯止車、瓦斯機械、事務取扱諸費などに使われており、すでに明治5年の時点ではほとんど消費され、残金はわずかに90ポンド6シリング5ペンスであった[2]。また、これとは別に、大蔵省が明治5年8月までに支出した金額は、金115万485両、永（永楽銭の意）171文、洋銀3万9,564ドル74セント5（119万49円91銭6厘）といわれている[3]。

一方、別の史料[4]によると、明治5年10月時点の新橋・横浜間鉄道の総建設費は金111万2,954両3分、永95文5分、洋銀2,245ドル78セント（111万5,200円17銭5厘）で、その内訳は新橋駅構内の関連施設の建設費をはじめ、横浜駅の施設群の建設費はもとより、京浜間の橋、溝樋、掘割、下水、埋立、盛土、レール、測量、家作引直し、地所買上げ費用などとなっている。したがって、資材購入費を含まないこの数字が前述した大蔵省支出分の金額に相当する数値の可能性があり、これらを合わせた数字（188万9,192円6銭もしくは181万4,278円31銭9厘）がこの時点での建設費の全体とも考えられるけれども、次に述べる工部省の同時期の決算額（明治5年9月もしくは12月時点）と合わず詳細は不明といわざるを得ない。

鉄道の興業費

収入元受	増額元受	決算高	残金返納	翌年繰越	引継高	差
4円410		698,958円442	0	20,070円184		0
0		754,911円060	0	0		0
0		19,571円295	0	34,269円736		0
72円483		305,115円377	0	0		0
734円270		754,328円158	0			0
		149,976円575	0			0
		98,067円217	71,928円132			1
		171,040円110	38,575円591			0
		27,812円183	218円751			0
	12,700円000	0			12,700円000	0
811円163	12,700円000	2,979,780円417	110,722円474	54,339円920	12,700円000	
	3,157,542円812				3,157,542円811	1

「工部省沿革報告」(『明治前期財政経済史料集成』第十七巻　1931年) より作成

　さらに、明治3年4月の創業から同7年6月までの経費として141万6,172円66銭9厘7毛、洋銀42万3,169ドル77セント5分という数字もある[(5)]。

　さて、工部省の記録[(6)]によれば、明治3年から18年までの工部省全体の総決算高は4,645万7,341円72銭2厘に及び、このうち通常支出の総額は1,308万2,942円52銭9厘で、そのうち鉄道局のそれは35万6,824円25銭である。また、「各作業場ニ於テ営業ヲ為ス以前、若クハ規模ノ拡張ニ係ル建築構造など諸般準備ニ要スル費用」である興業費の各部署（各鉄道、各鉱山、各造船など）全体の決算高は2,929万2,587円33銭4厘である。興業費はさらに常用金、起業金その他に分かれるが、新橋・横浜間鉄道の場合は常用金のみの借入で、その額は297万9,780円41銭7厘となっている。

　新橋・横浜間の興業費の年度ごとの金額については表8に載せた（原典の段階で8年度の決算額と残金返納額に1厘の差がでてしまう。どちらかの数字が誤記の可能性がある）。決算額が多いのは明治3、4年度および7年度で、この年に新橋・横浜間鉄道において多く関連施設が建設されたことがわかる。この点に関しては、表1 (12頁) および表3 (66頁) 中の各施設の着工日から、新橋駅構内においてもこの傾向が顕著であったことが認められよう。

　興業費の借り入れは明治10年度までで、この間に多くの施設建設が実施されたことがうかがえる。しかし表3および表4 (88・89頁) からも明らかなように、11年度以降も新橋駅構内においては多くの関連施設が建設されており、決

表9　新橋・横浜間

年度	期間	作業収入	営業費	興業費償還	収支差引
3	3年10月～4年9月	4円410	0	4円410	0
4	4年10月～5年9月	105,992円516	73,386円540	32,605円976	0
5	5年10月～12月2日	70,396円365	40,078円024	30,318円341	0
6	6年1月～12月	441,857円010	242,293円193	199,563円817	0
7	7年1月～12月	442,963円117	239,043円254	203,919円863	0
8	8年1月～6月	219,480円306	128,095円225	91,385円081	0
8	8年7月～9年6月	411,196円068	254,010円545	157,185円523	0
9	9年7月～10年6月	544,903円818	217,936円691	326,967円127	0
10	10年7月～11年6月	407,529円422	265,687円117	0	141,842円305
11	11年7月～12年6月	430,542円488	293,901円296	0	136,641円192
12	12年7月～13年6月	486,173円237	234,877円807	0	251,295円430
13	13年7月～14年6月	565,692円240	252,684円198	0	313,008円042
14	14年7月～15年6月	590,061円361	284,281円155	0	305,780円206
15	15年7月～16年6月	710,629円427	453,872円319	0	256,757円108
16	16年7月～17年6月	591,808円705	212,379円577	5,104円918	374,324円210
17	17年7月～18年6月	571,691円585	213,369円729	0	358,321円856
合計	17年度まで	6,590,922円075	3,405,896円670	1,047,055円056	2,137,970円349
18	18年7月～18年12月	380,115円000	148,556円000		231,559円000
19	19年1月～20年3月	513,824円000	180,053円000		333,771円000
合計	19年度まで	7,484,861円075	3,734,505円670	1,047,055円056	2,703,3000円349

※明治5・8年度は過渡的期間

して予算を必要としなかったわけではない。その予算はどのように措置されたのであろうか。

　表9は明治3年閏10月から明治18年6月まで、および18、19年度の新橋・横浜間鉄道の営業収支を示したものである。作業収入は659万922円7銭5厘、営業費は340万5,896円67銭であるが、明治9年度までの収益は興業費の償還に充てられているから、収支差引額は213万7,970円34銭9厘となる。さらに、明治9年度までの営業費はすべて国庫からの借り入れであるから、その合計119万4,843円47銭2厘を減ずると、純益は94万3,126円87銭7厘で、一方、全体の収入はこれらを合算した額に雑収入を加えて437万9,878円87銭7厘となる。営業費の償還時期はこの史料からはわからないけれども、基本的に明治10年以前の施設建設に関しては興業費をもって対応し、それ以降の施設建設については益金を充当したものと推察される。

　ちなみに、新橋・横浜間鉄道の収入は開業以降ほぼ12年度まで40万円以上であり、13年度からは50万円を超えている。一方、支出は15年度の45万円を例外として開業以来25万円前後であり、興業費の償還がなくなる明治10年以

第4節　建設費の問題

鉄道の営業収入

官業益金	興業費償還	営業費償還	雑収入	合計
2,137,970円349	1,047,055円056	1,194,843円472	10円000	4,379,878円877
2,703,300円349	1,047,055円056	1,194,843円472	10円000	4,945,208円877

「工部省沿革報告」(『明治前期財政経済史料集成』第十七巻　1931年) より作成

降若干増える傾向がうかがえる。もちろん、性格の異なる2種類の全体的統計と新橋駅構内の個別の施設建設を直接結びつけるわけにはいかないけれども、明治10年度までの基本施設の築造完了とそれ以降における純利益の出現に象徴される鉄道事業の相対的安定化が、依然として新橋駅構内において、関連施設の新設を可能にしたものと考えられる。なお、新橋・横浜間鉄道の総収入の内訳は表10に示したとおりであり、汽車賃が614万7,324円34銭4厘と全体の93％以上を占めている。

以上、新橋・横浜間鉄道の建設費に関して検討してきた。その結果、工部省関連の記録については一貫性がみられるものの、その数値を他の史料のそれと比較すると齟齬が生じ、この問題の統一的な理解を妨げていることが判明した。たとえば、鉄道局が財務報告[7]として明治19年度末（明治20年3月31日時点）の建設費の総額を284万4,285円としているのに

表10　新橋・横浜間鉄道の営業費内訳

費目	金額
汽車賃	6,147,324円344
電信料	0
製修品代	204,855円306
官有物払下代	34,608円208
官有物貸下代	23,554円442
雑入	180,579円775
合計	6,590,922円075

表11　新橋・横浜間鉄道の建設費

	期間	総額	内訳	出典
1	明治7年6月迄	241万0,683円255	資材購入費14万5,083ポンド5シリング2ペンス（69万9,078円144）の100分の29	『国債沿革略記』、『鉄道寮事務簿』巻15
2	明治5年8月迄	119万0,049円916	115万485両永171文、洋銀3万9,564ドル74セント5	『日本国有鉄道百年史』第1巻
3	明治5年10月迄	111万5,200円175	111万2,954円3分永95文5分、洋銀2,245ドル78セント	『帝国鉄道協会会報』
4	明治8年迄の決算	272万5,000円余	興業費決算額	『日本鉄道創設史話』
5	明治3年4月～7年6月	183万9,342円439	141万6,172円6697、洋銀42万3,169ドル77セント5	『鉄道寮事務簿』巻26
6	明治20年3月迄	284万4,285円		『官報』1196号
7	明治19年度迄	303万8,672円	興業費（資本額は282万6,953円）	『日本鉄道史』上篇
8	明治3年10月～5年9月	145万3,869円502	興業費	『工部省沿革報告』
9	明治3年10月～5年12月	147万3,440円797	興業費	『工部省沿革報告』
10	明治3年10月～6年12月	177万8,556円174	興業費	『工部省沿革報告』
11	明治3年10月～7年12月	253万2,884円332	興業費	『工部省沿革報告』
12	明治3年10月～8年6月	268万2,860円907	興業費	『工部省沿革報告』
13	明治3年10月～9年6月	278万0,928円124	興業費	『工部省沿革報告』
14	明治3年10月～10年6月	295万1,968円234	興業費	『工部省沿革報告』
15	明治3年10月～18年12月	297万9,780円417	興業費（建省以前他者支出を含めると304万1,884円351）	『工部省沿革報告』

対し、明治18年度に廃省になる工部省の『工部省沿革報告』が決算額を297万9,780円41銭7厘とより大きな数字をあげているのはどういうことなのか。さらに、同じ興業費でありながら、『日本鉄道史』が明治19年度までの総額を303万8,672円としている点（同書上篇　90頁）や『日本鉄道創設史話』の著者が明治8年までの決算額を272万5,000円余として紹介している（同書　175頁）出典は何なのか。また、興業費全体の借入額が297万9,780円41銭7厘であるのに償還額が104万7,055円5銭6厘にとどまっているのも合点がいかない。

　もちろん関連史料の不足は否めないし、当時の会計システムの理解にも不十分な点はあろうかと思われる。したがって、前述した問題点の解決は今後の課題とするしかないけれども、おおむね新橋・横浜間鉄道の諸施設の建設は明治18年頃の時点で合計300万円前後の興業費と、95万円ほどの益金の中のなにがしかが捻出されて実施されたと想定して大過ないであろう。表11には各史料から抽出した新橋・横浜間鉄道の建設費総額を示しておいた。なお、『理財稽蹟』では建設費の総額を金311万4,400両としている[8]。

　ちなみに、「明治七年東京横浜間鉄道建築目途調」[9]によれば、同年度の総予算は62万6,957円84銭で、本寮諸費として10万8,525円、東京横浜間鉄道建築費用として51万8,432円84銭が計上されている。本寮諸費には官員の給料や出張費、電信・郵便料などの雑費が含まれ、東京横浜間鉄道建築費用には建築測

量課官員の給料やインジニール官舎の修繕費、複線工事費などが含まれるが、これも『工部省沿革報告』にみえる明治7年度の興業費の決算額とは一致していない[10]。

註
（1）　大蔵省『国債沿革略（完）』1890年　99-102頁。ただし、1ポンド4円88銭として換算（以下同様）。レーとの契約は100万ポンドであるが、振り込み額面98％の差額2万ポンド、レーとの解約金2万250ポンド、公債募集費2万9,750ポンドを減ずれば、実質は93万ポンドとなる。
（2）　「英国公債百万磅遣払内訳表」（大隈重信文書）。
（3）　前掲『日本国有鉄道百年史』1　336頁。
（4）　前掲「従東京新橋至横濱野毛浦鉄道諸建築費用綱目」。
（5）　「己巳以来京浜外2ヶ所鉄道入費調書」（『鉄道寮事務簿』第26巻）。
（6）　前掲『工部省沿革報告』。
（7）　『官報』第1196号付録（明治20年6月25日）。
（8）　「東京横浜間の鉄道」（『理財稽蹟』〔大蔵省『明治前期財政経済史料集成』第1巻　改造社　1931年　232頁〕）。
（9）　「新橋構内鍛冶所其他建築費目途振替伺并指令」（『鉄道寮事務簿』第20巻）中の文書。
（10）　複線工事に関しては、前掲『日本国有鉄道百年史』2（同書　145頁）による。

第Ⅲ章　充実期の新橋駅

第1節　明治中期に建設された施設

　明治15年から30年までの間には、鋳物場や2棟目の機関車庫など重要な施設の新設が確認できるものの、その詳細な建築記録は残されていない。公式文書である『鉄道局事務書類』、『鉄道庁事務書類』、『逓信省公文』などに散見するのは、倉庫や事務所など小施設の新築や既存施設の増改築もしくは移転に関する記録であって、ここでも重要な新施設の確認には各種の構内図を使用せざるを得ない。この時期の構内図には、すでに述べたように明治10年代後半作成と推定される年代銘のない二つの構内図と、明治30年銘の「明30構内図」の2種類がある。一見してわかるように、これらの間には内容に大きな差が認められ、明治20年以降の新橋駅が従来にない大きな変貌を遂げたことを示している。

　まず、まだいく分なりとも開業時の様子をとどめている「明15～17構内図」（図38、17頁図7も参照）からみていこう。最初に目につくのは鍛冶場（施設18）の北側に出現した鋳物場（施設88）である。構内図では西半分が描かれており、東半分には片方の長辺から波線が伸びているのがわかる。鋳物場は「明30構内図」（46頁図18、124頁図40）では鋳工場とされており、その桁行きの長さも鍛冶

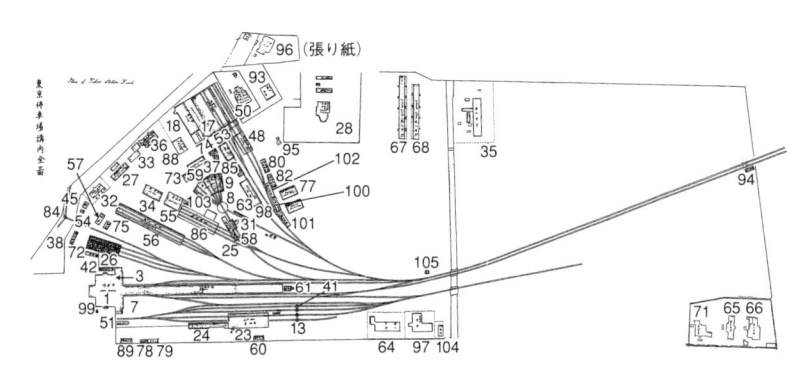

図38　「明15～17構内図」（施設番号記載）

写真22　鋳物場溶鉱炉の遺構

場（施設18）の後身である東鍛工場と同規模となっている。したがって、鋳物場の建物は最初に西部分を造り、後に東半分を増築して拡張したと推定される。

発掘調査の結果、長辺44m、短辺11.5mのコンクリートを土台とした煉瓦造り建物が検出されたが、側壁の中央を境に壁の厚さや煉瓦の積み方に相異が認められ、明らかに東半分を継ぎ足して建設していることが確認された。最初に造られた西半部分の煉瓦壁はイギリス積みであり、やや遅れて継ぎ足された東半部分はフランス積みであった。西半部分の南西コーナー外側には「乾燥炉」、東半部分の北東コーナー内側には「溶鉱炉」（写真22）が設置されている。

この鋳物場（施設88）に関する建築記録は見つかっていないが、明治15年3月に構内の各作業場に工場の名称が与えられた時、その一つとして鋳物工場の名がでてくるから、「明14構内図-1」（13頁図4、65頁図23）が作成されてほどなく建設されたと考えてよい。東側部分の増築に関しては、「明17参考図-1」（18頁図8）をみてもまだ認められず、よってその時期は明治17年以降30年までの間とする他はない。この施設は「明44構内図」（49頁図19、137頁図43）や「明45構内図」（141頁図45参照）にも鋳物工場として記載されており、「大4構内図」（51頁図21）でも同じ場所でこの建物を確認することができる。そして、「大12構内図」（3頁図1）にはすでにないから、大正5年から12年の間、おそらく大正5年の構内の改築の際に解体されたと考えられる。

現在のところ、2棟目の機関車庫（施設86）に関しても建設の記録はまったく見つかっていない。コンクリート製の土台でイギリス積み煉瓦を側壁とした、長辺46.4m、短辺14mの大規模な施設で、内部には3本の引き込み線が設置されている（24頁写真2参照）。「明15〜17構内図」と「明17参考図-1」、「明17参考図-2」で確認でき、「明30構内図」ではすでに機関車修繕場（施設87）となっている。この修繕場は明治34年時点でも確認できるものの[1]、「明44構内

図」ではすでにその部分に貨物積卸場上家（施設299）が描かれているから、廃絶されたのは明治34年以降44年までの間ということになろう。なお、「明30構内図」には、会仙川の南に機関車庫（施設135）が描かれており、2棟目のこの施設の機能が機関車庫から機関車修繕場に変化した時、これに対応してこの場所により大規模な機関車庫が設置されたことを示している。

なお、機関車庫から修繕場への機能変化の時期に関しては、記録に明治27年6月20日の地震で機関車庫の煉瓦製の柱が途中から折れ食い違いが生じたとあり[2]、ここでいう煉瓦造りの機関車庫がこの2棟目の機関車庫（施設86）に相当するなら、この施設が機関車修繕場となるのは、それ以降30年6月までの間ということになろう。

「明15～17構内図」で新たに確認される施設には、はじめて名称が判明したものも含めて、2棟の高崎用木材置場（施設77）、人力車置場（施設51）、巡査派出所（施設99）、ポイントメン詰所（施設105）、食品屋（施設72）、鉄物置（施設85）、倉庫（施設79・98）、物置（施設53・75）などがあり、加えて器械場（施設17）がさらに南側に線路2本分だけ拡張されていることもわかる。2棟の高崎用木材置場とされる物置（施設77）は「明14構内図-1」にも描かれており、以前から存在した建物であるが、上野・高崎間鉄道の着工が明治15年のことであり、その頃この物置が資材置き場として使われるようになったのであろう。おそらく臨時の施設であり、「明30構内図」にでてこないのは当然として、遅くとも同間が開通する明治17年5月前後には撤去されたものと推察される。簡易な構造であったためであろうか、痕跡を検出することはできず、文献上でもその設置に関する史料を見つけることはできなかった。

人力車置場に関しては、明治8年5月24日付文書[3]に「先般新橋横浜両構内ニ於テ人力車営業差許候」とあるから、すでにこの時期には構内営業が行われていたことがわかる。また、明治13年にも高知県士族萩原敬作他2名に営業が許可されている[4]。したがって、当然人力車置場もその頃から存在したと考えられるのであるが、実際に確認できるのは明治14年9月付の記録によってである[5]。

置場の位置に関しては、駅舎西棟脇に存在することが「明15～17構内図」や「明18構内図」（19頁図9、122頁図39）によって確認できるものの（施設51）、それ以前は不明である。この位置は少なくとも明治20年頃まで確認可能であり（151頁図50参照）、その後明治24年にはそのやや南西に移動し（施設52、201頁

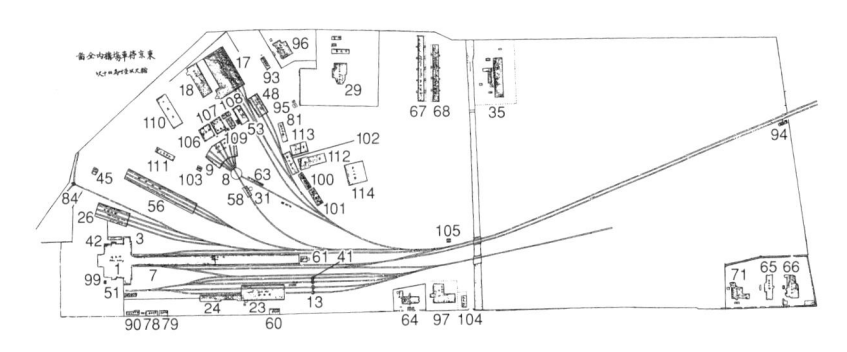

図39　「明18構内図」(施設番号記載)

図55、203頁図56参照)、「明30構内図」ではより西の道路際（施設91)、すなわち図38・39中の第二倉庫（施設78）および第三倉庫（施設79）とある建物付近に移動している。遺構に関しては、これを明確にすることはできなかった。ポイントメン詰所（施設105）に関しては、これ以降「明18構内図」や「明30構内図」(微妙に位置がずれている？）でも確認できるが、その遺構を検出することはできなかった。巡査派出所（施設99）、食部屋（施設72）に関しては後述する。

　鉄物置、倉庫、物置などの施設のうち、機関車用転車台の南に位置する倉庫は「明30構内図」に第五倉庫（施設98）とでてくるものの、この時点で何と呼ばれていたかは不明である。「明14構内図-1」にはないから、造られたのはその直後であろう。また、器械場（施設17）寄りのもう一つの倉庫は明治8年5月設置の器械方物置（施設53）の後身である可能性が高く、さらに、両倉庫にはさまれた鉄物置は、前述したように、規模あるいは名称の点から、明治14年3月22日付文書で確認できる鉄物庫（施設85）で間違いなかろう。器械方物置および鉄物庫の両者は「明14構内図-1」にも描かれているものの、特に施設名は記載されていない。

　すでに第Ⅰ章第1節で述べたように、図自体にやや疑問な点が含まれる「明18構内図」(図39、19頁図9も参照）に関してであるが、この図ではじめて確認できる施設としては、4棟目の石炭庫（施設110)、職工会食所（施設111)、職工湯呑所（施設93)、第一倉庫（施設45)、第三木庫（施設114)、汽車課・倉庫課（施設107）および建築課（施設106）の事務所などがあげられる。職工湯呑所（施設93）以外はいずれもこの構内図だけに認められる施設である。もっとも、本図に描かれた職工会食所（施設111)は、前述したように明治12年の部分図（78頁図32）および「明14構内図-1」でその位置が確認できる明治12年設置

第1節　明治中期に建設された施設　123

の職工会食所（施設59）とは別の施設で、「明7構内図」（15頁図5）や「明14構内図-1」、「明15〜17構内図」ではほぼこの位置に2棟目の石炭庫（施設34）が描かれている。

　職工湯呑所（施設93）に関しては、「明15〜17構内図」では器械科長外国人官舎（施設50）の上に付箋として書かれていたものが、正式に描かれたということになろう。4棟目の石炭庫（施設110）に関しては、2棟目の石炭庫（施設34）同様まったく文献上に記録がなく、検討に苦慮する。基礎部分の一部が発掘調査によって確認されているが、全容を把握するまでにはいたらなかった。なお、第一倉庫は位置的に「明15〜17構内図」の蔵（施設45）と一致するから、同一施設の異称と考えて差し支えないだろう。

　以上、「明15〜17構内図」および「明18構内図」を対象に明治10年代後半の新施設に関して検討してきた。結果は、鋳物場（施設88）や2棟目の機関車庫（施設86）の登場、あるいは器械場（施設17）の増設にみられるように、工場部分で若干の施設拡充は認められるものの、基本的に「明14構内図-1」の構内配置を脱却しておらず、新設された建物も小施設が多かった。この点に関しては、検討対象とした構内図の年代が明治14年に近いという年代的な制約もあり、大幅な施設の増加がみられないのはむしろ当然であろう。明治20年代の構内図が発見されればという願いは大きくなるばかりである。

　次に検討するのは「明30構内図」（図40、46頁図18も参照）である。この構内図には明治10年代末から20年代における新橋駅構内の変貌が凝縮されて描かれていると考えられるが、その歴史的背景は後にして、まずは事実を確認しておこう。

　「明30構内図」（本節では「本構内図」と呼ぶ場合がある）の内容上の大きな特徴は、構内東辺の汐留川に沿って存在した道路の境が完全に取りはずされている点と、構内の関連施設が会仙川の南に広範に展開している点である。前者の変化によって汐留川からの水運と駅構内すなわち陸運との連絡がよりスムースに行われるようになり、また、従来官舎以外存在しなかった会仙川以南の広大な敷地にも様々な施設が造られたことがわかる。構内の線路が、15年前とはくらべものにならないほど増えていること、さらに構内の西端部道路際に各種の事務所および詰め所が増えた点なども大きな特徴である。

　構内図の内容を検討する前に、構内東辺汐留川右岸の道路に関して少し述べておこう。それまで龍野藩脇坂家の屋敷地であったこの部分が往来として幕府

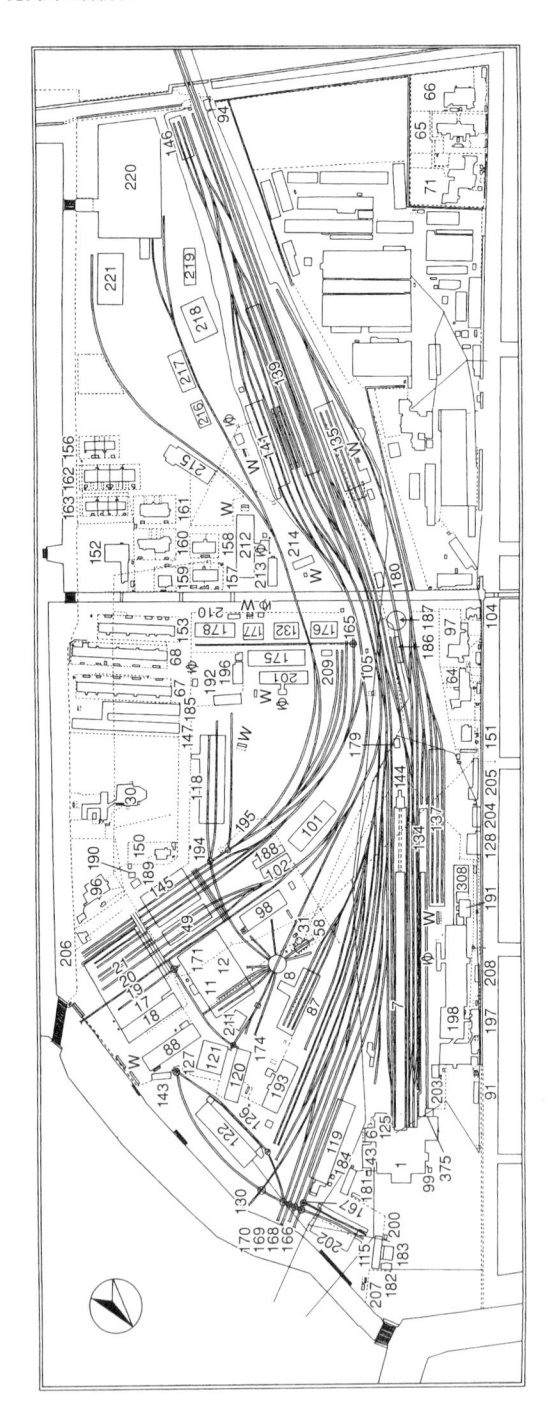

124　第Ⅲ章　充実期の新橋駅

図40　「明30構内図」（施設番号記載）
ゆ：湯存所　w：w.c.

に上地されたのは宝永4（1707）年のことで[7]、以後江戸時代を通じて道路として使われていた。一方、明治になってからも道路と構内を隔てる境（土塀、柵矢来）は残るものの、「明4構内図」（82頁図35）、「明7構内図」、「明14構内図-1」、「明15〜17構内図」のいずれをみても道路入り口部分はふさがれた状態もしくは門の存在をうかがわせる状態で描かれており、明治30年以前においても実質的に道路の汐留橋から汐先橋までの範囲は構内に取り込まれていたことがわかる（15頁図5参照）。

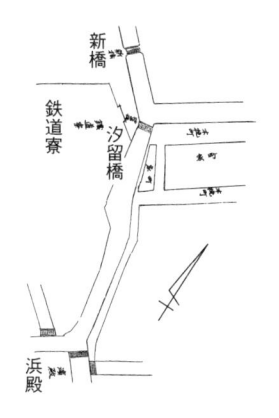

図41　明治5年構内部分図
（方位は筆者添付）

　この点を記録で確認しておくと、いまだ明治4年3月の時点では、工部省が汐留川に面したこの部分を新橋駅建設のための資材の搬入口として使用したい旨の文書を東京府に提出しているから[8]、道路の管理は東京府にあったものと推測される。その結果、道路は閉鎖され一般人の往来は制限されることになる。この状態を示しているのが明治4年4月5日銘の「明4構内図」（82頁図35）である。その後、この道路は明治7年1月に正式に工部省の管轄に移ることになるが[9]、しかし明治5年8月付文書[10]の付図（図41）にも「鉄道寮」の文字がみえており、その頃から新橋駅の構内として認識されていた可能性が高い。

　この点に関しては、すでに「明7構内図」において認められ、「明14構内図-1」や「明15〜17構内図」、「明18構内図」で明確に描かれている道路内の貨車用転車台（施設84）と線路の存在が雄弁に物語っており、この部分における人々の往来は、鉄道建設工事開始以降、実質的に不可能であったと推察される。ちなみに、明治5年11月に行われた汽車修復所（施設15）へのダラインバン（大型機械）搬入に際して、往来を3日間だけ通行止めにしているのは[11]、荷揚げ場が汐留川右岸の汐先橋より南にあったからで、汐先橋架け替え以前のこの時点では、汐先橋以南の道路のこの部分はいまだ往来として機能していたと考えられる。

　一方、この道路と当初の構内の境の施設は、先ほど述べたように、明治17年頃までは残るものの、「明18構内図」では境の一部が省略されており、それ以後ほどなく撤去されたことがうかがえる。この撤去の時期が、先に「明4構内図」の作成時期の問題（第Ⅱ章第2節の註1）で検討した汐先橋の架け替えの時

期とどのように関係するのかつまびらかでないが、基本的には道路との境が撤去された結果、汐先橋の西側の架橋点が構内に取り込まれたことがその原因と考えられる。そして、汐留川東岸の往来と屈曲して続く南岸の往来、すなわち浜離宮に面した構内南辺の往来との交通を維持するために、橋の架橋点をやや南にずらし、しかも斜めに架け換えることにしたのであろう。

　さて、「明30構内図」に記載された小施設としては、乗車切符印刷所（施設128）、便所（複数）、湯吞所（複数）、人足控所（施設208・210）、商人控所（施設204）、掃除夫詰所（施設205）、人力車置場（施設91）、巡査派出所（施設99）、門番所（施設206）、大工小屋（施設196）、合羽干場（施設209）、ヤードメン詰所（施設179）、シグナルメン詰所（施設180）、温脚釜（施設203）、ポンプ小屋（施設190）、馬繋場（施設181）、荷物貸蔵（施設184）、郵便馬車置場（施設182）、馬小屋（施設200）、電信支局（施設183）、倉庫（施設188・189・191・197）、物置（施設192）、塵捨場（施設207）など多数のものをあげることができる。これらの小施設の中には、場所は定かではなかったものの、従来から構内に存在したと思われるものを含んでおり、そういった意味では駅構内における機能（仕事）の一端が明らかになったといえよう。

　乗車切符の印刷は開業以来、「狭隘ニシテ就業上差支ヲ生スル」ような施設で行われていたらしく、「従来ノ建物ハ木造ニシテ市街接近ノ場所ニ建設有之候得ハ」火災が心配なので切妻瓦葺煉瓦造りの施設を新設することになった[12]。建築申請は明治27年12月に行われており、建設されたのは28年に入ってからのことだろう。「明30構内図」の新設場所をみると、「市街接近」の点は変わらないような気もするが、新施設（施設128）は煉瓦造りで、この点は発掘調査によっても確認されている。記録には、従来の施設は移築して倉庫として使用するとある。なお、この切符印刷所は明治31年に一部増設され[13]、33年までこの場所に存在したことが確認できるものの[14]「明44構内図」および「明45構内図」では「青写真及ビ入札所」（施設129）に変わっており、一方これに対応して図中には新たな切符印刷場（施設256）が会仙川以南に設置されている様子が見て取れる。

　荷物貸蔵（施設184）は本構内図ではじめて確認されたが、以前にも明治20年11月に混雑を理由に警察から駅前広場の拡張・整理を要請された際、荷物積卸場や植え込みとともに同様の施設（施設115）が撤去の対象とされたことがある[15]。しかし、この時鉄道当局は営業上の理由からこの申し入れを断っており、明治

20年の時点で確認できるこの荷物貸庫（施設115）の位置は、少なくともそれ以前からのものであったことがわかる[16]。しかし、「明14構内図-1」には描かれていないから、設置された時期は明治14年以降のことであろう。この貸庫は「明30構内図」でも確認可能であるが、明治33年には一部を壊してその北に新しく規模の大きい施設（施設136）として造り替えられることになり[17]、これは「明44構内図」では第二倉庫（施設136）となっている。ちなみに同図によると、残りの部分は貨物取扱所（施設116）として使われている。

なお、貨物業務開始直前の明治6年8月に三井組に許可されたという土蔵[18]は「明15〜17構内図」の人力車置場の西にみえる三井荷物方（施設89）に相当すると考えられるが、この建物は「明18構内図」では第二会食所（施設90）となっているから、この間にこの貸庫の機能が今問題にしている荷物貸庫（施設115）に移った可能性も考えられる。この第二会食所（施設90）は、すでに「明30構内図」ではなくなっている。さらに、貸庫は明治13年にも1棟の新設が許可されており[19]、その位置は「荷物庫脇」とあるから、「明15〜17構内図」最西端道際にある第二倉庫（施設78）もしくは第三倉庫（施設79）のうちのどちらかである可能性が高い。しかし前述したように、明治30年の時点ではすでにこの場所は人力車置場（施設91）になっているから、それまでに他の場所に移動したものと考えられる。

荷物貸庫（施設115）前にある電信支局（施設183）は、明治24年の模様替え後に駅舎東棟コンコース部分をはさんだ施設内（施設125）で駅長事務所などとともに存在したものが移動したのであろう（第Ⅳ章第1節にて後述）。電信支局の変遷に関していえば、明治7年の時点では駅舎東棟コンコースの一画に小規模なものが確認され（195頁図54参照）、その後明治24年の駅舎模様替え前まではそれに接した旧婦人便所（施設3）の建物全体が電信支局（施設4）として使われていたようである（201頁図55参照）。

他には構内各所に便所が設置され、合羽干場（施設209）のような施設があり、構内線路の安全に携わる作業員（ヤードメン、シグナルメン）も個別に詰め所（施設179・180）をもっていたことが明らかになった。また、本構内図にでてくる5棟目の石炭庫（施設120）に関しては、明治25年[20]から34年[21]までその存在が確かめられるものの、34年段階ではその規模が約3分の2に縮小されている。

明治20年代後半には、倉庫、事務所、官舎など小施設の新築や増改築、移転に関するが記録が頻繁にあらわれる。これは、構内の作業量の増大に必然的に

ともなう備品類や事務仕事の量、ひいては職員数の増加が原因であって、その視覚的な結果が「明30構内図」に表現されているといってよい。工場部分の増築もさることながら、「明14構内図-1」にくらべ「明30構内図」で目につくのは、事務所など小施設の圧倒的な増加であり、この点からもこの時期の作業量の急激な増大が裏づけられる。

他の比較的大きな施設に関していえば、機能（作業内容）の面では、すでに明治10年代後半までに出揃っていたといえるかもしれない。しかしそうはいっても、実際にその機能を稼動させる施設の充実ぶりには特記すべきものがあり、これはもはや量的な変化を昇華させた質的な転換といってよい。

旅客業務に関しては、プラットホームが2本に増えている様子が確認できる。1本が従来の東海道線用（施設7）であり、新設されたプラットホーム（施設134）が山手線用である点はすでに述べた。この新しいプラットホームは別の史料に「赤羽線乗降場」とあるから、その建設は赤羽・新橋間の直通運転の開始（明治18年3月）と関係がありそうである。しかし先に少しふれ、第Ⅳ章第1節で後述するように、明治24年5月の時点ではまだこのホームは確認できず、したがって、建設時期はそれ以降明治30年までの間ということになろう。駅舎西棟脇にあった人力車置場（施設51）など2、3の小施設が移転・撤去されているのは、駅舎右手（西）の空間を駅前広場として開放することによって馬車鉄道や人力車に続く人の流れを整理するためであろう。

一方、貨物業務に関しては駅舎東側奥が整備され、この空間で集中して貨物の取り扱いが行われていたことがわかる。入り口には荷物貸蔵（施設115）、郵便馬車置場（施設182）、電信支局（施設183）などの貨物関連の施設が並び、その奥には荷物積卸場（施設202）や荷物庫（施設119）、荷物貸蔵（施設184）が設置されている。荷物庫（施設119）は、すでに述べたように開業時の客車庫（施設26）を壊して造られた施設で築造年は不明であるが、少なくとも明治20年11月以前には建設されている[22]。汐留川から陸揚げされた荷物は、川に沿って走る線路や馬引き荷車によって荷物積卸場に運ばれ、ある荷は荷物貸蔵へ、ある荷は貨車用転車台によって直交する荷物積卸場から出荷、もしくは荷物庫へと収納される。セメント庫（施設122）や石炭庫（施設120）が隣接して設置されているのも、この空間と無関係ではないだろう。

新橋工場の施設の充実ぶりには目を見張るものがある。明治15年3月に従来の作業場が工場に昇格したことはすでに述べた。その時存在した工場は旋盤、

甲木工場、乙木工場、鍛冶、製罐、塗師、真鍮、鑢、鋳物の9工場で、これらがさらに機能を充実させて「明30構内図」にあるような工場になったと考えられる。「明14構内図-1」を参照すれば、鋳物場（施設88）は鋳工場に、鍛冶場（施設18）は東鍛工場に、器械場（施設17）は旋盤・挽立・甲木工場（施設19～21）に、機関車庫（施設9）は組立・西鍛工場（施設11・12）に、塗師場（施設48）は丙木工場（施設49）に変化している。この変化がたんに名称上の変化なのか、あるいは作業内容の変化にともなう機能上のものなのか特定はできないけれども、いずれにせよ工場内において車両あるいは関連部品の製造・組立・改造・修繕の作業が分化し、効率よく行われていたことをうかがわせる。

　明治15年に工場に昇格したとされる乙木工場（施設145）が「明30構内図」ではじめて確認された。明治22年頃に建設されたこの建物（225頁写真37参照）は、当然「明15～17構内図」には描かれてないから、それまでの乙木工場は別の建物内にあったのだろう。なお、「明30構内図」の特徴の一つとして、従来の施設の著しい名称変更をあげることができるが、塗師場（施設48）だけは会仙川以南に塗師庫（施設141）として移転しており、この建物内の作業内容に実質的な変化があったことがわかる。

　鍛冶関係の建物が3ヶ所、鋳物関係が2ヶ所、木工関係が挽立工場も入れて4ヶ所に増えていることを考えると、組立はもとより、車両の製造や改造作業が急激に増えたことがうかがえる。客車や貨車の製造には木工関係の工場が不可欠であるし、独立した大きな製罐工場（施設118、原文では「鑵」の字を使う場合がある）や機関車修繕場（施設87）の存在は多数の機関車の改造や修繕作業を可能としたに違いない。さらに、明治29年に建設された[23]新しい鍛冶工場（施設131）は、建坪142.5坪の煉瓦造りの平家で、この時期鍛冶関係の作業量が増大したことをうかがわせる。この施設は「明30構内図」中にはなく、「明44構内図」に第一仕上げ工場（施設223）の西に鍛冶工場としてでてくる。明治29年の建設であるにもかかわらず、構内図作成の際のタイムラグの関係で「明30構内図」に描かれなかったものと推測される。なお、「明30構内図」にみえる北鍛工場（施設121）に関しては、明治25年段階での存在が確認されている[24]。

　南製罐工場（施設118）については、明治33年度の記録にでてくる「現今製罐工場ノートシテ使用セル橋桁仕業所ハ元来貨車修繕場トシテ二十二年ニ建造シタルモノニシテ」[25]中の「製罐工場の一つ」である可能性が高いから、建設時期は明治22年のことで、当初は貨車修繕場（施設117）として造られたことがわ

かる。ちなみに、先の文章からはこれとは別に他にも製鑵工場があったことが読み取れ、その位置は「南製鑵工場」の名称から考えて、より北に存在していたことがわかる。「明30構内図」には他に「製鑵」を冠した施設は見あたらず検索に苦慮するが[26]、前述したように、明治18年頃に第一汽鑵庫（施設9）を改造して造られたとされる製鑵工場（施設10）がこれに相当するなら、その機能は、この時点で「明30構内図」中の組立工場・西鍛工場（施設11・12）の一部に取り込まれていたはずである。施設名は変化したものの、明治33年の時点でもここで製鑵作業が行われていた可能性が高い。

なお、先の記録によれば、南製鑵工場ではこの時期橋桁の製造を行っていたということになる。

従来駅舎の周辺にあった機関車庫や客車庫などの車両の収蔵施設が、会仙川以南に移転している点も「明30構内図」の内容上の特徴であり、構内最南端部には玉車庫（施設146）も建設されている。このことは逆にいえば、会仙川以北地区に、拡大しつつある旅客施設や貨物施設、工場施設を集中させ、車両の待機場所および木材などの貯蔵施設を会仙川以南地区に移したことを意味している。そして、明治27年には構内最南端の一画に巨大な貯水所（施設220）が造られるようになり[27]、会仙川を間にはさんだ構内中央東部分には多数の官舎や会食所、倉庫などが集中して建てられるようになるのである。

官舎および会食所については次節でまとめて述べることとして、倉庫に関していえば、明治28年に工務・計理課事務所近くに煉瓦造りの倉庫（施設191）が1棟建設された記録が残っている[28]。建設理由は「新橋停車場構内ニハ従来倉庫不足ヲ告ケ書類其他物品等事務室内ニ保存致置キ候得共近来事務益々繁雑ナルニ従ヒ執務上愈々差支候ノミナラズ保存上ニ於テモ倉庫建設ノ必要ヲ生シ候ニ付」ということであり、この段階で当局が、急増した事務業務の結果作製される多量の書類の保存に苦慮していたことがうかがえる。

さらにこの明治28年には、会仙川のすぐ北側に建坪60坪の計理課物品検査場（施設132）が、3棟の倉庫とともに建設されたこともわかっている[29]。3棟の倉庫は第十二号（施設175）、第十三号（施設176）、第十四号（施設177）がこれに該当し、規模は各々132坪、60坪、48坪である。新設の理由は、先ほどと同様「新橋停車場構内ニハ従来倉庫ニ不足告ゲ居候処近来運輸事務益々頻繁ナルニ従ヒ貯蔵物品モ増加シ保存上差支候ノミナラズ物品検査場ノ如キハ未タ設置無之為メ室内□□□事務室ニ於テ検査シ来リ候処愈々取扱上不便不勘候ニ付新

第1節　明治中期に建設された施設　131

写真23　2基目の機関車用転車台の遺構（本体と基礎部分）と当時の風景

設ノ必要相生シ」（□□□は判読不能）ということであり、この時期運輸関係の仕事が急増していたことをうかがわせる。

　会仙川に接したこの場所における複数の倉庫の建設は、すでにこの時点で、駅舎業務および工場関連施設が林立する会仙川以北地区が施設建設にとって不適格（飽和状態）であることを物語っており、以後明治30年代の施設建設は、会仙川以南地区に集中することになるのである。

　では最後に、「明30構内図」で新たに登場した新橋駅2基目の機関車用転車台（施設187）に関して述べておこう。構内中央部西端において検出されたその遺構は、直径14m、高さ1mほどの煉瓦製のもので、底面にはコンクリートが打たれ、その中央には軸装置設置のための一辺1.8mほどの正方形の自然石が設置されていた。側壁は整然とした煉瓦積みからなっており、最良部分で19段ほどが残存していた。この施設にも開業時の機関車用転車台同様その下部に無数の基礎杭が打たれていたが、開業時のそれがすべて垂直杭だったのと対照的に、軸装置および底面外周部分ともに基本的に横位の杭列が設置されていた（写真23）。

　建設時期に関しては、わずかに明治30年度中に新たに機関車用転車台1基を造ったとする簡単な記録[30]があるだけで、この記載が今問題にしている転車台

に該当するかどうかは確認のしようがない。明治10年代後半頃の構内図に認められず、「明44構内図」ではすでに位置が移動しているから、使用された期間は長くて25年、もし記録にあるように明治30年に造られたとすれば、最長で15年ほどということになる。石炭積台（施設186）と対をなす施設であり、この時点における開業時の機関車用転車台が主に貨物および工場部分に関わる貨物機関車用だとすれば、この2台目の転車台は東海道線や赤羽線（山手線）を中心とした旅客機関車用に使われていたと考えられる。

なお、当初機関車庫（施設86）として建設された機関車修繕場（施設87）の図面が『鉄道工事設計参考図面　停車場之部』（内田録雄　1898年　東京大学工学部土木図書館蔵）に掲載されている（図42）。平面の形態が、検出された遺構といささか異なってはいるものの、基礎部分の捨て杭やコンクリートの土台、それに一部残存していた煉瓦の側壁や3本の引き込み線などの特徴は設計図どおりであった（24頁写真2参照）。

以上、「明30構内図」を通して、明治10年代末から30年までの関連施設の変貌に関して概観してきた。本節の最初に述べたように、この時期の建設記録はほとんどが倉庫や事務所に代表される小施設に関するものであり、主要施設の改築記録も第Ⅳ章第1節で詳述する明治24年5月11日付文書による駅舎内の模様替えの史料があるくらいである。

一方、発掘調査による遺構の検出状況も、この時期の建物は土台はほとんどがコンクリート製でありこれは比較的明瞭であるが、木造建物の場合はその痕跡を確認することが難しくなる。中には乗車切符印刷所（施設128）や機関車用転車台（施設187）のように単独で遺構を認定できたケースもあるが、これは例外であり、多くの遺構はより後に建てられた建物の遺構と重なり合って（壊されて）検出されるため残存状況が良好ではない。

赤羽線用のプラットホーム（施設134）も、検出された遺構は角石や丸石を敷き詰めた基礎部分のみであり、他に南製鑵工場（施設118）や4棟目の石炭庫（施設110）なども基礎の一部が検出されただけであった。構内図に描かれている合羽干場（施設209）、シグナルメン詰所（施設180）、ヤードメン詰所（施設179）、便所などの小施設は、その痕跡すらも検出することができなかった。なお、会仙川以南地区に関しては、前述したように、東寄りの官舎や倉庫部分を除いて、大部分が調査範囲外のため遺構の確認は断念せざるを得なかった。

本項で扱った明治10年代後半から20年代は、本章第4節で後述するように、

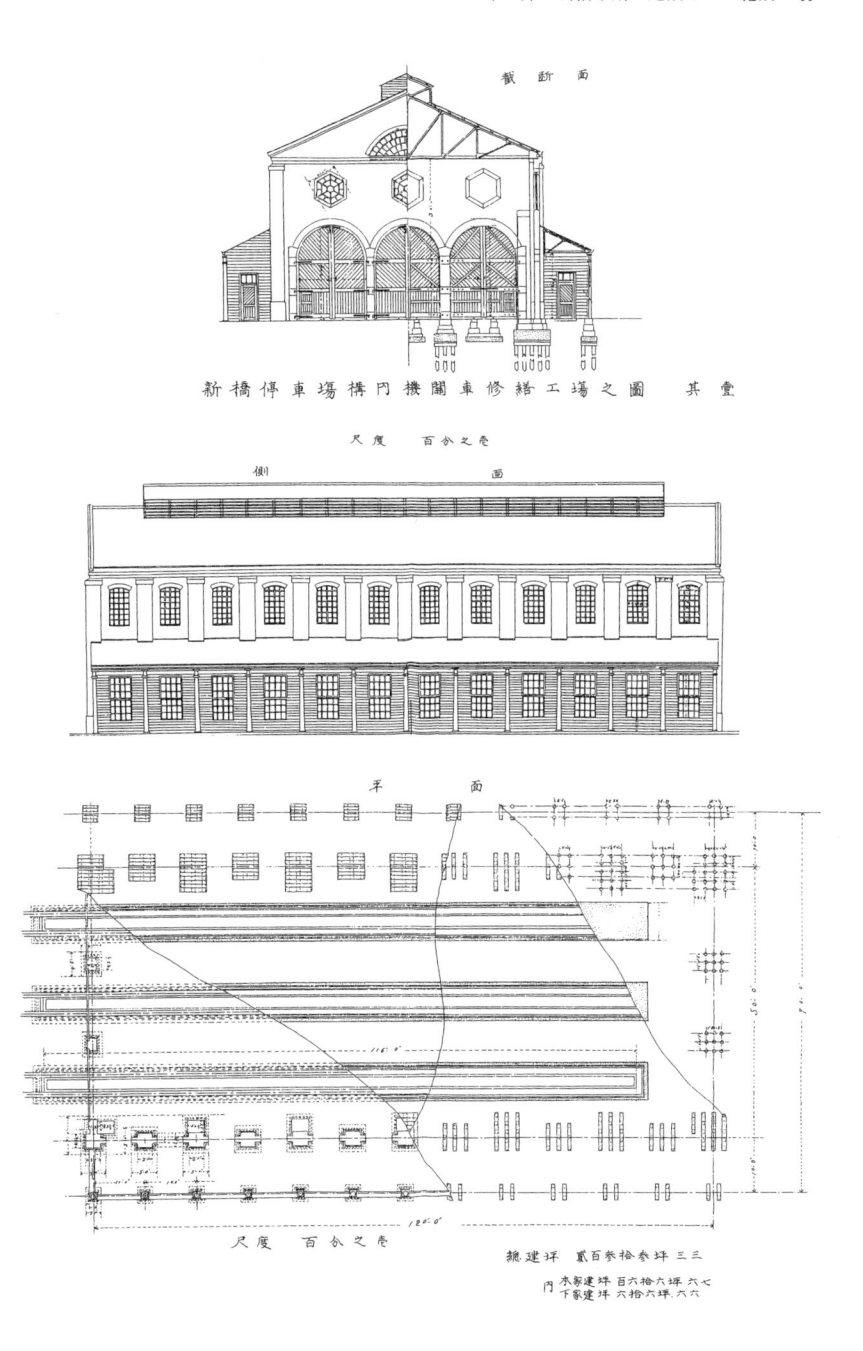

第1節　明治中期に建設された施設　133

図42　機関車修繕工場平面・側面図

上野・高崎間鉄道建設の準備・建設のための作業量の増加、あるいは横浜以西への東海道線延長工事のための作業量の増加、そして、その後の東海道線、横須賀線、日本鉄道会社各線の車両の修繕などで、新橋工場の受け持ち車両数が急増した時期に相当する。この膨大な作業量に対応すべく、構内の関連施設は増設を繰り返したのであり、この傾向は明治末期に向けて益々強まるのである[32]。さらにこの時期は、明治29年からはじまる官設既成鉄道の改良の名のもとに、新橋・品川間の4線化工事の着手や駅構内の拡張・改良工事が実施された時期に該当し、その影響も見逃すわけにはいかないだろう。

註
（1）　「新橋停車場貨物積卸場等工事」（『逓信省公文』第66巻　建築34）付図。
（2）　『明治二十七年度鉄道局年報』17頁。
（3）　「新橋ステーション構内ヘ人力車置所新築伺指令」（『鉄道寮事務簿』第29巻）。
（4）　前掲『工部省沿革報告』184頁。
（5）　「東京横浜間開局内営業ノ者賦金改正」（『工部省記録』巻21ノ1）によれば、当時構内には1軒の人力車会社と1ヶ所の人力車置き場が存在したことがわかる。
（6）　「新橋停車場ヘ器械科物置職工会食場建築伺」（『工部省記録』巻15ノ2）付図。
（7）　幕府普請奉行編『御府内往還其外沿革図書』8（朝倉治彦監修『江戸城下変遷絵図集』第18巻　原書房　1987年　242頁）。
（8）　「旧龍野藩邸裏通囲込ノ義東京府往復」（『鉄道寮事務簿』第1巻）。
（9）　前掲『日本鉄道史』上篇　80頁。
（10）　『記事類纂』辰-申（東京都公文書館蔵）。
（11）　「ダラインバン陸揚ニ付往来留伺東京府往復」（『鉄道寮事務簿』第4巻）。
（12）　「新橋停車場構内ニ於テ切符印刷所新築工事競争入札」（『逓信省公文』第35巻　建築3）。
（13）　「新橋駅内切符印刷所建家増設及便所移転」（『逓信省公文』第51巻　建築19）。
（14）　「新橋駅塗師工場附卸家等新築」（『逓信省公文』第60巻　建築28）付図。
（15）　「新橋停車場車夫溜所移転ノ件」（『鉄道局事務書類』第2巻）。
（16）　しかし、明治21年には駅前広場を走る東京馬車鉄道の新橋鉄道局構内線が廃止されているから（東京都公文書館『東京馬車鉄道』都史紀要33　1989年　153頁）、業務拡張にともなう駅前広場の整理が実施されたことは確実である。
（17）　「新橋駅貸庫新設其他工事」（『逓信省公文』第61巻　建築29）および付図。
（18）　「鉄道構内三井組借地1件」（『鉄道寮事務簿』第11巻）。
（19）　「新橋停車場構内荷物庫貸渡金上納方ノ届」（『工部省記録』巻18ノ1）。
（20）　「新橋停車場物揚場及ホーム新設ノ件」（『鉄道庁事務書類』第6巻）付図。
（21）　「新橋停車場貨物積卸場等工事」（『逓信省公文』第66巻　建築34）付図。
（22）　「新橋停車場車夫溜所移転ノ件」（『鉄道局事務書類』第2巻）付図。

(23)　「新橋停車場構内ニ於テ鍛冶工場建家壱棟新設工事示方書」(「廿九年度保存及補充工事予算不足額増加」〔『逓信省公文』第43巻　建築11〕)。
(24)　「新橋停車場物揚場及ホーム新設ノ件」(『鉄道庁事務書類』第6巻) 付図。
(25)　『明治三十三年度鉄道作業局年報』174頁。
(26)　明治41年に新設される製罐工場が1棟あることにはあるが、位置は不明である。
(27)　『明治二十七年度鉄道局年報』18頁。なお、貯木用のこの池は、「昭30構内図」にも描かれており、戦後も引き続き使われていたことがわかる。
(28)　「新橋停車場煉瓦造倉庫及廊下新設工事」(『逓信省公文』第36巻　建築4)。
(29)　「新橋停車場内倉庫及検査場新設」(『逓信省公文』第38巻　建築6)。
(30)　『明治三十年度鉄道作業局年報』74頁。
(31)　『明治二十九年度鉄道局年報』38頁にも「機関車用旋車台一組」設置の記録がみられるが、当時における旋車台と転車台の区別に関してはつまびらかでない。
(32)　高崎線開通直後の明治18年6月、京浜間鉄道の責任者であるトレビシックは、明治17年度の報告に次のように書いている。

　　　「客車および貨車の修理は良好に行われている。加えて、東京・横浜間鉄道と東京・高崎間鉄道がつながるやいなや、いくつかの機関車と車両を新橋工場に入れるという利点も完成されたのである。4両の3等客車は修理され、塗装も行われた。さらに2両の緩急車と4両の1等・2等合造車には特別な屋根がつけられたので、暑い天気の日にも車体は涼しくなるであろう。(機関車関係消費表である) A表をみると、まだそれほどではないが、総マイル数および消費量はかなり増加しており、私は、これらの項目は来年度においても増加すると予測している。」(『Imperial Government Railways Japan Annual Reports by Foreign Staff』〔For The Twelve Months From 1st July, 1884, To 30th June , 1885.〕Tokio　1885　p.28.)。

　　そして新橋工場にとって、東京・高崎間鉄道(日本鉄道)との関係は、明治20年にいたって、トレビシックが次のように報告するまでに重要なものとなるのである。

　　　「官鉄車両に関する修理作業は、新橋工場で行われる業務全体の中においては非常に少ないものでしかない。(それにくらべ)日本鉄道に関連した作業、すなわち新しい機関車の組立や他の路線区へ船積みする際の機関車の組立、それに客車や貨車の製造、所属車両の修理、そして建設課のための仕事の大部分などは(新橋工場にとって)重要な作業となっている。」(『Imperial Government Railways Japan Annual Reports by Foreign Staff』〔For The Twelve Months From 1st April, 1886, To 31th March, 1887.〕Tokio 1887 p.32.)

第2節　明治後期に建設された施設

　明治時代末期の駅構内をあらわす「明44構内図」（図43、49頁図19も参照）をみると、構内全域にわたって様々な関連施設が展開している様子が目に飛び込んでくる。構内全体の変化としては、もとの東京馬車鉄道会社の敷地におびただしい数の官舎の建物が並んでいる点、あるいは、これと構内との境目に明治33年着工、42年に運転が開始された高架市街線が認められる点などがあげられるが、より大きな特徴は、貨車用転車台の数の多さに象徴される貨物部門の拡大と、明治30年の時点でわずかに空白が残っていた会仙川以南の東地区への関連施設の進出であろう。

　これらの建物の中には明治30年の時点で確認された施設を拡張したものがある一方、30年以降新たに建設された施設も含まれている。この時期の建設記録についても、事務所や官舎など小施設に関する建設・増改築の記録は多数みられるものの、主要な施設の建設記録はそれほど多くはない。もっとも、この時期になると、新たな機能をもった新施設の建設例がまれなこともあり、ここでもその検討は構内図間の比較に頼らざるを得ないのが現状である。なお、東海道線用（開業時の）プラットホーム（施設7）の改築工事に関しては記録があり、これについてはランプ収納施設の変遷とともに第Ⅳ章第2節で詳しく検討する。

　明治30年から44年までの間に新設された主な施設としては、発電所（施設231）、第一仕上工場（施設223）、第二仕上工場（施設224）、仕上工場（施設235）、鋳物工場（施設245）、機関車組立工場上家（施設230）、旋盤・木工・挽立・仕上工場（施設18〜22）、水力絞鋲工場（施設242）、銅工用鍛冶工場（施設244）、貨車用転車台（施設278〜292）、職工会食所付属洗面所（施設133）、職工給料支払所（施設222）、貸倉庫（施設136）、倉庫（施設293・294）、湯呑所、貨物積卸場上家（施設296〜299）、それに会仙川以南にみえる3基目の機関車用転車台（施設238）、挽立工場（施設142）、特別車庫（施設253）、セメント小屋（施設254）、第二ペイント庫（施設330）それに最南端の塗師工場（施設240・241）など多くのものをあげることができる（写真24）。

　3基目の機関車用転車台（施設238）に関しては詳細な建築記録がなく検討に苦慮するが、わずかに明治32年度の記録に機関車用転車台1基を新築したと認められる記載[1]が確認でき、もしこれがこの転車台に相当するなら、築造は同

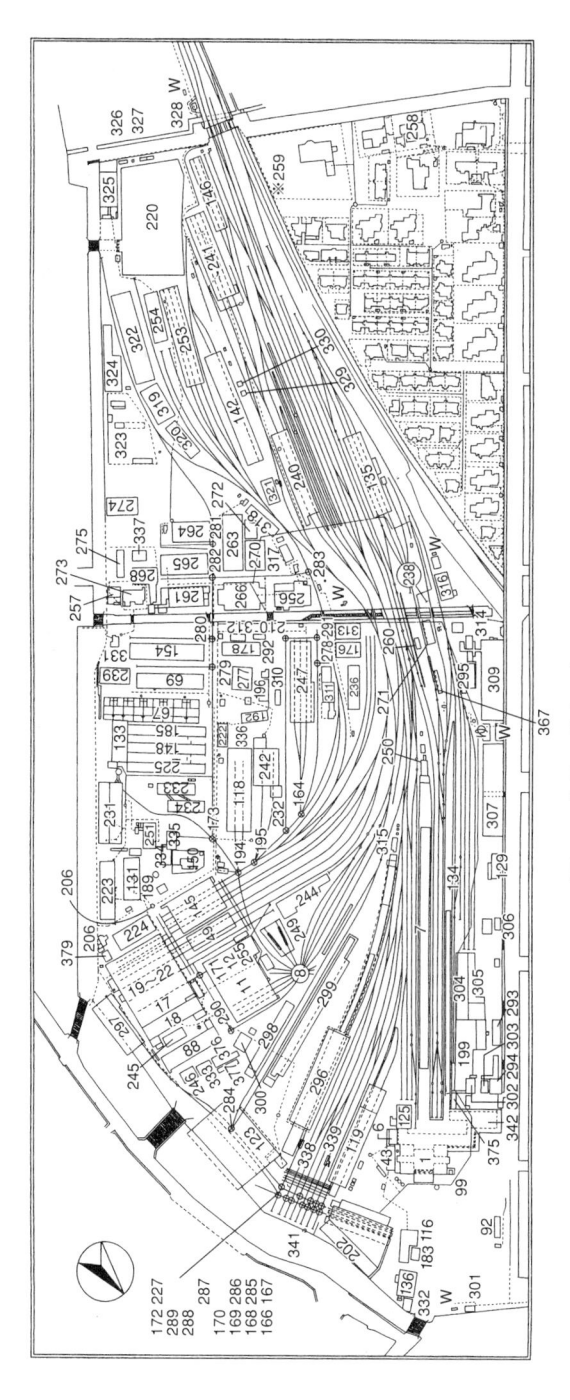

第 2 節　明治後期に建設された施設　137

図 43　「明 44 構内図」（施設番号記載）

写真24　発電所周辺の遺構群

年ということになろう。しかし、前節でもふれたように機関車用転車台は2年前の明治30年にも1基設置されており、これが「明30構内図」(46頁図18、124頁図40) にみえる2台目の転車台 (施設187) であるとしたら、2年後に会仙川をはさんでさらにもう1基の機関車用転車台が設置されたことになる。2台目の転車台の使用期間がわずかに2年間だけというのは考えにくいから、明治32年の時点で構内には、開業時の転車台も含めて3基の機関車用転車台が存在したことになるが、明治44年の段階では会仙川北岸に接した2台目の転車台はすでになくなっている[2]。

　発電所 (施設231) や旋盤・木工・挽立・仕上工場 (施設17～22) および水力鉸鋲工場 (施設242)、機関車組立工場上家 (施設230)、銅工用鍛冶工場 (施設244)、職工会食所付属洗面所 (施設133)、第二ペイント庫 (施設330) に関しては図面が残っており (後述)、やや詳しくその実態を知ることができる。しかし、他の小施設に関しては設置の日付は確認できるものの、図面がないため位置や規模

が不明の場合が多い。なお、増改築工事が施された施設には前述した開業以来のプラットホームやランプ収納施設の他に、いくつかの倉庫や事務所、官舎、切符印刷所（施設128）、玉車庫（施設146）などがあげられる。

　第一仕上工場（施設223）は構内東端の旋盤・木工・挽立・仕上工場（施設17～22）の南に設置された施設で、鉄骨造平家建、側壁は亜鉛鍍波形鉄板張であった(3)。この施設は双頭レールを再利用して造られたとされる建物で、遺構は部分的にしか確認できなかったが、その北に接して位置する第二仕上工場（施設224）付近からは多数の双頭レールが検出された。したがって、記録に記載はないものの、第二仕上工場も古軌条を再利用した建物であった可能性が高い。両工場の仮建家の建設申請(4)が明治30年11月であるから、竣工は翌31年になってからのことだろう。なお、構内図上の位置は定かではないが、これらとは別なもう一つの仕上工場（施設235）が明治41年度中に新設(5)されたことがわかっている。

　職工給料支払所（施設222）は南製鑵工場（施設118）に接してその南、3棟並んだ職工会食所（施設225・148・185）の西北に位置する小さな施設で、建築申請(6)は明治31年2月に提出されている。前節でふれた貸倉庫の新設(7)は明治33年8月のことで、「明44構内図」でいえば、駅前広場に入ってすぐ左手にある第二倉庫（施設136）に相当する。貨物の取り扱い業務は、明治16年に鉄道局の手から民間業者に移管されており(8)、現在の貨物取扱所（施設116）が以前荷物貸蔵（施設115）であったように、この倉庫も発注者から預かった荷物を一時的に保管しておく場所として提供された施設である。

　旋盤・木工・挽立・仕上工場（施設17～22）は、梁間205フィート余、桁行き150フィート、すなわち梁間30フィートの建物7棟からなる総合職場で、最北端が旧鍛冶場（施設18）の煉瓦造り、その他は鉄骨造平家建、亜鉛鍍波形鉄板張という我が国最古の鉄骨造の施設であったといわれている(9)。すでに述べたようにこの部分は「明14構内図-1」（13頁図4、65頁図23）の器械場、そして「明30構内図」の東鍛・旋盤・挽立・甲木工場に相当し、年を経るごとに施設が拡充されていった様子がうかがえる。記録(10)によれば、明治30年9月9日の暴風雨により挽立工場が倒壊したとあるから、「明44構内図」にみえる旋盤・木工・挽立・仕上工場はこれを修復した挽立工場も含まれていることになる。

　「明44構内図」に描かれている諸施設のいくつかについては、先に少しふれたように、翌45年の『中部鉄道管理局所属工場略図』に個別図が掲載されてお

図44　甲木・挽立・仕上・旋盤工場平面・側面図

り、その建物の詳しい様相を知ることができる。この資料には多くの施設の平面図および側面図が掲載されているが、ここでは旧器械場に相当する旋盤・木工・挽立・仕上工場（甲木・挽立・仕上・旋盤工場、施設17～22）の個別図を紹介しておこう（図44）。なお、この略図集には内容的に「明44構内図」と大差がないものの、参考となる明治45年現在の構内図（図45）が含まれており、これを「明45構内図」と呼ぶことにしたのは先に述べたとおりである。

　発掘調査の結果、多数の建物の土台や礎石部分が検出されたが、ほとんどが複雑に重複しており、検出された遺構を構内図内の施設に同定することは困難な場合が多い。まして、明治30年以降に建設され44年までに解体された施設で記録にも残らなかった場合は、遺構は検出されても、構内図には顔をださないから、現状の資料的制約の中ではこれを認識することは不可能となる。この点は、明治10年代後半から30年までの構内図のない10数年間についても同様で、複雑に重複して検出された遺構群の中で、構内図中に対応する施設が見つからない場合は、このような可能性も考えてみる必要があろう。

　そのような中、施設の存続期間が改築や移転によって短いにもかかわらず、簡単な設置記録が残されていたためかろうじてその位置が確定できた例がいくつかある。たとえば、明治39年度の記録にある「新塗工場二百八十坪ハ前年客

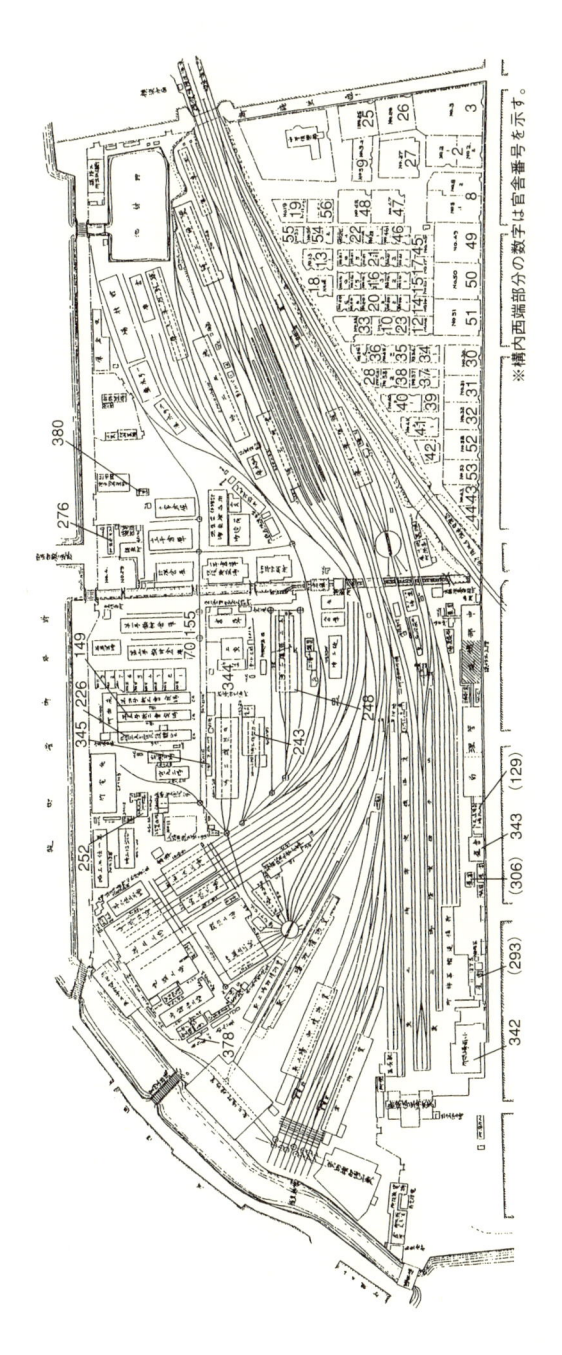

第2節　明治後期に建設された施設　141

図45「明45構内図」

車庫ヲ其儘改造セシメタルヲ以テ其位置工場構内離レ作業及監督上甚タ不便ヲ感セシニヨリ三十九年八月該建物ヲ旧塗工場付近ニ移転スルト同時ニ其移転場所ノ一部ニ在リシ従来ノ手挽仮小屋ヲ更ニ仮挽立小屋ノ位置ニ合併シ共ニ一棟二百坪ノ規模トナシ」[11]にでてくる施設のうち、前年に改造されたという客車庫は「明30構内図」の会仙川以南の客車庫（施設139）である可能性が大きいし、この年移転の末建設された新塗工場は、「明44構内図」中の塗師工場（施設240）に相当するのであろう。

　また、新塗工場の移転の余波を受けて合併新設されたという200坪の挽立工場は、「明44構内図」中の木挽小屋・挽立工場（施設142）と考えられ、逆に38年に改築され39年に壊されたとされる280坪の塗工場（施設140）や新塗工場の移転先にそれまで存在していたという手挽仮小屋、仮挽立小屋などは、当然のことながら「明44構内図」にはでてこないということになる。

　すなわち、「明30構内図」中の客車庫（施設139）は、明治38年に280坪の新塗工場（施設140）になり、その翌年の8月に旧塗工場（施設141）付近に移転することになるが、これに相当する施設が「明44構内図」中の塗師工場（施設240）である。一方この時、移転先である旧塗工場（施設141）付近にあった手挽仮小屋を仮挽立小屋の位置で合併して造られたとされる200坪の施設は、「明44構内図」中の木挽小屋・挽立工場（施設142）ということになろう。

　ちなみに、記録の後半にでてくる仮挽立小屋とは、明治37年度中に新設された[12]という規模140坪の仮挽立場のことである。この仮挽立場は、塗師工場の移転にともなって消滅した手挽仮小屋ともども構内図に姿をあらわさないけれども、わずかな記録によってその存在が知れたのである。なお、挽立工場の北には明治43年に建設された[13]第二ペイント庫（施設330）がみえている。

　さらに、構内図には姿があらわれてこないものの、部分図（図46）によって判明した施設もある。明治33年7月、赤羽線用プラットホームの西に接して位置する長大な第二塗師工場（施設138、図中では第二号塗師工場となっている）に付属の小屋を新設するという記録[14]が残っているが、これは「明30構内図」でいう客車庫（施設137）部分に相当し、「明44構内図」ではすでにこの部分には多くの線路が走っている。したがって、残された構内図だけをみている限り、明治30年の時点で客車庫であった施設が、その3年後に第二塗師工場と呼ばれていたということ、すなわち、この時期に車両の塗装に関する作業量が大幅に増えたであろうことは認識できずに終わった可能性が高い。この点に関して明治

第2節　明治後期に建設された施設　143

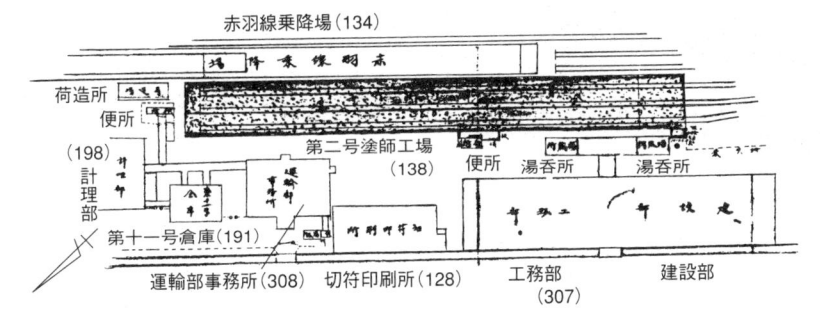

図46　明治33年構内部分図（方位は筆者添付）

　33年度の記録には、「塗工場ニ在テモ近年車両ノ増加セルニ伴ヒ従来ノ建家一棟ノミニテハ到底作業ノ迅速ヲ期スルコト難キニ依リ構内客車庫ノ一ヲ塗工場ニ充用セシ為メ車両塗替ノ数著シク増加シタリ」[15]とあるが、この第二塗師工場も明治44年の時点では廃絶されて線路（軌道）になっているのである。
　さて、発掘調査によって比較的良好に検出された施設には、発電所（施設231）といくつかの貨車用転車台の遺構があげられ、土台が確認されたものに構内中央部東部分に集中する官舎（施設67）、倉庫（施設69・154）、会食所（施設148・185・225）やその付属洗面所（施設133）、それに会仙川以南の経理課倉庫（施設261）、被服検査場（施設266）、切符印刷場（施設256）、第十三号倉庫（施設265）、第十二号倉庫・物品検査所（施設264）、経理課・倉庫課・物品検査場（施設263）、鉄道調査所（施設268）などの遺構がある（写真25）。土台のみ確認された施設の設置年代は明治31年に建設された経理課倉庫[16]、40年に建設された被服検査場[17]以外つまびらかでないが、切符印刷場の建設は34年以降41年までの間と推定可能であり[18]、他の施設もおむね30年代後半から40年にかけて設置されたと考えて大過あるまい。
　発電所の検出状況に関しては、第Ⅳ章第4節で詳しくふれることにして、以下貨車用転車台についてまとめておこう。
　貨車用転車台は開業時に3基（施設13）が造られ（39頁写真12参照）、それ以後明治10年代中頃までは、開業時にあった場所に1基（施設41）と汐留川岸に面した荷揚場に1基（施設84、図23参照）が追加されたにとどまっていた[19]。台数が増加するのは明治10年代末から20年代にかけてと考えられ、その様子は「明30構内図」にあらわれている。特に図中北鍛工場（施設121）と鋳工場（施設88）の間に位置し、セメント庫（施設122）を囲む曲線線路の結節点にあたる貨

写真25　会仙川以南地区の遺構群

物用転車台（施設127）は、前年に設置されたセメント庫前のホーム[20]に対応すべく、明治26年6月に設置されたものである[21]（図47）。その他貨車用転車台は、構内の所々に設置されているものの、その多くは汐留川沿いに面した構内東端部にあり、前述した貨物取り扱い空間ともいうべき場所に7基（施設126・130・166〜170）が集中している様子が見て取れる。これが「明44構内図」になると、北東端部だけでも12基（施設166〜170・172・227・285〜289）に増えており（写真26）、明治30年以降貨物量が急激に増加したことを裏づけている。

　貨車用転車台の移転に関する具体的な記録はまれであるが、明治34年4月付文書[22]には構内東端部汐留川沿いの第貳貨物積卸場（施設123）を囲む2本の曲線状の線路とその貨車用転車台（施設127、

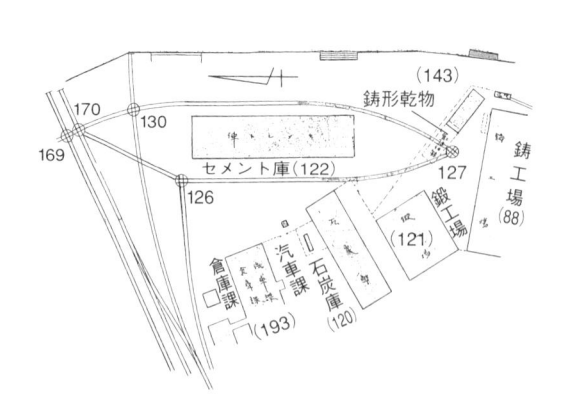

図47　明治26年構内部分図（方位は筆者添付）

第 2 節　明治後期に建設された施設　145

237）を撤去し、線路および転車台をより北の部分に集中させる計画が示されている（図48）。また、同文書には南製鑵工場（施設118）付近の転車台の移転についても記載（施設165を278に移転）があり、この頃頻繁に貨車用転車台の設置や再編成が行われていたことをうかがわせる。詳細は不明であるが、他にも明治28年度に小型転車台を設置したとする記載(23)や明治33年度に1基(24)、35年度に10基(25)の貨車用転車台設置の記録が認められ、30年代に入って盛んに貨車用転車台が増設されていたことがわかる。また、明治41年度にも位置は特定できないものの、増設の記録(26)が認められる。

写真26　貨車用転車台の遺構群

この結果が凝縮されているのが「明44構内図」にあらわれた貨車用転車台群の姿であり、そして、この時期に成立したその空間的配置は、工場部分を除けば、昭和9年の改築後はもちろんのこと、基本的には昭和31年の貨車用転車台の全面撤去直前まで踏襲されるのである(27)。なお、貨車用転車台は先ほども述べたように、構内中央部東寄りの倉庫および南製鑵工場（施設118）付近にも多く、これは取り扱い貨物用の転車台というよりも、構内施設に関連した資材もしくは構内で製造された製品の搬出入用のものと考えたほうがよいのではあるまいか。

このように構内からは

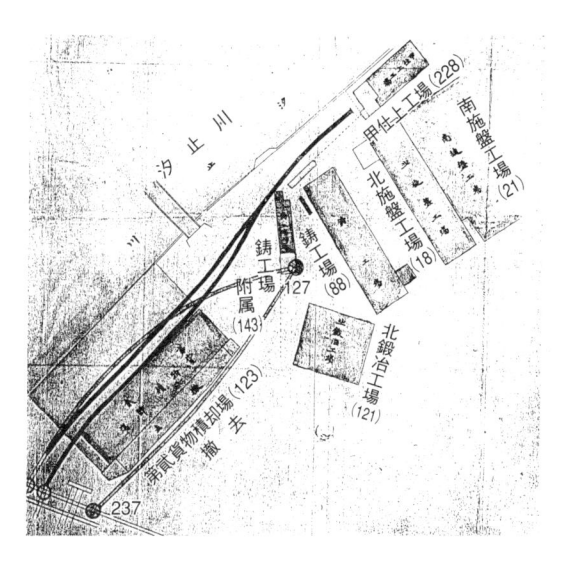

図48　明治34年4月構内部分図

多くの貨車用転車台の遺構が見つかっているが、ここで問題にしたい転車台の遺構は構内中央部東寄り、2棟並んだ計理部所属倉庫（施設69・154）の北にある2基のそれである（施設279・280）。建設に関する記録は見あたらず、「明30構内図」にもないから、その設置は明治30年以降であろう。ともに直径5mほどの大きさで、土台は煉瓦造り、回転軸部および底面はコンクリート造りである（写真27、138頁写真24も参照）。同様に発掘によって検出され、「明30構内図」中の第十三号倉庫（施設176）の北に位置する貨車用転車台（施設165）が、同じ煉瓦造りであっても、底面に凝灰岩製の切り石が使われていた（写真28）のにくらべると、2基とも年代的に新しさを感じさせる遺構である。

写真27 近接した2基の貨車用転車台の遺構

さて、この近接した二つの貨車用転車台はきわめて類似した構造をもち、したがって、建設年代もほぼ同時と考えられるものの、異なる点が一つだけある。それは残存していた土台の高さである。一般的に発掘調査は、現地表面からほぼ均一に（同じ深さで）掘り下げていく方法をとるから、距離的に少々離れた遺構であっても、同時期に造られた施設の場合は同一の調査確認面で検出されるのが普通である。この二つの遺構の場合も同様で、施設の上部はともにだいぶ削平されていたとはいえ、同一の面（標高）でその姿を確認することができた。しかし、いざ遺構を掘りはじめてみると、両者の残存状況に差異があることがわかってきた。

すなわち、写真27奥にみえる転車台（施設279）は土台の側壁はほとんど

写真28 切り石使用の貨車用転車台の遺構

第 2 節　明治後期に建設された施設

残っておらず、かろうじてコンクリートの底面のみ確認されたのに対し、手前の転車台（施設280）は煉瓦積みの側壁が高さ約60cmほど残っており、比較的良好に検出されたのである。この発掘所見は、二つの転車台の側壁の本来の高さに差がなかったとしたら、底面の高さ（標高）つまり転車台本体の設置面に高低の差があったことを意味しており、ひいては近接した構内の2地点間がかなりの傾斜をもっていたことを示している。二つの転車台間の距離は20m、両底面の標高の差は約50cmだから、2地点間の傾斜は1000分25ということになり、この数値は車両の解結を行う停車場の最急勾配が1000分の3.5、解結しなくても列車の発着に支障のないそれの場合でも1000分の10である[28]ことを考えれば、かなりの急勾配といわねばならない。

　一般に鉄道車両が走行する操車場や駅構内は平坦であることが常識であり、新橋駅構内においても汐留貨物駅の大改築が終了した昭和11年以降は構内は平坦であったと考えられる[29]。しかし、次の例に示されるように、明治30年頃までは構内の地表面、特に会仙川沿いの地区にやや低地の部分が存在した可能性がある。それは、明治29年に行われた施設建設中の側壁基礎部分の布掘りによって生じた残余の土の処理に関して、「余土ハ近傍ノ低キ処エ敷均スベシ」[30]とか「剰余ノ土砂ハ構内会仙川ノ近傍指揮ノ場所ヘ持運ビ敷均スベシ」[31]とかの記載が認められるからである。

　これらの史料からわかる点は、少なくとも明治30年頃まではまだ構内の会仙川近くに低地があり、その部分に施設建設の基礎掘削（布掘り）によって生じた残土を埋めて地均しをしていたという事実である。このような構内における地均しの記述は、明治30年8月に実施された旧汽車課の建物に関連した工事[32]以降みられなくなるものの、先に検討した2基の貨車用転車台設置面の高低差を考えると、それ以降もしばらくは構内に窪地が存在したことが想定される。さらに、構内の会仙川以南の東地区においては、会仙川以北地区にくらべて、建設された施設の地盤（当時の地表面）に1.5mほどの差があることが確認されており、少なくとも明治時代までは会仙川をはさんで構内の中央東寄り部分に高低差が存在したことをうかがわせる。

　さて、明治30年以降は官舎や会食所など、職員のための厚生施設が整備された時期でもある。「明44構内図」をみると、官舎は職場から隔絶された旧東京馬車鉄道会社地内に集中して建てられ、一方、会食所（施設148・185・225）は、構内工場部分中央の各職場からほぼ等距離の位置に設置されていることがわか

表12　新橋工場職員数の推移

年度	新橋工場（人）	神戸工場（人）	長野工場（人）
明治26年度	631.82	540.20	129.83
明治27年度	619.58	622.08	132.00
明治28年度	698.42	819.83	135.25
明治29年度	852.33	902.41	139.75
明治30年度	1,243.33	1,092.42	167.17
明治31年度	1,337.17	998.92	264.25
明治32年度	1,276.00	1,137.67	292.75
明治33年度	1,412.17	1,148.50	281.58
明治34年度	1,726.58	1,401.00	313.58
明治35年度	1,721.08	1,566.00	368.75
明治36年度	1,627.08	1,497.17	404.75
明治37年度	1,813.33	1,496.83	402.50
明治38年度	2,177.58	1,713.92	469.92

る。このような「明44構内図」にみえる整然とした厚生施設の姿は、構内で働く職員の数が大幅に増大し、かつそれが継続していたことを物語っている[33]。

ちなみに、新橋工場内の職員数は表12に示したように年を経るごとに増加し、明治30年度で1,000人を越え、明治34年には1,700人余り、そして明治38年の段階では2,000人を越える官設工場中最大の職工を抱えることになる[34]。また別の統計によれば、明治34年の職工数は1,777人（女工10人を含む）で、この中には10代の者が115人も含まれていた[35]。

ここでは今までふれてこなかった職員の厚生施設に関してまとめておこう。

開業時におけるお雇い外国人関係の官舎や駅長官舎についてはすでに述べた。一方、日本人職員のための官舎は明治末の時点で56号（141頁図45参照）まで確認できるから、構内には明治時代を通じて延べ56棟の施設が建設されたことになる。特に明治30年以降はそれまで22棟（124頁図40参照）しかなかった官舎数が大幅に増築された時期で、これらは一部（第四号、第五号、第十一号、第二十九号）を除き旧東京馬車鉄道跡地内に集中して建設もしくは移転させられている（141頁図45参照、構内西端の数字は官舎番号を示す。なお、二十三号から五十六号までの官舎については二十六号および二十九号を除いて一括して施設番号259とする）。明治30年以降の官舎建設やその推移は建築場所や時期の特定に不明な点が多く、残っている記録は後ほど述べる数例が確認できるのみである。したがって、ここではまず明治前半頃までに時期を限定して、構内図から読み取れる職員官舎の推移を述べることにする。

「明15～17構内図」（17頁図7、119頁図38）段階で確認できる職員官舎は第一号から第十号までの10棟で、この場合その名称がおおむね築造年代に対応していると考えられるから、まず最初に建設されたのは第一号官舎（施設64）と想定される。場所は会仙川以北最西端の道路に面した地点である（「明14構内図-1」

に初現)。同様に「明14構内図-1」(13頁図4、65頁図23)には構内最西端の一画に3棟の役人官舎が描かれており、これらは北から第八号(施設71)、第二号(施設65)、第三号官舎(施設66)である(名称は「明15～17構内図」で初現)。

さらに、構内中央東寄りには会仙川をはさんで、北側に第五号(施設67)、第六号官舎(施設68)、南側に第七号官舎(施設35)が確認できる(名称は「明15～17構内図」や「明30構内図」に初現)。このうち第七号官舎に関しては「明7構内図」(15頁図5)でいち早く確認でき、最初に建設された可能性も捨てきれないものの、そうすると名称の属性とは矛盾してしまう。「明7構内図」の内容に省略がないと仮定すれば、この施設への命名は他の6棟の官舎が建設された後に整序された形でなされたものと考えられる[36]。

なお、残りの第四号官舎(施設30)、第九号官舎(施設96)、第十号官舎(施設97)に関しては、「明15～17構内図」および「明18構内図」(19頁図9、122頁図39)から明らかなように、この頃までに第九号が構内最東端の一画に、第十号が第一号官舎の南に接して建設されている。そして、第四号はもとの外国人建築科長官舎(施設28)が第四外国人官舎(施設29)という名称を経て、明治30年の時点で第四号官舎(施設30)となり、「明44構内図」(49頁図19、137頁図43)では「明30構内図」(46頁図18、124頁図40)中の第十三号官舎(施設152)のあった場所へ移動している。

ちなみに、会仙川以南最西端隅にみえる第八号(施設71)、第二号(施設65)、第三号官舎(施設66)は、「明14構内図-1」に描かれた形から判断すると、第五号(施設67)、第六号(施設68)、第七号官舎(施設35)のような長屋タイプの集合官舎ではなく個人用の住宅と考えられる。この点に関しては、長じて鉄道省の技師になる平井喜久松が小学校5年生であった明治30年頃に引っ越してきた官舎がこの付近にあったと考えられるから[37]、この官舎が鉄道省内でも高級官僚の社宅として使われていたのではないかという想定が成り立つ。いうまでもなく平井喜久松の父は後の帝国鉄道庁総裁の平井晴二郎である(明治29年当時は鉄道技監、30年には鉄道作業局部長)。

この3棟の官舎に関連する建設記録は見つけ出すことができないが、しかしこの点に関しては、明治8年の官舎の建設記録[38]が参考になろう。すなわち、この時建設された官舎は数的には同じ3棟で、しかも建設場所も構内西端の同じ地区なのである。付図(図49)によれば、建設されたのは長屋式の官舎3棟で、今問題としている個人用の官舎の形とは異なっているから明らかに別施設

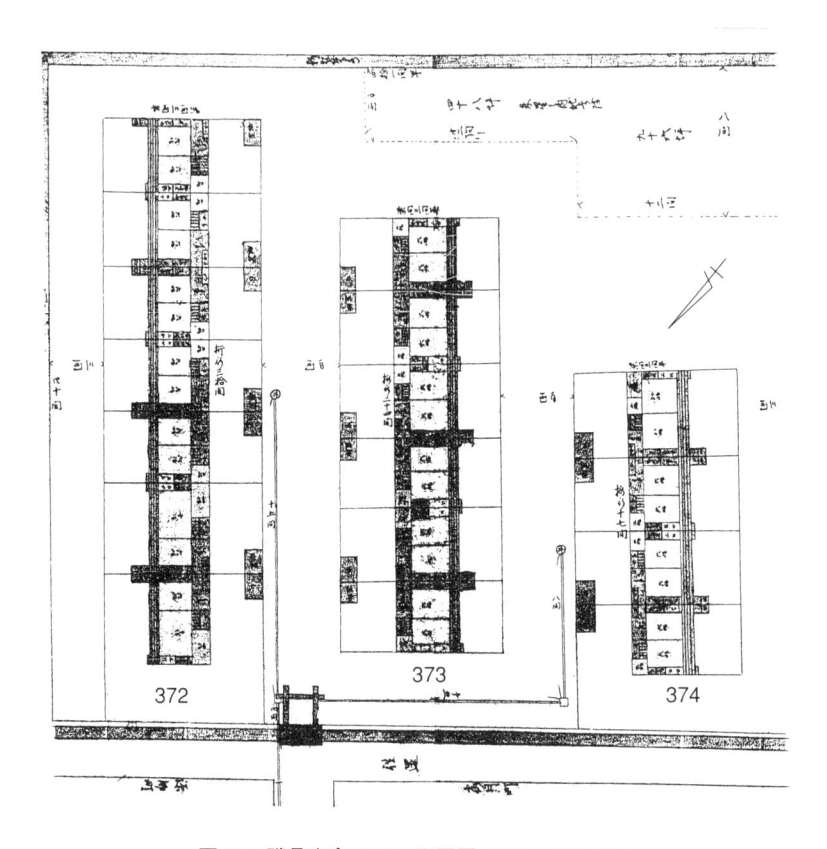

図49　職員官舎（3棟）平面図（方位は筆者添付）

であるが、要点はこの長屋形の3棟の官舎（施設372、373、374）が「明14構内図-1」にはすでに描かれておらず、かろうじて「明13参考図」（75頁図30）でのみ確認される、という点にある。第八号、第二号、第三号官舎は、明治13、14年頃に明治8年以来存在した3棟の長屋形官舎の代わりとして、より南の一画に建設された可能性が高い。移転（旧官舎の撤去、新官舎の建設）の理由としては、明治14年同地区において開始される東京馬車鉄道関連施設（用地は鉄道局から借用）の建設工事があげられよう。

　職工会食所が建設されるのはすでに述べたように明治12年のことで、その施設は「明15〜17構内図」中の扇形機関車庫（施設9）の真後ろにみえる長方形の建物（施設59）である。それまで会食所類似の施設は、開業後ほどなく設置された厚生施設と思われる駅夫部屋（施設38）を別にすれば、駅舎東棟内や明治7

年6月に竣工した駅舎東棟に隣接した建物内に湯呑所（施設42）が存在した程度で、「諸職工是迄会食所無之ヨリ器械場中ニ於テ弁当遣ヒ来候處往々不都合之義不堪」[39]という状態であった。また、他の構内図とやや不整合な面を有する「明18構内図」においても、新客車庫（施設56）の南に職工会食所（施設111）が、旧外国人器械科長官舎（施設50）跡地には職工湯呑所（「明15〜17構内図」ではたんに湯呑所となっている、施設93）が描かれており、湯呑所を休憩所的な施設、会食所を食事のための施設と考えるなら、この時、構内において休憩所と食堂は独立していたことがわかる。

さらに、「明14構内図-1」中の客車庫（施設26）の北に接して存在する長方形の建物は「明15〜17構内図」によると食部屋（施設72）となっており、やはり職員のための厚生施設である可能性が高い。加えて、明治20年の部分図（図50）によれば、当時駅舎付近に2ヶ所の会食所（第壱会食所および第二会食所、施設43・90）があり、主に駅舎および事務所関係の職員が使用していたものと考えられる。その後明治24年の時点では第壱会食所は物置・駅吏扣所になっており、第二会食所のほうはやや位置がプラットホーム寄りに移動している（施設124とした、201頁図55参照）。

さて、先に少しふれたように、明治20年代後半から30年前半は徐々に官舎および会食所が整備されてくる時期にあたっており、明治27年に霊南坂町にあった旧鉄道庁官舎3棟が新橋駅構内に移築され[40]、翌28年には官舎4戸建て2棟計8戸の新設[41]、30年に汽車課長用の普通官舎1棟の新築申請が出されている[42]。また、明治30年5月には構内の官舎の移転・改築[43]が、同年6月には普通官舎を駅長助役官舎に変更する記録[44]、31年5月には第二十六号官舎（施設258）の増改築の記録[45]も見受けられる。

明治30年5月の構内の官舎の移転・改築は、駅長の官舎でもある第一号官舎（施設64）を含む第十号（施設97）、第十二号官舎（施設151）がその対象となっており、そして新たな駅長官舎として「明30構内図」中の第二十一号官舎（施設162）が選ばれた点、さらに同じ頃に実施された[46]第四号外国人官舎（施設30）

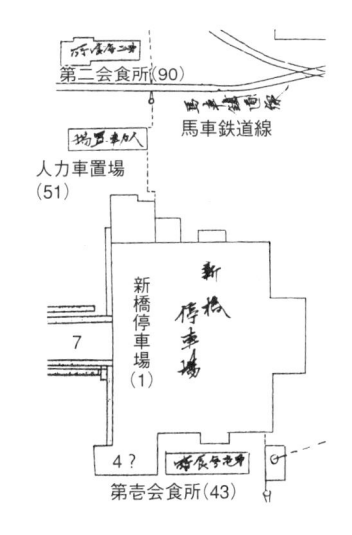

図50　明治20年駅舎平面図

の普通官舎への移転先が「明44構内図」中の第四号官舎（施設257）に相当するなら、会仙川以北に残っていた官舎は明治30年代初頭のこの時期、五号、十一号を除きほとんどが会仙川以南に移転したことが予想される。

　なお、旧鉄道庁官舎の新橋駅構内への移築のきっかけは、「近来運輸事務頻繁ニ赴クニ従ヒ新橋駅内官舎ニ不足ヲ生シ至急増設ヲ可要之処」[47]というものであり、明治28年における官舎2棟計8戸の官舎新設の理由も「新橋停車場構内ニハ従来官舎ニ不足ヲ告ケ居リ候処近来運輸事務益々頻繁ナルニ従ヒ執務上差支不便不尠依テ増設ノ必要相生シ」ということであった。ちなみに、旧鉄道庁官舎移築後のそれは、「明30構内図」中の第十九号官舎（施設160）および第二十号官舎（施設161）に相当し、さらに、明治28年に建てられた4戸建て2棟計8戸の官舎は、同構内図第二十一号（施設162）および第二十二号官舎（施設163）に相当することがわかっている。したがって、第二十一号官舎は建設後数年にして駅長用官舎として改築されたことになる。

　そして、明治30年に建設されたとされる汽車課課長用の官舎の場所が31年に増改築の記録が認められる第二十六号官舎（施設258）ともども構内南西コーナー部に位置する点を考慮に入れれば、構内における官舎群の様相は、明治30年以降ほどなく「明30構内図」の姿から「明44構内図」の配置に近づいたと考えてよいだろう（東京馬車鉄道会社用地の鉄道局への一部返却の動きは明治29年からはじまっている）。

　会食所に関しては、その後明治29年8月付の文書[48]に第二会食所（施設124）を移転し、第壱会食所（施設43）に合改築する旨の記載がみられ、その理由として新橋・品川間の改良工事のため、とある。前述したように、第二会食所が明治24年5月の時点で確認できる駅舎西側奥の会食所に相当するなら（この時点ですでに施設90が移転してきていたのであろう）、改良工事の主眼は駅舎西側部分における山手線（赤羽線）の4線化にあったと考えられるから、この第二会食所を駅舎東棟に接して存在する第壱会食所に移転するのは理解できる。明治20年11月の時点で確認できるこの第壱会食所は、明治24年段階では物置・駅吏扣所となっており、この時点でここが第壱会食所と呼ばれていたかどうかは確認できない。しかし「明30構内図」にみえる同建物には再び会食所の名称が付されているから、29年の時点では再び第壱会食所と呼ばれていた可能性は高い。

　一方、湯呑所の工事のほうは、明治31年7月の増設や同31年2月（施設309？）と9月の掃除夫詰所（施設317）内への新設などをあげることができる。

また、明治30年11月には「明44構内図」にみえる職工会食所付属の手洗所（施設133）が建築申請されているから[49]、本体である「明30構内図」中央部最東端にみえる2棟の会食所の整備が、それ以前に行われていたことは確実である。この会食所には第三会食所（施設147）および第四会食所（施設185）との記載があり、したがって、最初に述べた第壱会食所（施設43）はこの時点においても駅舎東棟に接して存在していた可能性が高い。

ちなみに、この第三会食所は明治44年の時点では第二号会食所（施設148）となっており、同じく最も北側に隣接して存在するもう1棟の会食所（施設225）の建設は、明治32年7月頃のことと推定される[50]。この新しい会食所は第一号会食所と呼ばれており、先にみた駅舎東棟脇の第壱会食所（施設43）との関係が問題となるけれども、あるいは明治29年の段階で駅舎東棟脇に合築された会食所を廃して32年の段階で新築したものかもしれない。そして、この第一号会食所（施設225）の設置は「従来ノ不便ヲ排シテ職工ノ監督上其宜シキヲ得ルニ至レリ殊ニ多年来工程ノ進捗ヲ図リテ執業ノ法ニ対シ種々改良ヲ施シタル結果前年度ニ比シ使役職工ノ延人員ハ約一割強ヲ減少セルニモ拘ハラス全般ノ工程ハ却テ増進ヲ見ルニ至レリ」という効果をもたらしたのである。

他の施設では、機関車組立工場（施設230）の建設が明治32年[51]、水力絞鋲工場（施設242）および附属汽鑵室は明治32年に着工[52]、竣工したのは翌33年度であり[53]、切符印刷所（施設128）の増築は明治31年[54]、玉車庫（施設146）の増築は明治32年[55]と43年[56]である。また、新たな切符印刷場（施設256）の建設[57]が30年代の後半頃に、縫工場（施設236）、鋳物工場（施設245）、仕上げ工場（施設235）、製鑵工場（施設247）の新設[58]が明治41年に行われていることも付け加えておく。これらのうち、水力絞鋲工場および附属汽鑵室、縫工場、鋳物工場（甲鋳物工場）は「明44構内図」で確認することができ、製鑵工場も「明44構内図」では機関車修繕工場となっているが、「明45構内図」（141頁図45）に第二製鑵工場（施設248）とあるから、この施設である可能性が高い。組立工場のほうは、明治32年建設のもの（施設230）はすでに明治44年の段階では廃絶されており、代わりに別の組立工場上家（施設249）が登場している。

なお、仕上げ工場（施設235）の位置は不明である。一方、構内における職員やその家族のための治療所の開設は明治43年12月のことで[59]、場所は工事事務所（施設252）の一画にあり、手術室も備えていた[60]（写真29）。さらに、新橋工場に近代的な水道施設が設置されたのは明治33年2月とされており[61]、この

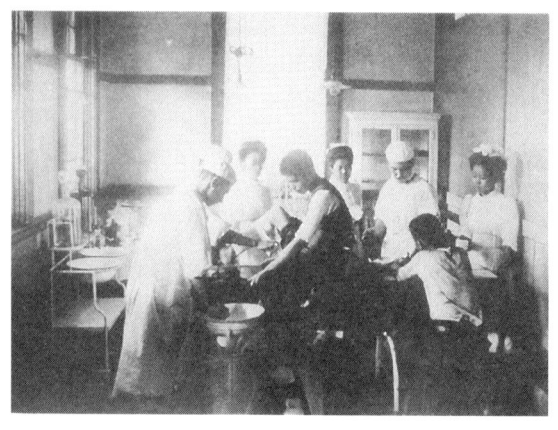

写真29　治療所内での治療風景

点に関しては第Ⅳ章第5節において詳述する。

以上、主に「明44構内図」にあらわれた明治30年以降の施設の特徴および変遷に関してみてきた。この10数年間は新橋駅（特に新橋工場）にとって最も施設の拡充が著しかった時期であり、その作業内容も多種・多量をきわめ最も充実していた時代であったといえる。しかし、明治末期から大正初頭にかけての新橋駅終末期の関連施設の動きは、前述したように、明治41年頃までは縫工場、鋳物工場、仕上工場、製鑵工場など工場関連施設の建設や増設がみられるものの、数量的には次に示すような移転や改築・改良工事が圧倒的に多くなっており、そのあわただしい改変の様相は貨物専用駅への新たな脱皮と工場部門の大井への移転を予感させるものがある。

ちなみに、新橋駅の旅客業務部門の廃止の原因となった中央停車場（東京駅）の建設に関しては、当時次にみるような認識が当局の側にあったことが知られている。

　「両幹線（東海道線および東北線）ノ極点タル新橋上野ノ両停車場ハ既ニ其狭隘ヲ感スルニ至レリ、殊ニ新橋停車場ハ元京浜間18哩ノ運輸ニ対シテ設備シタルモノナルカ故ニ其規模狭小ニシテ東海山陽聯絡ノ運輸量ニ適応セサルヲ以テ目下ノ需用及将来ノ必要ニ応スル計画ヲナスハ甚緊要ノ事ナリトス乃チ大ニ之ヲ改築スルカ或ハ新橋上野ニ停車場間ニ於テ新ニ中央停車場ヲ設置シ東海東北ノ二線ヲ聯絡スルカ二者孰レカ其一ヲ撰ハサル可カラス」[62]

以下、この間の推移に関して、残された記録から大井工場、中央停車場（東京駅）、烏森駅（改名新橋駅）の記載も含めて関連事項をまとめておけば以下のようになる[63]。

　明治43年度「玉車庫増築」「（新橋工場）二号ペイント庫新設並器械六十三組
　　　　　居付工事竣成セリ」

「新橋停車場内郵便積卸場新設」「新橋停車場内側線移転増設及小荷物扱所改良」
「大井工場新設敷地ハ殆ント全部買収ヲ了シ又浜松工場ノ内発電所及鍛冶工場新設工事ハ約三分通及同連絡線敷設工事ハ約七分通孰レモ竣工セリ」

明治44年度 「（新橋工場）本年度ニ於テ施工セシモノ鋳物分工場移転改合築、銅工鍛冶工場移転改合築、鍛冶工場改築、組立工場上家改築、工場付属倉庫移転改築、石炭試験所及工場工事科移転修繕並ニ計重台改造等ニシテ機械類ノ居付ヲ了セシモノ五十六組アリ」
「構内汐留川貨物道路橋改築並道路改修、同構内貨物積卸場及側線移転、米原停車場客車庫ノ一部ヲ新橋停車場構内工場付属汽罐室ニ移転改築」
「構内電力線係員詰所々属倉庫新築、大井工場新設ニ伴フ石炭試験所新設」
「新橋工場内線路改良、新橋停車場構内側線移転増設及小荷物扱所改良」
「大井工場新設ハ用地買収ヲ本年度ニテ終了シ地築工事ニ著手ス其工程盛土、切取及擁壁張石等約六分通」

大正元年度 「（新橋工場）木工場材料置場新設並機械類五十八組ノ居付ヲ了セリ」「構内工場木工材料置場設置」「構内管理局第一号庁舎増築」「中央停車場本屋外部工事ハ本年度中略竣成シ」「烏森停車場本屋工事ハ本年度著手シ前年度用地買収ニ伴フ未済ノ地上物件ノ内一部完了セリ」「品川埋立及拡張工事ハ前年度ヨリ継続ニ係ル海面埋立ハ六分通了シ大井工場新設地均シ工事ヲ了シ」

大正2年度 「（大井工場）前年来新設中ノ挽立工場、貨車工場竣工シ之ニ伴フ軌条ノ一部ヲ敷設シ尚鍛冶、旋盤用仮工場及仮事務所ノ仮設ヲ了シタリ而シテ客車工場ノ新設ハ本年度ヨリ起工シタリ」
「構内東京倉庫事務室改築、同構内経理課附属物品検査場改築」
「構内管理局庁舎増築」
「烏森停車場本屋工事ハ完成シタルモ用地買収ニ伴フ未済ノ地上物件ノ一部ハ尚未了ナリ」

大正3年度 「（大井工場）前年度来新設中ノ客車工場完了シ軌条増設工事ノ

　　　　　　　　　　一部竣成ス又本年度ニ於テ鍛冶、製罐及鋳物工場、職員官舎七
　　　　　　　　　　棟ノ新設工事ニ著手シタリ而シテ機械類ニシテ新規ニ設備セシ
　　　　　　　　　　モノハ空気圧搾機一台外八台、新橋工場移転準備ノ為メ同工場
　　　　　　　　　　ヨリ移転セシモノハ三十一台トス」
　　　　　　　　「東京新橋（旧烏森駅）両停車場新築ニ伴ヒ電灯、電気扇風機及
　　　　　　　　　貨客昇降機ヲ設備シ之ニ電力供給ノ為メ変圧器及電線路ヲ施設
　　　　　　　　　シ又電気時計ヲ装置シ之ニ電力供給ノ為メ電動発電機及蓄電池
　　　　　　　　　ヲ設備セリ」
　　　　　　　　「中央停車場構内側線布設、中央停車場本屋付属設備工事、同構
　　　　　　　　　内各昇降口及地下道其他工事、前面広場路面築造排水工事、同
　　　　　　　　　構内地築工事ヲ了シ本年度著手ニ係ル機関車庫其他新築、乗降
　　　　　　　　　場上家新設、検査所主任詰所其他新築工事ヲ了シ中央停車場本
　　　　　　　　　屋二階三階旅館設備ヲ工事中又烏森停車場用地買収ニ伴フ地上
　　　　　　　　　物件移転及付属建物建設ヲ了セリ而シテ中央ヲ東京トシテ開始
　　　　　　　　　烏森ハ新橋ト改称シ大正三年十二月二十日ヨリ開業セリ」
大正4年度　「七月大井工場ヲ開始スルト共ニ新橋工場及大井派出所ヲ廃止シ
　　　　　　テ汐留派出所ヲ設ケ」
　　　　　　「（大井工場）前年度ヨリ継続施工ノ軌条増設、鍛冶製罐及鋳物
　　　　　　　工場並職員官舎七棟竣成シ本年度ニ著手タル工事ノ内事務所ハ
　　　　　　　竣工シ新橋工場ヨリノ移転建家ハ来年度ニ於テ竣成ノ予定ナリ
　　　　　　　機械ニシテ新規ニ設備セシモノ扇風機二台外八台ニシテ新橋工
　　　　　　　場其ノ他ヨリ移転セシモノ二百七台トス」
　　　　　　「元新橋停車場本屋ヲ事務所庁舎ニ模様替」「汐留停車場構内合
　　　　　　　宿所設備」

　以上の経過にあらわれているように、中央停車場（東京駅）の完成、烏森駅の駅名変更（新橋駅）という時代のうねりの中、新橋駅は汐留貨物専用駅となり、新橋工場は大井工場（当初は新橋工場大井派出所）に移っていくことになる。なお、貨物専用駅になった時点（大正3年）の汐留駅構内の施設に関しては、別の記録[64]によって、中部鉄道管理局、新橋工場、経理課本倉庫、新運事（新橋運輸事務所）、新保事（新橋保線事務所）、新橋通信区、新橋保線区、東京機関庫分庫、東京車検場派出、御料車庫、客車庫などがあったことがわかっており、その設備拡充に関しても、すでに原田勝正による適切な記述がある[65]。

註

（1）　『明治三十二年度鉄道作業局年報』144頁。
（2）　2基目の機関車用転車台（施設187）が写っている当時の2枚の写真（131頁写真23）には機関車が写っており、その形式から写真の撮影年および撮影対象である転車台の存続年代をある程度推定することが可能である。すなわち、転車台上にみえる113番の機関車は英国ナスミス・ウイルソン社製で、鉄道作業局600形式の「604」号に相当する1897（明治30）年製造のものであり、もう1枚に写っている2台の機関車のうち中央こちら向きに627番とあるのは、英国ダブス社製（後年6270形式）、左端の炭水車後板部分に551番とあるのは神戸工場製（後年9150形式）で、製造年はともに1900（明治33）年である。以上から、写真にみえる2基目の機関車用転車台（施設187）は、すでに明治30年には存在し、その後少なくとも33年までは機能していたことがわかる。そうすると、明治32年に新たに3基目の機関車用転車台（施設238）が造られた時も、この2基目の転車台は存在していたことになる。
（3）　日本国有鉄道大井工場『大井工場九十年史』1961年　21頁。
（4）　「新橋駅構内仕上工場仮建家及諸工食所手洗場新設」（『通信省公文』第45巻　建築13）。
（5）　『明治四十一年度鉄道院年報』47頁。
（6）　「新橋停車場内諸職工給料支払所新設」（『通信省公文』第50巻　建築18）。
（7）　「新橋駅貸庫新設其他工事」（『通信省公文』第61巻　建築29）。
（8）　「東京横浜間線路貨物運送補則ニ依リ実施ノ義ニ付伺」（『工部省記録』巻24ノ1）、前掲『日本国有鉄道百年史』1　570頁。
（9）　前掲『大井工場九十年史』20・21頁。
（10）　『明治三十年度鉄道作業局年報』24頁。
（11）　『明治三十九年度帝国鉄道庁年報』33頁。
（12）　『明治三十八年度鉄道作業局年報』87頁。
（13）　『明治四十三年度鉄道院年報』29頁。
（14）　「新橋駅塗師工場附卸家等新築」（『通信省公文』第60巻　建築28）。
（15）　『明治三十三年度鉄道作業局年報』174頁。
（16）　「新橋停車場内計理部附属倉庫新設其他工事」（『通信省公文』第51巻　建築19）。
（17）　『明治四十年帝国鉄道庁年報』85頁。
（18）　「新橋停車場運輸部所属物置新設工事」（『通信省公文』第68巻　建築36）付図。
（19）　「明17参考図-2」（18頁図8）では、開業時のこの場所に5基の転車台が描かれており、もしこれが正しいとすれば、この時点でさらに1基増えていたことになる。しかし、発掘調査でその痕跡が見つかっていない点や他の史料を勘案すると、誤植である可能性が高い。
（20）　「新橋停車場物揚場及ホーム新設ノ件」（『鉄道庁事務書類』第6巻）。
（21）　「新橋駅構内ニ貨車転車台新設ノ件」（『鉄道庁事務書類』第9巻。）および付図。
（22）　「新橋停車場貨物積卸場等工事」（『通信省公文』第66巻　建築34）および付図。

(23)　『明治二十八年度鉄道局年報』13頁。
(24)　『明治三十三年度鉄道作業局年報』181頁。
(25)　『明治三十五年度鉄道作業局年報』82頁。
(26)　『明治四十一年度鉄道院年報』88頁。
(27)　構内北東端部に集中して設置された貨車用転車台の数は明治44年以降大正12年までは12基で増減はみられない。しかし、昭和9年以降は、場所は変わらないものの、3基を1組とする新しい三角形状の施設が2組設置されており（5頁図2参照）、この状態は昭和31年にこの部分の貨車用転車台が撤去されるまで続いたのである（前掲『汐留・品川・櫻木町驛百年史』145頁）。発掘調査によって、明治以来の古い転車台が、この新しいコンクリート製の転車台によって壊されている様子が確認されている。
(28)　『鉄道辞典』上巻（日本国有鉄道　1958年　516頁）。
(29)　昭和15年頃から汐留駅構内において機関車の入れ替え作業に従事していた旧国鉄職員大木政良氏の言による。
(30)　「新橋停車場構内ハイドロリックテスチングマシン移転及建家増築」（『逓信省公文』第41巻　建築9）。
(31)　「新橋停車場構内ニ於テ鍛冶工場建家壱棟新設工事示方書」（「廿九年度保存及補充工事予算不足額増加」）（『逓信省公文』第43巻　建築11）。
(32)　「新橋倉庫係用トシテ元汽車課建家一部移転模様替工事」（『逓信省公文』第44巻　建築12）。
(33)　構内に存在する官舎がすべて新橋駅勤務の職員のための施設として完全に一致するかどうか、すなわち新橋駅勤務の者でも持ち家もしくは他所の官舎に住んでいた者がいたのかどうか、あるいは逆に他駅勤務の者で新橋駅構内の官舎に住んでいた者がいたのかどうかは、関連資料が見つからずつまびらかにすることができない。したがって、もし、両者（構内勤務の職員の数と構内官舎の数）の対応に著しいずれが生じる場合には、官舎数の増減をもって単純に職員数の増減を云々できなくなる。
(34)　「各工場使役職工労働成績」（『明治三十年度鉄道作業局年報』85頁）、「各工場職工労働成績表」（『明治三十八年度鉄道作業局年報』第七号表）により作成。
(35)　犬丸義一校訂『職工事情』（中）（岩波文庫　青N100-二）岩波書店　1998年　21頁。
(36)　そうすると必然的に「明7構内図」（15頁図5）の作成年代は明治7年ではなく、少なく見積もっても6棟の官舎が造られた後に作成されたことになり、さらに、論理的にいって官舎の名称がそのまま築造順序をあらわしているとする前提も、少なくとも七号官舎以前については当てはまらないことになる。
(37)　平井喜久松『思い出すまま』（平井喜郎編　私家版）。平井らが引っ越してきた官舎をこの一画（第三号官舎か？）と判断した理由は同書の次の記載による。
　「小学の五年になった時、こんどは家は汐留の鉄道官舎に引っ越した。この家は現在の（編者注:この原稿執筆当時の）国鉄東京第二工事局の建物のあるブロックの角にあったもので、雇い外国人のために造った洋館と、それに継ぎ足した二階ての和室などがついており庭も広く、今までにない大きな家であった。恐らく敷地が五百坪（1,650平方米）、建家は八十坪（244平方米）

第 2 節　明治後期に建設された施設　159

くらいはあったであろう。この家で私は小学校の終りから、中学、高等学校、大学と学生生活の大部分を過ごした事になる。我々の引っ越した当座は、家の裏から鉄道線路までの間は空き地で、馬車鉄道の車庫が近くにあって、その馬を訓練する所になっていたので水溜まりが多く、夏になると大量の蚊が発生した。夕方には蚊の大群が渦をまいて玉のようになった所を、虫とり網で一網打尽にからめ取り、網の底に集まった蚊を握り潰して始末せねばならぬ程に激しいものであった。また九月になると、葡萄棚に沢山のカナブンブンが集まってくる。夕方に棚を揺さぶると数十匹も一度に落ちてくるので、それを足で踏みつぶすのが、残酷な話しであるが楽しみであった。家の横の道をたどり、鉄道線路の下をくぐって浜に出ると、丁度浜離宮の南端にあたり、右側は芝離宮の門になっていて、そこの護岸の石垣ではウナギがとれた。今の都会では味わえない自然の恵みが、手近なところに沢山あったという事である。」

　この一画にあった官舎が、お雇い外国人用官舎（移築したものかもしれないが）であったという点は従来知られていなかった新知見であるが、今のところこれを確認する資料は見つかっていない。ただし、明治30年5月に実施されたという第四号（外国人）官舎（施設30）の移転先がこの一画であったなら話は別である（その場合平井たちが住むことになった官舎の候補としては第二十五号官舎があげられよう）。しかし、第四号（外国人）官舎の移転先としては、本文でも述べたように、「明44構内図」中の第四号官舎（施設257）がその名称からいっても確実であるから、やはり平井たちの官宅としては第三号官舎が妥当であろう。

(38)　「新橋ステーション構内官舎新築伺指令」（『鉄道寮事務簿』第29巻）。
(39)　「新橋停車場ヘ器械科物置職工会食場建築伺」（『工部省記録』巻15ノ2）。
(40)　「東京霊南坂町旧鉄道庁官舎ヲ新橋駅構内ヘ移築ノ件」（『逓信省公文』第35巻　建築3）。文書の内容によると、実際に新橋駅構内に移築されたのは2棟のようである。
(41)　「新橋停車場内官舎新設」（『逓信省公文』第38巻　建築6）。
(42)　「新橋停車場内普通官舎新設」（『逓信省公文』第44巻　建築12）。
(43)　「新橋駅内官舎移転模様替修繕工事」（『逓信省公文』第43巻　建築11）。
(44)　「新橋駅内普通官舎ヲ駅長官舎ニ変更」（『逓信省公文』第43巻　建築11）。
(45)　「新橋停車場内普通官舎模様替及増設工事」（『逓信省公文』第50巻　建築18）。
(46)　同前
(47)　「東京霊南坂町旧鉄道庁官舎ヲ新橋駅構内ヘ移築ノ件」（『逓信省公文』第35巻　建築3）。
(48)　「新橋停車場構内会食所移転合築及模様替」（『逓信省公文』第40巻　建築8）。
(49)　「新橋駅内仕上工場仮建家及諸職工食所手洗場新設」（『逓信省公文』第45巻　建築13）。
(50)　「新橋駅職工会食其他新設等」（『逓信省公文』第54巻　建築22）。
(51)　「新橋機関車組立場上家新設工事ノ件」（『逓信省公文』第54巻　建築22）。
(52)　「新橋駅水力締鋲工場新設等」（『逓信省公文』第54巻　建築22）。

(53)　『明治三十三年度鉄道作業局年報』174頁。
(54)　「新橋駅内切符印刷所建家増設及便所移転」(『逓信省公文』第51巻　建築19)。
(55)　『明治三十二年度鉄道作業局年報』89頁。
(56)　『明治四十三年度鉄道院年報』112頁。
(57)　明治34年の構内部分図(「新橋停車場運輸部所属物置新設工事」(『逓信省公文』第68巻　建築36))になく、明治41年にはその存在が知られている(『明治四十一年度鉄道院年報』23頁)。
(58)　『明治四十一年度鉄道院年報』93頁。
(59)　『明治四十三年度鉄道院年報』172頁。
(60)　「新橋工場構内工場事務所図」(前掲『中部鉄道管理局所属工場略図』)。
(61)　『明治三十二年度鉄道作業局年報』137・138頁。
(62)　前掲「停車場の変遷」(『建築雑誌』第57輯第697号　1943年　309頁)。
(63)　各年度の『鉄道院年報』より抜粋。
(64)　前掲『七十年の抄録』6・7頁。
(65)　原田勝正『駅の社会史』(中公新書855)中央公論社　1987年　71-74頁。

第3節　建物の基礎構造と資材の再利用

　建築資材、特に石材の問題については、すでに第Ⅱ章第2節において開業時およびその後10年間に建てられた施設を対象として、主にその種類に焦点を絞って検討してきた。そこで本節ではやや視点を変えて、建造物の基礎構造に関して、石材の種類や資材の再利用の問題をも視野に入れつつ整理しておくことにする。使用する史料は、表4(88・89頁)にまとめた前出のものと、明治20年代後半から30年代前半の建設記録が多く含まれる『逓信省公文』である。

　『逓信省公文』中の施設建設の史料は、明治10年代前半までを記録した『工部省記録』、『鉄道寮事務簿』中のそれが伺書、設計図、建業表、仕様書の4種からなるのとは異なり、伺書、入札人心得書、仕方書(仕様書と同義)のみの場合が多く、資材の数量や施設の平面図などのデータに関しては不明な場合がほとんどである。しかし、逆に建築仕様に関する記述は詳細なもので、発掘調査によって検出された建物の基礎部分の築造工程を検証するには、かえって好都合な史料となっている。

　これをまとめたものが表13で、明治27年から34年までの間に行われた構内の主な建設工事の内容を示している。これをみると、明治後半における施設工事は多くの場合、新設工事よりもむしろ増改築あるいは移転工事などであり、

建築資材に関しても再利用される場合が多くなっているのがわかる。この表は基礎および土台部分の石材に関するデータであり、多くの場合、建業表がないためこのような内容とならざるを得ないが、再利用のデータも含めて、石材や構築方法に関して大まかな把握は可能であろう。なお、表4（88・89頁）および表13中の施設のうち、発掘データと照合できたものに器械方内外詰所（施設46、以下本節では各施設の施設番号は表中に表示）をはじめいくつかの施設があげられるが、いずれも基礎最下部のみの検出であり、その全体を比較することは困難であった。

さて、図51は明治期を通して記録にあらわれた建設工事のうち、主に基礎に布掘り作業をともなうような比較的強固な施設に関して、側壁基礎部分の構造を類型化したものである（柱部分の築造工事は除く）。以下順にその特徴を述べておこう。

類型Aは表4-7の器械方内外詰所[1]をモデルに類型化したもので、布堀内に割栗石および砂利を充填して突き固めた後、角石や斑石を積み重ねて建物の基礎としている。石の設置はおおむね床下までで、その上部には土台となる木材が固定される場合が多い。例としては、この施設の他同10の湯呑所[2]や同24の人力車置所[3]など開業直後の比較的古い時期の建物に認められる。他の開業時の諸施設も多くはこの手法によると考えられるものの、表13-21の掃除夫用物置[4]や同24の貸庫[5]などのように、場合によっては明治後半期においてもこの手法が採用されている。

なお、建物の柱部分の基礎には本類型と同様、割栗石充填後に礎石として堅石や丸石などの石材を設置するケースが圧倒的に多く、これが明治時代を通じて最も一般的な柱の基礎構造であったことがわかる。そして、逆に柱部分の基礎にコンクリートを使用するのは、表4-40の客車製造所増築工事[6]などに代表される比較的大規模な施設に限定されるのである。また、側壁の築造には湯呑所や貸庫の場合のように、布掘り後に捨て杭が打ち込まれるケースもあることを指摘しておく。

類型Bは表13-8の第二会食所移転および合築工事[7]をモデルとして設定したものである。布堀内に割栗石および砂利を充填するまでは同じであるが、その上にコンクリートを厚さ約1尺ほど貼り、さらにその上部に石材を設置する点が特徴となっている。この手法は側壁基礎部分の築造方法としては、明治期を通じてかなり一般的な工法であるから、モデルとなった工事に関してやや詳

表13　明治後半の

番号	建物工事名【　】内はデータ対象とした工事部分	施設番号	工事部分の仕様書にある石材名（　）内は他の工事部分の石材名
1	旧鉄道庁官舎参棟移築【柱】		堅割栗石、山砂利、玉石、（煉瓦石）
2	印刷所新設【側壁】	128	堅割栗石、山砂利、焼過煉化石（千本で5円）、弐等煉化石（千本で10円）、（相州堅石、間知石、伊豆石）
3	工務計理両課事務所模様替修繕并二階増築【事務所側壁】	198	堅割栗石、山砂利、相州産ノ堅石、（尺3寸ノ元名石、相州六ヶ村ノ割栗石、伊豆ノ青石、煉瓦石、玉石）
4	煉化造倉庫及土間廊下新設【倉庫側壁】	191	堅割栗石、砂利、焼過煉瓦、壱等煉石、（相州産ノ堅石、相州六ヶ村ノ堅石、豆州河津石、江ノ浦石）
5	木造倉庫参棟及物品検査場壱棟新設【両施設側壁】	132.176 177.178	相州産ノ割栗石、砂利、焼過煉化石、（相州産ノ割栗石、相州六ヶ村産ノ堅石、花崗石、豆州産ノ浅黄「手石」）
6	官舎弐棟新設【柱】	162.16	相州産ノ割栗石、山砂利、相州産ノ堅石、丸石、（房州産ノ普通石「元品」壱尺参寸角、参等煉化石、青石）
7	倉庫壱棟移転修繕【側壁】		堅キ割栗石、山砂利、古煉瓦石、良品ノ煉化石、（相州六ヶ村ノ堅石、相州石ノ石材、豆州浅黄手石）
8	第二会食所移転第一会食所ニ合築模様替修繕【側壁】	124.43	相州産堅割栗石、山砂利、房州産斑石、（相州産堅石、豆州産青石）
9	ハイドロリックテスチングマシン移転及建家一棟新設【建家側壁】		相州産ノ堅キ割栗石、砂利、豆州産ノ斑石、（相州産ノ堅石、堅キ割栗石）
10	計理課事務所建家一棟修築并増築【側壁】	201	相州産ノ割栗石、砂利、従来ノ側石、房州産堅「元品」壱尺参寸角ノ石、相州産ノ斑石大壱尺参寸角ノモノ
11	官舎移転模様替修繕【柱】		堅割栗石、砂利、房州産ノ元品石、根石、（相州産ノ堅石、並形弐等煉化石）
12	鍛冶工場建家壱棟新設【側壁】	131	堅キ割栗石、砂利、焼過煉瓦、（花崗石、相州産ノ堅石）
13	元汽車課建家壱棟壱部分ヲ移転経理課倉庫掛事務所ニ模様替及付属湯呑所壱棟新設【建家側壁】		相州産堅割栗石、砂利、房州産斑石、（丸石、堅割栗石、房州ノ「元品」、房州産斑石尺参、斑石壱尺参寸角ノ石）
14	普通官舎壱棟新設【柱】		堅割栗石、砂利、粗石
15	本家付属駅長及其他事務所建家壱棟改築並増築【事務所側壁】	125	相州産ノ堅栗石、砂利、豆州産「斑石」、在来ノ石、（相州産堅石、粗石、房州斑石、煉化石）
16	元汽車課残部ヲ移転運輸部員養成所ニ模様替増設及付属湯呑所其他新設【移転施設側壁】	309？	堅割栗石、砂利、元品ノ尺参、房州斑石、（間知石、元名尺参、房州ノ「元品」、房州ノ斑石、相州ノ青石、在来ノ分（石）、焼石、房州産斑石尺三、斑石）
17	諸職工給料支払所壱棟新設【柱】	222	割栗石、周囲土砂、丸石、（房州元名尺参石、房州石）
18	第二十六号普通官舎模様替増設【柱】	258	堅割栗石、房州本元名尺参石、相州堅石、（相州堅石、弐等煉石）
19	鉄道作業局事務所壱棟及付属建家新設并其他移転改築【事務所側壁】		堅割栗石、砂利、房州斑石、相州産堅石、（並形焼過煉瓦、弐等品、弐度焼ノ耐火煉石、青石、豆州青石、房州産元名大尺参、房州産ノ斑石、弐等煉石、元品、相州産ノ堅石、弐等焼石、並形弐等煉瓦、相州産間知石、房州元名尺参）
20	計理部付属倉庫壱棟新設及湯呑所建家増設【倉庫側壁】	261	堅割栗石、砂利、相州産堅石、房州産斑石大尺参、（豆州産青石、房州産斑石大尺参）
21	掃除夫用物置同詰所湯沸所建家壱棟新設及其他【建家側壁】	317	房州産元名尺参石
22	切符印刷所建家増設并便所移転模様替【建家側壁】	128	堅割栗石、砂利、並形焼過煉瓦、並形弐等焼、（現在石、相州堅石）
23	水力鞴工場新設及南製罐工場付属両便所其他移転【便所側壁】	242	大栗、砂利、煉瓦、（相州堅石、房州石）
24	貸庫壱棟新設其他【貸庫側壁】	136	堅割栗石、砂利、房州元名大尺参石、相州産堅石
25	機関庫付属便所移転并に事務所其他新設【便所側壁】		堅割栗石、砂利、現在ノ分（煉瓦）、並形弐等品
26	同【事務所側壁】		堅割栗石、砂利、江ノ浦石
27	同【物置側壁】		割栗、玉石
28	第弐号貨物積卸場及上家改増築其他【上家側壁】	123	割栗石、砂利、筑波花崗石
29	同【付卸家柱】		堅割栗石、筑波花崗
30	同【便所側壁】		堅割栗石、弐等焼ノ並形
31	同【秤量器上家柱】		山砂利、房州産元名並尺参石
32	同【工事掛詰所柱】		砂利、玉石
33	同【第9号物置側壁】		砂利、房州産元名並尺参石

第3節　建物の基礎構造と資材の再利用

建設工事用石材

対象工事の基礎部分の築造工程	再利用・現地採取品	工事申請年月	出典
壺掘→割栗石・砂利→在来の玉石	在来の玉石	明治27年8月	逓33
布掘・捨杭→割栗石・砂利→コンクリート→焼過煉化石→弐等煉化石	在来の間知石	明治27年12月	逓35
壺掘・捨杭→割栗石・砂利→コンクリート→相州産ノ堅石	在来の石材	明治28年6月	逓36
布掘・捨杭→割栗石・砂利→コンクリート→焼過煉瓦→壱等煉瓦		明治28年9月	逓36
布掘→割栗石・砂利→コンクリート→焼過煉化石		明治28年10月	逓38
壺掘・捨杭→割栗石・山砂利→相州堅石・丸石		明治28年11月	逓38
布掘・捨杭→割栗石・砂利→コンクリート→良品ノ煉化石	古煉瓦石	明治28年11月	逓38
布掘→割栗石・砂利→コンクリート→房州産斑石		明治29年9月	逓40
布掘→割栗石・砂利→コンクリート→豆州産斑石	豆州産斑石（材料表に無し）	明治29年1月	逓41
布掘・捨杭→割栗石・砂利→コンクリート→従来ノ個石・房州産「元名」壱尺参寸角ノ石・相州産斑石大壱尺参寸角ノ石	従来ノ個石	明治29年4月	逓41
壺掘・捨杭→堅割栗石・砂利→房州産元名石→根石		明治30年5月	逓43
布掘・捨杭→割栗石・砂利→コンクリート→焼過煉瓦		明治29年6月	逓43
布掘→割栗石・砂利→コンクリート→房州産斑石		明治30年8月	逓44
壺掘→割栗石・砂利→粗石		明治30年8月	逓44
布掘→割栗石・砂利→コンクリート→在来の石・豆州産斑石	在来の石	明治30年7月	逓44
布掘・捨杭→割栗石・砂利→コンクリート→元名大尺参・房州産斑石	在来の分（石）	明治31年2月	逓50
壺掘→割栗石・周囲土砂・丸石	周囲土砂	明治31年2月	逓50
壺掘・捨杭→堅割栗石→房州本元名尺参石→相州堅石		明治31年5月	逓50
壺掘→堅割栗石・砂利→コンクリート→房州斑石・相州産堅石		明治31年7月	逓50
布掘→割栗石・砂利→コンクリート→相州堅石→房州産斑石大尺参		明治31年7月	逓51
壺掘・捨杭→房州産元名石大尺参→大尺参		明治31年9月	逓51
布掘・捨杭→相州産堅石・コンクリート→並形焼過煉瓦→並形弐等煉瓦	現在石	明治31年12月	逓51
布掘→割栗石・砂利→コンクリート→煉瓦		明治32年6月	逓54
布掘→割栗石・砂利→房州元名大尺参・相州産堅石		明治33年8月	逓61
布掘→割栗石・砂利→並形弐等品	現在ノ分（煉瓦）	明治34年1月	逓64
布掘→割栗石・砂利→コンクリート→江ノ浦石		同	同
壺掘→割栗石→玉石		同	同
壺掘→割栗石→コンクリート→筑波花崗石		明治34年4月	逓66
壺掘→割栗石→筑波花崗石		同	同
布掘→割栗石・砂利→コンクリート→弐等焼ノ並形		同	同
坪掘→砂利→玉石		同	同
坪掘→山砂利→房州産元名並尺参石		同	同
布掘→砂利→房州産元名並尺参石		同	同

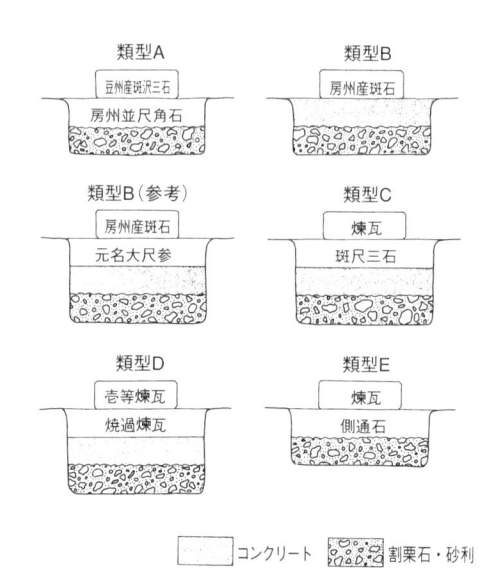

図51 建物基礎構造模式図

類型A：豆州産斑三石／房州並尺角石
類型B：房州産斑石
類型B（参考）：房州産斑石／元名大尺参
類型C：煉瓦／斑尺三石
類型D：壱等煉瓦／焼過煉瓦
類型E：煉瓦／側通石

凡例：コンクリート／割栗石・砂利

しく述べておこう。仕方書の基礎工事部分には次のように書かれている。

「建家周囲ノ基礎ハ深弐尺七寸巾弐尺ニ溝堀ヲナシ地底ヲ充分ニ搗固メ相州産堅割栗石ヲ厚壱尺投入シ真棒胴搗キヲ以テ搗固メルニ従ヒ目潰ニ山砂利ヲ投入シ上端水平ニ搗均シタル後石灰弐、セメント五、川砂弐、洗砂利六、ノ調合煉砂利ヲ巾壱尺五寸厚壱尺ニ投入シ乾燥ノ上房州産斑石外顕小叩キニ造リ外部上端ニ水垂レ面ヲ削リセメント壱、川砂四ノ調合煉ヲ以テ高壱尺五寸巾八寸ニ積立ルベシ」

すなわち、建物の周囲の壁部分の基礎は、まず深さ2尺7寸、幅2尺の溝堀（布堀）を施し、その溝底を充分につき固めた後に、「相模産の堅割栗石」を厚さ1尺ほど敷き、「真棒胴搗き」で搗き固めながら目潰しとして「山砂」を入れ、その上端を水平に搗きならす。その後に、「石灰」2、「セメント」5、「川砂」2、「洗砂利」6の割合で調合した「練砂利」（コンクリート）を幅1尺5寸、厚さ1尺ほど貼り、それが乾燥したら、表面を小叩きにし、上面に水垂れ溝を作り出した「房州産の斑石」を「セメント」1、「川砂」4の割合で調合した目地用の「調合練」を使って高さ1尺5寸、幅8寸の規模で積み上げよ。

この例からもわかるように、コンクリート上端に設置される石材には類型A同様角石や斑石が使われるのであるが、表13-16の元汽車課残部の工事[8]では地中部分には角石が埋め込まれ、床下までの地上部分には斑石が設置されている。石積みにおいて、地中部分と地上部分の石材を使い分けるこのような手法は、他にも同20の計理部附属倉庫の堅石（地中部）と斑石（地上部）の例[9]が示すように複数認められる現象であって、これには石材間の強度もしくは耐久性あるいは景観（見栄え）の差に根拠があるのかもしれない。

建物側壁の基礎にコンクリートを使用するようになるのは、記録をみる限り

明治7年になってからである[10]。以後、簡便な木造施設や小規模施設を除けば、ほとんどの建物の基礎にこの素材が欠かせないものとなる。コンクリート生成の原料として記録にでてくるのは、初期の頃は玉川砂利と（生）石灰の組み合わせであり[11]、明治後半にはほとんどの工事で玉川砂利、川砂、セメントの組み合わせとなる。建築資材の中にセメントの名称があらわれるのは、記録にでてくる構内施設をみる限り、明治後半期からであるが、この点は明治8年にはじまるセメントの国産化が、明治24年の濃尾地震の経験を得てその使用を増大させた結果と関係するのかもしれない[12]。

ちなみに、前述した開業時の機関車用転車台[13]や明治7年4月に行われた荷物蔵大秤台のコンクリート工事[14]の材料にはスメント（セメント）の名が掲載されているが、これは国産化以前のことでもあり、輸入セメントと考えてよいだろう。

類型Bは前述したように比較的類例が多く、他にも、表13-3の工務計理両課事務所[15]、同10の計理課事務所[16]、同13の元汽車課事務所の模様替え工事[17]、同15の事務所[18]、同26の事務所の側壁[19]などで確認できる。

次は類型Cである。本類型はコンクリート上の石材のさらにその上に煉瓦を重ねる構造の基礎で、モデルは表4-18の器械方物置[20]である。この物置の建築仕様書は側壁の築造に関して「外廻り中仕切共斑尺三石小叩きニして居付煉化石長側通り積立之事」とだけ記しており、この点は他の唯一の事例である同25の客車修復所（板倉）新設の仕様書の内容[21]とほぼ一致する。表4および表13をみてもわかるように、類型Cの事例はきわめてまれで、おそらく類型Bと次に述べる類型Dの過渡的もしくは折衷的な所産として捉えることが可能であろう。

コンクリートの上に煉瓦を重ねる築造工程をとる類型Dは、類型Bと同様に類例の多い手法であるが、類型Bが明治期を通じて採用されるのに対して、本類型の採用はほぼ例外なく明治後半期に限定されるという特徴がある。特に外壁までを煉瓦積みで構築するいわゆる煉瓦造りの建物においては、基礎のコンクリートの上端から基礎・土台と連続的に煉瓦を積み上げていかねばならず、基礎として本類型の手法は不可欠なのである。この特徴は表13-4の煉化造倉庫[22]や同じく煉瓦造りの同22の切符印刷所[23]の側壁において典型的にあらわれている。

なお、この手法が明治後半期に限定されるとした根拠は、記録に残る明治前

半期唯一の煉瓦造り施設であるランプ部屋の基礎構造が、外壁が煉瓦積みであるにもかかわらず煉瓦ではなく石材からなるという点で、この場合は基礎にまったくコンクリートが使われていないという特徴がある（後述）。

　類型Dは、施設の外壁基礎部分において、石材を介することなく直接コンクリート上に煉瓦を積み重ねるという点で画期的であり、その初現は記録にみる限り明治27年12月に行われた切符印刷所の新設工事[24]においてである（表13-2参照）。この切符印刷所は先にもふれたように外壁も煉瓦からなる施設であるが、その築造は建築仕方書によれば、コンクリート充填後の地中および床下までの基礎部分には焼過煉化石を使用し、外壁には弐等煉化石を積み重ねて構築している。弐等煉化石は上等赤煉化石とも呼ばれ、焼過煉化石にくらべて倍の値段であるが、このような側壁の築造に関して基礎部分と外壁部分に別種類の煉瓦を使う方法は当時かなり一般的であったらしく、先に述べた表13-4の煉化造倉庫や同22の切符印刷所増設工事においても認められる。煉化造倉庫新設工事では地中に焼過煉瓦、地上に壱等煉瓦を使い、切符印刷所増設工事においては地中に並形焼過煉瓦、地上に並形弐等煉瓦を使用している。

　この側壁部分における煉瓦の使い分けは、類型Aでふれた表4-7の器械方内外詰所の房州並尺角石（地中）と豆州斑尺三石（地上）の使い分けや、表13-20の計理部附属倉庫の相州産堅石（地中）と房州産斑石（地上）の使い分けを想起させ、いずれも地中部分の素材の方が値段的に安価である点も共通している。

　なお、本類型は先にも述べたように、明治後半期建物施設の最も主要な側壁部分の基礎構造であるから、その典型的な実体を表13-5の木造倉庫および物品検査場[25]を例に取って紹介しておこう（側壁および中仕切部分のみ抜き書き）。

　同施設の建築仕方書には次のように築造工程が詳しく述べられている。

一　倉庫及物品検査場建家ノ周囲及中仕切ノ基礎ハ深サ四尺五寸巾参尺ニ溝堀ヲナシ（略）溝堀ハ巾参尺厚壱尺ニシテ相州産ノ割栗石ヲ投入シ目潰シ砂利ヲ入レ重量五拾貫目以上ノ真棒ヲ以テ充分ニ搗き固メ（略）後総ヲ（物品検査場ノ床カ束下ハ除ク）玉川砂利径壱寸以上ノモノヲ大川砂弐、「セメント」壱ノ調合ニテ灌水後数回煉合シ漸次ニ厚壱尺五寸ニ投入シ小棒ヲ以テ充分ニ搗固メ古筵ノ類ヲ以テ覆ヲナシ五日間乾燥ノ後煉瓦積方ニ着手シ（略）

二　建家ノ周囲及中仕切下ハ煉砂利ノ上端ヨリ土台ノ下端迄ヲ三層ニ区分シ壱層ハ長手三枚ニシテ五段二層ハ同上弐枚半ニテ四段三層ハ同上弐枚ニテ

六段ニ積上リ空気抜キノ穴ハ迫持ニ造リ倉庫ノ床束下ハ図ノ如ク地中段積ニシテ地面ヨリ長手弐枚半ヲ弐枚並ニナシ総テ焼過煉化石ヲ用ヒ煉リノ調合ハ川砂六、生石灰弐、「セメント」壱ノ割合ヲ以テ能ク煉合シ弐分五厘目地ニテ積立テルベシ。

　すなわち、倉庫および物品検査場の建物の周囲および中仕切の壁の基礎は、まず深さ4尺5寸、幅3尺の溝堀（布堀）を施し、その中に「相模産の割栗石」および目潰し用の「砂利」を幅3尺、厚さ1尺ほど入れて重さ50貫目以上の真棒で充分に搗き固めよ。その後、「直径1寸以上の玉川砂利」に「大川砂」2、「セメント」1で調合し、灌水させた後数回かき混ぜたもの（コンクリート）を、徐々に厚さ1尺5寸ほど投入し、これを小さな棒を使って充分に搗き固め、さらに古い筵を被せて5日間ほど乾燥させ、その後に煉瓦の積み上げを開始せよ。

　煉瓦は、「練砂利」（コンクリート）の上端から土台の下端までの間を3層に分けて積み上げよ。最下部の1層目は、長手面を3個つないだ煉瓦を5段ほど積み上げ、2層目には同じく長手面を2個半つないだものを4段ほど積み、最上部の3層目は同じく長手面2個分にした煉瓦を6段に積み上げよ（他省略）、としている。これをもとに復元した木造倉庫および物品検査場の側壁の基礎部分の詳細は図52に示したとおりである。

　類型分類の最後に、先ほど少しふれた特異な基礎構造をもつ施設に関して述べておこう。それは明治13年4月に申請されたランプ部屋の新築工事[26]である（表4-37参照）。外壁を煉瓦積みとするいわゆる煉瓦造りの建物（211頁写真36参照）であるにもかかわらず、基礎に設置されているのは石材のみで、コンクリートは使用されていないという特異なものである。建設年代から考えて、コンクリートの使用は十分に可能であり、また基礎部分における煉瓦の採用も5年ほど前から行われているから、コンクリートと煉瓦が直接結びついても不思議はないのだが、その組み合わせは前述したように類型Dの登場を待たねばならないのである[27]。類例が1例しかなく一般化するのに躊躇を感じるが、一応この築造工程を類型Eとして設定し

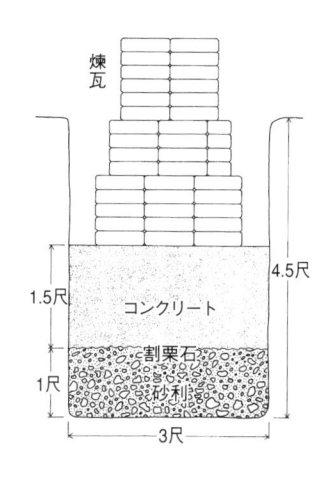

図52　木造倉庫・物品倉庫基礎模式図

ておく。ちなみに、このランプ部屋の遺構が発掘調査の結果検出されており、基礎に使われている素材は、記録にあるとおり石材のみであった（211頁写真35参照）。

　基礎部分におけるコンクリートと煉瓦の同時使用は、間に石材を介在させる形ですでに類型Cにおいて成立しているから、一見すると、この特異な構築方法の変遷上の位置は類型Cと類型Dの中間にあるという印象を与えることも事実である。しかし、本類型や類型Bの石材と煉瓦の直接的な結びつきを考えると、煉瓦という新しい素材が建物基礎部分の構成要素として登場した当初は、コンクリートとの結びつきよりも、むしろ斑石に代表される石材と一体となって使用されることが多かったのではあるまいか。記録上、建物の基礎としてコンクリート上端に直接煉瓦が積まれるのは明治27年のことであるが（表13-2参照）、これに対して煉瓦は、さらにその下部にコンクリートの存在はあるものの、明治8年の時点から斑石の上に積まれていたのである（表4-18・25参照）。

　以上の解釈を類型化の試みと関連させて整理しておけば、以下のようになろう。

　すなわち、新橋駅構内における関連施設（建造物）の基礎部分は、石材だけが使われる段階（類型A）から煉瓦が導入されて石材と結びつく段階（類型E）、コンクリートが導入され、コンクリートと石材が結びつく段階（類型B）、そしてコンクリートと石材と煉瓦が同時に使われる段階（類型C）を経て、この3者から石材が排除され、コンクリートと煉瓦の結びつきが強固になる段階（類型D）へとその築造工程を変化させていったと考えられるのである。

　これまで、明治期を通して建設された構内の諸施設の建築構造に関して、側壁下部というきわめて限定された部分の分類を行い、その特徴について検討してきた。そして、従来建物の基礎に使われることのなかったコンクリートや煉瓦という新しい素材の登場を考えれば、前述したように、建物基礎は大局的には時間の経過とともに類型Aから類型Eを経て、類型B・C・Dへと変化していったといえそうである。しかし、ある建物にどの基礎構造が採用されるかは、今述べた大局的な変遷にもかかわらず、基本的にはその施設の機能や上屋の構造に規定されるのであって、このことは煉瓦の登場にもかかわらず類型Bが明治期を通して採用され、また明治後半期にいたっても木造倉庫などの簡便な施設においては、類型Aが残存している点からも首肯されるだろう。

　比較的規模の大きな建物の基礎部分において、石材のみを使用した類型Aが、

第3節　建物の基礎構造と資材の再利用　169

開業後いくつかの施設に採用されただけでまもなく姿を消していくのは事実である（例外については前述した）。そして、類型Cを類型Bと類型Dの過渡的形態として認識することもおそらく正しいものと思われる。しかし、今回はその検討対象から除外した建造物の側柱および束柱部分に関する限り、明治時代の鉄道関連施設においては、大型の施設を除いて、ついに角石や堅石（丸石）を使った礎石という素朴な形態を越える革新的な基礎構造は登場しなかったのであり、必要としなかったという点も見逃すべきではないだろう[28]。

　さて、次に本節のもう一つの課題である建築資材の再利用の問題に関してみていこう。まず、明治前半期の施設建設について、表4（88・89頁）で確認される再利用資材のすべては江戸時代の所産であり、これらは再利用というより、もともと大名屋敷であった現地から調達した資材ばかりである。この点は明治前半期の施設建設がほぼ新設工事に限られ、移転や模様替え工事がまれであったことと関係するが、特に柱部分の基礎となる堅石や丸石などは、構内の地均し作業に際して出現した旧大名屋敷の建物の礎石などを再利用する場合が多かったものと推察される。

　さらに、布堀内に充填する資材も構内いたる所に散乱する破砕石や瓦を集めて利用したものと考えられるが、特に興味深いのは、明治6年11月の外国人職工官舎附属石炭置所の基礎工事部分（表4-1参照）の記載に「地堅メ之上土台下深巾弐尺布掘り致し在合焼瓦持運ヒ蛸突之上砂利敷平均突堅メ」[29]とある点で、この記録から布堀内の充填資材として「在合焼瓦」（江戸時代の火災によって大量に廃棄され、まとめて埋められているあり合わせの被火瓦）を使っていることがわかる。しかもこれをあらかじめ仕様書に記載するということは、「あり合わせ」とはいうものの、焼瓦がそれとわかるほどに構内に大量に顔を出していたことを物語っている。なお、この工事に関する建業表（材料表）に割栗石や砂利の計上が見あたらないのはもちろんのことである。

　このような資材の現地調達の例は、他にも「在来古石掘起し右石ニ而底敷石ニ居付」[30]とか「下水寄石垣積ハ在来ノ間知石を以テ築立」[31]とあり、江戸時代の石材の再利用がそれほどまれなできごとではなかったことを示している。さらに木材に関しても、たとえば、表4-34の派出倉庫局物置[32]や同35の器械科物置及職工会食所の新設[33]に際して、各々記録に「外ニ六郷（多摩川）旧木橋取毀材ヲ以可取斗分」とか「新古木材取交セ可成入費減却出来可致」とあるように積極的に古木の再利用がはかられたことがうかがえるのである。

次に明治後半期の事情をみておこう（162・163頁表13参照）。この時期は本章の最初で述べたように、関連工事としては新設工事よりも増改築工事および移転もしくは模様替え工事が圧倒的に多く、建築資材の再利用も移転前のものをそのまま使用するという事例がほとんどである。明治前半期に特徴的であった割栗石や砂利の現地調達が同表にまったくあらわれてこないのは、前述したようにこの時期の記録に建設資材を記した建業表が残っていないためその有無を確認できないという事情もあるが、その一方ですでに構内が整然と整地された明治後半の段階では、そこから割栗石などを採取することが困難であったことがその原因であろう。

この点は、割栗石や砂利など雑石の現地調達が普遍化していた明治前半期においても、たとえばすでに明治14年の倉庫（鉄物庫）の新設工事（表4-41参照）[34]の際には、柱部分の礎石に使う31個の丸石はもちろんのこと、割栗石や砂利も正式に計上されていることからも十分考えられるところであるし、さらに、この時期における建築資材の徹底したリサイクルの姿勢を勘案しても、割栗石や砂利の現地調達分だけを仕方書に記載しないということは考えにくい。したがって、正式の資材調達の有無を建業表で確認できない明治後半期の建設工事においては、仕方書にそれと明示されない限り資材の現地調達はあり得ず、基本的に仕方書にでてくる資材はすべて正式に計上されていたと考えてよいだろう。おそらくすでにこの時期においては、現地調達という形での資材の確保は行われなかったのではあるまいか。

明治後半期における建設資材の再利用を示す記録には以下のような例があげられる。

まず、施設を移築する場合には通常建築仕方書の冒頭に「現在ノ平家（建坪三拾六坪壱合弐才）ヲ毀損ナキ様取解再用ニ堪ユル諸材料ハ係官ノ検査ヲ受ケ現場ヘ運搬ヲナシ其他使用ニ堪難キモノハ直ニ構内指揮ノ場所ヘ取片付ヲナスベシ」[35]とか「在来ノ建家ハ（弐拾五坪七合）ノ平家建ノモノニシテ諸材料ニ毀損ナキ様取崩シ再用ニ堪ユルモノハ総テ用ヒ使用ニ堪ヘサルモノハ構内指揮ノ場所ニ持運ヒ取片付ヲナスベシ」[36]と書かれることが多い。これによって、施設の移築に際しては、再利用可能な資材はすべて使われていたことがわかるが、具体的な資材に関する指示としては、「根積房州石ハ特ニ注意シ合端打チ切リ一本毎ニ取崩シ固着シタル「モルタル」能ク削リ落スベシ」とか「煉瓦ハ「モルター」ヲ削リ落シ能ク水洗ヲナシ何レモ釘仕舞灰汁洗屋根瓦ハ漆喰磨キ落シ使用シ其

第3節　建物の基礎構造と資材の再利用　171

再用ニ堪ヘサルモノハ構内指定ノヶ所ヘ取片付ルモノトス」[37]などの記載をあげることができる。すなわち、基礎・土台の房州石や煉瓦などは特に丁寧に取り上げ、付着したモルタルを削り落とし、水洗いしてから再利用すべきことが指示されているのである。

　以上の記録から、移築工事の際に従来の建築資材を積極的に再利用していたことがわかるが、増改築はもとより施設をそのまま移転する場合においても、資材が不足することは十分予想されるから、当局はこの点に対する指示も仕方書に明記することになる。これが同書にみられる、「(資材)ハ現在ノ分ノモノヲ使用シ尚不足ノ分ハ現在ノ品質寸法ニ倣ヒ新材ヲ以テ補充シ」[38]とか「材料品ノ内腐朽破損併ニ不足ノモノハ受負人ノ負担タルベシ」[39]などという文章である。しかしこうなると、移築工事の場合、着手以前の段階で、必要となる建築資材の量を確定することが困難となり、これが明治後半期の施設工事関係の当局側の記録類中に建設資材の数量を計上した建業表が残されていない理由なのかもしれない。この時期の施設建設の多くは入札による請負工事であり、作業員はもとより建築資材もその多くは請負人が調達するシステムとなっていたからである。

註

（1）「新橋構内器械方詰所并横濱陸橋起工伺」（『鉄道寮事務簿』第20巻）。
（2）「新橋ステーション内湯呑所并鑿井伺并指令」（『鉄道寮事務簿』第20巻）。
（3）「新橋ステーション構内ヘ人力車置所新築伺指令」（『鉄道寮事務簿』第29巻）。
（4）「新橋駅内掃除夫用物置詰所湯沸所設置」（『逓信省公文』第51巻　建築19）。
（5）「新橋駅貸庫新設其他工事」（『逓信省公文』第61巻　建築29）。
（6）「新橋停車場構内客車製造所建増ノ伺」（『工部省記録』巻18ノ2）。
（7）「新橋停車場構内会食所移転合築及模様替」（『逓信省公文』第40巻　建築8）。
（8）「新橋停車場内建家移転模様替増築及湯呑所新設」（『逓信省公文』第50巻　建築18）。
（9）「新橋停車場内計理部附属倉庫新設其他工事」（『逓信省公文』第51巻　建築19）。
（10）『鉄道日誌』中の明治7年4月28日条に「鍛冶場コンクレート本日より築初めの事」（堀越三郎編「明治建築史料その儘（Ⅱ）」）とある。これが記録で確認できる建物側壁へのコンクリート使用の最初の例と思われる。これ以前には先に述べたように開業時の機関車用転車台（施設8）の底面や荷物庫（施設23）附属の秤台の基礎に使われた例がある。
（11）「新橋ステーション構内エ物置新築伺指令」（『鉄道寮事務簿』第29巻）。
（12）工学会『明治工業史』建築編　1927年　323-325頁、前掲『日本科学技術史

大系』第17巻・建築技術　329-334頁、山田順治『コンクリートものがたり』文一総合出版　1986年　168-173頁。
- (13)　前掲「明治建築史料その儘（Ⅱ）」。
- (14)　「新橋ステーション大銓衝台設置ノ伺并指令」（『鉄道寮事務簿』第20巻）。
- (15)　「新橋停車場内模様替并増設工事」（『逓信省公文』第36巻　建築4）。
- (16)　「新橋停車場構内計理課事務所新築及増築工事」（『逓信省公文』第41巻　建築9）。
- (17)　「新橋倉庫係用トシテ元汽車課建家一部移転模様替工事」（『逓信省公文』第44巻　建築12）。
- (18)　「新橋駅本家附属官舎事務室建家改築及増築」（『逓信省公文』第44巻　建築12）。
- (19)　「新橋機関庫事務室物置新設等工事」（『逓信省公文』第64巻　建築32）。
- (20)　「新橋ステーション構内エ物置新築伺指令」（『鉄道寮事務簿』第29巻）。
- (21)　「新橋ステーション構内板倉新築伺指令」（『鉄道寮事務簿』第29巻）中の「外廻リ中仕切共斑尺三石小叩ニして居付腰高五尺通柱間タエ煉化石積立」の記載。
- (22)　「新橋停車場煉瓦造倉庫及廊下新設工事」（『逓信省公文』第36巻　建築4）。
- (23)　「新橋駅内切符印刷所建家増設及便所移転」（『逓信省公文』第51巻　建築19）。
- (24)　「新橋停車場構内ニ於テ切符印刷所新築工事競争入札」（『逓信省公文』第35巻　建築3）。
- (25)　「新橋停車場内倉庫及検査場新設」（『逓信省公文』第38巻　建築6）。
- (26)　「新橋停車場構内ランプ部屋新築ノ伺」（『工部省記録』巻18ノ1）。
- (27)　この工事の建業表の中には「セメント」の記載もあるが、これは煉瓦積みの際に用いる目地用のものであろう。
- (28)　日本建築における建物基礎に関しては、明治初期に日本の鉄道建設に携わったポッターもその簡便さに驚き、次のように述べている。
　　　「技術に関する在来建築のいくつかの実例は、第一に注目すべきこの技術の便宜的な性格を示しており、そこでは　基礎に関するいかなる問題も不必要なものとみなされている。家屋や寺院の一般的な基礎は、それぞれの木柱の下に置かれた小さな1個の石である。これらの石はたんに、あらかじめ木の棒によってよく叩きしめられた地表面の上に置かれているだけである。多くの寺院建築が大工仕事のすばらしい見本であるが、しかし、これらの建物が特にあらゆる種類の突っ張りを使うことなしに、すべ方形を呈す脇組みの基礎からなっている点は驚くべきことである。」（William Furniss Potter, "Railway Work in Japan"〔The Institution of Civil Engineers , Session 1878-79　Part Ⅱ, Vol. LVI, Sect. Ⅰ. Minutes of Proceeding p. 6．］）。
　　　ポッターは、日本の在来建築が完成後の出来映えや見栄えを重視し、建設過程における基礎工事の重要性やその耐久性にあまり関心を払っていない点を指摘しているように思われる。
　　　さらにチェンバレンも日本の家屋に関して、「普通の日本の家屋は軽い骨組の建造物である。それとくらべてたいそう重い草ぶき屋根、板ぶき屋根、或いは瓦ぶき屋根がついている。上部のややくぼんだ石が地面に据えられ、その石の

上に立てた柱によって、家屋は支えられている。基礎（foundation）というものはない（われわれの建築家がその語を理解している意味で）。家屋は地面の上に立っている。部分的に地面の中に入りこむことはない。」（チェンバレン　高梨健吉訳『日本事物誌』1（東洋文庫131）平凡社　1969年　31頁）と書いている。
- (29)　「新橋ステーション構内石炭置所建築伺并指令」（『鉄道寮事務簿』第14巻）。
- (30)　「新橋ステーション内井戸廻り其外修繕伺并指令」（『鉄道寮事務簿』第14巻）。
- (31)　「新橋停車場構内ニ於テ切符印刷所新築工事競争入札」（『通信省公文』第35巻　建築3）。
- (32)　「新橋ステーション構内ヘ倉庫物置新築伺」（『工部省記録』巻11ノ2）。
- (33)　「新橋停車場ヘ器械科物置職工会食場建築伺」（『工部省記録』巻15ノ2）。
- (34)　「新橋停車場構内エ倉庫一棟新築ノ伺」（『工部省記録』巻21ノ2）。
- (35)　「新橋停車場構内会食所移転合築及模様替」（『通信省公文』第40巻　建築8）。
- (36)　「新橋駅本家附属官舎事務室建家改築及増築」（『通信省公文』第44巻　建築12）。
- (37)　「新橋駅貨物積卸場等新増設」（『通信省公文』第57巻　建築25）。
- (38)　「新橋停車場内模様替並増設工事」（『通信省公文』第36巻　建築4）。
- (39)　「新橋停車場構内会食所移転合築及模様替」（『通信省公文』第40巻　建築8）。

第4節　新橋工場の変遷とその作業内容

　本節の主な目的は、構内の重要な施設である新橋工場に関して、これを構成する諸施設の大略的把握にある。また一方、工場内で行われた作業内容についても検討し、本工場が有する鉄道史上の性格についても言及しておく。
　すでに再三述べたように構内の各作業所に工場の名が与えられるのは明治15年の段階であるが、当然のことながら、それ以前にも構内には工場に相当する施設が存在していた。工場に相当する施設で最も古い建物は、開業時に存在した機関車修復所（施設15）である。開業後早々に修繕用の大旋盤[1]や蒸気動力を装備したこの施設では、京浜間で使われていた機関車や他の車両の修繕はもちろんのこと、車両の組立や貨車の改造なども可能であったらしい。その後、構内には客車修復所（施設47）や鍛冶場（施設18）が建設されて貨車の車体製造が可能となり、明治12年には構内ではじめて客車の製造が行われた。この時の様子をお雇い外国人は次のように記録している。
　「新型3等客車の最初の車両がまもなく完成し、7月の末までには塗装工場を出庫する予定である。この客車は、長さは44人用の座席を備えた現在の

3等客車と同じで、車輪と車軸を除いてこの工場で造られたものである。一部には日本の木材も使われており、その製造はこの地区で最初のものである。」[2]

また、明治13年には機関車修復所（施設15）に隣接して客車製造所（施設16）の増築が行われており、その理由は「京浜間運輸逐年盛大之域ニ趣キ造車ノ事業モ相増シ在来ノ場所ニテハ差閊ヘ到底増築ヲ要セザレハ難被行ニ付」[3]ということであった。

明治15年3月に「工場」に昇格した作業所には前述したように、旋盤、甲木工場、乙木工場、鍛冶、製罐、塗師、真鍮、鑢、鋳物などの施設がある。鍛冶工場は明治8年頃竣工した鍛冶場（施設18）、塗師工場はもとは明治8年建設の客車修復所（施設47）であり、旋盤、甲木工場、乙木工場は開業時の機関車修復所（施設15）が拡張されてできた器械場内（施設17）にあったと考えられる[4]。鋳物工場の名は「明14構内図-1」（13頁図4、65頁図23）になく、「明15〜17構内図」（17頁図7、119頁図38）ではじめて確認できるから、明治15年前後に設置された施設（施設88）と考えてよいだろう。真鍮工場は銅工場のことと考えられるものの、場所がどこであったかについては、製罐工場および鑢工場とともに不明である。

このようにして構内における工場部門は次第に整備されることになり、この頃新橋工場では機関車や橋梁上部の組立、客貨車の車体の製造、車両の修繕・改造などの作業が可能となっていた。この点はこの時期におけるもう一つの代表的な工場である神戸工場でも同様であるが、神戸工場では早くも明治8年に客貨車の車体製造や機関車の車軸の改造が実施され、翌9年にはボギー客車および御料車の車体製造が行われている[5]。明治17年の機関車改造や同26年の我が国最初の国産機関車製造[6]に端的に示されるように、後年、官営工場における国産機関車の製造はもっぱら神戸工場で行われることになるけれども、客車および貨車の製造に関しても新橋工場は後発の神戸工場にやや遅れていたといわざるを得ない。両工場の受け持ち車両数をくらべると、新橋工場のほうは明治20年代に入って私鉄開通などの理由で数が激増するとはいえ、それ以前は開業以来一貫して神戸工場の受け持ち数のほうが多く、同工場の設備が充実していたことをうかがわせる（179頁表15参照）。

この点は、開業当時汽車監察方だったクリスティーが新橋工場に関して「仕事場之義位置甚夕悪しく手廣ク建増候訳ニハ難出来候間当時要用丈ケ之処少シ

ク御建増之義可然ト存候此件ニ付而ハ後日いさゝ可申立当時之処ニ而ハ只今ノ仕事場江間口拾壱フート奥行三フート五インチ之建物壱ヶ所御建増之上是れをボイラショップ、スミッセーブラスファウンドレーとに区分可致且マシーネ壱式箇御増被成候得ハ横浜分之機関并ニ運転物等之取繕ニハ充分ト存候」[7]と述べているように、開業後間もない明治6年の段階においてすでに規模・設備などの工場環境が多様な作業に対応しにくくなっていたことと無関係ではないだろう。

もちろん、新橋工場はその後何回かにわたって施設の整備や拡張が行われるのであるが、後ほどみるように、明治30年代の新橋工場は客貨車の一定数の製造は認められるものの、国産機関車の製造はなく、むしろ各種車両の修繕工場といった様相を呈しているのである。それでも工場となった明治10年代後半から20年代にかけての新橋工場の作業能力には著しい進展がみられ、明治17、18、19年度に実施された作業内容は、車両に関して記録されているものだけでも、表14に示した数量にのぼる[8]。

明治10年代の末期には、修繕工場の老朽化や日本鉄道会社からの委託による受け持ち車両数の増加などに対応すべく新しい工場が建設されるが、この建物は記録を検討すると、組立工場や鍛冶工場などが区画を隔てて同居する梁間115フィート、桁行き114フィートの大規模な工場で、これは後の「明30構内図」(46頁図18、124頁図40)中に南にさらに45フィート増設された組立工場・西鍛工場(施設11・12)として確認できる。この新工場建設の経緯および様子を、時のお雇い外国人は次のように記録している。

「機関車数の増加と修繕工場が老朽化するに及び、新しい製罐工場、鍛冶工場、それに製罐用の機械を置く部屋のついた修繕工場を建設するためには、古い修繕工場を解体したほうがよいこと、またそのためには汽車課および建築課の事務所を移転する必要があることがわかった。新しい汽車課の事務所は塗装工場の南に建てられ、新しい建築課の事務所は機関車庫の北に建設された。

表14 明治10年代後半の車両関係の作業

作業内容	明治17年度	明治18年度	明治19年度
機関車組立	4	12	5
機関車改造		1	
機関車完全修理	9	3	11
機関車修理		14	2
客車製造	24		
客車改造	6		
客車修理	4	数両	
貨車製造	78		100
貨車改造	数両		数両
貨車修理	数両		数両

新しい工場の規模は、計画では梁間方向が、区画35フィートのもの2区画、それに45フィートのもの1区画の3スパンからなり、桁行きは114フィートである。すなわち、（建物の規模は）梁間115フィート、桁行き114フィートの広さとなる。南の梁間35フィートの区画にはいくつかの鍛冶用の溶鉱炉があり、ボルト、ナット用の工作機械や小型の蒸気足踏みハンマーが備えられる。二番目の梁間35フィートの区画には製罐用の機械と小型エンジンが備えられ、（最も北の）梁間45フィートの区画には機関車用の3本の線路が引き込まれ、側壁に沿って組立工が機関車を修繕するための工作台が設置される予定である。建物の壁および鍛冶工場と製罐用機械室の境は煉瓦でできており、屋根は鉄製である。そして、この工場が完成すれば、仕事に無駄がなくなり、作業を行う上できわめて便利になるであろう。屋根は（明治19年）7月の終わりまでには完成するであろうし、9月までには工場も稼働するであろう。」[9]

なお、明治30年の時点で確認できる南へのさらなる45フィートの増築が20年代のいつの時点なされたのかは、つまびらかでない。ちなみに、この増築部分は、「明44構内図」（49頁図19、137頁図43）ではさらに西側に増設された状態で描かれている。

この新工場（施設11）の遺構が開業時の扇形機関車庫（施設9）を壊す形で検出された点については、前述したとおりである（24頁写真2参照）。なお、先の報告にでてくる「古い修繕工場」とは、移転が必要とされた汽車課（施設107）および建築課（施設106）の事務所の位置（19頁図9、122頁図39参照）を勘案すれば、開業時の扇形機関車庫であることは明白であり、これは前年に製罐工場（施設10）に改築されたとされる「古い機関庫」と同一の建物である。したがって、この古い建物内において、数年の間製罐作業とともに車両の修繕作業も行われていたことになる（機関車庫としての機能はすでに施設86に移っていたのであろう）。加えて、新工場建設に際して移転させられたとされる二つの事務所のその後の位置は、汽車課のほうはすでに「明30構内図」では確認できないものの、建築課のほうは記載にあるとおり組立工場・西鍛工場（施設11・12）の北にみえる工事科（施設211）の施設として描かれている（46頁図18、124頁図40参照）。

さらに、この年には他の施設にも設備の充実がはかられたようで、先の記録に続いて器械場（施設17）に相当する施設に関して次の記載がある。

「他の工場施設も順調である。二つの備えつけのエンジンや蒸気ハンマー、それに2基の蒸気足踏みハンマーに蒸気を供給していた10馬力のコーニッシ

ュボイラー2基に代わる新しい15馬力のコーニッシュボイラー2基が、3月4日に横浜に到着した。これらの（古い）2基のコーニッシュボイラーは、この建物が建てられて以来使われてきたもので、ここ2年ほどの冬期間には修繕されている。採取したこのボイラーの鉄片を帝国工科大学のC.D.ウエスト教授に送り、試験とその報告を求めたが、報告の内容は1インチ平方当たり50気圧もかかるボイラーのものとしては不満足なものであった。したがって、危険を冒すよりはむしろ、二つの備え付けのエンジンの蒸気管と煙室の内側にある11号機関車の蒸気管（T）をつなげることによって、改造したほうが良いだろう。この結果は非常に良好で、3月末までにこのコーニッシュボイラーは2度と修繕されることはなかったのである。より大きなボイラーを設置するためには新しい基礎工事が必要となるが、これは古い2基のコーニッシュボイラーにともなう高さ32フィートの煙突を壊し、新しい高さ60フィートのものを造るよい機会である。7月までには新しいボイラーから蒸気があがることを期待している。」[10]

以上の記載から明らかなように、明治19年7月頃の新橋工場では大きさ梁間115フィート、桁行き114フィートの新工場（施設11）が完成し、また器械場（旧機関車修復所、施設17）の古い煙突も新しいものに代えられたようである。そして完成後の施設に関して、次年度のお雇い外国人の記録には次のように書かれている。

まず、新工場に関して、「幅35フィート2スパンおよび幅45フィート1スパンからなる梁間と桁行き114フィートの新しい工場はフル稼働体制で、最も便利な建物となっている。」とあり、器械場に関しては、「高さ60フィートの新しい煙突を備えた2基の新しいコーニッシュボイラーは、7月に点火されたが、その適切な配慮はボイラーの火から出る煙害に対する苦情をほとんどなくしている。」とある。そして、このように改築された新橋工場に関しては、先にも述べたように、「もし新橋工場が北地区（日本の北半地域）における中心的な位置にとどまるつもりならば、各施設は鉄道システムそのものの拡大にともなって拡充することが必要であろう。鉄道車両に重大な修繕を施す場合には、いくつかの小さな工場で行うよりも、一つの大きな工場で行うほうが安上がりである。」[11]と記されているのである。

明治20年代の新橋工場は「明30構内図」の内容にあらわれているように、先にみた新しい器械場を中心として3ヶ所の鍛冶工場（施設12・18・121）や木

工場（施設19・49・145）、それに旋盤工場（施設21）、鋳物工場（施設88）、製罐工場（施設118）、機関車修繕場（施設87）などの施設が多くの引き込み線とともに機能的に整備された時期である。工場の施設は塗師庫（施設141）や木庫（施設216・217）を中心として木工関係のものが会仙川の南にも広がり、また、機関車庫（施設135）や客車庫（施設139）のような車両の待機所も、20年代に会仙川以南地区に移転したものと推定される。工場の作業内容を数量的に示す記録は知られていないものの、この時期の新橋工場では多くの形式の客車や貨車が製造されている。

　当時新橋汽車課の汽車監督であったフランシス・ヘンリー・トレビシックの作成した『車両等形式図面』中の形式CおよびFの上等客車は、明治24年に新橋工場で製造されたもので、便所と洗面所を備え、その後の優等車の基本形となったとされる車両である。車内は中央通路式で、定員は形式Cが20人、形式Fが21人であった。また、形式Iの中等客車も明治21年以降新橋工場で製造されたもので、中央通路式の車内の一端に便所と洗面所が装備されている。東海道線の全通に際して長距離用に新しく設計されたといわれ、その後の官設鉄道の2軸中等車の標準形となったという。定員は26人である[12]。

　形式Pの下等緩急合造車は明治25年の新橋工場製で、形式CおよびF（上等車）や形式I（中等車）に対する下等車である。形態・主要寸法など共通点も多かったものの、便所や洗面所はなく、車長室は車体の一端にあった。定員は38名で、手ブレーキは室外に設置されていた。中央通路式の新しい設計であったが、官設鉄道では10両だけの製造に終わり、その後は日本鉄道会社その他の私鉄で多く使われたとされる[13]。

　前述したように、明治20年代に工場内で行われた諸作業の数量的な把握は、資料的な制約もあり困難であるが、この時期新橋工場の作業量がいかに急激に増加したかという点に関して、受け持ち車両数の変化から確認しておこう。表15は開場時から明治13年までと、明治20年から25年までの新橋工場（参考として神戸工場の数字も掲載する）における受け持ち車両数の一覧表である[14]。10年代後半のデータは欠けるものの、20年に入って官設鉄道の各種車両数は10年代前半の約2倍、日本鉄道会社の分を合わせると約4倍に増加している。そして、この傾向は明治22年以降他の私鉄の車両も加わることによって益々加速され、5年後の明治25年には車両数はさらにその倍に増加しているのである。

　官鉄部分の車両数増加は、明治19年以降開始される東海道線延長工事やその

表15 新橋工場および神戸工場における受け持ち車両数の推移

新橋工場

	明治5年	6年	7年	8年(1-6月)	8年	9年	10年	11年	12年	13年
機関車	10	10	10	12	12	12	12	12	12	10
客車	58	58	61	64	58	58	62	62	65	68
貨車	75	75	80	81	81	101	144	154	158	159
合計	143	143	151	157	151	171	218	228	235	237

	明治20年			明治21年			明治22年			
	官鉄	日本	計	官鉄	日本	計	官鉄	日本	両・水	計
機関車	23	29	52	35	25	60	32	42	6	80
客車	107	116	223	115	135	250	187	146		333
貨車	337	422	759	371	572	943	339	628	46	1,013
合計	467	567	1,034	521	732	1,253	558	816	52	1,426

	明治23年						明治24年					明治25年				
	官鉄	日本	両毛	水戸	甲武	計	官鉄	日本	両毛	甲武	計	官鉄	日本	両毛	甲武	計
機関車	39	54	5	3	2	103	40	63	5	3	111	45	69	5	3	122
客車	195	158	21	12	14	400	241	194	21	14	470	243	248	22	16	529
貨車	339	763	51	51	28	1,232	358	889	54	28	1,329	374	1,022	54	48	1,498
合計	573	975	77	66	44	1,735	639	1,146	80	45	1,910	662	1,339	81	67	2,149

神戸工場

	明治7年	8年	9年	10年	11年	12年	13年	14年	15年	16年
機関車	12	12	22	26	26	26	26	32	29	21
客車	83	84	98	111	117	108	110	124	151	176
貨車	77	109	154	163	196	255	286	317	319	374
合計	172	205	274	300	339	389	422	473	499	571

	明治17年	18年	19年	20年	21年	22年	23年	24年	25年
機関車	21	23	21	20	22	53	63	71	71
客車	180	168	144	141	146	338	338	344	353
貨車	426	400	429	434	444	887	947	1,107	1,161
合計	627	591	594	595	612	1,278	1,348	1,522	1,585

開通、横須賀線の開通などが原因であり、私鉄部分の増加はいうまでもなく日本鉄道会社線の青森までの延長の他、両毛、水戸、甲武各鉄道路線の建設および完成がその主な原因であった。特に日本鉄道会社からの委託車両数は当初から官鉄のそれを大きく上回り、明治25年の時点では約2倍に達している。車両では特に貨車数の多さに目を見張るものがあり、日清戦争前後にはじまったとされる我が国の軽工業部門の産業革命が、日本鉄道会社の路線地域である北関東や東北地方の産業と密接に関連していたことをうかがわせる。

次に明治30年代以降の新橋工場に関して検討していこう。この時期の工場の充実ぶりに関しては、「明44構内図」(49頁図19、137頁図43)に集約されており、その施設についてもすでに本章第2節でやや詳しくふれたところである。した

表16 新橋工場における

作業内容	明治29	明治30	明治31	明治32	明治33	明治34	明治35	明治36
機関車製造	【4】			【6】	【2】		【4】	【4】
同改造				3【10】	22【29】	20【39】		
同組立	1【5】	61【28】			9	19【22】	13【3】	55【10】	24【34】
同大修繕	＊52【53】	36【64】	59【70】	90【110】	77【120】	71【115】	83【131】	101【119】
同小修繕	563【502】	571【863】	668【1,151】	667【1,261】	754【1,318】	825【1,397】	976【1,491】	1,047【1,730】
客車製造	28	78	73	31	34	10	50	95
同改造	50	1	105	11	＊76	13	9	5
同組立								
同修繕	142							
貨車製造				120		＊1		
同改造	39	50	25	28	105		18	
同組立								
同修繕	301							
機客車改造								
客貨車修繕		353	1,264	1,509	3,290	2,675	4,739	6,880
客貨車塗換				769	898	1,047	1,098	902
御料車製造			1		1	1		
御料車修繕				1	3	1	6	5
御料車改造			1					
緩急車製造		3	22			18	37	26
緩急車改造	1		11	7	26	6		
家畜車製造			3	7				
郵便車製造	5						10	10
食堂車製造						1	1	
材木車製造								
寝台車製造								
特別車製造								
合造車製造		3			9	4	28	7
油槽車製造								
合造車改造			1	5	3			
車運車改造	1	1		1				
魚車改造				1				
馬匹車改造			3					
土運車製造		100						
土砂車改造					1			
電車製造								
車両洗浄						41,759	45,308	
車輪嵌交換		147	166	189	122	202	181	226
同削り直し		534	751	866	770	869	1,358	1,470

第4節　新橋工場の変遷とその作業内容

車両関係の作業

明治37	明治38	明治39	明治40	明治41	明治42	明治43	明治44	大正元	合計
		【4】		【4】	【3】	【1】			0
									45
11【11】	70【49】	23【60】							286
94【115】	120【116】	84【97】	112【121】	178【142】	180【151】	178【128】			1,515
1,749【1,839】	1,975【1,978】	1,986【2,211】	2,343【4,685】	2,916【9,284】					17,040
60	78	132	49	77	28	19	＊18		860
＊189									459
									0
		1,300	636	1,716	3,131	1,173			8,098
40	60								221
85									350
	588	75							663
		4,132	1,764	5,786	6,631	＊440			19,054
		319							319
3,923	6,588								31,221
699	626	663							6,702
									3
	1	2							19
									1
	40	4	6				3		159
	15								66
									10
									25
		2	3				6		13
	4								4
		1	2				5	10	18
							2		2
		2	1						54
					5				5
									9
									3
									1
									3
									100
									1
							5	20	6	31
									87,067
	305	141	247						1,926
	1,083	1,019	1,528						10,248

『鉄道局年報』『鉄道作業局年報』『帝国鉄道庁年報』『鉄道院年報』より作成

がって、ここではこの時期の工場の作業に関して、主に統計資料を使って検討することにする。

　表16は、明治29年から大正元年までの間に行われた新橋工場の作業内容を整理したものである（機関車の項のかっこ内は神戸工場製の数）。作業は機関車の組立・改造・修繕をはじめとして客貨車の製造・改造・組立・修繕の他、緩急車や郵便車など各種車両の製造・改造・修繕などにも及ぶ。機関車の修繕にはいわゆる全般検査に相当すると思われる大修繕とその他の小修繕に分かれるが、大修繕もさることながら、小修繕の数が明治37年以降急激に増加していることがわかる。この現象は端的にこの時期における機関車数の増大に起因すると考えられ、その遠因は日清戦争以後の輸送量の増大と日露戦争における国内外の輸送用機関車の増備にあった[15]。また、客・貨車の修繕作業も明治後半には膨大な量にのぼり、この時期が我が国における本格的な産業革命の発展期にあたっていたことを物語っている。

　新橋工場の性格を知るうえで重要な要素は、機関車の製造に関するデータである。ちなみに、ここでいう機関車の製造とは国産を意味し、一方、外国からの輸入機関車の製作は組立作業として区別している。統計資料などの資料を検索した限りでは、新橋工場における国産機関車の製造はただの1台も記録がない。これは明治26年に国産の機関車第1号を送り出した神戸工場が、その後も明治末年までに計32台の機関車を製造しているのにくらべ、きわめて対照的な事実である。

　もちろん、明治36年以降は民間会社の機関車製造も軌道にのり、明治39年の国有化以後の42年には機関車の新製は民間工場で行う方針がとられたから、機関車の製造が神戸工場に独占されていたわけではないけれども、やはり、新橋工場において機関車が製造されなかった背景には何らかの理由があったに違いない。統計資料を概観するに、明治30年代の客車はおおむね新橋工場を中心として製造されており、あるいは機関車は神戸、客車は新橋でという方針があったとも考えられるものの、他にも設備の優劣、技術者の有無、工場の規模や地理的条件（鉄道頭井上勝が退職後に創った汽車製造会社は大阪にあった）など様々な要因が想定できよう。

　さらに、新橋工場の重要な作業の一つとして、先にふれた車両の製造・改造・修繕の他に各種の機械や部品の製造・修繕あるいは橋桁の製造などをあげることができる。各年度の『鉄道作業局年報』にはこれらの作業に関する実績

第4節　新橋工場の変遷とその作業内容　183

が記録されており、その種類・作業成果は膨大な量にのぼる。例として表17に明治30年度における機械・部品・橋桁などの製造実績を掲載しておく[16]。

なお、交通博物館に保管されている『鉄道院新橋工場写真帳』[17]には、明治末期における工場内各作業場の作業風景が多くの職工の人たちとともに載せられており、この時期の工場内の具体像を知るうえできわめて貴重な資料となっている。その一部を、想定される施設番号とともに掲載しておく（写真30）。これによれば工場内には旋盤（施設18）、鍛冶（施設12）、鋳物（施設88）、挽立（施設142）、縫（施設236）、塗（施設240 or 241）、銅（施設244？）、修車（施設番号不詳）、組立（施設249）、製鑵工場機関車部（施設118 or 247）、製鑵工場客車部（施設311？）、木工仕上（施設223 or 224）、鉄工仕上（施設番号不詳）、新車組立（施設11？）、新車挽立（施設20？）、電気（機）（施設233・234）などの職場の他、治療所（施設252の一画）、試験所（施設310 or 337）、発電所（施設231）などの施設があったことがわかる。

構内の向かいにあった遞信省の建物の屋上から撮影された写真（写真31）には、ほぼ真北方向からみた工場の全体が写っており、ここにみえる2本の煙突のうち、奥のものが発電所（施設231）の煙突で高さは81フィート（24.7 m）、手前のやや太い煙突が明治19年に器械場（施設17）に新設された高さ60フィート（18.3 m）の煙突に相当する（写真30中の工場全景写真にはさらに明瞭に写っている）。写真には現在は道路に変わっている汐留川に多くの小型船がみえ、この地点で水運と鉄道が連結していたことをうかがわせる。さらに、工場部分は斜めに走る塀や建物によって旅客や貨物空間と隔てられていたこともわかる。貨車への荷物の積み卸しには多くの馬や大八車が使われており、東奥部分には数台の貨車もみえている。

以上概観したように、開業以来施設の増設を重ねてきた新橋工場は「明44構内図」をみればわかるとおり、明治末期のこの時期、国有化後に急激に増えた膨大な数の車両を処理するには、もはや限界の状態にあったと考えられる。

明治40年以降、工場内では相変わらず膨大な数の機関車・客貨車の修繕が続いていたし、客車の新製も一定程度の数をこなしてはいた。しかし、たとえば明治43年度の記録[18]をみると、この年の貨車の修繕数2,337両のうち、工場内での作業は440両だけで、他の1,872両は派出修繕、25両は未着手のまま他工場へ回していることがわかる。前年の修繕数が6,631両であることを考えれば、2,337両の修繕は十分に可能であるから、この年に修繕作業に関して何らかの方

表17　明治30年度作業内容（1）

制作物件	件数	制作物件	件数
一、二等合造車	3	鍛冶工場用煙筒	8
同ボギー附	6	シャフト（器械場用）	111
二等客車	15	革掛車	10
三等客車	51	湯沸汽鑵（温脚器用）	2
三等客車（ボギー附）	6	トロリー、ベアリング（軽便鉄道属品）	1,600
三等郵便緩急車	3	シャフト受	16
土運車	100	羽口（輪用鋳鉄）	22
螺旋切旋盤	4	継目板（軽便鉄道属品）	1,260
セメント試験機械	3	建札	88
錐機械	3	鍛鉄具	35,509
地中仕掛秤量器械	2	鋳鉄具	1,700
コーニッシュ汽鑵	1	座鉄	1,227
油試験機械	1	真鍮鋳造品	8,725
手押車	3		
手荷物車	2		
ランプ車	2	改造物件	件数
掲示版	239	有蓋貨車ヲ仮客車ニ模様替	50
鉄製トロリー（車両車軸共）	10	仮客車ヲ有蓋貨車ニ模様替	1
同（軽便鉄道用）	95	車運車木製ソールバーヲ鋼製ニ改造	1
車輪並車軸（軽便鉄道用）	869	貨物緩急車木製ソールバーヲ鋼製ニ改造	1
穿孔器	9		
鉄框	140	修繕物件	件数
鉄鎚各種	891	機関車（大修繕）	36
螺旋回各種	196	同（小修繕）	571
ジムクロー	13	一等車	5
平底ポイント	80	一、二等合造車	9
セーフチーポイント	16	同ボギー附	8
停車場合図器	1	二等車	17
遠方合図器	5	三等車	47
グラウンド合図器	16	同ボギー附	37
トラベルサー	1	三等郵便合造車	1
転車台（機関車用）	1	三等郵便緩急合造車	6
アンネットロック、ポイント	11	三等緩急合造車	3
ポイント及クロッシング（軽便鉄道用）	7	二、三等合造車	1
ポイント及シグナル併働器	1	有蓋貨車	59
平底クロッシング	91	無蓋貨車	91
鉄チョック	610	土運車	8
大リーバー（合図器付属品）	2	家畜車	5
ツレイン、スタッフ	20	魚車	1
ポイント用枕木	280	油車	3

第4節 新橋工場の変遷とその作業内容

表17 明治30年度作業内容（2）

修繕物件	件数	修繕物件	件数
保護鉄条	202	郵便車	2
柱（停車場合図器用）	21	客車手荷物緩急車	17
ピンスタンプ（合図器付属品）	260	貨物緩急車	32
犬釘（釜石）	10,430	車運車	1
同軽便鉄道付属品	2,560	蒸気鑵	22
橋上用枕木	886	クラブウインチ	8
ロッドウエルカーブ附属	376	客車屋根ランプ	3,605
継目板（釜石）	847	尾面及側面ランプ	302
橋桁（八呎）	1	スパンナー雑種	691
同（十六呎）	1	暖室器	2
同（廿一呎）	1	運用機関	3
同（二十四呎）	2	巻揚機械	3
同（二十六呎）	1	削平機械	7
同（三十二呎三吋）	4	丸鋸機械	1
同（三十三呎）	2	鉋機械	1
ウエル、カーブ	16	転車台（貨車用）	2
同（楕円形）	9	車輪削旋盤	4
ベッド、プレート	202	形附機械	1
リング（ウエルカーブ附属）	196	三重唧筒	1
カッター（ウエルカーブ附属）	120	トラベルサー	1
クリユー、カップツリング	1	日附器械	25
リューブリーケーチング、パッド	580	起重器	2
ブレーキブロック（機関車用）	148	印刷器械	5
同（客車用）	620	杭打機械	3
客車屋根ランプ	9	劃縁機械	2
尾面ランプ	14	犬釘製造機械	2
側面ランプ	34	シヤーレッグス	2
ゴム管（カップリング附ヴァキユム、ブレキ用）	53	ゲージ試験器	1
ファイバヤー	162	ボールド、エレド、ナット製造機械	14
バッフル、プレート	20	蒸気鎚機械	34
ボールト（鉄）	23,226	螺旋切旋盤	19
リベット（同）	890	蒸気クレーン	1
ボールト、ファング	1,940	錐機械	7
同フック	4,739	蒸気巻揚機械	1
同雑種	548	コーニッシュ汽鑵	21
同ベッド	6,600	スチームヲリバー	11
ボールト、クリップ	21,500	手押車	22
スパイキ	240	手荷物車	35
鋳鉄管	120,427	ビーター	283

写真30　新橋工場内各職場の作業風景（1）

鍛冶工場（施設12）

旋盤工場（施設18）

縫工場（施設236）

木工部仕上工場（施設223 or 234）

新車工場挽立部（施設20？）

新車工場組立部（施設11？）

修車工場（施設番号不詳）

塗工場（施設240 or 241）

第4節 新橋工場の変遷とその作業内容 187

写真30 新橋工場内各職場の作業風景 (2)

鋳物工場（施設88）　　　　　組立工場（施設249）

挽立工場（施設142）　　　　　銅工場（施設244 ?）

製鑵工場客車部（施設311 ?）　　製鑵工場機関車部（施設118 or 247）

試験所（施設310 or 337）　　　新橋工場全景

写真31　明治末期の新橋工場全景（逓信総合博物館蔵）

針転換がなされたことがうかがえる。なお、その際の派出修繕先は東神奈川派出所と考えられる[19]。

　ちなみに、新橋工場終末期の工場内施設の密集ぶりに関して、工場の敷地面積とそこに存在する建物の床面積[20]をもとに算出すれば、新橋工場内全施設の建ぺい率は36.6％（敷地坪数15,675坪、建物坪数5,743坪）で、全国の官鉄工場27ヶ所のうち敷地3,000坪以下の小規模工場を除いた22工場中最高の値を示す。また、建物面積あたりの機械類の設置数に関しても、坪あたり0.083台（建物坪数5,743坪に479台）というその設置密度は四日市工場の0.133台（建物坪数1,159坪に機械数154台）、浜松工場の0.086台（建物坪数3,767坪に機械数323台）に次ぐ3番目の値を示している。しかも機械の絶対数の479台は全国的にみても大宮工場の618台（建物坪数13,290坪）に次いで2番目の多さなのである。

　このような状況の中、明治43年にはすでに新橋工場の移転を想定して大井工場の建設が開始されている。大正時代に入って、元年11月には機関車修繕作業の一部を、また同2年5月に機関車関係の全作業を浜松工場に移管した新橋工場の作業量は、表16をみてもわかるように極端に少なくなる。加えて大正2年8月、建物の一部の完成をみた新工場は新橋工場東神奈川派出所を統合して新橋工場大井派出所となり、貨車の修繕などの作業を開始する。そして、大正4年7月、新橋工場を廃止して大井派出所が大井工場になるとともに、残った新橋工場の木挽職場（施設142）は大井工場汐留派出所となるのであるが、この木

挽職場は大正12年の関東大震災で焼失したため、これを機会に大井工場に移転することになり、同年12月には汐留派出所も完全に廃止されるのである。

註
（1）　「ダラインバン陸揚ニ付往来留伺並東京府往復」（『鉄道寮事務簿』第4巻）。
（2）　『Imperial Government Railways Japan Annual Reports by Foreign Staff』(For The Twelve Months　From 1st July，1878，To 30th June，1879.) Tokio 1879（『帝国鉄道協会会報』第17巻第8号　1915年　91頁に再録)。
（3）　「新橋停車場構内客車製造所建増ノ伺」（『工部省記録』巻18ノ2）。
（4）　明治15年昇格後の工場のうち旋盤、甲木工場、乙木工場の名称は「明30構内図」（46頁図18、124頁図40）ではじめて確認されるのであって、当然描かれていてよい「明15～17構内図」（17頁図7、119頁図38）や「明18構内図」（19頁図19、122頁図39）にはでてこない。もちろん、ある工場名が必ず一つの建物に対応するとは限らないけれども、それにしても明治15年の工場成立と構内図にみられる施設名の変遷とはどうも波長が合っていない。
（5）　前掲『日本国有鉄道百年史』2　306-313頁。
（6）　同前　306-313頁。
（7）　「汽車2両新規注文1件」（『鉄道寮事務簿』第9巻）。
（8）　『Imperial Government Railways Japan Annual Reports by Foreign Staff』(For The Twelve　Months From 1st July，1884，To 30th June，1885) Tokio 1885　pp.25-27.、『Imperial Government Railways　Japan Annual Reports by Foreign Staff』(For The Nine Months From 1st July，1885，To 31th March，1886.) Tokio 1886　pp.28-30.、『Imperial Government Railways Japan　Annual Reports by Foreign Staff』(For The Twelve Months From 1st April，1886，To 31th March，1887.) Tokio 1887　pp.28-31.より作製。
（9）　『Imperial Government Railways Japan Annual Reports by Foreign Staff』(For The Nine Months From　1st July，1885，To 31th March，1886.) Tokio 1886　pp.30・31.
（10）　同前。なお、ここにでてくる11号機関車に関しては、次年度の報告に以下のような記載があり、器械場（施設17）煙突の建て替えに際してしばらくの間、この機関車のボイラーが工場用の蒸気機関として使われていたことがわかる。
「11号機関車には完全修理が施され、新しい一対の煙筒管が取り付けられた。1886（明治19）年3月、11号機関車のボイラーは、古い煙突を取り壊した後の高さ60フィートの新しい煙突をともなった　より大きな2基のコーニッシュボイラーの基礎が建設されるまでの間、(古い)　2基の備え付けの工場用機関に蒸気を供給するために使われた。7月に新しいボイラー（機関）が稼働したため、11号機関車は通常業務に復帰した。」（『Imperial Government Railways Japan Annual Reports by Foreign Staff』〔For The Twelve Months From 1st April，1886，To 31th March，1887.〕Tokio 1887　p.29.)
（11）　『Imperial Government Railways Japan Annual Reports by Foreign Staff』(For The Twelve Months From 1st April，1886，To 31th March，1887.)

Tokio 1887 pp.31・32.
　　なお、『日本国有鉄道百年史』ではこの部分に関して、この高さ60フィート（約18.3ｍ）の煙突が、あたかも新工場（施設11）に設置されたかのように訳されており、誤解を与えかねない表現となっている（前掲『日本国有鉄道百年史』2　305頁）。
　　この点に関しては、発掘調査の所見でも、新工場（施設11）の遺構からは煙突の存在を示すような痕跡は検出されておらず、この施設に煙突がなかったことは明白である。一方、別施設である器械場（施設17）北東コーナーからは煙突の基礎と考えられる煉瓦製の遺構が見つかっており、この施設に煙突があったことを示している。この部分は、「明44構内図」（49頁図19、137頁図43）では「気鑵室」と表示されており、「明45構内図」（141頁図45）では「キカン室」となっている。この煙突の存在は、後ほどみるように新橋工場の全体が写っている写真（写真30・31）においても確認できる。
(12)　　前掲『日本国有鉄道百年史』2　287・288頁。
(13)　　同前　291・292頁。
(14)　　同前　304-306および311・313頁を引用。だだし、『日本国有鉄道百年史』中の一覧表作製の原典の一部と思われるお雇い外国人の報告では、明治11年および12年における新橋工場の車両数は、11年の貨車数が144両、12年の客車数が62両、そして同年の貨車数は154両となっており（『Imperial Government Railways Japan Annual Reports by Foreign Staff』〔For The Twelve Months From 1st July, 1878, To 30th June, 1879.〕Tokio 1879〔『帝国鉄道協会会報』第十七巻第八号　1915年　92頁〕）、数字に離齬が認められる。別資料を加味した結果であろうか。
(15)　　前掲『日本国有鉄道百年史』4　103-111頁。
(16)　　『明治三十年度鉄道作業局年報』71-79頁。
(17)　　奥付を欠くため発行年が不明である。しかし駅長以下写っている人物が喪章を付けていることから、明治天皇崩御直後の撮影と考えられ、発行年もそれに近いものと推察される。なお、鉄工部員が写っている1枚の写真には「明治45-7-28」の書き込みが認められるが、この写真中の職員はすでに喪章を付けている。天皇の崩御は同年の7月30日のことであるからやや奇異であるが、このことは、新橋工場内一斉の写真撮影の撮影期間が偶然にも天皇の崩御をはさんで行われたことを示しているのかもしれない。
(18)　　『明治四十三年度鉄道院年報』36頁。
(19)　　新橋工場神奈川派出所に関しては、明治45年発行と推定される『鉄道院新橋工場写真帳』にもその姿が写っており、明治43年にはすでに存在したと考えられるが、前掲『日本国有鉄道百年史』6　348頁によれば、その設置は大正2年6月とされており、離齬をきたしている。
(20)　　『大正三年度鉄道院年報』31・32頁。

第Ⅳ章　施設の諸問題

第1節　駅舎およびその周辺施設の変遷

　すでに述べたように、我が国最初の本格的な鉄道駅である新橋駅建設に関する資料は、現在のところ、きわめて限定されているというのが実状である。この点は対象をその主要施設である駅舎（施設1）に絞ってみても同様で、設計図面はおろか、建設過程を示すまとまった資料はまったく知られていない。開業前の駅舎に関して現在確認できる資料は、建設に携わった役人の作業日記の抄録、開業時各施設の規模を示す記録、それに建設途中および開業時の写真など、わずかなものにすぎない。

　一方、開業後の新橋駅の駅舎に関しては、錦絵をはじめとして写真や絵画の題材として取り上げられるケースが多いとはいうものの、そのほとんどは外観を対象としたものであり、そこから駅舎内の詳細なレイアウトをうかがい知ることは容易なことではない。それでも、断片的ながら公式文書に添付された平面図がいくつか残されており、これに発掘調査の所見を加味して検討すれば、駅舎の変遷をたどることは決して不可能ではない。

　以下本節では、これらの資料と発掘の成果の双方を踏まえつつ、従来必ずしも明確でなかった新橋駅駅舎の変遷に関して検討していくことにする。

　まず、最初に確認しなければならない点は、開業時に存在した諸施設の名称とその規模を記した「諸建築費用綱目」に、駅舎が東西2棟の2階建て西洋建築とこれにはさまれた平家の建物からなると記載されたその内容で、これは規模の点からもこの記録が遺構の検出状況と完全に一致することを示している。すなわち、新橋駅の駅舎は桁行き68尺8寸（20.85m）、梁間31尺6寸（9.58m）の「西洋造二階建」の木骨石張の建物2棟を東西に配し、その間を桁行き・梁間ともに8間（14.5m）の平家でつなぐというものであった（図53、図は遺構に模式図を重ねたもの）。

　なお、発掘調査の結果、平家北壁部分の基礎石はほぼ完全に除去されていた

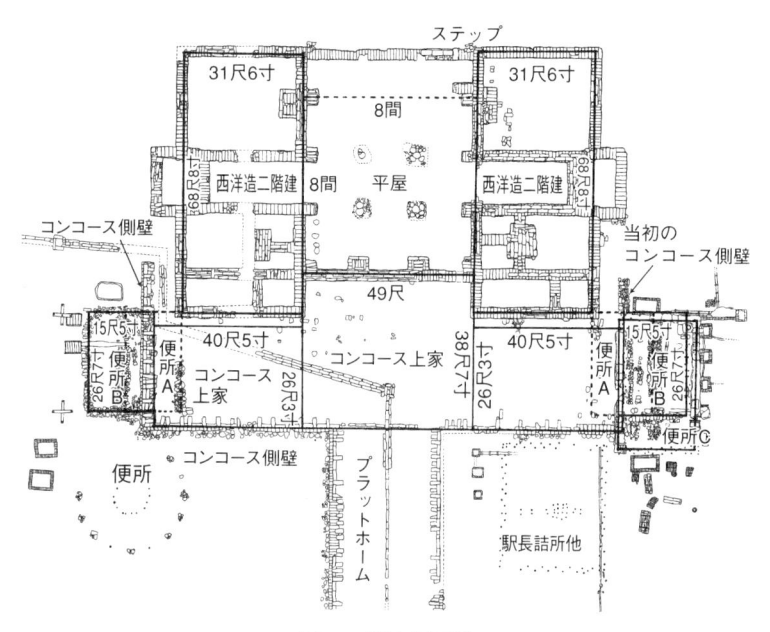

図の中の文字:
- ステップ
- 31尺6寸
- 8間
- 31尺6寸
- 西洋造二階建
- 68尺8寸
- 8間 平屋
- 西洋造二階建
- 68尺8寸
- コンコース側壁
- 当初のコンコース側壁
- 15尺5寸
- 便所A
- 便所B
- 26尺7寸
- 40尺5寸
- コンコース上家
- 49尺
- 38尺7寸
- 40尺5寸
- 26尺3寸
- コンコース上家
- 15尺5寸
- 便所A
- 便所B
- 26尺7寸
- 便所C
- 便所
- コンコース側壁
- プラットホーム
- 駅長詰所他

図53　駅舎平面図

　ことが判明し、それとは別個により北側の地点から西洋造2階建て北端ラインと一致するような簡易な基礎石が検出された（もとの北壁は点線で示した）。この基礎の上に駅舎入り口部ステップの1段目が乗る点については、第Ⅰ章第2節で述べたとおりであるが、開業時において平家本体はいまだ正方形を保っているから（27頁写真5参照）、基礎石の除去は開業後に行われた、ということになろう。しかも、平家本体が明治、大正期を通じてこのままの形で使われたとしたら、この部分の基礎石の破壊は駅舎廃絶後に行われたということになる。

　それはさておき、この駅舎本体にプラットホーム（施設7）および1対（コンコース東西両端外側部分）の便所が付帯するわけであるが、便所跡に関しては発掘調査の結果、建設時期の異なる複数の遺構が重複して検出されている。この他にも東の地点には明治24年の段階で確認できる電信支局（施設4）の基礎遺構が存在するはずであるが、最も新しい便所の遺構と重複する部分が多く、明確にはできなかった。これらの便所の遺構を古い順にA、B（ともに1対づつ、施設2、3）、C（東端のみ、施設6）とすれば、「諸建築費用綱目」に示された便所の規模は、桁行き26尺7寸（8.09m）、梁間15尺5寸（4.7m）であるから、ほぼBの遺構に相当する。ちなみにAとBは同規模で、Cは一回り大きな遺構で

写真32　プラットホーム方向から見た開業時の駅舎（横浜開港資料館蔵）

ある。一方、プラットホームのほうは「諸建築費用綱目」に記載された長さ500尺、幅30尺の規模の遺構が検出されており、史料の記載と発掘の成果は一致している。

　問題は、駅舎とプラットホームの間に位置するコンコース部分の扱いである。この部分の規模に関しては建設に携わった役人の作業日誌である『鉄道日誌』に「ステーション平家続上家」、「ステーション左右上家二ヶ所」と、計3ヶ所の上家に関するデータがあり、これは先にみた「諸建築費用綱目」にあるプラットホームの上家に関する「上家桁行三百尺、梁間二十二尺、合四ヶ所」という記載のうちの「合四ヶ所」という記述を裏づけている。

　もちろん「諸建築費用綱目」にみえる「上家桁行三百尺、梁間二十二尺」はプラットホームの上家に関する数値であるが、注目すべきは上家の数が全部で4ヶ所とされている点で、同史料の文意からすると、新橋駅にはプラットホームの上家とは別に3ヶ所の上家があったことがわかる。これが『鉄道日誌』に記載のあるコンコース部分3ヶ所の上家に相当すると考えられるのである。

　同日誌によれば、コンコース上家の規模は「ステーション平家続上家」が桁行38尺7寸（11.73m）、梁間49尺（14.85m）、そして2棟の「ステーション左右上家」がそれぞれ桁行40尺5寸（12.27m）、梁間26尺3寸（7.97m）である。配置は、「ステーション平家続上家」のほうは東西方向が梁間と考えられるもの

の、「ステーション左右上家」に関しては、コンコース部分のキャパシティの関係から、南北方向が梁間と考えざるを得ない。そうすると、3ヶ所の上家の東西方向の合計の長さは49尺＋40尺5寸＋40尺5で130尺（39.39m）となり、この数値が検出されたコンコースの遺構のそれとほぼ一致していることが確認できる[1]。

　しかし、この上家はこの数値のままの形では建設されなかったようである。プラットホーム側から写された開業時の駅舎の写真（写真32）をみると、「ステーション平家続上家」のほうはともかく、「ステーション左右上家」の桁行き部分（東西間）が、コンコースの東西両端部分に存在する桁行き15尺、梁間9尺程の「電信局」とおぼしき施設[2]の関係で、規模が記録にあらわれた数値よりも小さくなっているのがわかる。開業の時点で確認できるこの不整合の原因が何に由来するのかはつまびらかでないが、気になるのはその縮小の数値が9尺だという点である。

　先にもふれたように、駅舎のコンコースの東西両端外側からは、建設時期を異にする複数の便所の遺構が検出されており、特に東端部分においては、A、B、C 3つの遺構が確認されている。「諸建築費用綱目」に記載された便所の規模は、前述したように、桁行き26尺7寸（8.1m）、梁間15尺5寸（4.7m）で、これは便所AおよびBの大きさと一致する。そして便所Cは、後ほどふれる明治中期段階の新しい便所であり、記録（後述）によれば、その規模は桁行き35尺（10.6m）、梁間16尺5寸（5m）となっている。

　重複して検出された3つの遺構のうち、最も古く位置づけられるのは便所Aである。そして、検出された遺構の規模からすれば、便所Aは「諸建築費用綱目」に記載された数値と同規模のものが建設される予定であったと想定され、しかも遺構として検出された以上、少なくとも、基礎工事までは終了していたと考えられる。しかし、この便所Aはその後の設計変更により、建設が中止され、そのままの形で開業式を迎えることはなかったのである。

　開業時の写真をみると、向かって右端にみえる便所の左壁は、その背後にある駅舎の右壁と同一線上にはなく、両者の間に若干の間隔が存在するのを見て取ることができる。これは、検出された便所Aの遺構のコンコース寄りの内壁が駅舎の外壁と一直線上に並ぶのとは明らかに異なった状態を示しており、便所Aが開業時の写真に写っている便所ではないことの証拠である。開業時のコンコースの規模は写真からもわかるように、明らかに駅舎の幅を超えており、

第1節　駅舎およびその周辺施設の変遷　195

　これは発掘の結果とも一致している。この開業時のコンコースに付帯する便所が便所Bである。
　すなわち、駅舎の便所は当初Aの位置に造られたものの、何らかの理由にもとづく計画変更によって、開業以前にBの位置に造り直されたと考えられる。この点に関しては、発掘調査の所見でも遺構Aは遺構Bによって壊されており、より古い遺構であることが確認されているが、その際のコンコース外側への変更距離がほぼ9尺なのである。この移動距離（9尺）と先ほど述べたコンコース桁行き部分（東西方向）における計画値と実際値との各々の差（9尺）の数値の一致は、一体何を意味するのだろうか。
　最初に造られた便所がAであるのは確実であるから、この時点ではコンコースの東西範囲は駅舎と同幅のものが想定されていたと考えられる。したがって、これより東西に（外側に）9尺づつ拡張された明治5年4月3日付「ステーション左右上家」の桁行き部分の数値は、あくまで便所Bの建設に対応した計画変更後の数値であって、この点はコンコース部分を含むプラットホームの竣工が同年6月30日である（「諸建築費用綱目」）ことを勘案しても首肯されるだろう。しかし、先の写真にみるごとくコンコース上に実際に設置された「ステーション左右上家」の桁行き部分の長さは、記録（『鉄道日誌』）にみえる数値とは異なり結果的に便所A設置段階のそれと一致することになってしまう。
　したがって、当初の計画とくらべて、コンコース本体は東西に各々9尺づつ拡張されたものの、上家のほうは『鉄道日誌』記載の数値にみられるように、一旦は計画されたものの、拡張されずに結果として最初の規模のものが設置されたということになる。すなわち現象面からいえば、コンコース上家の設置は2度に及ぶ計画変更の末、結局当初の計画と同様な結果に戻ったといえそうである。この上家不拡張の原因がコンコース両端に設置された施設（少なくとも東端のそれは電信局である）の存在にあることは前述したとおりであるが、これはたんなる偶然の一致というより、最終的に上家の規模を決定する際、建設者の念頭に当初のコンコース建設計画が残

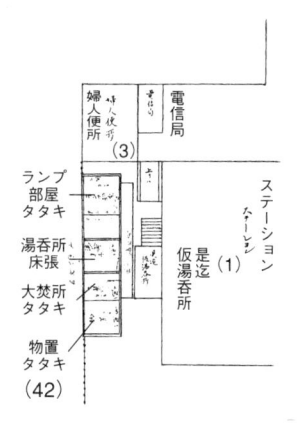

図54　明治7年駅舎（東棟付近）平面図

っていたためかもしれない。

　ちなみに、註2でふれた明治7年4月の記録の付図（図54）によれば、コンコース東端外側部分の便所Bが婦人用であることは明瞭であるから、西端外側部分のそれは男子用であったと推定される[3]。

　次にコンコース側壁部分の造り替えに関してみてみよう。

　発掘調査によってコンコースの桁行き側壁部分が検出されているが（特に西壁は良好に残存、東壁は便所Cによって壊され、わずかに基礎部分が残っているにすぎない）、この側壁は先ほどあげた開業時の写真（写真32）には見あたらないものである。つまり写真に写るコンコースの側壁は、プラットホームから屈曲して伸びる便所の周囲を取り込んだ形の一続きの側壁であって（便所の手前で小さく屈曲してはいるが）、検出された側壁のように、便所の手前で大きく屈曲しそのまま駅舎の東壁方向に向かうものとは明らかに異なっているのである。この写真では向かって左の便所およびコンコース側壁部分を十分に観察することはできないが、本来シンメトリカルな構造をもつ駅舎の付帯施設である以上、コンコース左部分も右部分と同様な状態であったと考えてよいだろう（この点は他の写真によっても確認できる）。したがって、検出された東西各々のコンコース桁行き側壁部分（東および西壁）は開業時には存在しなかったといわざるを得ない。もちろん基礎部分の遺構は残っていたのだから造られたのは確かであるが、便所Bが造られた時点で開業時の写真にみえるような一続きの側壁に造り替えられたのである。

　この改築以前のコンコース桁行き側壁部分、すなわち当初のコンコース東壁の存在を確認することのできる資料が、コンコース上家設置以前の状態を写した建設中の写真（写真33）である。便所Bはこの写真が写された後の段階で設置されたと考えられ、さらにその後、写真に写っているコンコース桁行き部分側壁（当初の東壁）も、プラットホームから屈曲して伸びて便所に接続してくる一続きの側壁によって埋め込まれてしまう。したがって、発掘によって検出されたコンコースの桁行き側壁部分（当初の東および西壁）は、一旦は築造されたものの、使われることなく開業以前に建設が中止され、廃棄されたと推測されるのである。たぶん、写真32で確認できる便所の手前の小さな屈曲は、写真33に写っている側壁屈曲部分と同一のもの、すなわち遺構として検出された当初の東壁の一部に相当するのであろう。

　以上、開業以前の駅舎の建設に関してみてきたが、話が少々込み入ってきた

第 1 節　駅舎およびその周辺施設の変遷　197

写真 33　建設中の駅舎（交通博物館蔵）

ので整理しておく。

　駅舎コンコース本体部分の建設に関しては、開業までに都合 2 度に及ぶ計画変更がなされたと考えられる。まず当初の計画である第 1 段階では、コンコース部分梁間（東西間）の長さは駅舎の幅とほぼ同じ 112 尺ほどで、その外側に 1 対の便所が付帯するはずであった。この時点でのコンコースの遺構（特に東および西壁）は見つかっていないから、便所が先に造られたものと想定されるが、この時の便所が便所 A（施設 2）に相当する（発掘所見）。

　第 2 段階の計画は、当初計画のコンコース部分梁間（東西間）の長さを東西にそれぞれ 9 尺づつ外側に拡張するというもので、この計画変更によって付帯する便所の位置もそれぞれ 9 尺づつ外側にずれることになる。工事は最初に独立したコンコースを造り（発掘所見、建設中の写真）、その後にこれに対応した一対の便所を造り直すことにした。この時造られたより新しい便所が便所 B（施設 3）に相当し、この段階で便所 A は便所 B によって壊されたと推定される（発掘所見）。開業時の写真に写ることになるのはこの新しい便所 B である。

　しかし、この段階では便所 B はあくまでコンコースとは別にその外側に隣接して造られたと考えられ、コンコースとは直接にはつながってはいなかった（発掘所見、建設中の写真）。この状態を解消してコンコースと便所 B をつなげる

べく築造されたのが、プラットホームから屈曲してコンコース南辺を通り便所に接続してくる一続きの側壁（南壁）である（開業時の写真）。この工事によって、独立して存在していたコンコース桁行き部分の側壁（当初の西および東壁）は開業以前に廃棄され、埋め込まれることになる（発掘所見）。この工事を第3段階とする。

　なお先にもふれたように、コンコース上家部分に関してもコンコース本体とは別に2度の計画変更がなされたと推定されるが、開業時の写真で確認できるコンコースの上家が、結果的にいつの時点で建設されたのかはつまびらかでない。可能性としては、第3段階のコンコース確定後、その上に電信局が設置されてからさらにその後ということになろうか。

　発掘調査の所見、文献史料、写真資料にもとづく以上の仮説を直接的に裏づける文献資料は現在のところ知られていない。しかし、便所Bによって壊されたより古いと判断される便所Aやより古いコンコースの東および西壁の遺構が検出されたのは事実であって、この事実に対しては何らかの合理的な説明が必要とされる。もちろん、発掘の所見以外に何らの直接もしくは状況証拠がなければ、遺構が検出された、という事実だけが残り説明は不可能になるわけであるが、幸いにも数枚の写真とわずかな文献記録が残っていたのである。

　さて、今まで開業以前の駅舎の建設過程に関して検討してきたが、開業後の駅舎に関しても、一部を除き、これを復元するまとまった手がかりは得られていない。特に駅舎内部の様子に関してはまったくお手あげの状態で、その内容を知るには開業後約1年に相当する明治6年末の断片的な平面図（30頁図12）に頼る以外に術がない。この平面図は同年12月に申請された駅舎内の修繕に関する文書[4]に添付されていたもので、駅舎内の間仕切りおよび機能がわかる最古の資料である。

　平面図の内容を確認すると、車寄から入って左の東棟1階には、上等待合室、湯呑所、上等婦人待合所、上等出札所、不寝番詰所、駅長詰所の記載がみられ、西棟には守線長詰所、車長詰所がある。また、東棟の2階には上局、主計課、運輸局、小使、倉庫課、三井組などの記載が確認できる。もっとも、この平面図はあくまで駅舎内の修繕箇所を示すためのものであって、西棟1階の空白部分の存在やバルコニーの欠如に示されるように完全な図ではなく、また東棟のバルコニーや2階の窓の位置に関しても正確さを欠いている。なお、東棟1階の湯呑所は、先にふれた明治7年4月の添付図（図54）に「是迄仮湯呑所」と

あり、この施設が仮のものであったことがわかる。

　修繕箇所は主に東棟の2階部分で、その内容は倉庫課床面の「ウエルクロース」の敷き換えおよび同室内の2階渡り廊下入り口部分の修繕(5)、さらに同課を含む3ヶ所の「火筒」（暖炉?）の修繕、それに上局の3ヶ所の窓の修繕などである。したがって、この修繕によって特に駅舎内のレイアウトが変更されたというわけではないけれども、翌年には1階の広間に新しい出札所ができ、また、東棟1階の湯呑所も駅舎外に移転することになる。

　なお、この同じ月には先ほど述べた西洋造り東西両棟の2階部分を結ぶ渡り廊下が設置される(6)ものの、この施設は明治17年9月の台風で吹き飛ばされたらしい(7)。

　明治7年5月に完成した新しい出札所(8)は広間中央に設置されたもので、この工事によって駅舎内の雰囲気はかなり異なったものになったはずである。同文書によれば、新たな出札所の設置は同様に横浜駅にも行われたようで、その設置理由は「新橋横濱両ステーション出札所是迄旅客待合所側ニ取設有之候處乗車切手売出時間ニハ旅客輻輳為置候混雑不少候ニ付自然出札時間遷延致し列車出発ニも関係致し候ニ付」というものであった。そして、その結果として「旅客之混雑無之大ニ便利を極可申且在来之出札所一所ニ纏候ヘ者掛官員等も少員ニ而取扱出来可申候」となることを予想している。

　この出札所は、図によれば、広間中央のコンコースとの境目内側に設置された五角形の施設で、2ヶ所の出札口が設けられていた（図55においてその名残りが確認できる）。ここでは上等から下等までの乗車券を一括して取り扱うことになり、従来等級別に設けられていた複数の出札所はこれを期に廃止された。そして、もとの各出札所内には「其取除跡江別紙図面之通西洋酒並果物其他売捌所取設」とあるとおり、西洋酒および果実などの売店が設置されることになる。なお、この時同時に上下2つの待合室の模様替えも行われており、記録によれば、その規模は上等待合所が長さ30尺4寸8分、幅26尺で、下等待合所のそれは長さ30尺3寸8分、幅24尺4寸5分となっている。

　同年4月には、駅舎東棟の外に近接して湯呑所（施設42）および井戸が建設されることになる。設置の理由は、「従前湯呑所並井戸之無官員呑湯茶相設候義不相調不都合不少且近傍呑井戸無之而者差支候故」(9)ということであり、すでに述べたように、付図の内容から駅舎東棟1階にあった湯呑所が正式なものではなく、仮の施設であったことがわかる。建物の規模は桁行き8間半、梁間2間

の大きさであるが、この中（施設42）にはランプ部屋、大焚所、物置などの施設も含まれており、湯呑所の実際の広さは3間×2間ほどである。湯呑所に張り床がある以外はすべて土間のたたきであった（195頁図54参照）。

この後は、明治11年4月に構内に広告用掲示板が設置された[10]以外、しばらく駅舎周辺の模様替えに関する記録は見あたらない。ただし、明治13年にはプラットホームの先端に新たなランプ部屋（施設61）が設置されており[11]、これにともなって湯呑所とともにあった駅舎東棟脇のランプ部屋は、この時点でなくなったと推定できる。湯呑所を含むこの駅舎東棟脇の小建物は、明治20年の駅舎周辺の地図（151頁図50）に第壱会食所（施設43）とあるから、ランプ部屋の移転を契機として会食所に改築されたのだろう。

明治24年5月、コンコースを中心とした駅舎周辺には大規模な模様替え工事[12]が実施されることになる。工事仕様書には改築以前と以後の2枚の平面図が添付されており、模様替えの箇所を明瞭に確認することができる。最初にこの時点での駅舎内の様子がうかがえる模様替え以前の平面図（図55）からみていこう。これをみると記録には残っていないものの、開業から20年近くたつ間に、駅舎内およびその周辺施設に様々な増改築が施されてきたことがわかる。

まず、駅舎内においては、正面入り口の階段を上ったところに「唐物店」とある売店が設置されている点が確認できる。この売店の設置時期を示す史料は知られていないが、明治14年9月に行われた構内営業の賦課金の改正に関して、2軒の小間物店がその対象になっている[13]から、この唐物店がその内の1軒に相当するなら、その設置時期は少なくとも明治14年9月以前ということになろう。なお、この唐物店が明治7年に廃止された等級別出札所の場所に入ったとされる洋酒や果実の売店とどのような関係にあるのかは確認ができない。ちなみに、明治14年9月の時点で構内にあったテナントは他に食堂1軒、貸腰掛け屋2軒、貸蒲団屋1軒などである。

先に述べた明治7年5月設置の広間中央の出札所は奥壁が取り払われてコンコースにつながり、コンコース側に張り出すように増設されている。出札所の平面形は八角形となり、名称は「売札所」とある。

駅舎内のレイアウトは、明治6年段階（30頁図12参照）での上等待合所が上・中待合所に変わり、同中・下等待合所が下等待合所に変わったと考えられる[14]。婦人上等待合所の位置はそのままであるが、駅長詰所が取締詰所に変わり、その駅長詰所は東棟から西棟に移っている。また、明治7年の段階で中・下等出

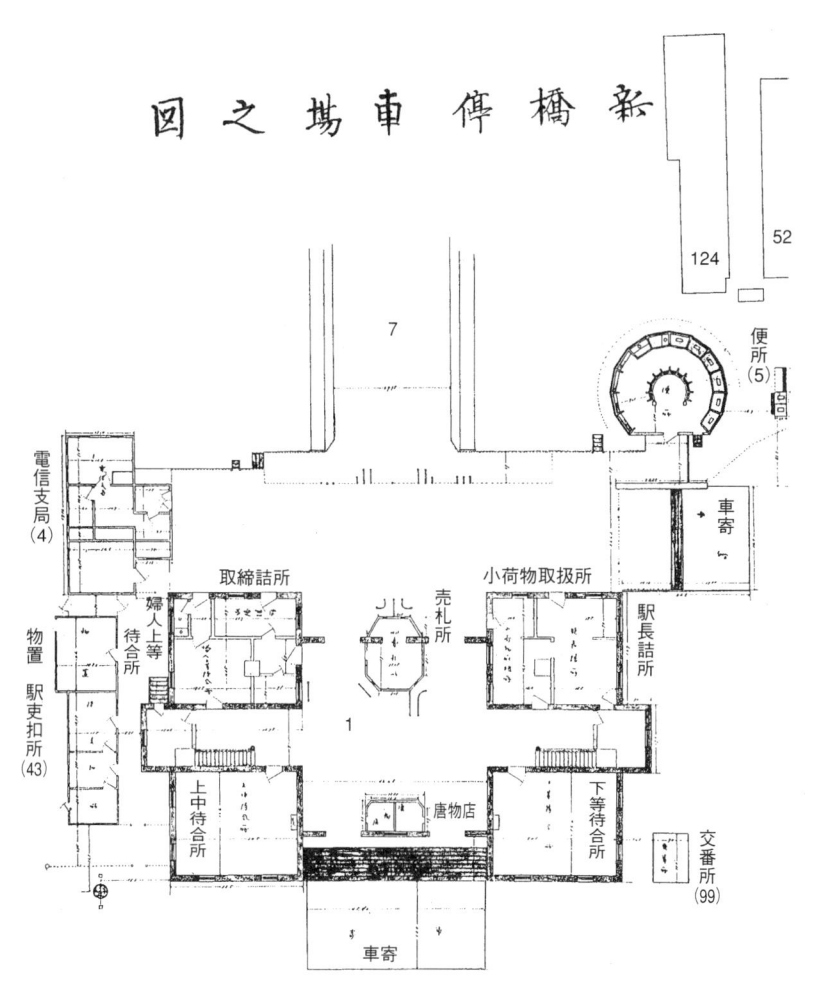

図55　明治24年駅舎模様替え以前平面図

札所から売店に変わったと推定される場所には、小荷物取扱所が設置されている。さらに、開業時にコンコース東西両端外側に存在したと想定され、少なくとも明治7年4月段階までその存在が確認できる便所（施設3）が、いつの間にかなくなっていることもわかる。

駅舎周辺はかなりの変わりようである。駅舎西棟の脇に存在する巡査派出所（施設99、図には交番所とある）がいつの時点で設置されたのかはつまびらかでない。すでに「明15〜17構内図」（17頁図7、119頁図38）に記載があるからそれ

以前であることは確実であるが、新橋駅では明治6年に上等待合所内においてお雇い外国人への傷害事件[15]などが発生しており、犯罪の取り締まりを目的に設置されたものと推察される。同じく西棟周辺では、コンコースの西端に車寄が設置されているのが目を引く。車寄から3段の階段をはさんで直接コンコースに出入りすることが可能となり、乗客は新たにコンコース内に出現した売札所で乗車券を求めたものと考えられる。

　一方、降客のための集札施設はプラットホームとコンコースの境目に描かれている点線と丸印、それに9本のバーがこれに相当するのであろう。この売札所と集札施設のコンコース部分への進出は、図に示されたとおり旅客取り扱い空間の拡大として捉えることが可能であり、端的に利用客の増大を示しているといえる。

　駅舎西部分で特に目を引く施設が、コンコース西角に設置された平面十六角形の便所（施設5）である。大便用を6ヶ所も有するこの便所は現代のターミナル駅のそれに匹敵するほどの規模であるが、建設記録を見出すことができず、車寄ともども設置時期を特定することができない。そしてこのことは、先ほど述べた開業時以来のコンコース東西両端外側部分の便所（施設3）の消滅時と関連してくる問題でもある。

　駅舎東部分においては、明治20年の時点で会食所（施設43）に変わっていた旧湯呑所の建物（151頁図50参照）が、この時点では梁間方向の長さを増した物置と駅吏扣所として使われている。また、明治7年4月の段階で婦人用便所（施設3）であった建物は、一部空白があるものの、桁行き方向がプラットホーム側に増設されてその一部が電信支局（施設4）となっている。空白部分の機能は不明といわざるを得ないが、十六角便所（施設5）が男性用だとすると他に便所は見あたらないから、あるいは婦人用便所として一部はそのまま使われていたのかもしれない[16]。なお、この建物の桁行き方向への増設は、明治20年11月の時点ですでに行われているが（図50参照）、これに関する遺構は明確には検出されなかった。

　コンコースのプラットホーム方向への増設が認められるのもこの平面図の大きな特徴である。プラットホームをはさんで西側の全辺と東側のコーナー部分が、1.2mほどの幅でプラットホーム方向へ拡張されている。この工事がいつなされたのか、その時期は特定できないものの、重要な点はこの拡張によって明治3年3月25日にはじまる京浜間鉄道測量の起点であるゼロマイル地点がコン

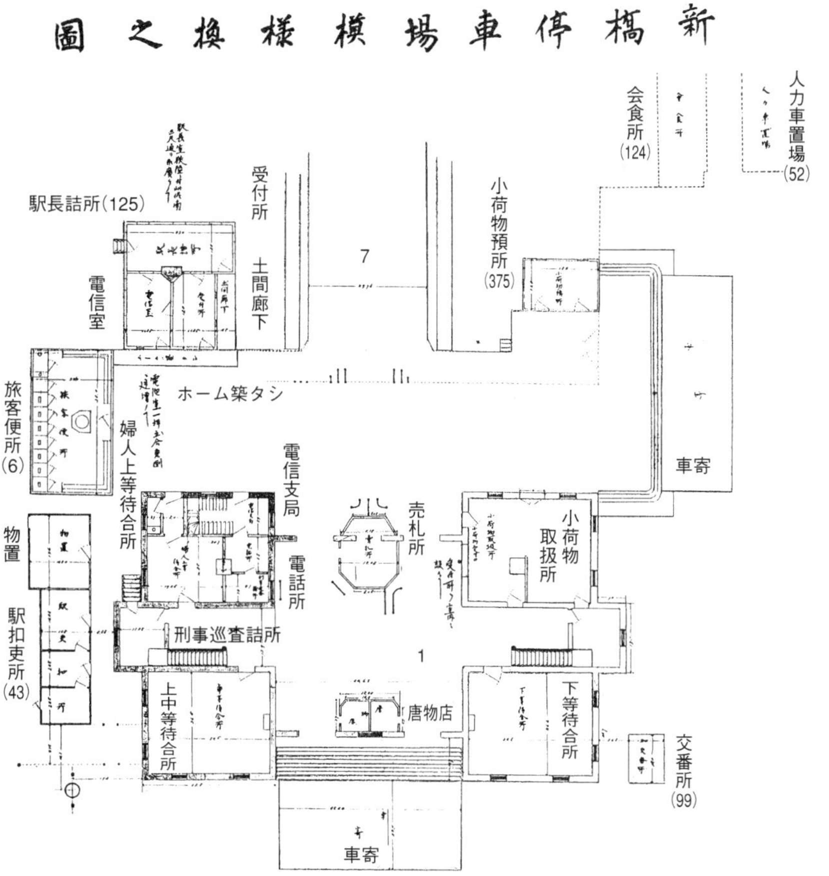

図56　明治24年駅舎模様替え以後平面図

コースの下に埋もれてしまったという事実である。開業後いつの頃からか不明とされていたゼロマイル地点は、昭和9年から10年にかけて実施された大改築工事（前述）終了後の昭和11年1月に復元されるわけであるが[17]、その行方不明の端緒は実にこの時点にまでさかのぼるのである。

　以上、明治24年段階における駅舎およびその周辺の様子に関してみてきた。そして、この状態を模様替えしようというその計画図が図56に示した平面図である。模様替えの理由は「新橋停車場駅長詰所其他小荷物取扱所等ニ於テ不便ヲ感ジ又乗客出入ニ於テモ汽車到着ノ際混雑ヲ来タスヲ以テ」[18]ということであった。

模様替えの箇所を確認しておこう。まず、駅舎内は西棟1階奥の駅長詰所がなくなり、間仕切りも変えられて、この部分のほとんどの空間が小荷物取扱所になったようである。記載のない空白の一画が何に使われたのかはつまびらかでない。東棟奥の婦人上等待合所はそのままであるが、取締詰所が電信支局になり、模様替え以前空白であった場所に電話所と刑事巡査詰所が入っている。上・中等待合所、下等待合所、売札所、唐物店はそのままである。なお、電信支局内に新たに階段が設置されており、そうすると当然2階部分もその影響で造作に変化があったものと推測される。

今回の模様替えで大きく変わるのはコンコースの両端部分で、まず西端にある車寄の規模が約2倍に広げられることになる。コンコースにつながる階段は車寄をはさんで「コ」の字状を描き、3方から人の出入りが可能となっている。また、その南端の階段脇には小荷物預所（施設375）も設置されている。当然ここにあった十六角便所（施設5）は壊され、その代わりに模様替え以前に電信支局（施設4）のあったコンコース東端外側部分において、もとの建物を壊して旅客用便所の建物（施設6）が建てられることになる。ちなみに、十六角便所が造られたのは明治20年11月以降であるから（同年作製の151頁図50には描かれていない）、その使用期間は長く見積もっても3年半ということになる。そして、今回の模様替えの結果出現したこの新しい旅客用便所の遺構が、本節の冒頭でふれた便所Cに相当する。

便所の規模は梁間方向の長さがわずかに増し、桁行き方向の長さはコンコースの南端のラインに合わせてやや縮小している。そして、その際この部分の南端において、以前からの出っ張り部分のラインと旅客便所の南壁ラインを結ぶべく、コンコース（図では「ホーム」となっている）の増築（図では「築タシ」と表現されている）がなされている。なお、この増築はこれに接して南側に造られる建物のためにも必要であったと考えられるが、新たに建設されたこの建物（施設125）内には、駅舎西棟内から移ってきた駅長詰所の他、受付所および電信室が入っている。

以上、模様替え後の駅舎内およびその周辺に関してみてきた。もちろんこの図は計画図であって、細部については、たとえば駅長詰所に関して「駅長室狭隘ニ付此侭南ヘ三尺通シ取広ケノ事」とか、電信室に関して「電池室一坪五合東側ヘ建増ノ事」という付箋が認められ、さらに変更が施された可能性も考えられる。それはともかく、次にみるように、この模様替え後の駅舎の状態が基

第1節　駅舎およびその周辺施設の変遷　205

本的に以後の新橋駅周辺の施設の様相を規定していくのである。

最後に明治時代後半頃の内容を含むと推定される年代不詳の平面図[19] (図57) に関してみておこう。この平面図の年代を推定する手がかりは、何よりもこの図に開業以来のプラットホーム (施設7) とは別の赤羽線用のプラットホーム (施設134) の一部が描かれているという点にある。新橋駅に赤羽からの列車が乗り入れ可能となるのは、赤羽・品川間鉄道が開通した明治18年3月以降のことであるが、構内に専用のプラットホームが設置された時期は記録が見い出せず、不明といわざるを得ない。しかし、明治24年の先の模様替え以前の平面図 (201頁図55) にもそれらしき施設は描かれておらず、もしこの図に省略がないならば、少なくともこの時点までは、赤羽線専用のプラットホームはなかったことになる。

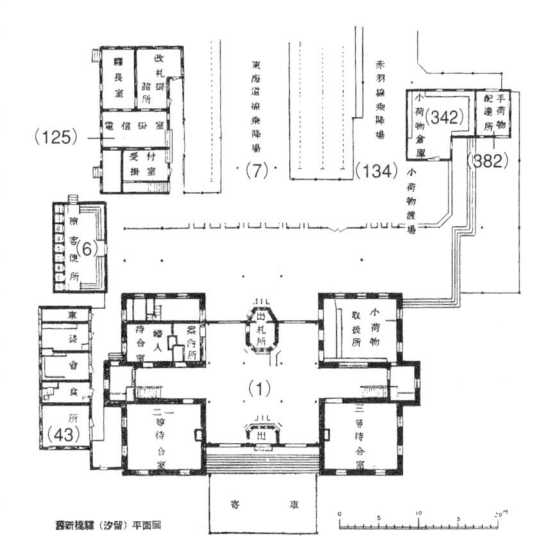

図57　明治後期駅舎平面図

このプラットホームは「明30構内図」(46頁図18、124頁図40) にはすでに描かれているから、その設置時期は明治24年以降30年までの間に絞られる一方、図57そのものは旅客待合室の等級表現が上・中・下ではなく、一・二・三となっている点、さらに駅舎東棟内に明治31年に設置された案内所[20]がある点、あるいは駅舎東棟1階部分および東棟脇の車長会食所 (施設43) の間仕切りが明治34年[21]の部分図 (図58、図で

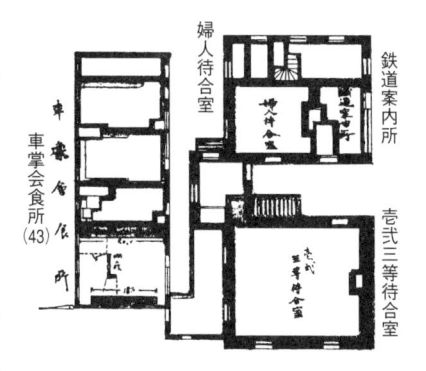

図58　明治34年駅舎 (東棟付近) 平面図

写真34　明治30年頃の駅前広場の風景

は車掌会食所となっている）と一致する点などから、明治34年にきわめて近い駅舎内の状態を示しているとみて大過あるまい。

明治24年時の模様替え後の駅舎とくらべると、まず、駅舎内の出札所が2ヶ所に増えている点が目を引く。正面入り口にある新たな出札所は以前は唐物店だった場所であり、この時期いかに多くの人々が新橋駅を利用していたかがうかがえる。東棟内の案内所や待合室の等級名の変更に関しては先にふれたけれども、西棟内の小荷物取扱所部分が明治24年当時にくらべて、取扱量の増大による影響であろうか、間仕切りもなく広くなっているのがわかる。周辺の施設では、東棟脇の建物がやや梁間方向の長さが拡張されて車長会食所（施設43）となっており、駅長詰所の入った建物（施設125）もやや規模を拡大させて建て替えられている。

大きく変化したのはプラットホームをはさんだ西側部分で、赤羽線用のプラットホームの出現によってコンコースが広くなり、手荷物配達所（施設382）や小荷物倉庫（施設342）がもとの車寄や階段の一部をつぶして設置されている。コンコース中央にあるプラットホームとコンコースを区別する改札ラインの設置は、明治24年の段階でもみられたのであるが、駅前広場の写真（写真34）をみてもわかるように、この時期になると、乗降客の多くは駅の西側の出入り口を利用していたのではあるまいか。明治30年頃と推定されるこの有名な写真に写っている多くの人々のうち、降客のほとんどは駅舎西側に設置された出入り口を出てこちらに向かって歩いてきており、これから駅に向かう人々も、その多くは駅正面の入り口ではなく、西側の出入り口を目指しているようにみえるのである[22]。

以上、新橋駅の駅舎およびその周辺施設の変遷に関して検討してきた。変遷の様相を一言でまとめるのは容易でないが、強いてその特徴を述べれば、変化は基本的に旅客および取り扱い荷物の増大に対応して、諸施設が駅舎内から駅

舎周辺に拡散していく方向に進んでいったといえるだろう。参考までに新橋駅における旅客および手小荷物の量に関してふれれば、この駅を利用した乗降客の数は明治6年の時点で約140万人[23]であったが、これが明治33年の時点では約500万人[24]に増加しており、一方、駅舎内で取り扱う手小荷物の量も、はじめて駅別の統計にあらわれる明治30年のそれが3,000トン[25]であるのに対して、明治40年は7,435トン[26]となっている。

ちなみに、駅舎2階部分のレイアウトに関しては、明治6年の平面図（30頁図12）以外資料がなく詳細は不明といわざるを得ないが、当初は東棟に事務所などの施設が入り、以後は明治5年に許可された西洋食堂をはじめとして、明治14年の段階で確認できる貸布団屋や貸腰掛屋、明治19年に開設されたという「壺屋食堂」[27]、明治32年10月に営業を開始した和洋食堂[28]などの店舗が西棟を中心に設置されたと推定される。この和洋食堂にはビアホールもあったようで[29]、記録によれば、食堂の設置に際して駅舎内の一部を模様替えしたらしい[30]。

なお、食堂に関しては、この他にも「有楽軒」という2階建の洋食店が駅前広場にあったことがわかっている[31]。

註
(1)　上家の規模を示す数値は柱間の長さであって、これが屋根の大きさそのものを示すわけではない。したがって、屋根の範囲は一般的にそれより若干大きいものと想定される。
(2)　明治7年4月22日付「新橋ステーション内湯呑所并鑿井伺并指令」（『鉄道寮事務簿』第20巻）付図（195頁図54）によれば、この施設は「電信局」となっている。年代的に約半年のタイムラグがあるものの、開業時の写真（193頁写真32）をみるとこの施設の壁に通信用の碍子らしきものも見受けられるから、「電信局」と考えて差し支えないだろう。なお、コンコース西端便所手前の施設が何であったかは、資料がなくつまびらかにすることができない。
(3)　なお、菊池重郎および大林組プロジェクトチームが復元した開業時の新橋駅平面図（菊池重郎「新橋ステーション復元の夢」〔『駅』大林組　1980年　季刊大林　NO.6〕）の便所は東端の便所が「上中等便所」、西端のそれが「下等便所」となっているが、その根拠（出典）は示されていない。また筆者もその原典を探し出すことはできなかった。
　　本書では考古学的な所見から、コンコース東西両端外側に接したこれらの施設を便所として扱っているけれども、この点に関して厳密に述べれば、開業時の駅舎内に2ヶ所の便所が存在したことは事実であるが、その位置がコンコース東西両端であったとする文献的事実は今のところ知られていない。記録上わ

かっていることは、開業時の駅舎内に2ヶ所の便所が存在したこと、明治7年4月の時点で、コンコース東端外側の施設が婦人便所と呼ばれていたことの2点のみであり、後者の事実から明治7年段階のコンコース西端外側に男子用便所が存在したことは、予想されるものの、この状態が開業時までさかのぼるか否かは確認がとれない。先に述べたように、菊池らはコンコース東端外側の便所を上中等便所、西端外側のそれを下等便所としたわけであるが、そうなると等級別とはいうものの、男女共有の施設ということになり、設置原理が明治7年段階のものとまったく異なってしまう。

(4) 「新橋ステーション間内修繕伺并指令」(『鉄道寮事務簿』第14巻)。
(5) 東西両棟の2階を結ぶこの渡り廊下の設置は、日付けとしてはこの修理より10日ほど後のこととされている。文書取り扱い上における行き違いの結果であろうか。
(6) 「横浜ステーション二階架渡廊下建築伺并指令」(『鉄道寮事務簿』第14巻)。
(7) 「京浜間鉄道部内風災修繕予算上申」(『工部省記録』巻32ノ1)に「二階渡り廊下屋根悉皆吹落サル」とある。
(8) 「新橋ステーション出札所新設等ノ伺并指令」(『鉄道寮事務簿』第20巻)。
(9) 「新橋ステーション内湯呑所并鑿井伺并指令」(『鉄道寮事務簿』第20巻)。
(10) 横川四郎・青木清一編『日本鉄道史料要覧』鉄道書院 1935年 169頁。
(11) 「新橋停車場構内ランプ部屋新築ノ伺」(『工部省記録』巻18ノ1)。
(12) 「新橋停車場模様替ノ件」(『鉄道庁事務書類』第3巻)。
(13) 「東京横浜間開局内営業ノ者賦金改正」(『工部省記録』巻21ノ1)。
(14) 明治6年の駅舎内図には記載はないが、前掲『日本国有鉄道百年史』2 139頁には、この場所は中・下等待合所であったとされている。なお、この待合所の模様替えは、先に述べたようにすでに明治7年5月に実施されており、その実態がこの図で確認されたことになる。
(15) 「新橋ステーション内村百之暴動1件」(『鉄道寮事務簿』第11巻)。
(16) 十六角便所には大便用の個室もあるが、一方で中央に10ヶ所の小便用とおぼしき仕切りが認められ、男性用の可能性を示している。便所に関しては、明治7年の時点においてさえ男女のそれが峻別されており、通常ならその後に新しく男女兼用のものを造るとは思えないから、この十六角便所の他に女性用の施設はあったのだろう。可能性としては、本文で述べた電信支局内の空白および駅舎東棟内の婦人上等待合所の一画に描かれた施設が考えられる。しかしその一方で、模様替え後の平面図をみても、便所はコンコース東端に設置された旅客用とされる施設1ヶ所だけであり、他には婦人上等待合所の一画を除いて、便所らしき施設が見あたらないのも事実である。
(17) 東京南鉄道管理局『汐留・品川・櫻木町驛百年史』1973年 95-97頁。
(18) 「新橋停車場模様替ノ件」(『鉄道庁事務書類』第3巻)。
(19) 伊藤滋「停車場の変遷」(『建築雑誌』第57輯第697号 1943年 307-316頁)中の掲載図。ちなみに、伊藤論文中に掲載されたこの駅舎平面図の原図は、不鮮明なため本書では使用しなかったが、小笠原編『欧米各国主要停車場図集全』(1913年 140頁)に収録されている。
(20) 日本国有鉄道『日本国有鉄道百年史』3 1971年 415頁。

(21)　「新橋停車場ランプ小屋改増築其他工事」(『逓信省公文』第68巻　建築36)付図。
(22)　杵屋栄二「鉄道ファン七十年」(渡辺公平他編『鉄道100年・文学と随筆選集　汽笛一声』実業之日本社　1972年　402-405頁)に次の記載があり、この点を裏づけている。
　　　「今よくあります新橋駅の建物の写真は正面だけしか写っていませんが、右側にも一つ入口がありました。駅前に馬鉄のとまっている写真でこの横の入口の写っているのがあります。後につけたものでしょうが三段位の階段があって、上るとすぐ改札口へ行けます。」(同書　403頁)。
　　これは作者が8歳の時の思い出として語っており、明治34年頃のことである。ちなみに、横の入口が写っている写真とは本書の写真34に相当するものと思われる。
(23)　駅別の統計は残されていないが、この年の新橋・横浜間の乗客数が1,415,225人(『明治二十一年度鉄道局年報』第5表)であり、その多くが新橋もしくは横浜から乗車しかつ降りたと仮定すれば、新橋駅の乗降客数は約140万人に近い数となろう。
(24)　『明治三十三年度鉄道作業局年報』207頁。正確には乗客数2,497,746人、降客数2,502,961人である。
(25)　『明治三十年度鉄道作業局年報』101頁。
(26)　『明治四十年度帝国鉄道庁統計図表』第6表。
(27)　松本順吉編『東京名物志』公益社　1901年　265-267頁。
(28)　『明治三十二年度鉄道作業局年報』59頁、前掲『日本国有鉄道百年史』3　415頁。
(29)　藤本夕颯『新橋停車場』(『文芸界』増刊「夜の東京」1902年　122-128頁)。
(30)　『明治三十二年度鉄道作業局年報』59頁。
(31)　明治38年8月27日、夏目漱石は寺田寅彦らと浅草公園に遊んだ後、電車で新橋停車場に行き、この洋食店で夕食をとっている(荒正人『増補改訂　漱石研究年表』集英社　1984年　390頁)。

第2節　プラットホームの延長に関する問題

　今まで本書の中でいく度となく参考にし、また検討を加えてきた各種の構内図を改めて虚心に眺める時、きわめて単純なあることに気づかされる。それは開業以来いずれの構内図にも例外なく描かれている東海道線のプラットホーム(施設7)の長さが、構内図によって時に微妙に、また時には大幅に異なっているといういささか困惑させられる事実である。一方、プラットホームに関する文献記録は、開業時のものも含めてきわめて限定されており、もちろん延長工事に関する記録などはまったく知られていない。

「たんなる構内図作成上の誤差にすぎないのではないか。」肯定と否定が何度となく交錯する中、「もしかしたら新橋駅のプラットホームは延長されているのではないか、それも一度だけでなく数回にわたって」という疑念が私の脳裏に生じたのは、発掘調査によって検出されたランプ部屋（施設61）と赤羽（山手）線のプラットホーム（施設134）の遺構の存在であった。以下、この点に関して詳細な検討を加えることにするが、結果として一つの仮説を提出することになるだろう。

すでに何度もふれたように、発掘調査の結果、1本のプラットホームの遺構が地中から検出された。この点はまぎれもない事実である。全長151.5ｍ、幅9.0ｍの数値で示されたその遺構の規模は、開業時のプラットホームの規模を記した「諸建築費用綱目」の数値とほぼ一致する[1]。したがって、この遺構が開業時のプラットホームであることは確実であり、そして、続いて見つかったランプ部屋と推定される遺構の検出位置は、プラットホームの先端からかなり離れていた（25頁図10参照）。

「明14構内図-1」（13頁図4、65頁図23）には明治13年に設置されたと考えられるランプ部屋（施設61）が描かれており、この構内図の年代的な信憑性を高めているが、その位置はプラットホームの先端に接した部分である。この構内図をみた私は、これは発掘調査の結果と明らかに矛盾している、と考えてしまったが、その根底には次の前提条件が頭の中にあったからである。

第1に、描かれているプラットホームは開業時のものであり、それは検出されたプラットホームの遺構と一致すること、第2に、描かれているランプ収納施設は明治13年に設置されたものであり、それは検出された遺構と一致すること、第3に、明治13年に設置されたランプ部屋の設置場所は、プラットホームの先端に接した部分であること、そして第4として、発掘の結果からはプラットホームの延長や別のランプ収納施設の存在を示すような遺構はまったく検出されなかったこと、などである。そしてこの

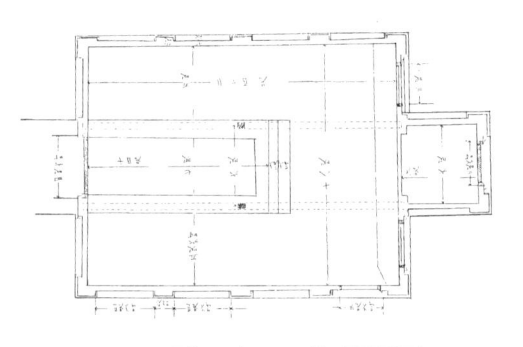

図59　明治13年ランプ部屋平面図

うち第1の前提が誤りであることがその後判明する。

　冒頭からもって回ったいい方で恐縮であるが、このプラットホームとランプ収納施設の位置の問題は、構内施設における一つの難問であって、この問題に見通しを立てることは、大きくは新橋駅の発展の問題、個別的にはプラットホームの構造の問題にも関連してくることがらである。問題を複雑にしている第一の原因はもちろん関連資料の不足にあるのだが、次にこの点に関して残されている記録および発掘調査の所見を整理しておこう。

　まず、開業時のプラットホームに関しては、前述したように、記録にみえる長さ500尺、幅30尺とほぼ同規模の遺構が見つかっている。一方、明治13年設置のランプ部屋（施設61）に関しては、設計図（図59）と同規模・同平面形の遺構（写真35）が見つかっているものの、その検出位置は前述したように、プラットホーム遺構の先端から約30m離れた地点であった。記録にはランプ部屋の建設場所に関する明確な記述はない。ただし、「プラットホーム長拾四尺巾七尺廻リ石築石段共居付ケ」[2]とある記載を「プラットホームの先端部分の幅30尺のうち長さ14尺にわたって、ランプ部屋との間隔である7尺の幅に石積みをしてつなぎ、階段もつけて」と解釈すれば、この施設がプラットホームの先端部分に接続されて建設されたことがわかる

写真35　明治13年建設のランプ部屋の遺構

写真36　明治22・23年頃のランプ部屋（高橋正照氏蔵）

212　第Ⅳ章　施設の諸問題

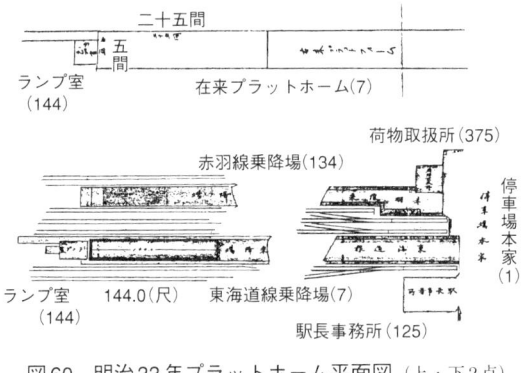

```
二十五間
五間
ランプ室　　　在来プラットホーム(7)
(144)
```

```
荷物取扱所(375)
赤羽線乗降場(134)
　　　　　　　　　　　　　停車場本家(1)
ランプ室　144.0(尺)　東海道線乗降場(7)
(144)　　　　　駅長事務所(125)
```

図60　明治33年プラットホーム平面図（上・下2点）

（写真36）。

　そうすると、発掘調査によって検出されたランプ収納施設の遺構は、その西に接して検出された貨車用転車台（施設13）の遺構および「明14構内図-1」上のそれとの位置関係などから、明治13年に建設され、かつ「明14構内図-1」に描かれているランプ部屋（施設61）の遺構に間違いないから、プラットホームは明治13年4月の時点でこのランプ部屋建設予定地の7尺手前まで伸びていたことになる。しかし、再三述べているように、発掘調査の所見ではプラットホームの遺構の先端とこのランプ部屋の遺構との間には約30mの動かし難い距離があり、しかも、その間にはプラットホームの延長を示すような何らの痕跡も検出することはできなかったのである。もちろん、開業時から明治13年までの間にプラットホームの延長工事を示すような記録も見出すことはできなかったのであるが、それはともかく、唯一プラットホームの工事を示す明治33年の記録(3)が残されているので、まずこの史料から検討していこう。

　工事はプラットホーム本体のたたき部分の増設工事と上家の延長工事の二つに分けられる。本体の工事は、在来のプラットホームのうち未たたき部分（幅28尺、長さ150尺）にたたきの増設を加えるもので(4)、その仕様は「土間敲キハ現在ノ地盤ヲ約八寸通リ掘起シ土砂鋤取リタル後地底厚五寸通砂利入レ充分ニ搗キ固メ上端ニ方六尺宛ノ仕切ヲ付ケ最初厚弐寸通リハ同壱寸乃至六七分ノ洗砂利六、川砂参、「セメント」壱ノ調合ナル「コンクリート」ヲ投入シ其上端約厚壱寸通ハ同五分乃至参分ノ洗砂利参、川砂壱半、「セメント」壱ノ調合ニシテ前同様投入シ左右笠石ニ倣ヒ水勾配付ケ洗出ニ仕上タルモノトス」となっている。

　同様に上家の延長は、在来のプラットホームのうち上家のなかった長さ144尺、幅28尺の先端部分に上家を設置する工事で、たたきの増設と同時に申請されてはいるものの、工程からいえば、上家延長工事の後にたたきの増設がなされたものと考えられる(5)。なお、たたきの増設工事は、一見プラットホームそ

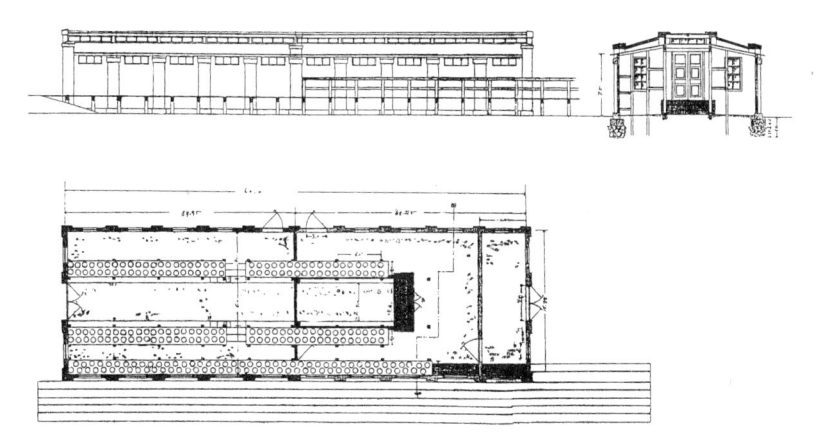

図61　明治34年ランプ小屋平面・側面図

のものの延長工事との誤解を与えなくもないが、申請書に添付された図面（図60）中のプラットホーム先端にランプ室が存在する点、また、建設の主旨にも「上家ヲ別紙略図ノ通リ延長シ併乗降場全体ヲ「タタキ」ニスル事長官ノ認可ヲ得候條」とあることから、この工事があくまで既存の施設の改築にすぎないことがわかる。

　以上、この記録によって明らかになった点とさらに発生した疑問点を列挙すれば、判明した点は明治33年段階における東海道線のプラットホームは先端から150尺（45.45m）までを除いて、すべて上端がコンクリート製のたたきであったこと、同様にそのたたき部分にそれに対応した長さの上家があったこと、の2点である。しかし残念ながら、この史料にはこの時点でのプラットホームの全体の長さを知り得るようなデータは含まれていない。また、新たな疑問としては、なぜこの段階のプラットホームに未舗装部分が存在しその長さが約45mなのか、プラットホーム先端のランプ収納施設は明治13年に設置されたランプ部屋（施設61）と同一のものなのか、などの点があげられる。なお、開業時に砂利敷きであったと推定されるプラットホームの上面が、いつの時点でコンクリート製のたたきになったのかは、第Ⅰ章第2節で述べたように一部徴証はあるものの、正式な記録がなくつまびらかにすることができない。

　上家に関しては、開業時にプラットホームの根本から300尺（90.9m）までは造られており、これとの関係が気になるところであるが、残念ながらこの時点でのプラットホームの全長がわからない以上、この時点での上家の規模も不明

とせざるを得ない。したがって、この時点で確認できる点は、上家は根本（コンコース端）から伸びて、逆にプラットホームの先端から150尺の地点までは存在したという事実である。なお、この点に関してはプラットホームの全長を推定した上で、最後にもう一度述べる。

次に、明治34年におけるランプ収納施設の増築に関する記録[6]をみてみよう。申請書に添付された図面（図61）によれば、工事は桁行き30尺、梁間18尺の現在のランプ収納施設に対して、桁行きの長さを24尺増設して全長54尺にするものであり、これに付帯する桁行き14尺、梁間6尺の灯油室は、当初取り壊されるはずであった。しかし、「在来ノ燈油貯蔵室ハ取払フベキ様運輸部長照会添付ノ図面ニ記入有之候得共該室ヲ附属セシムルノ必用有之候ニ付其積ヲ以テ設計致候」ということで、この部分を取り込んで増設されることになり、加えて最終的には桁行きの長さは60尺とされ、もとの2倍の規模の施設になるのである[7]。

それはともかく、この工事の対象となるランプ収納施設とプラットホームは、年代から考えて、前年に全面舗装されたプラットホームとそれにともなうランプ収納施設とみて間違いなかろう。さらに、このランプ収納施設は、図60（下）にみえる赤羽線用のプラットホーム（施設134）との位置関係から、「明30構内図」（46頁図18、124頁図40）に描かれたランプ室（施設144）と同一のものと考えられ（申請書には「ランプ小屋」という一般名で呼ばれている。一方後に「明44構内図」にみえる「ランプ小屋」は固有名であり別施設である）、この点は赤羽線用プラットホームの遺構の検出位置との関係とも一致している（25頁図10参照）。

以上、記録に残されたプラットホームとランプ収納施設（ランプ部屋、ランプ室）に関して事実を確認してきた。次に、この点を主にプラットホームの規模（長さ）とランプ収納施設の位置に着目して、構内図で検討してみる。

まず、「明7構内図」（15頁図5）である。この構内図に描かれたプラットホームの長さは、北西の位置する荷物庫（施設23）との並行関係からみて、その南壁に達しておらず、また、検出された荷物庫の遺構の位置からいっても、この時点では開業時の長さを維持していたと考えてよい。もちろん、明治13年に設置されることになるランプ部屋（施設61）は描かれていない。

問題は「明14構内図-1」の内容で、ここに描かれたプラットホームが「明7構内図」のそれにくらべて長く、その先端は荷物庫（施設23）の位置を越えてより南にまで伸びているという事実である。ランプ部屋（施設61）はプラットホー

ムの先端に設置されており、その構内図上の位置は西側にある貨車用転車台（施設13）よりも手前である。以後、この状態は多少のずれはあるものの、「明15〜17構内図」（17頁図7、119頁図38）、「明18構内図」（19頁図9、122頁図39）、「明13参考図」（75頁図30）、「明17参考図-1」（18頁図8）で共通して確認することができる。

　変化が認められるのは「明30構内図」（46頁図18、124頁図40）においてである。構内図ではプラットホームは手前の赤羽線用プラットホームとほぼ同じ長さに描かれ、その先端にランプ室（施設144）が設置されている。この構内図にはプラットホームの長さの判断基準となる荷物庫（施設23）や貨車用転車台（施設13）はすでに描かれておらずその相対的な位置関係は不明であるが、唯一基準になる赤羽線用プラットホーム（施設134）の遺構が検出されており、絶対的な位置を確定することが可能である（25頁図10参照）。したがって、明治33年および34年の工事は、基本的にこの構内図に描かれた状態のプラットホームに対して行われたと考えて差し支えないだろう。

　しかし、この状態のプラットホームとランプ室が確認できるのはこの「明30構内図」だけで、約15年後の「明44構内図」（49頁図19、137頁図43）ではプラットホームはさらに延長され、それにともなってランプ収納施設もさらに南に移動しているのである。「明44構内図」にあらわれたこのプラットホームの延長とランプ小屋（施設250）の移動の状態は、後述するように、位置関係の基準となる南製鑵工場（施設118）がこの状態のままで描かれる「大4構内図」（51頁図21）まで確認することができる。プラットホームの延長問題を複雑にしているこの「明44構内図」の件は後ほどふれるとして、当面は多少なりともデータが存在する開業時から明治34年までの変遷について整理しておこう。

　今まで新橋駅構内における開業時のプラットホーム（施設7）とそれに付随するランプ収納施設（施設61・144・250）に関して、残された記録、構内図、発掘調査の所見などの資料をもとに検討してきた。検討データの不足は如何ともしがたいが、これらの資料を勘案すれば、両者の変遷は以下のように捉えることが可能である。

　まず、開業時に存在したプラットホームがそのままの規模で確認できるのは、明治7年頃までである（15頁図5参照）。その後、プラットホームの状態がわかるのは明治14年のことであるが、その時点ではすでにプラットホームは延長されており、その先端部分にはランプ部屋（施設61）が設置されている（13頁図4、

65頁図23参照)。ランプ部屋の設置申請は明治13年4月のことで、その際ランプ部屋はプラットホームの先端に建設されているから、1度目のプラットホームの延長は少なくともそれ以前に行われていたはずである。したがって、延長工事は明治8年頃から13年4月までの間ということになる。前述したように、発掘調査の所見では開業時のプラットホームとランプ部屋（施設61）の間隔は約30mであるから、明治8年以降に行われたプラットホームの延長は100尺（30.3m）ということになろう。

1度目の延長工事が認められるプラットホームの存在は明治18年頃まで確認でき（19頁図9、122頁図39参照）、「明30構内図」（46頁図18、124頁図40）ではすでにその後2度目の延長工事が施されたと考えられるプラットホームが描かれている。その先端にはランプ収納施設が描かれているものの、この施設が明治13年に設置されたランプ部屋（施設61）でないことはいうまでもない。

したがって、ランプ収納施設の建設もこれまでに2度行われたと考えるのが妥当であろう。明治34年に増築申請の対象となるランプ収納施設（前途したように申請書には「ランプ小屋」という一般名が使われている）は、この2度目に造られたランプ収納施設すなわちランプ室（施設144）である。ちなみに、2度目のプラットホームの延長距離に関しては、このランプ室の遺構が検出されなかった以上正確な数値はわからないけれども、隣接して確認された赤羽線用プラットホーム（施設134）との位置関係から、100尺（30.3m）と推定して大過なかろう。すなわち、開業時のプラットホームは明治30年の時点で、合計200尺（60.6m）に及ぶ2度の延長工事を経て、全長700尺（212.1m）の長さになっていたと推定されるのである[8]。

一度目のプラットホームの延長がどのような理由でなされたのか、記録が残っていない以上不明といわざるを得ないが、明治9年11月の新橋・品川間の複線工事竣工との関係も考えられるところである。また、同様な論拠でいえば、2度目の延長工事の実施も旅客輸送量が増大した明治22年7月の東海道線の全通と関係があるのかもしれない（したがって、写真36に写っているランプ収納施設がランプ部屋であるかランプ室であるかは、撮影年からいって微妙である）。

それはともかく、今までの検討によって、1度目のプラットホームの延長が明治8年から13年4月までの間、2度目のプラットホームの延長と2度目のランプ収納施設すなわちランプ室（施設144）の設置が明治18年頃から30年6月までの間に行われた、とする仮説を提示してきた。しかし、明治13年4月設置

第2節　プラットホームの延長に関する問題　217

の最初のランプ部屋（施設61）に関するもの以外、これを裏づける史料は現在のところ見出すことができないのも事実であり[9]、また、発掘調査の所見でもプラットホームの延長をうかがわせるような痕跡、あるいは2度目に建設されたランプ室（施設144）の遺構もまったく検出することができなかった[10]。明治13年設置のランプ部屋（施設61）の基礎は明瞭に確認できたから、少なくとも1度目のプラットホームの延長の遺構は検出可能と思われたのであるが、実際にはその痕跡すらも確認することができなかったのである。

　明治33年におけるプラットホーム上面の舗装工事の内容をみる限り、延長部分に関してもそれほど簡便な造りとは考えられず、通常の状態で廃棄されたのなら、何らかの痕跡は残るはずである。さらに、開業時のプラットホームが最上部分を欠損しているとはいえほぼ完全な形で残存していた点を考えれば、延長部分のプラットホームに関しても同様に残存していてもおかしくはない。したがって、このような残存状況を勘案すれば、プラットホームのうち延長された部分はたんに削平されたのではなく、何らかの意図にもとづいて積極的に除去され、整地されたとしか考えられないのである。

　最後に、懸案となっていた「明44構内図」（49頁図19、137頁図43）に描かれたプラットホームとランプ小屋（施設250）に関して、検討しておこう。ここに描かれた両者は、より南東に位置する南製罐工場（施設118）との並行関係を基準にすれば、「明30構内図」のランプ室（施設144）が南製罐工場の長辺中央にまで達していないのに対して、「明44構内図」のそれは長辺中央をはるかに越えており、特にランプ小屋（施設250）の先端は南製罐工場の南辺にかなり近い地点にまで伸びていることがわかる（「明30構内図」および「明44構内図」参照）。そして、このランプ小屋（施設250）はプラットホームの先端に付帯するから、当然プラットホームのほうもかなり延長されていることになる[11]。このプラットホームの延長とランプ室（施設144）からランプ小屋（施設250）への移動についてはいかなる記録も見つからないが、もし行われたとするなら、その時期は2棟目のランプ収納施設すなわちランプ室（施設144）の増築が確認できる明治34年からこの構内図が作成された明治44年までの間ということになろう。

　確かに「明44構内図」のプラットホームには上家と考えられる線が描かれており、これは明治33年の工事によって全体を上家によって覆われたはずのプラットホームの状態とは異なる状態を示している。ちなみに、この上家部分の長さを南製罐工場を基準に比較すると、ほぼ「明30構内図」のプラットホームの

① 開業時　500尺／300尺　上家部分
② 明治14年段階　600尺／30尺　ランプ部屋(61)／300尺
③ 明治30年6月段階　700尺／44尺　ランプ室(144)／550尺
④ 明治34年計画段階　700尺／54尺　ランプ室(144)／700尺
⑤ 明治34年段階　700尺／60尺　ランプ室(144)／700尺
⑥ 明治44年段階　830尺／?　ランプ小屋(250)／700尺

図62　プラットホーム・ランプ収納施設変遷模式図

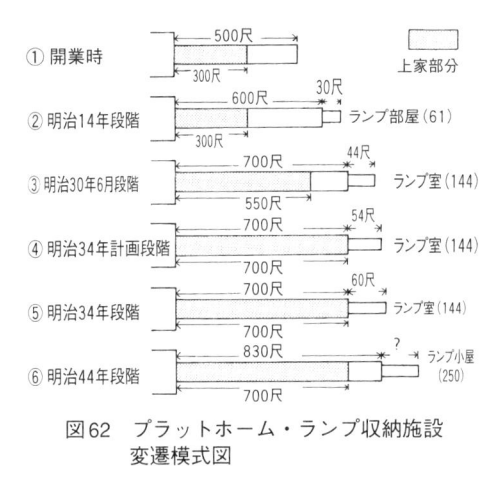

先端に一致するから、この上家が明治33年の工事によって当時のプラットホームの全体を覆うべく造られた上家であることがわかる。つまり、「明44構内図」にみられるプラットホームの延長およびランプ室（施設144）からランプ小屋（施設250）の移動は、上家の設置をともなうことなく、これ以降明治44年までの間に実施されたということになるのである。

　以上、プラットホームとそれに付帯するランプ収納施設（施設61・144・250）に関して、その変遷を検討してきた。それによれば、プラットホームは開業以来3度の延長（4回設置）を繰り返し、またランプ収納施設のほうも2度の移動（3回設置）を繰り返してきたことになる。そしてその結果、プラットホームの最終的な長さは約830尺（251.5ｍ）にもなっていたと推定される[12]のである。この251.5ｍという数字は、奇しくも開業時の長さである151.5ｍ（500尺）にほぼ100ｍを足した長さに相当する。

　なお、先ほど保留しておいた明治33年における上家の規模の件であるが、この時点のプラットホームの全長が700尺（212.1ｍ）だとすると、先端から150尺（45.45ｍ）の地点までは存在したことになるから、その長さは550尺（166.65ｍ）ということになる。そうすると、前述したように開業時における上家の規模は300尺（90.9ｍ）であるから、上家は開業時以降明治33年までのいずれかの時点で、すでに250尺（75.75ｍ）ほど増設されていたことになる。「明30構内図」のプラットホームはこの状態を示している。

　もちろんこの250尺の延長が1度になされたという確証はなく、その時期に関しても定かではないが、「明15〜17構内図」および「明18構内図」で確認できる1度目のプラットホーム延長後の上家の長さは、プラットホームのちょうど半分で、開業以来の規模（300尺）を保持しているとみてよい。「明17参考図-2」（18頁図8）でうかがえる上家とおぼしき表現は、これより長く描かれているけれども、ここでは少なくとも明治18年頃までは、上家の延長はなかった

ものと考えておきたい。したがって、明治33年の時点で確認できる250尺に及ぶ上家の延長は、それ以降になされたものと考えられるのである。この点は上家の区別が明瞭ではない「明14構内図-1」においても同様であろう。そうすると、上家の延長は、明治30年までに少なくとも1度は行われていたことになり、明治33年の延長工事が2度目であったことになる。

なお、明治33年における上家延長以降しばらくはプラットホーム全体に上家がかかる状態が続いたと考えられるが、それ以降明治44年までの間にプラットホームのほうはさらに延長されることになる。そして、もはやその延長部分に上家が設置されることはなかったのである。以上の変遷を模式化したものが図62である。

註
（1） 駅舎およびプラットホームの調査は汐留地区遺跡調査会が行った本調査（前掲『汐留遺跡』〔第3分冊〕）と東京都埋蔵文化財センターが行った補充調査（東京都埋蔵文化財センター『汐留遺跡』Ⅱ〔第5分冊〕2000年）がある。プラットホームの規模に関するデータにはばらつきがみられるが、この数値はあくまで検出された遺構の計測値であって、差が生じることはまぬかれ難い。ここでは後者の報告書に掲載された平面図を、私が再度計測し直した数値を採用した。
（2） 「新橋停車場構内ランプ部屋新築ノ伺」（『工部省記録』巻18ノ1）。
（3） 「新橋駅乗降場上家等工事」（『逓信省公文』第59巻　建築27）。
（4） 付図には幅が「五間」（30尺）となっているものもある（図60上図参照）。
（5） 上家の柱部分の設置は、プラットホームのたたき工事以前のほうが合理的である。しかも「上家ハ競争入札ヲ以テ請負ニ付シ敲ハ列車発着ノ間隙ヲ計リ施行ヲ要シ候ニ付テハ一定ノ条件ヲ以テ請負ニ付シ難ク候ニ付キ」とあるから、上家工事は工事予定を明示できないたたき工事よりも優先的に実施されたものと考えられる。
（6） 「新橋停車場ランプ小屋改増築其他工事」（『逓信省公文』第68巻　建築36）。
（7） 「新橋停車場ランプ小屋一部設計変更」（『逓信省公文』第69巻　建築37）。
（8） 検出された赤羽線用のプラットホーム（施設134）の遺構は基礎部分のみであり、しかも一部にすぎない。この数値からプラットホーム本体の正確な規模を割り出すことは難しいが、基礎の長さが約214m（706尺）であるから、本体は約700尺ほどであろう。「明30構内図」（46頁図18、124頁図40）に描かれた開業時のプラットホーム（施設7）の規模は赤羽線のそれ（施設134）とほぼ同じであるから、約700尺と推定した。
（9） ただし、駅名が特定できず、数値に差異があるものの、『明治工業史』鉄道編に「（乗降場および上家の）幅及び長さは停車場の位置及び時代によって異なり、特に其の延長は交通頻発となり、列車延長の増加に応じて逐次延長したり。京浜及び京阪間の乗降場は、建設当時は約三百呎を標準となしたるが如く、明治

十二、三年頃京浜間の乗降場を四百五十呎に延長したり。」(前掲『明治工業史』鉄道編　1926年　264頁) という記載を認めることができる。
(10)　プラットホーム延長部分の遺構は検出されなかったが、特に2度目の延長に関しては、本章第5節でふれる系統D (上水施設) の一見不自然な敷設形状がその事実を証明している (124頁図40、238頁図67参照)。すなわち、検出されたプラットホームの遺構先端延長部分で一見不自然に鋭角に屈曲する系統Dの存在は、遺構としては検出されなかったものの、かつてこの手前までこのプラットホームが伸びていた何よりの証拠であって、上水用鉄管 (系統D) はその存在を回避すべく、見かけとは異なってきわめて自然な形で埋設されたのである。
(11)　もちろん、構内図というそれほど精度が要求されるわけでもない地図中の個別施設の規模や位置に関して、これを比較することの是非はあるけれども、ここではこの差異を有意味なものとして扱うこととする。
(12)　「明44構内図」(49頁図19、137頁図43) に描かれたプラットホームとその上家部分 (700尺) との比率から割り出した数値である。構内図というきわめて小縮尺の地図上での操作ゆえ、誤差はまぬかれ難い。

第3節　器械場およびその周辺施設の変遷

　新橋工場内において最も重要な施設が集中する中枢は、開業時に機関車修復所があり、その後器械場と呼ばれるようになる作業空間周辺である。もちろん、明治後半に建設された発電所などの施設も重要であり、他の部署の存在なくして工場は成り立たないけれども、この構内最東端の一画こそが、開業以来の工場の作業量を増大させ、新橋工場を根底から支えてきた場所なのである。本節では開業以来やや複雑な様相をみせる器械場周辺の変遷に関して整理しておくことにする。
　新橋駅構内最東端の一画に機関車修復所 (施設15) が竣工したのは、開業に先立つ2ヶ月前の明治5年7月のことである。前述したように、桁行き150尺、梁間30尺の建物2棟を連ねたこの施設内には大旋盤や蒸気動力が装備され、開業時から機関車の修繕や改造が行われていた。また、明治7年9月からは、焼失した客車修復所 (施設14) に代わって、この施設で客車の修復作業も行われている。この建物の姿を確認できる資料が、明治6年12月付の構内部分図 (16頁図6) と「明7構内図」(15頁図5) である。機関車修復場はほぼ同一の形で描かれており、この施設が後に器械場 (施設17) の核となるのである。
　明治7年6月には器械方内外詰所 (施設46) が竣工するのであるが、この施設

第3節　器械場およびその周辺施設の変遷　221

は機関車修復所の南に隣接して建設されたらしく、その状態は明治10年7月の構内部分図（70頁図25）にあらわれている。同図の機関車修復所の南に接して位置する長方形の小施設がこの器械方内外詰所と考えられるが、その根拠は、施設名の記載のない長方形のこの施設の規模が、器械方内外詰所のそれと一致したことによる。そしてこの建物は、明治13年6月に申請される客車製造所の増築工事の仕様書に「在来器械方外国人詰所最寄江引建直シ」[1]とあるとおり移築を余儀なくされるのである。

　この場合、客車製造所の増築工事というからには、この時点ですでにこの場所に客車の製造施設が存在したことになるけれども、これが機関車修復所の別名なのか、あるいはこの施設とは別に客車製造所があったのかは、つまびらかでない（これまでは一応この増設前の客車製造所の存在を前提としてこれを施設16と呼称してきた）。しかし、設計図[2]には増築工事にもかかわらず独立した1棟の建物が描かれており、また、その桁行きの規模が機関車修復所のそれ（150尺）と一致するから、機関車修復所の桁行き部分（長辺）に接する形で機関車修復所に増設された可能性も考えられる（そうすると、施設16としての客車製造所は存在しないことになる）。そして、この増設後の姿が「明14構内図-1」（13頁図4、65頁図23）に描かれた器械場（施設17）に相当するのである。なお、話は前後するが、明治8年3月には新たな客車修復所（後の塗師場、施設47）がこの施設の西側に建設されており[3]、この時点で客車の修復作業はこの施設では行わなくなっていたと考えられる。

　「明14構内図-1」において器械場の北に接して描かれている鍛冶場（施設18）は、第Ⅱ章第3節で詳しく述べたように、明治6年に建築申請された施設で、竣工は同8年頃と推定される。その後明治15年頃にはさらに鍛冶場の北に接して鋳物場（施設88）が建設されており、この状態を示した構内図が「明15〜17構内図」（17頁図7、119頁図38）や「明17参考図-1」（18頁図8）である。特に「明17参考図-1」では、鍛冶場を含めた器械場周辺が総合的な工場（施設17）になりつつある様子を見て取ることができ、この工場が明治19年の段階で高さ60フィートの煙突が新設される総合施設の下地となっていることをうかがわせる。この点に関しては第Ⅲ章第4節でふれたので繰り返さないが、内部には2基の新しいコーニッシュボイラーなども設置されており、その姿は「明30構内図」（46頁図18、124頁図40）の構内東端に描かれた施設の状況に近づいていたと想像されるのである。

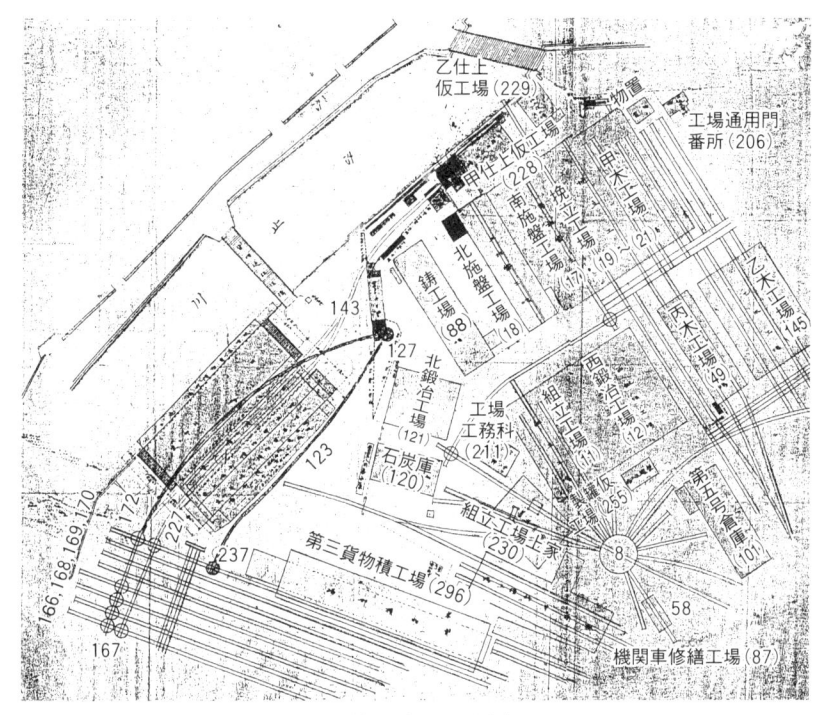

図63 明治34年3月構内部分図

　明治20年代の新橋工場の建設や様子を伝える構内図および施設平面図は残っておらず、詳細は不明といわざるを得ないが、おおむねその蓄積された姿が「明30構内図」にあらわれているとみて大過なかろう。「明30構内図」におけるこの地区にはもとの器械場に相当する甲木工場（施設19）、挽立工場（施設20）、旋盤工場（施設21）をはじめ、鍛冶場（施設18）であった東鍛工場、鋳物場（施設88）であった鋳工場、塗師場（施設48）であった丙木工場（施設49）、新しくできた乙木工場（施設145）、それに製罐工場（旧扇形機関庫、施設10）を壊して造られた組立工場・西鍛工場（施設11・12）などの施設が整然と並び、その周辺にはやはり「明30構内図」ではじめて確認できる北鍛工場（施設121）、5棟目の石炭庫（施設120）、セメント庫（施設122）などが設置されている。

　次にこの地区の様子が確認できる資料は明治34年3月付[4]の構内部分図（図63）で、「明30構内図」と比較すると、甲木工場、挽立工場、鋳工場、丙木工場、乙木工場、組立工場・西鍛工場は変わらないものの、旋盤工場は南旋盤工場に、東鍛工場は北旋盤工場に、セメント庫は第二貨物積卸場（施設123）にな

り、新たに周囲に組み立て工場上家（施設230）、製罐仮工場（施設255）、甲仕上仮工場（施設228）、乙仕上仮工場（施設229）などの施設が建設されているのがわかる。その後この周辺は、貨車用転車台の移築や線路の付け替えなどが行われ、「明44構内図」（49頁図19、137頁図43）および「明45構内図」（141頁図45）に示されるような様相に近づいたと想定されるのであるが、明治末期にいたってこの一画により多くの関連施設が集まってきている点が確認できる。

「明44構内図」では旧器械場内の諸工場は、小屋組7棟の建物を並列に連結させた一つの総合施設になっている。内部には甲木（施設19）、挽立（施設20）、仕上（施設22）、旋盤（施設21）などの工場が確認できるものの、この構内図に描かれた状態をみると、もと鍛冶工場（施設18）であった北端の旋盤工場は別として、その境は点線で示されており、これらの施設が全体で一つの総合工場となっていたことをうかがわせる。旋盤工場と鋳物工場の間には小規模ながら2棟目の鋳物工場（施設245）も設置されており、また、組立工場・西鍛工場（施設11・12）の西には新たな組立工場の上家（施設249）もみえる。

2棟目の鋳物工場（施設245）は明治34年の構内部分図（図63）にはないから、建設されたのはそれ以降44年までの間ということになろう。周辺にあった北鍛工場（施設121）や石炭庫（施設120）は撤去されており、同図にみえた甲仕上仮工場（施設228）や乙仕上仮工場（施設229）に代わって第一仕上工場（施設223）、第二仕上工場（施設224）などが描かれている。なお、甲仕上仮工場および乙仕上仮工場があった場所には貨物積卸場上家（施設297）が描かれている。

さらに、第一仕上工場の西には明治29年に建設された[5]新しい鍛冶工場（施設131）も確認できる。第二仕上工場（施設224）に関しては、その建設が明治31年頃と推定されるのであるが[6]、先ほどの明治34年の部分図には描かれておらずやや奇異である（同図における第一仕上工場の有無は確認できない）。建築申請と実際の竣工とのタイムラグが原因であろうか。

「明45構内図」にみえる諸工場に関しては、第Ⅲ章第2節で述べたように、個別図が『中部鉄道管理局所属工場略図』に掲載されており、その詳細を知ることができる。中でも甲木・挽立・仕上・旋盤工場（施設17〜22、140頁図44）の特徴は、各種工場を1ヶ所に集約した点にあり、工場内の各作業が効率よく連動して行われていたことをうかがわせる。建設時の記述にでてくる高さ60フィートの煙突は描かれていないものの、発掘調査の所見からいえば、汽罐室の西に存在しているはずである。そして、この7連の建物のうち、開業時の機関

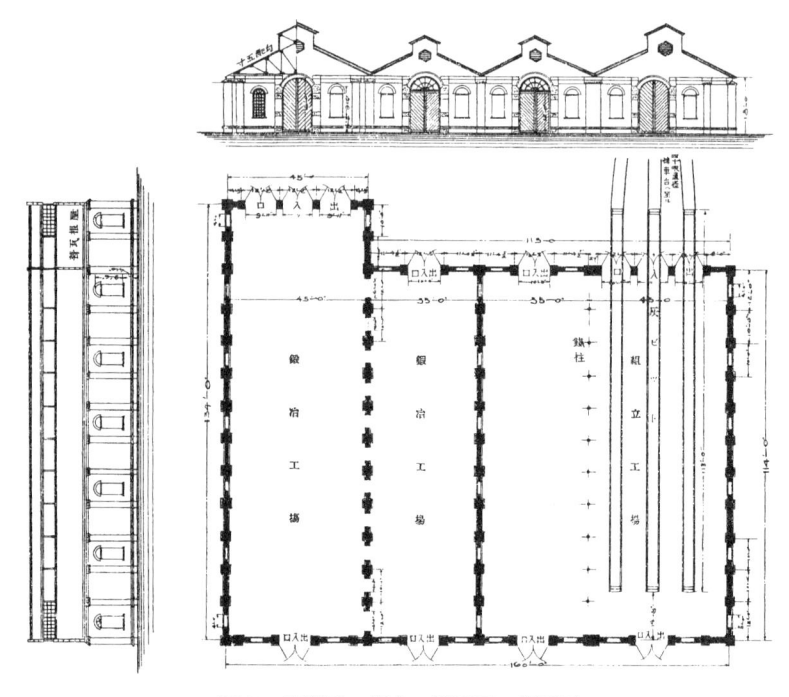

図64　西鍛冶・組立工場平面・側面図

車修復所（施設15）に相当する仕上工場部分の建築部材（鉄柱や鉄梁など）は、新橋工場廃絶後の大正4年に大井工場に移築されて用品倉庫の部材として再利用されることになる[7]。なお、この用品庫の建物は、現在愛知県犬山市の博物館明治村において「鉄道寮新橋工場・機械館」として移築保存されている[8]。

　組立工場・西鍛工場（施設11・12）は小屋組4棟を並列に連結した規模の大きな建物で、組立工場と鍛冶工場に分かれている。組立工場には開業時の機関車用転車台から延びる3本の線路が引き込まれており、転車台を介して車両の出入りがなされ、組立・修繕などの作業が行われていたと考えられる。『中部鉄道管理局所属工場略図』に掲載された個別図は図64に示したとおりである。調査の所見では、この建物は開業時の扇形機関車庫（施設9）を壊して建てられており（24頁写真2参照）、すでに再三述べているように、前述した「古い機関庫」が扇形機関車庫に相当するなら、壊された時期は明治18年頃で当時扇形機関車庫は製鑵工場（施設10）と呼ばれていたことになる。さらに、明治19年7月頃に完成した「3本の機関車用の引き込み線が設置され、側壁に沿って機関

車修繕用の工作台も設置された」[9] 修繕工場の入った新工場がこの組立工場・西鍛工場の一部に相当するから、この製鑵工場はほどなく破壊されたことになる。なお、第Ⅲ章第4節で述べたように、「明30構内図」で確認できるこの新工場は南にさらに45フィート増設され

写真37 乙木工場（手前）および塗師場（奥）の遺構

た姿で描かれており、「明44構内図」ではさらにこの部分が西側に増設された形となっている。

　2棟の小屋組からなる乙木工場（施設145）の建物は「明30構内図」ではじめて確認された。ただし、乙木工場の名称は、明治15年に作業所から工場に昇格した工場名の中にでてくるから、以前からこの名称で呼ばれていた部署はあったのだろう（写真37）。『中部鉄道管理局所属工場略図』に掲載された個別図（図65）によれば、4本の引き込み線がみられ、建物のコーナーには職工長室、木工工事科、材料置場などが設置された施設であることがわかる。なお、この建

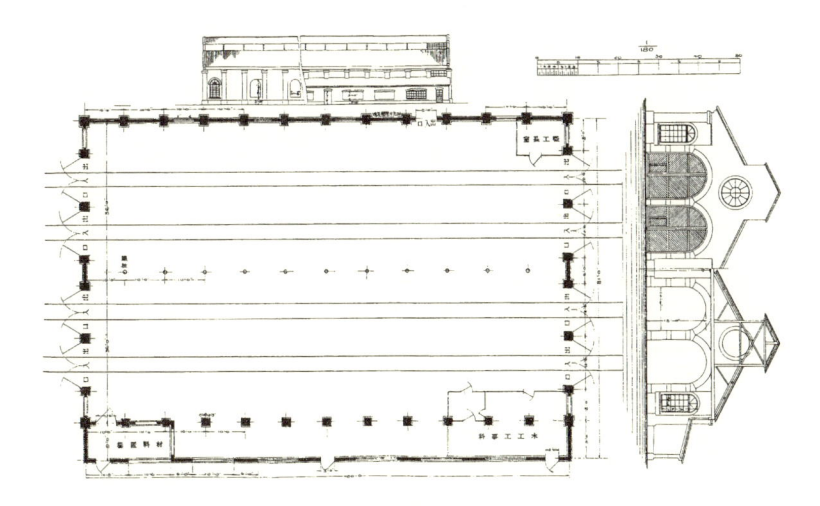

図65 乙木工場平面・側面図

物は新橋工場廃絶後の大正8年に大井工場に移築されて様々な職場として使われており、昭和27年頃には第二旋盤職場と呼ばれていた[10]。その後この建物は先にもふれた愛知県犬山市の博物館明治村に移築され、現在は「鉄道局新橋工場」の名称で保存されている[11]。ちなみに、この名称の由来はこの建物の部材の中に「明治弐拾二年　東京鉄道局鋳造」銘のある鉄柱が含まれていたからで、建築記録の残されていないこの乙木工場の建設年代が明治22年頃であることも判明したのである[12]。

　以上、器械場周辺諸施設の変遷に関して簡単に検討してきた。しかし、明治後半における特徴的な施設は、何といっても、明治34年度に完成した発電所（施設231）であろう。発電所に関しては次節で詳しくふれるが、この施設の登場によって、駅舎内や機関車庫、工場内など広範な場所に自前の電力供給が可能になるのである。

註

（1）　「新橋停車場構内客車製造所建増ノ伺」（『工部省記録』巻18ノ2）。
（2）　「新橋停車場構内客車製造所建増ノ伺」（『工部省記録』巻18ノ2）付図。
（3）　「新橋ステーション構内板倉新築伺指令」（『鉄道寮事務簿』第29巻）。
（4）　「新橋停車場貨物積卸場等工事」（『逓信省公文』第66巻　建築34）付図。
（5）　「新橋停車場構内ニ於テ鍛冶工場建家壱棟新設工事示方書」（「廿九年度保存及補充工事予算不足額増加」）【『逓信省公文』第43巻　建築11】。
（6）　「新橋駅構内仕上工場仮建家及諸工食所手洗場新設」（『逓信省公文』第45巻　建築13」）。
（7）　前掲『大井工場九十年史』242頁。
（8）　博物館明治村『鉄道寮新橋工場・機械館、鉄道局新橋工場』（明治村建造物移築工事報告書　8　1995年）。
（9）　『Imperial Government Railways Japan Annual Reports by Foreign Staff』（For The Nine Months From 1st July, 1885, To 31th March, 1886.）Tokio 1886　p.31.
（10）　前掲『大井工場九十年史』244・245頁。
（11）　前掲『鉄道寮新橋工場・機械館、鉄道局新橋工場』。
（12）　菊池重郎「鋳鉄柱の期限と変遷」（大阪建設業協会『建築もののはじめ考』1974年　315-329頁）。

第4節　発電所の建設

　山間部水力発電による本格的送電開始以前における都市部小規模火力発電のもつ時代的背景に関しては他書を参考にしていただくこととして、ここではまず、明治時代後半期に新橋駅構内に導入されることになった火力発電所（施設231）の概要とその発掘調査の所見から紹介していこう。

　明治34年度に建設され、翌35年度（明治36年1月）に稼働を開始した発電所は、明治45年時の平面図（図66）では鉄骨平家建ての小屋組2棟を連ねた桁行き144フィート、梁間67フィートの規模をもち、南端部に高さ81フィート（24.7ｍ）の八角形の煙突を備えた施設として描かれている[1]。内部は汽鑵室、発電器室、試験室に分かれており、汽鑵室にボイラー、発電器室には蒸気エンジン、発電器などが装備されていた。発掘によって検出された遺構は、ほとんどがコンクリート製の土台および基礎部分で、他には汽鑵室の床と煉瓦積みの内壁の一部がかろうじて残存していた（写真38、138頁写真24も参照）。南端に設置されていた煙突は、汽鑵室本体から煙突につながる煙道部および煙突の地下部分が比較的良好に残っており、煙道および煙突の内面あるいは煙道部前面には耐火煉瓦が貼られていた（写真39）。

　しかし、この遺構で特記すべき点は、煙突の土台および基礎部分にあった。すなわち、八角形の煙突の下部は当時も地中に埋まっており、残されていた側面図にも記載がなかったのであるが、調査の結果そこには整然とした煉瓦組みの土台が25段もピラミッド状に積み上げられていたことが判明したのである（写真40）。しかも、その煉瓦の下部にはコンクリートが約1ｍほどの厚さで打たれており、さらにその下には長さ3ｍ前後の捨て杭が112本も規則正しく打ち込まれていた。煙突部分に限定されたこのような堅牢な基礎は、新橋駅構内のいかなる施設にもみられない構築方法であり、高さ約25ｍの煉瓦製煙突の重量がいかに大きかったかがうかがわれる。

　蒸気エンジンや発電器が置かれていた発電器室の基礎部分にはタールの広範な付着が認められ、廃絶後80年近くたった発見時においても鼻をつく機械油の強烈な臭いが残っていた[2]。煙道部内側および煙突内面の耐火煉瓦は、強い火力のために変形し、非常にもろい状態で検出されている。残存していた汽鑵室の床には耐火煉瓦が貼ってあるのだが、煉瓦にはボイラーがおかれている区画

228　第Ⅳ章　施設の諸問題

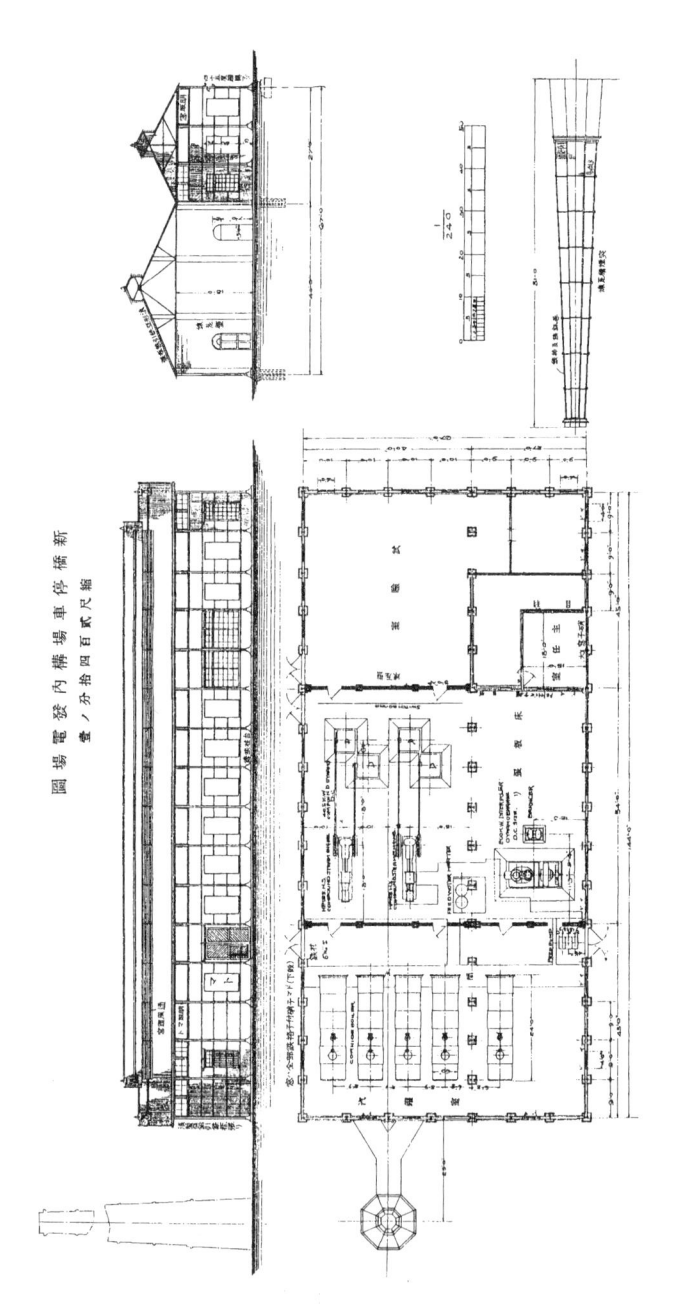

図66・発電場平面・側面図

第4節　発電所の建設

写真38　発電所の遺構

ごとに異なった種類の会社名の刻印が認められ、建設に際して複数の製造会社から耐火煉瓦を納入させていたことが判明した[3]。こうした施設内における耐火煉瓦の棲み分け的な設置が何を意味するのか、建設に関する関係書類が残っていないため判然としないが、興味ある事実である。

写真39　発電所の煙道部分

なお、本施設は先に述べたように2棟の小屋組からなっており、それは東に向かって27フィートほど増設された結果として認められるのであるが、建設時の規模は桁行き144フィート、梁間40フィートの単体の施設であった[4]。梁間方向27フィート

写真40　発電所煙突部分の基礎

表18 発電所機械数の推移

供給場所	明治35年	36年	37年	38年	39年	40年	41年	42年	43年	45年
ボイラー	2	2	3	4	4?	4?	4?	5?	5?	5
原動機	2	2	2	2	2	2	2	3	3	
発電機	4					4	4	5	6	
電動機			12	14	19	15	21	22	28	

表18・19・20は『鉄道作業局年報』『帝国鉄道庁年報』『鉄道院年報』より作成

　の増設の時期に関して詳細な記録はないものの、明治37年度に従来2基だったボイラーをさらに2基増設して4基にしており、この時に拡張したと考えることも可能である。しかし、平面図をみてもわかるように、ボイラー4基の設置なら建設時の規模で十分可能であるから、拡張されたのは5基目のボイラーもしくは発電室コーナー部にみえる「200KW INTREPOTER DYNAMOENGINE」が設置された時期とするのが妥当であろう。

　記録にはわずかに明治41年度に発電所の増築を示す記載[5]が確認でき、同じ41年度の記録にでてくる「新橋工場内汽機直結発電機の据付」[6]がこの「200KW INTREPOTER DYNAMOENGINE」に相当すると考えれば、施設の拡張時期は明治41年度で確実ということになる。この発電機の増設の結果は翌42年度の統計の数字としてあらわれている。加えて、明治42年の記録[7]にある「新橋発電所汽機汽罐増設」中の「汽罐」が5基目のボイラーに、また「汽機」が3基目の原動機に相当すると考えれば、その増設は文字どおり明治42年度ということになろう。この3基目の「汽機」（原動機）の明治45年時における平面図上の位置は明らかではないけれども、統計上の数字に関しては一致している（表18）。

　以上の検討から、発電所の増築は明治41年度に「汽機直結発電機」を設置するために行われ、翌42年度にはその拡張された空間へさらにボイラーを増設するという形で実施されたと考えられる。したがって、42年度における発電所内の施設の数はボイラー5基、原動機3基、発電機5基ということになろう。

　新橋工場内における発電器による電燈使用は、明治31年12月6日が最初である[8]。これは旋盤工場のすべてと仕上工場の一部に電燈を設置したもので、「本年度十二月六日以降三月二十二日ニ至ル迄午前六時始業ノ際平均毎日一時二十分間点火ヲ実施セリ、其ノ燈数ハ十燭燈三十七個及十六燭燈六十八個ニシテ」という状況であった。電源はホーンスビー・アクロイド石油機関9.5馬力のもの

1基と100ボルト12キロワットのクロッカー・ホイーラー4極式直流発電器1基で、ランプと比較した稼働経費は1時間あたり電燈の方が3円17銭9厘も少なかった(9)と記録されている。

　また、その効果は「電燈布設以前ニオイテハ冬日始業ノ際又ハ曇天ノ居残執業等ニ多クノ釣「ランプ」（俗ニカンテラト称ス）ヲ使用セシガ該「ランプ」ノ構造タル極メテ不完全ナルヲ以テ光力微弱ニシテ煤煙ヲ発スルコト夥シク職工ノ執業ニ対シテ堪カラサル不便ト不快トヲ感セシメタリ加之屋根ニ於ケル採明窓ノ硝子ハ煤煙ノ此ノ為メニ汚サレテ久シキニ亘レハ採明ノ効ヲ失フニ至ルコトアリシカ電燈布設以来是等ノ不便ハ全ク除去セラレ執業上並ニ健康上大ニ便益ヲ与ヘ従テ工事ノ進捗上ニモ一段ノ歩ヲ進メタルハ疑ヲ容ルヘカラサルナリ」(10)というものであった。

　以上は新橋工場において、詳細な記録をともなった最初の電灯使用の例と考えられるが、その前年度の記録にも「新橋駅ニ電灯及瓦斯燈ヲ増設シ」(11)とでてくるから、明治29年以前にすでに構内において電灯が使用されていたことは確実である(12)。

　それまで単独の発動機や外部電力に頼っていた構内の電力需要に対し、新設された工場内の発電所からも電力が供給されることになるのは、前述したように明治36年1月のことである。発電所の建設は明治33年度に計画され、翌34年度に竣工をみたのであるが、実際に稼働したのは35年度も終末、明治36年に入ってからであった。建設の経緯は次のごとくである。

　「本工場ニ於ル作業ハ年ト共ニ多キヲ加ヘ従テ諸機械動力増加ノ必要ヲ感スルコト一層切ナルニ至レリ然ルニ新ニ汽機汽鑵ヲ増備スルハ場所ノ狭溢之ヲ許サザルノミナラス経済並操業監督上ノ点ヨリ見ルモ亦甚得策ナラス而シテ一方新橋駅内ニ於テ使用スル電燈及瓦斯燈ハ現時約一万四千燭光ニ達シ尚今後運輸事業ノ進展ニ伴ヒ益増加スヘキ趨勢ナルヲ以テ当局ノ事業トシテ新ニ発電所ヲ設置シ昼間ハ工場諸機械ノ原動力ニ使用シ夜間ハ新橋品川両駅ノ燈火ニ充テ傍ラ工場ニ於ル夜間執業ノ際ニ充用スルコトトセハ経済利便等利益スル処少カラサルヘキヲ信シ去ル三十三年度ニ於テ之ヲ計画シ爾来漸次其歩ヲ進メ本年度ニ於テ該建造物及汽機ノ居付ヲ完了スルコトヲ得タリ」(13)

　この時設置された機械には、英国チンカース社製の「コーニッシュ汽鑵」（ボイラー）2基、米国マッキントッシュセーモア社製の「複式不凝ノ高速力機関」（スチームエンジン）2基、米国ゼネラル社製の「低圧直流二百二十五ボルト百

写真41 発電所の内部

八十アンペア四極復巻発電機」(ダイナモ) 2基、米国ワシントン社製の「フヒードポンプ」(給水ポンプ)などがある。燃料である石炭をボイラー内で燃焼させて水蒸気を発生させ、その力でエンジンを回し、その回転力をダイナモに導いて電気を発生させる仕組みであった(写真41)。

　新橋駅構内の電気配線は明治36年1月8日以降、東京電燈会社の配電から本発電所の配電に切り替えられるのであるが、明治35年度においては、発電所からの供給は主に工場部分のみで駅舎内は依然として同社からの配電であった。なお、この年には建設時に2基であった発電器をさらに予備として同型のものを2基増やして合計4基にしている。また、すでに述べたように、汽鑵の方も明治37年度にはさらに2基増やして4基にしており、30年代を通して次第に構内における電力供給体制が整っていったことがわかる。その様子は表19に示したように、明治35年度から43年度までの構内の電灯数がわずか7年ほどの間に3倍に増加している点に端的にあらわれており、特に工場や宿直室(官舎、事務所)などの施設でその増加が顕著である(原文では39年度宿直室他の合計が292となっているが、392の誤記の可能性が高く、さらに原文では42年度の合計が2035となっているが、計算上は2034である)。

　また、工場内における電気動力(電動機)の数も徐々に増加している。工場内への電動機の導入は明治36年4月20日から行われた旋盤、鍛冶その他の工場への設置が最初であるが、37年度は5馬力のもの4基、10馬力のもの8基の計12基、38年度は5馬力(5基)、10馬力(6基)、33馬力(2基)、60馬力(1基)の計14基、39年度は5馬力(8)、10馬力(7基)、33馬力(3基)、60馬力(1基)の計19基、40年度は3馬力(1基)、5馬力(6基)、10馬力(5基)、33馬力(2基)、50馬力(1基)の計15基、41年度は5馬力(7基)、10馬力(6基)、20馬力(3基)、33馬力(3基)、50馬力(1基)の計20基、それに切符印刷所

表19 電灯数の推移

年	種類	白熱燈						弧光燈		合計
		10燭光	16燭光	24燭光	25燭光	32燭光	50燭光	130燭光	1200燭光	
35年	駅舎内	44 (21)	175 (55)	208 (80)			12		12 (6)	451 (162)
	同飲食店	12 (6)	12 (6)			12 (6)				36 (18)
	宿直室		2							2
	機関庫	1	8						2	11
	工場		392						17	409
	合計	57 (27)	589 (61)	208 (80)		12 (6)	12		31 (6)	909 (180)
36年	駅舎内	25	120	118		2	26		12	303
	同飲食店	6	6			6				18
	宿直室他	16	46							62
	機関庫	1	8						2	11
	工場		400						17	417
	合計	48	580	118		8	26		31	811
37年	駅舎内	34	124	95		16	26	22	12	329
	宿直室他	20	94						1	115
	機関庫		8						2	10
	工場		502						17	519
	合計	54	728	95		16	26	22	32	973
38年	駅舎内	26	107	56		12	26	22	12	261
	宿直室他	146	206						1	353
	機関庫		9						2	11
	工場		539						17	556
	合計	172	861	56		12	26	22	32	1,181
39年	駅舎内	28	141	74		12	28	*22	12	317
	宿直室他	115	275	1					1	292
	機関庫		9						2	11
	工場		532						17	549
	合計	143	957	75		12	28	*22	32	1,269
40年	本部	22	220							242
	駅舎内	21	157	34	24	6	58	*22	15	337
	工場		583				8		11	602
	官舎	202	160							362
	合計	245	1,120	34	24	6	66	*22	26	1,543
41年	本部		276							276
	駅舎内	22	179	34	24	6	58	*22	16	361
	工場		583				8		11	602
	官舎	223	165							388
	合計	245	1,203	34	24	6	66	*22	27	1,627
42年	新橋工場	273	1,582	34	24	6	66	*22	27	2,035
43年	新橋発電所	309	1,562	34	571	8	90		35	2,609

写真42　電機工場内部

にも5馬力のもの1基が設置されている。さらに、42、43年度には種類は特定できないものの、それぞれ22基および28基が設置されている（表18参照）。

一方、これらの電灯や電動機に電力を供給する発電機は、明治40年度および41年の段階でも確認できるように、この頃まで明治35年に設置された4基の米国ゼネラル社製ダイナモ（225ボルト、45キロワット）が使用されており、42年には5基、43年には6基となっている。なお、関連施設として明治36年には電機関連の工場（施設233）も新設されており（写真42）、その経緯は次のごとくである。

「従来本工場ニ属セル電機工場ハ仮ニ旋盤工場内ノ一小部分ト倉庫ノ一小室トヲ充用セシモノナリシヲ以テ漸次事業ノ膨張スルニ従ヒ場内著シク狭溢ヲ告ケ不便甚シキニ至リタリ依テ本年度ニ於テ職工会食所ニ平行シテ百六十坪ノ木造建築一棟ヲ新築シ諸般ノ設備ヲ完成シタルヲ以テ爾来操業上頗ル便宜ヲ得ルニ至リタリ」[14]

さらに、電気（機）関係の工場は明治40年にも1棟（施設234）増設されており[15]、これが「明44構内図」（49頁図19、137頁43参照）に描かれている電機工場（施設233）と斜めに連結された電気工場の姿である。

以上、新橋工場内の発電所に関してみてきた。明治20年東京電燈会社によってはじまったとされる東京市内への電力供給事業は、新橋駅構内においても明治30年代前半まではその大半を同社からの供給に頼っており、その電気事業史的な位置づけはいわゆる「市内配電時代」と呼ばれる初期の段階の所産である[16]。この時代の電力供給は、都市の各所に設置された小規模の火力発電所からのものであり、明治32年を画期として設定された水力発電による「近距離送電時代」のそれとは発電量にも大きな差があった。この近距離送電時代は、高電圧の電気をそのまま主に山間部から市内に導こうとする時代であり、そのような目論見は送電技術の発達により可能となるのである。

第4節　発電所の建設

表20　発電量の推移

供給先	明35年	明36年	明37年	明38年	明39年	明40年	明41年	明42年	明43年
駅舎内宿直室	20407.9	98522.5	140328.0	172881.8	195869.2	254382.0	266860.0		
機関庫	1677.9	6757.8	7826.6	8604.0	8604.0				
工場	3657.8	164409.4	248984.6	364434.0	365326.0	377364.0	387086.0		
計(kw)	25743.6	269689.7	397139.2	545919.8	569799.2	631746.0	653946.0	806984.0	1162385.0

　一方、この時期の大都市の発電事業は、水力に恵まれないという点からも火力発電の容量を増大させる方向で事業の拡大がはかられたようである[17]。ここに登場するのが当時実用化されつつあった蒸気タービンである。しかし、日本における最初の蒸気タービンの設置は明治36年の東京電燈会社の千住発電所が最初とされており、明治34年に設置された新橋発電所の動力は従来の蒸気機関（スチームエンジン）であった。したがって、出力のほうもそれほど大きいものではなく、たとえば明治38年3月の平均供給電力は動力用発電機が昼間50KW、夜間30KWで、電灯用発電機が50KWであった（発電機の容量はいずれも81KW）[18]。

　電力供給高（総発電量）の推移は表20に示したとおりで、再三述べているように前年度にくらべて大幅に供給高が増加した明治37年度にはボイラー2基の増設をはかっている。そのうち1基は同年度中に設置されたようで、その結果が翌38年度の工場部分を中心とした電力供給高のさらなる増加をもたらしたものと考えられる。表からもわかるように、発電所による電力供給高は施設建設以降急激な増加を示しており、その量は明治43年度にいたって、ついに36年度供給高の3倍にまで達するのである。

　なお、発電所の終焉に関しては記録がなくつまびらかにできないけれども、移転先の大井工場の動力室の設置が大正4年[19]とされているから、その直前までは稼働していたと考えてよいだろう。

註
（1）　「新橋停車場構内発電所図」（前掲『中部鉄道管理局所属工場略図』）。
（2）　後世の所産の可能性もある。
（3）　会社名をあらわす刻印としては「HIRAMATU」、「SEIKOUSIYA」、「SINAGAWA」、「三石耐火煉瓦株式会社」などが認められた。
（4）　『明治三十四年度鉄道作業局年報』177頁。
（5）　『明治四十一年度鉄道院年報』88頁。
（6）　同前　19頁。
（7）　『明治四十二年度鉄道院年報』20頁。
（8）　『明治三十一年度鉄道作業局年報』122頁。

（9）　同前　122・123頁。
（10）　同前　123・124頁。
（11）　『明治三十年度鉄道作業局年報』28頁。
（12）　橋本克彦は、新橋駅の電灯開始を明治24年のこととしているが（『日本鉄道物語』（講談社文庫）講談社　1993年　33頁）、これは『日本国有鉄道百年史』4の「明治24年にはじめて駅所照明に電燈が使用されて以来、新橋駅・神戸駅などをはじめとして、次第に各所でその数を増していった」（同書　20頁）の記載にもとづくものと思われる。しかし、『日本国有鉄道百年史』の文章は必ずしも新橋駅の明治24年における電燈の使用開始を意味しているわけではなく、さらにこれを裏づける資料も見つかっていない。
（13）　『明治三十四年度鉄道作業局年報』177頁。
（14）　『明治三十六年度鉄道作業局年報』81頁。
（15）　『明治四十年度帝国鉄道庁年報』33頁。
（16）　前掲『明治工業史』電気篇　1928年　322-342頁。
（17）　同前　335-344頁。
（18）　『明治三十七年度鉄道作業局年報』84頁。
（19）　前掲『大井工場九十年史』242頁。

第5節　構内における上・下水道施設

　本書ではこれまで構内に存在した様々な施設に関して、建設、機能、変遷、廃絶などの観点から詳細に検討してきた。しかし考えてみれば、単純な倉庫のような施設は別として、どの施設（特に工場部門）にとっても作業上「水」は必要であり、またその結果として各施設から「廃水」が生み出されるのは必然的なことである。排水にはこれらの作業廃水ばかりでなく雨水も含まれるから、たとえば倉庫のような施設（の屋根）からもこれが生じることになる。当然この上・下水に関わる機能は各建物に付帯し、その一部を構成しているけれども、構内にはこれら個々の末端機能とは別にこれを集約する基幹の上水網および排水施設が設置されている。本節では、今までふれてこなかった構内の上・下水道施設に関してその大要を述べることにする（表21）。構内における上・下水の配置を模式化したものが図67である[1]。
　発掘調査によって明らかになった施設の一つとして、この上水道および下水道（排水）に関する遺構があげられる。構内の上水道に関しては、いくつかの設置記録や修理記録がみられるものの、その様相はつまびらかでなく、さらに排水施設にいたっては、構内図に姿をあらわさないこともあって、発掘によって

第5節　構内における上・下水道施設

表21　構内の上・下水道施設

区分	系統	細分		設置時期	樋、木樋	管、溝	主な対策施設	主な変更	追加対象施設、備考	取水口、排水先
上水	A			開業以前	木樋	木樋	水溜（灰落場）	一部鉄管	構内各施設	構内北端
	B			明治10年代後半	鉄樋	鉄樋	第二機関車庫、石炭庫			構内西端
	C			明治6年	鉄管	鉄管（太い）	荷物庫		明治30年以前に廃絶	構内西端
	D			明治20年代?	鉄管	鉄管（CC&Co製含む）	構内各施設			構内西端
	E			明治20年代?	鉄管	鉄管（CC&Co製含む）				
	F			明治20年代?	木樋	鉄管	第五号倉庫			
	G			明治20年代?		鉄管	器械場			
	H			明治20年代?	木樋	鉄管	鋳物場			
	I			明治20年代?	木樋	鉄管				
	J			明治20年代?	木樋	鉄管				
	K			明治7年	木樋	木樋	湯呑所			構内北端
	L			明治32年以降		鉄管（リエージュ製含む）	構内各施設			構内西端
	M	M-1		開業以前	切り石組溝	切り石組溝	灰落場、機関車用転車台、扇形機関庫	バイパス工事	第二機関車庫、組立工場、石炭庫	汐留川
		M-2		明治6年	切り石組溝	切り石組溝				汐留川
		M-3		明治15年頃	煉瓦組溝	土管				汐留川
		M-4		明治34年以降	コンクリート管	コンクリート管				汐留川
	N			開業以前	切り石組溝	切り石組溝	プラットホーム、駅舎、雨水			構内西端
	O			明治10年代?	切り石組溝	切り石組溝、木樋	新客車庫?、雨水	煉瓦組溝	計量台、貨車用転車台	汐留川
	P	P-1		開業以前	切り石組溝	切り石組溝	機関車修復場	煉瓦組溝		汐留川
		P-2		明治6年頃	切り石組（煉瓦）溝、土管	切り石組溝	鍛冶場			汐留川
		P-3		明治13年	切り石組溝	切り石組溝	客車製造所			汐留川
下水	Q			明治17年頃	煉瓦組溝	土管?	器械場増築部分			汐留川
	R			明治31年		土管	第三仕上工場			汐留川
	S			明治6		竹組石敷溝（開渠）	インシニール官舎、雨水			汐留川
	T	T-1		明治7年以降		土管溝（古）	湯呑所、古客事庫			汐留川
		T-2		明治7年以降	木組溝	土管（新）、関知石樋	湯呑所、古客事庫			汐留川
		T-3		明治20年代頃		土組溝（開渠）	荷物庫?			汐留川
	U			大正時代?		木組溝	雨水、他		ガラス製汽車土瓶出土	会仙川
	V			開業初期		木組溝	雨水、他			会仙川
	W			開業以降		木組溝	雨水、他			会仙川
	X			明治10年代以降	煉瓦組溝	竹組石敷溝（開渠）	雨水、他			会仙川
	Y	Y-1		明治6年		土管	インシニール官舎、雨水			会仙川
		Y-2		明治20年代?	煉瓦組溝	土管	乙木工場、丙木工場、雨水			会仙川
	Z			明治10年代以降	煉瓦組溝	土管	雨水、他			会仙川

238 第Ⅳ章 施設の諸問題

図67 上・下水道系統模式図

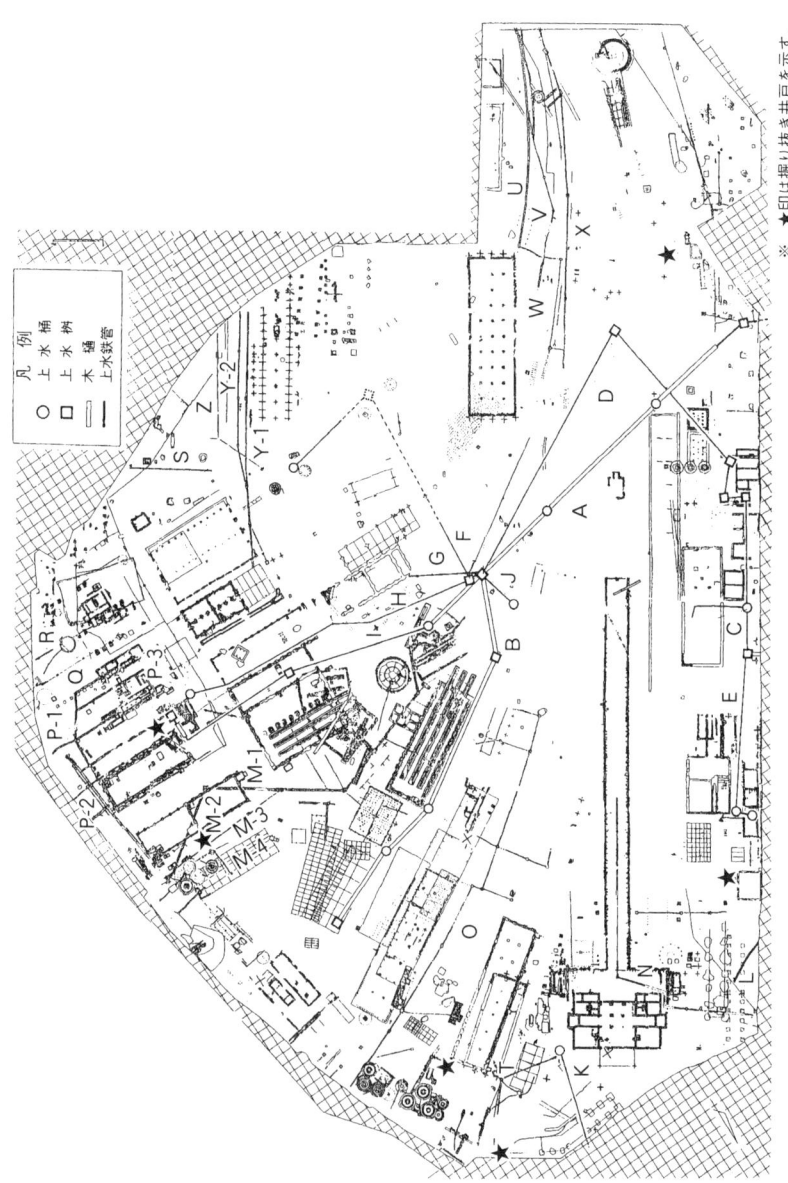

※ ★印は掘り抜き井戸を示す。

はじめてその存在が確認されたといっても過言ではない。ちなみに、「明30構内図」（46頁図18、124頁図40）には線路や各施設を横断する破線が描かれているが、これが上水道の設置ラインを示した斜線であるとわかったのは、これに対応した遺構（鉄管）が検出されはじめた発掘調査開始後数年たった頃のことであった。

まず、全面的な発掘調査によって比較的明瞭に様相が確認できた構内北半部（会仙川以北）の上水道に関してその大要を述べたいと思うが、ここで主に検討する上水施設はいずれも加圧式のいわゆる近代水道ではなく、江戸時代以来の自然流下式の水道のことである。年代的には

写真43　上水道（系統Ⅰ）の遺構

開業から明治30年頃までがその対象となろう。ちなみに、構内における近代水道以前の上水は、江戸時代を通じて主に低地に張り巡らされた上水網の一部から取水していると考えられ、新橋駅構内の場合は玉川上水系の末端に位置していることになる（写真43）。

構内で最も古いと考えられる上水施設の一つが、構内西辺際やや南に取水口をもつ系統Aの上水である。構内に入った地点に設置された木桝から伸びた木樋は、途中いくつかの木桶を経てまっすぐに機関車用水溜（施設31）の真後ろにある木桶に接続し、ここから、木桶内に設置されたポンプによって水溜に水を汲み上げる仕組みとなっていた。この系統Aの施設には一部鉄管の敷設もみられるものの、その下に木樋が残存していたことを考えれば、鉄管が後世の修復の所産であり、設置時にはすべて木樋が使われていたと考えて差し支えあるまい。そして、導入部鉄管の下部で確認されたこの古い木樋が江戸時代から続く所産である可能性は十分に考えられるところである。

まっすぐ機関車用水溜につながっていることからその機能は明白であり、設置時期も開業時以前で間違いなかろう。「明30構内図」に示されたとおり、以後、構内の関連施設特に工場部分には、このラインの途中に明治10年代後半から20年頃に設置されたと考えられる木桝を起点として水が供給されることにな

る。なお、このラインの施設に関しては、明治5年11月に芝口三丁目と源助町の間の裏道（構外西際の取水口付近）にあった埋桝から出水し、これを修理したとの記録がみえる[2]。

先ほど述べた系統A途中の起点桝からは、旧第二機関車庫（施設86）を囲むように、北東に木樋のラインが伸びている。この系統Bの設置時期が、「明15～17構内図」（17頁図7、119頁図38）や「明17参考図-1」（18頁図8）などで確認できる第二機関車庫設置後であることは確実であるが、「明30構内図」にはすでに描かれていないから、明治30年までには使われなくなっていたものと考えられる。この施設の素材も木樋および木桝や木桶であり、上水施設としては古いタイプのもの（必ずしも設置年代が古いということを意味しない）である。

それはさておき、開業の翌年に設置された新しい上水ラインが、木樋の代わりに鉄管を使用した系統Cの上水施設である。取水口は、やや北よりになるが系統Aと同様構内西辺際で、この地点は江戸時代にも仙台藩邸の上水の取水口として使われていた場所である。上水施設の設置に際して構外にある埋桝を修理したらしく、工事中は人力車および馬車の往来に関して配慮する旨の文書が東京府知事に提出されている。文書には、「芝口二丁目三丁目ノ町裏通鉄道ステーション構外下水際埋桝修復来ル十五日ヨリ廿五日皆出来之積ニ而相整度尤馬車人力車等往来差支無之様」[3]とある。

検出された遺構の状態は、構内の木桝までは木樋であるが、その先はやや径の大きな（直径約150mm前後）古いタイプの鉄管が使われており、一部は屈曲して荷物庫（施設23）へ導かれ、他は構内の西辺に沿って南へ伸びている。この系統Cの上水が明治6年の時点でどこまで設置されたかはつまびらかでないが、屈曲点より南の鉄管の直径が100mm前後とやや細く異なる点、あるいはこの時点でこの付近の施設は荷物庫しかなかった点などを考えると、その本来の目的は荷物庫への導水であった可能性が高い。もちろん、この点に関して確実なことはいえないけれども、屈曲点以南および導入部木桝以北に伸びる鉄管に当初にはみられなかった「CC & Co」の銘をもつものが含まれる点などを考慮に入れれば、荷物庫以外の部分への上水網の延長（系統Dおよび系統E）は、さらに後世に行われたと考えて差し支えなかろう。

ちなみに、この「CC & Co」銘の鉄管はイギリスのシェフィールドにあった「Charles Camel & Co」社の製品と考えられる[4]ものの、この鉄管がいつの時点で日本に輸入されたのかはつまびらかにすることができない。しかし、その

設置状況を勘案すると、開業当初例外的にみられる比較的径の大きな鉄管と明治30年以降のリエージュ社製鉄管の間隙を埋める鉄管として位置づけられる可能性もでてくる。なお、「明30構内図」には系統Cは描かれていないから、この時点ではすでにこの上水施設は廃棄されていたと考えられる。

さて、検出された系統Dの遺構は、「明30構内図」に描かれているように乗車切符印刷所（施設128）付近で2度ほど屈曲して斜めに南に伸び、一転してプラットホームの延長線上で鋭角に屈曲してまっすぐに系統A途中の木桝につながっている。そして、この不自然なラインの形が、遺構としては検出されなかったものの、同構内図にみえるプラットホーム（施設7）とランプ室（施設144）を避けて埋設した結果であることは一目瞭然である。さらに、その設置時期は開業時のプラットホームの2度目の延長後（明治10年代後半から20年代）ということになるだろう（プラットホーム延長問題に関しては、第Ⅳ章第2節で詳述した）。

系統Dの直接の到達点は系統A途中の木桝であるが、逆にいえば、後の上水網の起点ともいうべきこの木桝の設置こそが系統D設置の眼目であった可能性が高い。系統Dの機能は、豊富な水を系統Aに代わって構内中央の供給センター（起点となる木桝）に供給することにあったと考えられるけれども、「明30構内図」には依然として系統Aも描かれており、この時点ではいまだこの最古の上水施設が廃棄されていなかったことを示している。そうすると、構築素材は木樋であるとはいうものの、先に検討した系統Bもこの木桝設置後に埋設されたと考えざるを得なくなる。

この供給センターからは他にもいくつかの方向へ上水ラインが伸びており（系統F、系統G、系統H、系統J）、また系統Aの先にも新たな供給ライン（系統I）が確認できるから、その供給水量はかなりの量に達したものと考えられる。特に東方向に伸びる系統Hや系統Iは、新橋工場の各施設に水を供給するために設置されたものであり、その水量は決して少なくなかったはずである。したがって、起点木桝を含めた系統Dの設置には、系統Aの代替えというよりは、これを補う役割をもたせる意味があったものと考えられる。なお、より新しい系統である系統F、系統G、系統H、系統I、系統Jは、いずれも鉄管による給水である。

工場部分への鉄管敷設に関する記録はまれであるが、次に、唯一といってもよい客車庫の例を紹介しておく[5]。これは客車庫へ新たに洗浄用給水鉄管を引く工事で、年代は近代水道敷設直前の明治30年のことである。記録によれば、

鉄管敷設の理由は「新橋停車場客車洗場ハ迎来機客車輛ノ増加ニ随伴シテ其洗浄ノ度数繁激ニ相成候処従来ノ如ク容量僅少ナル桶ヲ以テ給水致候等ノ方法ニテハ多人数ヲ要スルノミナラズ終局洗浄不行届ノ傾ニ可相成ト被存候間」となっており、それまでの車輛洗浄が桶を使った人手のかかる作業であったことがわかる。それまで洗浄のための水は、従来の井戸から桶を使って一々運んでおり、はかがゆかないばかりでなく、きわめて多くの人数（延べ人数）を要する非効率的な作業だったようである。

工事はこれを「現今使用スル堀井戸ノ傍ニ大水溜ヲ新設シ「ポンプ」ヲ以テ井水ヲ汲上ケ適当ノ高サヨリ護謨管ニテ洗場ニ導キ之ヲ以テ自立ニ水ヲ漏出セシメ各車輛ニ相灌キ得ル様」にするためのものであり、径4寸（約120mm）の鉄管が取水口からこの大水溜までの426尺の距離に敷設され、他には径3寸（約90mm）の鉄管が34尺ほどの長さで使われた。鉄管によって導かれた水に圧力がかかっていない点は、「ポンプ」の存在がこれを証明しているが、それでもこの工事によって作業効率が飛躍的に増大したことは想像にかたくない。ちなみに、「明30構内図」には客車庫が2ヶ所描かれており、取水口からの距離を勘案すると、この記録にでてくる客車庫はプラットホーム西側にあるそれ（施設137）と考えられる。

構内工場部分の上水網は複雑であり、その遺構の残存状態も必ずしも良好とはいえないけれども、工場の各施設は明治30年までにはほぼ設置されているから、上水施設もそれにともなって同年頃までには一応の完成をみたものと考えられる。

なお、今まで検討してきた上水施設の水が、工場部分も含めて飲料水に使われたかどうかはつまびらかでない。東京に加圧式のいわゆる近代水道が設置されるのは明治32年のことであるが、明治政府がその必要性を痛感したのは明治10年、12年、18年、19年のコレラ流行が大きな理由であり、特に明治19年のそれは、全国の死者数110,086名に及び、東京だけでもその数9,879人にのぼる凄まじいものであった。そして、このコレラ流行の大きな原因の一つに、飲料水の質の悪化があげられていたのである[6]。

明治前半における水道の問題点に関しては省略に従うが、衛生面から考えると、従来の上水は機関車用はもとより構内諸施設の作業用（研磨や洗浄）として使われていた可能性が高いのではないか。一方、構内からは、明治時代の掘り抜き井戸が7基ほど検出されているから（図67には6基表示）、飲料水にはこれ

らの井戸水を充当していたことも考えられる。汐留地区のような海辺に掘られた井戸の水がどの程度飲料用として堪えられたかどうかの問題は残るにせよ、井戸水を使用していたのは事実であって、記録にも明治7年4月に駅前東方汐留川河畔に井戸を掘りその水を構内に引き入れる旨の文書が残っている[7]。

写真44　リエージュ社製の輸入鉄管

　残念ながら、この時掘られた井戸は調査範囲外のため確認することができなかったけれども、そこから伸びる木樋と木桶は駅舎の東方で検出することができた。この系統Kから得られた水は、記録から明らかなように、文字どおりこの時同時に設置された駅舎東棟脇の湯呑所（施設42）で使うための水であって、基本的に従来の玉川上水からの水は作業用、飲料用は掘り抜き井戸からとする先の想定の一端を裏づけている[8]。系統Kの利用は駅舎部分にとどまった可能性が高く、その一方、広大な構内には他にも多くの炊事施設や飲料施設（会食所、湯呑所、官舎など）があったから、一定量の良質な水の確保は不可欠なことがらであったに違いない。構内各所から検出された7基の掘り抜き井戸の存在はこのことを端的に示しているように思う。

　さて、当初から懸案とされた東京の水道改良事業（近代水道設置計画）は、明治24年に具体的に動き出すこととなり、明治28年には加圧式水道敷設のための鉄管をいくつかの外国企業に注文している[9]。そのうち新橋駅構内からは、多数のベルギーリエージュ市水道鉄管会社の鉄管（写真44）が見つかっており、これには受け口部に製造番号、本体に東京市の徽章と年号それに製造所名が鋳出されている。検出されたリエージュ社製鉄管には明治30年、31年、32年、33年の年号をもつものがあるが、これらは同一ライン中に混在してつながっている例もあり、鋳造年代に関係なく同時に埋設されたことを示している。

　この水道敷設工事は鉄道当局直営ではなく、軌道保護工事を除いてすべて東京市水道改良事務所に委託されており、その際同事務所はそれまでストック

244　第Ⅳ章　施設の諸問題

写真45　下水道（系統 M-1）の遺構

していた輸入鉄管を混在して使用したのであろう。なお、東京市内における水道施設は明治31年11月には大部分が竣工しており、翌32年の11月にはその給水区域は市内全域に及んだとされる[10]から、明治32年10月にはじまる構内の敷設工事[11]にはその経験が遺憾なく発揮されたものと考えられる。

　構内の施設にはじめて加圧式水道の水が供給されたのは明治33年2月のことであり[12]、したがって、鉄管の敷設は着工以来わずか数ヶ月で一応の終了をみたことになる。内径150mm鉄管182本、同100mm鉄管276本、同75mm鉄管135本をはじめ約70種類にのぼる多種多量な材料を用いた総額13,995円35銭のこの最初の敷設工事が、構内のどの範囲にまで及んだのかつまびらかにすることはできないけれども、年代からみて「明30構内図」に描かれた諸施設を含めた構内全域に達していたことが想定される。なお、構内からはリエージュ社製鉄管の他にも国産と思われる明治44年、大正2年、大正4年などの銘を有する鉄管が見つかっており、その後も継続して水道管の敷設が行われたことを示している。

　系統模式図にはリエージュ社製鉄管はもとより、国産鉄管からなる近代水道のラインを一括して系統Lとして示しておいたが（構内北端の取り入れ口のみ表示）、その詳細な時代的変遷は、鉄管の残存状況の悪さも影響してつまびらかにすることができなかった。残存状況の悪さの要因の一つとしては、腐食などによる破損の他、再利用のために除去されたという可能性も考えられる。なお、この近代水道の取水口と推測される内径560mmの大型鉄管（「T.G.W　1897　264D.Y.S & CO 」の陽刻と「T.G.W　YOKOHAMA」のペイントあり）が、駅舎西方の道路際で検出されていることを付け加えておく[13]。

　次に、構内における下水すなわち排水施設に関して検討しておこう（写真45）。最初に設置されたと考えられる構内最古の排水施設が、灰落場（施設58）から南東に出てすぐ直角に曲がり、機関車用転車台（施設8）の脇を通って扇形機関車

庫（施設9）をすぎたあたりで南東に屈曲して（本来は）そのまま汐留川に向かう系統Mの排水路である。当初は灰落場、機関車用転車台、扇形機関車庫からの廃水処理用として設置されたものの、後には第二機関車庫（施設86）や3棟目の石炭庫（施設55）、組立工場（施設11）などからの廃水にもこの排水路が使われたようである。

この系統Mには数度に及ぶ造り替えが認められる。それは石炭積込所（施設63）建設による屈曲部分のバイパス設置、鍛冶場（施設18）建設による排水路末端部分の東方向への設置替え、鋳物場（施設88）建設による同部分のさらなる東方向へのバイパス路の付け替え、そしてこの付け替え部分のさらなる新設などである。今本来の排水路を系統M-1とすれば、その末端部は鍛冶場建設による迂回路（系統M-2）、鋳物場建設による迂回路（系統M-3）、そしてその新設（系統M-4）ということになろう[14]。

M-1の設置時期が開業以前だとすると、M-2の設置は鍛冶場（施設18）着工時前の明治6年頃、M-3の設置は鋳物場（施設88）着工時前の明治15年頃、そしてM-4は明治26年に設置され、34年に移転させられる貨車用転車台（施設127）の一部を壊して造られていることから、明治34年以降の設置ということになる。M-1およびM-2は切り石組の溝と切り石組の桝、M-3は土管と煉瓦組の桝、M-4はコンクリート製の管とコンクリート製の桝で構築されており、基本的にこの組み合わせが構内における排水施設の時間的変遷を示しているといってよい。

一方、この排水路に接続する各施設からの流入路には、灰落場（施設58）や扇形機関車庫（施設9）のように切り石を使用するのが当初の姿だとしても、時代が下ると第二機関車庫（施設86）や組立工場（施設11）に代表されるように土管が使われるのが一般的であり、また3棟目の石炭庫（施設55）のような木造の建物からの排水には木組の桝や溝が使われることもあったようである。なお、機関車用転車台（施設8）に関しては、古いタイプの土管が使われており、重量のかかる施設内部分には径150mmの鉄管も敷設されていた。

以上みてきた系統Mは石炭庫（施設55）からの雨水用という側面もあるが、基本的には各施設で使用した作業用の廃水を流すための施設である。このような各施設からの廃水や雨水を処理するための排水路は当然この他にも数多く設置されており、不完全な形ながら発掘調査によって確認されている。それはたとえば、主にプラットホーム（施設7）上家からの雨水を構外へ排出するためのも

の（系統N）であり、プラットホームと第二機関車庫（施設86）の間に広がる軌道部分の雨水を汐留川に排水するもの（系統O）であり、機関車修復所（後の器械場、施設17）からの3本の排水路（系統P-1）などである。

特に構内東端に集中する器械場周辺からは別に鍛冶場（施設18、系統P-2）、客車製造所（施設16、系統P-3）、器械場増設部分（施設17、系統Q）、第二仕上工場（施設224、系統R）などからの排水路が確認されており、他にも駅舎東棟脇からはじまり汐留川にそそぐ飲料水用の排水路（系統T-1、T-2、T-3）や構内南西部の施設や雨水に対応するための木組の開渠溝（系統U）、設置年代の古さを感じさせる木組溝と木組桝からなる2本の排水路（系統V、系統W）、設置年代不明の土管と煉瓦組桝の排水路（系統X）なども検出されている。

これらの排水路には各々数回に及ぶ造り替えや廃棄部分を含む例が多く、その詳細な変遷をたどることは容易なことではない。しかし、最初に系統Mを例にとってその一部を述べたように、排水施設においてはおおむね（切り石組溝＋切り石組桝）→（土管＋切り石組桝）→（土管＋煉瓦組桝）→（コンクリート管＋コンクリート桝）という構築素材の組み合わせの変化が時間的な推移を示しており、その変遷をたどることができる。他にも（切り石組溝＋煉瓦組桝）、（土管＋コンクリート桝）、（木組溝＋木組桝）などを組み合わせた施設も例外的にみられるが、その変遷上の位置はおのずから明らかであろう。

なお、木造の施設にみられる（木組溝＋木組桝）の組み合わせが時間的な変遷の所産ではなく、機能上の所産であることは明らかであり、地表に開口した排水路である石組溝も各施設間の区画にともなう場合は、当然このような形態をとったであろうことが想定される。

ちなみに、排水施設における各構築素材の出現時期に関して述べれば、おおむね切り石組溝および切り石組桝は開業時からその直後頃までであり、土管および煉瓦組桝は一部開業時にもみられるものの[15]、一般的には系統Mを例に述べたように明治10年代以降に出現し、その後

写真46　下水道（系統Y-1）の遺構

は明治34年に実施された第二号貨物積卸場（施設123）の建設工事の仕様書に「排水土管」および「煉瓦造溜桝」として確認できるから[16]、少なくともこの頃までこの素材が使われていたということになる。コンクリート製の溝および桝に関する設置記録は、限定された残存文書の中からは確認できなかったが、東京においては大正2年に月島製管工場で下水道用の鉄筋コンクリート管2,138本や蓋などが製造されており[17]、構内においても同時期以降に用いられた可能性が高いといえよう。

最後に、例外的に工事記録が確認できる排水路に関してみておこう。この施設は明治6年12月にお雇い外国人から、所々に窪地があり水はけの悪いインジニール官舎（施設28）周辺の土地に関して改善を迫られた当局が、雨水対策として設置した計4本に及ぶ排水路である[18]。文書の付図（16頁図6）によれば、排水溝はインジニール官舎を囲むように設置されており、雨水は会仙川および汐留川に排水されたようである。そのうち遺構として検出されたのは、付図にみえる南北の長大な溝（系統Y-1）と汐留川に排水口をもつ北よりの東西の溝（系統S）を含む3本であるが、そのうち系統Y-1は「下水左右土留松丸太長五尺末口三寸先尖し三尺夫々打込三・四寸廻り竹高弐尺通り掻付跡埋堅〆底石堅石之内折石ヲ以水吐能敷」と記録にあるとおり、底面に石が敷き詰められた開渠で、溝内では10条ほどの横竹が木杭によって固定された状態で側壁面を構成していた（写真46）。

なお、これらの排水路がいつの時点まで機能していたかは判然としないが、「明17参考図-2」（18頁図8）にはその一部である南北の長大な溝が明瞭に描かれており、少なくとも明治17年頃まではこの排水路（系統Y-1）が開渠の状態で機能していたことがわかる。しかし、一方、検出された遺構をみると、この溝の途中からは後に設置されたと考えられる土管がつながっており（系統Y-2）、平行して走る系統Zともども最終的には暗渠化して会仙川に流入していたことをうかがわせる。さらに東西の溝（系統S）に関しては、すでに明治17年の時点で開口しておらず、それ以前に暗渠化もしくは廃棄されたことをうかがわせる。

註
（1） 配置図の作製に関しては、斉藤進「上水施設の系統について」（前掲『汐留遺跡』II（第1分冊）143-152頁）中の「近代上水系統図1」を参考にした。
（2） 「芝口三丁目水道樋ヨリ出水云々東京府往復」（『鉄道寮事務簿』第4巻）。

（3）　「新橋ステーション構外修繕一件」（『鉄道寮事務簿』第9巻）。
（4）　ルードウィヒ・ベック　中沢護人訳『鉄の歴史』第5巻第1分冊（たたら書房　1970年　261頁）および第5巻第4分冊（たたら書房　1973年　32頁）の1867年および1874年の統計資料にイギリスシェフィールドにある「Charles Camel & Co」製鉄会社の名がでてくるから、「CC & Co」はその略号である可能性が高い。
（5）　「新橋駅構内客車洗場ニ給水鉄管敷設」（『逓信省公文』第43巻　建築11）。
（6）　東京都水道局『東京都水道史』1952年　112-167頁、日本水道協会『日本水道史』（総論編　1967年　136・137頁）など。
（7）　「新橋ステーション内湯呑所并鑿井伺并指令」（『鉄道寮事務簿』第20巻）。
（8）　近代水道開設以前の飲料水に関しては、掘り抜き井戸によるものの他に「売り水」が考えられる（東京都公文書館『東京の水売り』〔都市紀要31〕1984年）が、新橋駅構内でこれを利用したとする資料は現在のところ見つかっていない。
（9）　前掲『日本水道史』（総論編　180頁）によれば、この時契約を交わした会社にはリエージュ社（鉄管10,571トン）の他にスコットランドのマクファーレン・ストランク社（直管10,626トン）やファーブルブラント社（異型管3,000トン）などがあった。しかし、その後契約の大半は解約となり、実際に輸入されたのは鉄管6,200トン余りであったとされる。なお、ベルギーのリエージュ市水道鉄管会社に注文した分の詳細に関しては、「東京市水道用鋳鉄管仕方書」（東京都給水部漏水防止課『各年代水道用鋳鉄管規格領収書』1965年　19-22頁）を参照のこと。
（10）　日本水道協会『日本水道史』各論編。1967年　726頁、堀越正雄『水道の文化史』鹿島出版会　1981年　94頁。
（11）　「新橋駅水管埋設其他工事」（『逓信省公文』第55巻　建築23）。
（12）　『明治三十二年度鉄道作業局年報』138頁。
（13）　ただし、「新橋駅水管埋設其他工事」（註11で引用）に収められた「新橋停車場構内水道鉄管埋設其他工事予算内訳書」にはこれに相当する鉄管は計上されていないから、この鉄管が近代水道にともなうものなら、その設置は明治32年以降のことかもしれない。しかし、年代から考えると近代水道以前の所産の可能性も捨てきれない。
（14）　系統Mの細分に関しては、小島正裕「新橋駅の排水施設について」（前掲『汐留遺跡』Ⅱ（第5分冊）304-313頁）中の記述を参考にした。
（15）　すでに述べたように、開業時の機関車用転車台や明治7年に設置された湯呑所にともなう排水溝に古いタイプの土管が使われており、さらに機関車用転車台においては、この土管が煉瓦組の排水桝とつながっている様子が確認されている。
（16）　「新橋停車場貨物積卸場等工事」（『逓信省公文』第66巻　建築34）。
（17）　東京都下水道局『下水道東京100年史』1989年　480・1021頁。
（18）　「新橋ステーション構内下水堀割1件」（『鉄道寮事務簿』第14巻）。

終章　文人と外国人たちの新橋駅

　今まで本書では構内の関連諸施設の変遷およびその特質に関して、発掘調査の所見を中心としつつ、文献資料、構内図、写真などの資料を使ってやや詳しく検討してきた。その内容は鉄道施設の発達や人の移動、貨物流通など広い意味での交通史研究はもとより、近代における建築学や土木学の技術史的研究などにも寄与し得るものを含んでおり、本来ならここで成果の確認と今後の問題点の整理を試みるべきである。しかし本書はその総体的把握を目指したとはいえ、旧新橋駅に関する構内施設の実体解明と変遷追求というたかだか1、2の視角からの基礎作業にすぎず、現時点では日本の近代化過程における総合的な新橋駅の位相研究の任に堪えることができない。

　したがって、その体系化は後日に譲ることとし、最終章としての本章では、いささか趣を変えて、明治時代の文人および外国人の著作にみえる彼らと新橋駅の関わりを紹介することで、将来近代史研究に包摂されることになるであろう旧新橋駅の体系的研究につながるいくつかの視点を提示しておくことにする。

　荒正人の労作[1]を検討する限り、夏目漱石は生涯において54回ほど新橋駅に足を踏み入れている。内訳は、そのほとんどが出発と帰着が対をなす旅行のためで、その数は24往復計48回を数える。残りは帰着のみが2回、友人の見送りのために3回、そして遊びに訪れること1回の計54回である。もちろん、この回数は本人の日記や彼を取り巻く人たちの記録に残された分だけであるから完全なデータとはいえないが、成人してからはおおむね間違いがないものと推察される[2]。さらに、慶応3年生まれの彼の満年齢が明治の年次と一致するという偶然も、漱石をして明治時代の新橋駅の利用を考えるうえで格好の人物たらしめている。

　記録にあらわれた最初の漱石の新橋駅の利用は、18歳の時の明治18年6月1日のことで、東大生仲間との江ノ島までの徒歩遠足の帰りのことであった。すでに往路において疲労困憊していた漱石らは、その途次ある者は横浜から汽車で帰えるといいだし、漱石もとうとう川崎から汽車で新橋駅に帰ってきている。

当時漱石の周辺では遠足が流行っていたらしく、親友正岡子規の日記にも明治18年の9月頃に仲間と江ノ島鎌倉に行ったことがみえている[3]。その発端は子規の友人が「先日四、五人連にて十銭ばかりの金にて絵島鎌倉に行きたり」として、子規らを誘ったことにある。この友人の名は約3ヶ月前の漱石らの江ノ島行きのメンバーにはみえないから、ここでいう「先日」が5月31日〜6月1日のこととは思えないが、いずれにせよこれが記録の上で漱石が新橋駅を利用した最初の体験であった。なお、漱石は明治20年の夏にも友人らと江ノ島に遊び、富士山に登って、汽車で東京（新橋駅）に帰るという旅行を行っている。

　2度目の江ノ島行きが徒歩で行われたかどうかは不明であるが、もしそうなら、漱石が帰着のみのために新橋駅を利用した例は、生涯においてこの2例だけである。他は見送りその他を除けば、日数に大きな開きはあるものの、すべて往復による利用である。最も短い期間における利用はもちろん日帰りによるそれで、横浜には明治33年9月1日と36年2月7日に遊びに行っている。他に比較的短い期間のそれは明治45年における鎌倉行きで、この年鎌倉に別荘を借りたこともあって、計5回、2・3日の滞在といった旅行を繰り返している。

　一方、最も間隔があいた往復利用は、いうまでもなくロンドンへの留学時で、新橋駅を出発したのが明治33年9月8日、帰国して新橋駅に到着したのは明治36年1月24日のことであった。他の長い例は留学前の赴任地である松山（松山中学校）や熊本（第五高等学校）までの往復で、松山には明治28年4月7日に新橋駅から神戸を経て赴任し、同年12月27日に冬休みのため帰京している。翌明治29年の1月7日には再び松山に赴任するが、途中熊本に転勤することになり、その後熊本に住居を構えたこともあって、夏休暇のため新橋駅に帰ってきたのは明治30年7月9日のことである。なおその後も、熊本への往復は、休み明けの明治30年9月7日からロンドン留学前の明治33年7月18日頃（帰京）までの約3年間の間隔に及ぶのである。

　記録をみる限り、漱石は3回ほど友人を見送るために新橋駅に足を運んでいる。最初の例は明治28年3月3日のことで、雑誌『日本』の記者として日清戦争に従軍する正岡子規（大本営のある広島まで行く）を新橋駅に見送っている。他には、明治42年3月3日にイギリスに留学する小松原隆二を、そして同3月20日にも渋川柳次郎（二人とも横浜まで行く）を見送っている。興味深いのは、明治38年8月27日、日曜日の新橋駅訪問で、この日漱石は寺田寅彦ら数名と浅草

公園に遊んだ後、電車で新橋駅まで行き、駅前広場にあった有楽軒という洋食店の2階で夕食をとっている。

　以上、明治時代を代表する文豪である夏目漱石の新橋駅の利用に関して大雑把にみてきたが、管見の限り、漱石がこの駅について何らの文学的な文章を残しているという事実は知られていない。作品にはしばしば車中の情景を描いている漱石ではあるが、いってみれば東京生まれの彼にとって鉄道は日常的なものであり、それ自体は特に関心を寄せる対象ではなかったのかもしれない。それにくらべ、次に紹介する田舎出身の田山花袋にとって、鉄道は都会という空間ともどもすこぶる興味をそそる対象であったらしい。

　明治4年群馬の館林に生まれた花袋が、東京で某書店の小僧をしていた10歳頃にみた汽車の印象は、次のようであった。

　「高輪の柳沢伯邸に（使いに）行く時には、海を見ることと、その岸を走って来る汽車を見ることとが楽みであった。田舎に育った幼い私には、海も汽車もどんなにめずらしく思われたことであろう。帆や船や汽船の通っている上に白く大きく鳥の翼のように浮んでいる雲、それに私はどんなにあくがれて見入ったことか。また、その岸を縫って、品川の方から煤煙を漲してやって来る小さな汽車、それをどんなにめずらしがって見たことか。その時分には、日本には汽車はまだ東京横浜間の一線があるばかりであった。「汽車は出て行くサイサイ、煙は残るサイサイ、残る煙は癪の種サイサイ」などという唄が流行って、汽車は都会に住む人たちに取っても、まだ眼新しいめずらしいものであった。その頃フランスのあのピエル・ロチが日本に来て、この東京・横浜間の汽車を罵倒して、むしろ憫笑して、「日本にも汽車！小さな小さな汽車！がたがたと体も落付けていられない汽車！」と言っているが、それほど小さなあわれな汽車であるが、それでもこの汽車の出来たのは、日本の政府に取っての最初の大事業であった。私は十間ほど間を隔てて立って、そして、その前を怪物のようにして、凄い音響と煤煙とを漲らして通って行く汽車を眺めた。」[4]

　花袋には小説を書く才能も含めて、過去の情景や旅を慈しむ資質があったようで、いくつかの紀行文や名所案内などの文章も残している。中でも自伝的色彩をもつとされる『時は過ぎゆく』は、明治期の市井の人々の生活が急激に発展しつつある東京を背景として丹念に描かれている佳作であるが、百年前の東京に関して花袋は、角筈村（現新宿付近）に住んでいた彼の親戚良太たちの眼を

借りて次のように描写している。

　「戦争は二年で済んだが、その後の世間の発展は、良太やおかね達の眼にも驚かれるほど急劇であった。良太達は、二本の棒で独りで走る電車も見れば、目もくらむような明るい電燈が街上の家々に點されるのを見た。「遠くっても近くっても、同じ賃銭、そんなことが何うして出来るもんだなア。」かう言って、良太は三銭均一の電車賃を不思議にした。(略)それに、地所の価格の騰って行くことも、良太を驚かした。今までは百坪五六十円であったものが、坪一円でドシドシ売れるといふことであった。それに、新しい家屋が其處にも此處にも出来た。「東京が段々ひろがって来るんだ。今に、此處等も立派な町になる。」かう誰も彼も言った。」(5)。

この百年前の東京の急激な膨張に関しては、幸田露伴の次の文章がこれを裏づけている。

　「幕末の江戸に比して今日の東京の繁栄なるは言を待たず、東西南北より入り来りて東京の民となるもの甚だ多き結果として、家屋は年々市中の空処を填充し、而して漸く市に連結せる閑地、即ち俗にいはゆる「場末」を侵すに至りて、今や四方至るところ人家櫛比の状況を呈し、三々五々家断絶し阡々陌々路縦横せる郊外も、また往日の郊外にあらずして、鶯児の啼声は嬰児の啼声となり、機杼の音には格子戸の音の代わる世となり、東京は著しくその実績において増大したり。今日なほ東京市外の漸く市内同様の状態を呈せんとするの勢は休止したるにあらずして、月々日々に都市は郊外を蚕食浸漸せんとするその勢、喩へば水を卓上に注いで已まずしてその水四方に氾濫するが如し。」(6)

今から約百年前の明治時代後半、すでに大都市東京の膨張は現在の山手線の外側にまで及ぼうとしていたのである。東京市内における鉄道の発達は、明治36年にこれに対応するかのように明治18年開業の日本鉄道品川線(赤羽・品川間)を上野駅北方の田端駅まで通すために分岐駅としての池袋信号所を明治36年に駅に昇格させた。さらに、大正3年にはこの山手線が東京・上野間を除き、新宿→万世橋→東京→品川→渋谷→新宿→池袋→田端→上野、のいわゆる「の」の字状運転に整備されることになる。そしてこの路線が、現在の山手線として環状につながったのは大正14年のことであった。

　さて一方、京浜間鉄道や新橋駅の印象に関しては、いくつかの外国人の文章も知られている。ここでは当時の日本に対して、様々な反応をみせる何人かの

外国人を取り上げる。まずは、福井藩のお雇い教師としてすでに日本の生活にもなれ、約1年ぶりに東京に戻ってきたグリフィスの記述（明治5年2月3日）を通して、京浜間鉄道開通直前の東京の様子を確認しておこう。

「東京は近代化してちょっと見分けがつかない。乞食がいない。番所がない。築地の番兵もいないし、城門もない。都市の関門がなくなっている。刀をつけた人がいない。数百の屋敷が消えている。新しい礼儀作法が守られていて、裸の姿が少なくなり、服を着る人がふえている。ズボンの時代がやってきた。数千人が帽子、靴、背広の格好である。馬車が多く、人力車は数え切れないほどである。商店は外国商品や雑貨でいっぱいで、兵隊は制服を着てシャスポー銃で武装している。新しい橋が運河にかかっている。制服姿の警官、病院、学校、大学。女子の学校も多い。鉄道はほとんど完成した。使節団が蒸気車で横浜へ行った。金と銀の硬貨が流通している。救貧院が建った。ドイツの医学教師の一団が上野の古い寺に陣どっている。ケープロン将軍とそのアメリカ人科学者の一隊が芝にある将軍の迎賓館に泊まっている。フランス軍士官は井伊掃部頭の屋敷に住む。その井伊の息子はブルックリンに留学中である。三百人の外国人が東京に住んでいる。活発で精力的にざわめく様子がみなぎっている。隠者の国の主な大名の陣営はもうない。古い江戸は永久に消え去った。日本の首都、東京は国際的な大都市である。この偉大な都市での三年の生活がこれから始まるのである。」[7]

このように明治5年の段階ですでにある程度近代的な様相を呈していた東京に、これから紹介する外国人たちが横浜から汽車に乗ってやってくる。まずは、明治10年6月19日、はじめて横浜から東京に足を踏み入れることになった、ご存じ日本考古学の父エドワード・シルベスター・モースである。

「東京は人口百万に近い都会である。古い名前を江戸といったので、以前からそこにいる外国人たちはいまだに江戸と呼んでいる。我々を東京へ運んで行った汽車は、一等、二等、三等から成り立っていたが、我々は二等が充分清潔で且つ楽であることを発見した。車は英国の車と米国の車と米国の鉄道馬車との三つを一緒にしたものである。連結器と車台とバンター・ビームは英国風、車室の両端にある昇降台と扉とは米国風、そして座席が車と直角に着いている所は米国の鉄道馬車みたいなのである。我々は非常な興味を以てあたりの景色を眺めた。鉄路の両側に何マイルも何マイルもひろがる稲の田は、今や（六月）水に被われていて、そこに働く人達は膝のあたり迄泥に入

っている。淡緑色の新しい稲は、濃い色の木立に生々して対照をなしている。百姓家は恐ろしく大きな草葺きの屋根を持っていて、その脊梁には鳶尾に似た葉の植物が生えている。時時我々はお寺か社を見た。いずれもあたりに木をめぐらした、気持ちのいい、絵のような場所に建ててある。これ等すべての景色は物珍しく、かつ心を奪うようなので、十七マイルの汽車の旅が、一瞬間に終って了った。我々は東京に着いた。汽車が停ると人々はセメントの道に下りた。木製の下駄や草履が立てる音は、どこかしら馬が沢山橋を渡る時の音に似ている ─このカラコロいう音には、不思議に響き渡る、どっちかというと音楽的な震動が混っている。我々の人力車には、肩に縄をつけた男が一人余計に加わった─何のことはない、タンデム・ティームである─そして我々はいい勢で走り出した。横浜が興味深かったとすれば、この大都会の狭い路や生活の有様は、更に更に興味が深い。」[8]

　新橋駅に到着した時にモースが耳にしたという下駄の音は、よほど注意をひいたのだろう、後に紹介するバードの記述の中にも見受けられる。なお、この時の描写については、第Ⅰ章第2節においてこの時点でプラットホームの上面がいかなる状態であったかを検討した際に引用した。

　次に取り上げるのは、花袋の文章にも登場するピエール・ロチである。フランス海軍大尉として明治18年に日本を訪れていたロチは、同年の11月頃に鹿鳴館での舞踏会に出席するために横浜から新橋に向けて汽車に乗ることになった。

　「この舞踏会の宵に、ヨコハマ駅は八時三十分の汽車に乗るために大へんな人手である。ヨーロッパ人の全居留民が、あの伯爵夫人の招待に応ずるべく盛装凝らして佇んでいる。オペラハットをかぶった紳士たち。レースの頭巾をかぶり、毛皮の外套の下に長い薄地の裳裾を褄取った淑女たち。そしてこれらの招待客は、われわれの国のと同じ待合室の中で、フランス語、イギリス語、ドイツ語同士、それぞれかたまって話し合っている。この八時三十分の汽車には、日本人の姿はあまり見かけない。行程一時間、そうしてこの舞踏会の列車はエドに着く。ここでまたびっくりする。わたしたちはロンドンか、メルボルンか、それともニュー・ヨークにでも到着したのだろうか？停車場の周囲には、煉瓦建ての高楼が、アメリカ風の醜悪さでそびえている。ガス燈の列のために、長いまっすぐな街路は遠方までずっと見通される。冷たい大気の中には、電線が一面に張りめぐらされ、そうしてさまざまな方向へ、鉄道馬車は、御承知の鈴や警笛の音を立てて出発する。とかくするうち

に、先刻からわたしたちを待ちうけていたらしい、全身黒装束の見慣れぬ男の一群が、わたしたちを迎えに飛んでくる。それはヂン・リキ・サンである。人間の馬、人間の疾走者である。彼らは鴉の群のようにわたしたちの上に襲いかかり、ために広場は暗くなる。各々その背後に小さな車を曳いて、跳んだり、わめいたり、押し合ったりしている。はしゃぎまわる悪魔の子の一群のように、わたしたちの通行をさえぎりながら。(略)ほぼ一時間の四分の三、この疾走が続けられる。あまり明るくないひっそりとした郊外の街なかを。わたしたちの周囲の眺めは、もはや停車場の広場と似てはいない。暗い夜の中を、これらの街や道筋の両側に去来するものこそ、まさに日本である。紙の小家、陰鬱なお寺、奇妙な屋台店、闇の中にぽつんぽつんと、色の付いた小さな灯を投げている変な提灯。」(9)

日本の文化・風俗に関してやや極端な評価を抱く2人に対して、その中庸をいくのが明治11年に旅行者として日本を訪れたイサベラ・バード女史である。

「東京と横浜の間は、汽車で一時間の旅行である。すばらしい鉄道で、砂利をよく敷きつめた複線となっている。長さは一八マイル。鉄橋あり、こぎれいな停車場があり、終着駅はしっかりとできており、広々としている。この鉄道は、英国人技師たちの建設になるもので、一八七二年(明治五年)の開通式には、ミカドが臨幸された。工事にどれほどの費用がかかったのか、政府だけしか知っていない。横浜駅は、りっぱで格好の石造建築である。玄関は広々としており、切符売場は英国式である。等級別の広い待合室があるが、日本人が下駄をはくことを配慮して、絨毯を敷いていない。そこには日刊新聞を備えてある。手荷物の目方をはかったり荷札をつける手荷物扱い所がある。どちらの終着駅にも、広くて天井がつき石を敷きつめたプラットホームがあって、回り木戸をつけた関所を設けてある。ここは、特典のある者でない限り、切符がない者はだれも通れない。(略)切符は東京行きではなく、品川か新橋まで買う。品川も新橋も、もとは村であったが、大きくなって都に編入されたものである。品川に着くまでは、江戸はほとんど見えない。というのは、江戸には長い煙突がなく、煙を出すこともない。寺院も公共建築物も、めったに高いことはない。寺院は深い木立の中に隠れている事が多く、ふつうの家屋は、二〇フィートの高さに達する事は稀である。右手には青い海があり、台場を築いた島がある。大きな築山に囲まれた林の庭園もある。何百隻という漁船が入江に浮かんでいるおるのもあれば、浜辺に引きあげら

れているのもある。左手には広い街道があり、人力車の往来がはげしい。道傍には、低い灰色の家屋が立ち並ぶ。その大部分は茶屋や商店である。「江戸はどこにあるか」と私が尋ねているとき、汽車は終点の新橋駅に入り、とまると、二百人の日本人の乗客を吐き出した。合わせて四百の下駄の音は、私にとって初めて聞く音であった。」[10]

　以上、京浜間の鉄道や新橋駅（東京）の印象に関して外国人の記録をみてきたが、日本に関する好悪の感情はともかく、その特徴は日本の文化や風俗に対する強い好奇心にあり、これは彼らが日本の生活者ではないところからくる当然の結果でもある。これに対して、明治というまったく新しい時代を懸命に生きなければならなかった日本人のもつ東京や鉄道に対する関心は、おのずと異なった趣を呈することになる。先にみた花袋の都会に対する印象からもこの点をうかがうことができるが、後に花袋と親しく交わることになる柳田（松岡）国男の場合の上京は、より一層陰影に彩られたものであった。

　明治8年生まれの柳田が次兄にともなわれて故郷の村（兵庫県神東郡田原村辻川）をあとにし、茨城県北相馬郡布川町の長兄のもとに預けられることになったのは、明治20年、12歳の時のことである。この時の様子を柳田は後に「次兄に伴われて私が東京へ出たのは明治二十年九月、まだ東海道線が開通していなかった。神戸から汽船に乗る以外に、方法のなかったころである。その二年後、両親や弟たちが後を追ってやって来たときには、それがもう汽車で上京している。」[11]と述懐している。

　神戸から船に乗った柳田らは横浜に着き、一時東京にある次兄の下宿に身を寄せるために横浜駅から汽車に乗ることになる。これが柳田が東京をみた最初であった。

　「私たちは横浜に着いた。遠い沖の方からハシケで上陸して、駅（横浜駅）までは少し離れていた。夜の八時ごろ、伊達な兄のことだから、学生のくせに二等車にのり込んだが、ほとんど車内は空いておって、子供二人をつれた女中の三人がいるだけ。私は見ないようなふりをして、私と同年輩の坊ちゃんを観察することにした。やがて女中が「若さま、ビスケット召し上がりますか」とたずねている。「ほう、ビスケット！」私はどんなものかと、好奇の目を輝かしてなおも見ていると、掌に一つしか乗っからないような大きなものであった。それを二人が食べていたのが、東京に入る夜の印象であった。長い旅の疲れで、兄の下宿に着くと、その夜はくたびれてゆっくり眠ってし

まった。翌朝は早く起きると、東京はどんな所だろうと、兄が眠っている間に本郷の通りに出た。いまその七十年前の本郷の朝の景色が記憶に残っているが、まだその当時は電灯がなく、ガス灯の時代で、脚立をもった人夫が点灯して回る時代であった。いまとはまるで違ったガス灯が夜明けのひっそりした街に点っている当時の光景が、私の東京風景の第一印象であった。」[12]

「日本一小さな」と彼自身がいう故郷の家をあとにした柳田は、その後苦学して東大生となるが、その友人に後に幣原喜重郎内閣で国務大臣を務めることになる松本烝治（15年戦争敗戦時のいわゆる松本憲法草案の立案者）がいた。烝治の父は明治26年から30年まで逓信省鉄道局長を勤めた松本荘一郎で、出身は柳田と同じ兵庫県、しかも郷土では立志伝中の人として、柳田も幼い頃よく彼の話を聞かされたという奇縁であった。柳田は「松本荘一郎氏は後に工学博士、鉄道院工務局長となった人である。外国留学の便宜から岐阜の大垣藩に籍を移した。後に鉄道院の汐留駅前官舎に住んでいたころ、私は東大生として友人たちと訪ねて行ったことがある。」[13]と書いており、明治30年頃に新橋駅構内の松本の官宅に足を運んだことがあったらしい[14]。

それはともかく、恵まれた境遇に生まれ、成績もすこぶる優秀であった松本烝治の存在は、後に柳田が「なぜに農民は貧なりや」[15]という問題意識のもとに農政学を専攻し、さらに民俗学を樹立する上に少なからぬ影響を与えたものと考えられる。柳田は、はじめて東京に向かう汽車の中でみた「坊ちゃん」の光景を松本烝治の姿に重ねつつ、立身出世の場である東京の特異な位相に関して、次のように述べている。

「そのころの東京は、田舎者の立身する場所のようになっていた。いわゆる笈を負うて東京に出て来る者は、等しく貧しい者が多かった。その中でもいちばん普通だったのは、昼間働き、夜はそのころ流行った夜学校へ行く、そして郷土の先輩等に頼んで玄関などにおいてもらい、書生をしながら学校へ行くのが多かった。（略）ただそんな中にあって、そのころの特色として「坊ちゃん」というクラスが台頭し始めた。私が次兄につれられて、初めて横浜から東京へ来る汽車の中で、ビスケットを女中から受取っていた若様みたいな人たちは、もとはわれわれとは接触もないし、数も非常に少なかったが、見ているうちに「坊ちゃん」が盛んに出て来、そのうちでいちばん優秀にしてかつ早く世の中に出たのが松本烝治だった。」[16]。

後に膨大な著作を残すことになる柳田ではあるが、残念ながら新橋駅に関す

る文章は、これを見つけることができない。幼いながら生まれ故郷において「家」の問題に悩み、よんどころなく東京に出て来ることになった柳田には、生まれてはじめてみたはずの横浜駅も新橋駅もこれを情緒的に語る対象とはなり得なかったのである。ただ一点「ビスケット」にまつわる印象を除いては。

　以上、明治の時代を生きた何人かの文人と新橋駅（東京）との関わりをみてきた。その在りようは、おのずと行間にあらわれているのでこれ以上ふれないこととし、次に明治後半期における新橋駅の具体的な風景がうかがえる文章を紹介しておこう。まずは藤本夕颯の『新橋停車場』である。

　「停車場は瓦斯電燈の光煌々と一個の不夜城をなしている、場外に客を待つ幾十の車輛、昇降する幾百の人、或は闇に金色の文字を描出すキリンビールの広告、石段の上に縦横する赤帽、さてはかしましき鈴（ベル）の音、間を隔てて静に打眺むれば宛然一幅の活畫図だ。場内に入って街道を顧れば馳交ふ幾輛の鉄道馬車、運送屋旅人宿料理店の猶戸をたてず燈をかかげて軒賑わしき光景、或は此方へ前後し或は相並び相交へ駆来る人力車の勇ましき等、場外場内と相照らして言ふ可らざる一種の面白き夜景、再び我は茫然と見惚れて暫く時を費した。漸く自己にかへって夫から石段を昇り場内に入ったが、十時発の神戸行きを待つ客がはやひしとひしと詰かけて尋常の混雑ではない、切符を売る場所の前には人の列をなしている、手荷物預所は人波をうって係員は目も眩む程の忙しさである、赤帽は人ごみの間を縫ふて左右に駆廻っている。巡査は其所此所に立って掏摸を警め又大勢の客の過失を視守っている、我は先づ下等待合室に入った、入るや否や人いきれに酔ふて頭がぐらぐらするのをやせ我慢をしながらぢっと室内を見渡すと、掛台には鼠一匹入る余地がなくって衝立っている者が沢山だ、其の客の人種を注視するに無論中以下の階級に属す可きもののみであるけれど皆質朴と正直とに充ちて、上中等待合室に出入する人々の如く絶て軽薄、傲慢、虚飾の風がない、木綿着の婆さん、双子の新造、久留米飛白の娘、半纏の職人、袖腕に至る書生、節糸以上に及ばざる商人、パナマ帽を戴かざる洋服の紳士、中には中等の服装をしている人もあるけれど皆じみな堅気な風俗で、世の中を確実に送る人々則ち国家の良民であると我は信じられた。（略）我はやがて此室を出て上中等待合室へ入った、入るや否や我は嫌な者にぶつかった、それはコスメチックで頭髪をかづらの如く撫付け、もみあげを短く剃落し、金縁の眼鏡をかけて、色の生白い、香水の匂鼻をつくばかりの、洋服の上に夏外套を被った当世流行の

灰殻であって、其のえらそうに活歩する気障さ加減。殆ど鼻持もならないくらいだ。中央の卓子の上に諸新聞雑誌の夥多しく乗掛ったのをあさり合って読んで居るものもあれば、泰然と髭を捻って懸台に寄りかかってる紳士もある。紋お召の単衣に繻珍の帯を占めて、指には宝石入りの指輪を輝している奥方もあれば文金高島田に縮緬の衣裳を召したるお嬢様もある、尤も下等切符を懐に収めて其室に平然と入ってる者は例外だ、其中にパナマの夏帽を戴き、絽の五ツ紋の羽織を召した或る髭の紳士は、此室の入口で芸者二人と何か戯談を言ひあって笑ひ興じていた。多分箱根か大磯辺へ遊びに行くのであろう、又中には宿屋の主人番頭等が見送って来て或る田紳の左右に切と斡旋してるものもある。或は女中御携帯の旦那様奥様もある、或は午前様令夫人と呼ばるるやんごとなき高貴の方も御在で遊ばしたかは知らないが、我が凡眼には別に普通の人間と異った御人相の方も見当たらないし、又後光がさしているのも認められなかった。（略）彼是観察する中に駅夫が振鳴らす鈴（ベル）の響きがかまびすしく聞えたので、乗客は皆一斉に待合室を立出でて札切場へ押し掛けた、其処には人山を築いて押合いへし合いなかなか一通りの混雑ではない。」[17]。

小説家としての藤本の評価については不案内にしてよくわからないけれども、駅舎内の描写に関してはリアリティーを感じさせるものがあり、明治中期の新橋駅の様子について私たちに貴重な情報を与えてくれる。なお、文中にでてくる「闇に金色の文字を描出すキリンビールの広告」に関しては、明治35年作の葛西虎次郎「東京名所之内　新橋停車場之夜景（石版画）」[18]にその様子が描かれている。

さて、最後に本章を締めくくるにあたり、明治時代の新橋駅が人々に与えた精神史的な意味について、永井荷風の文章を例に検討しておきたい。

「これに反して停車場内の待合所は、最も自由で最も居心地よく、聊かの気兼ねもいらない無類上等のCaféである。耳の遠い髪の臭い薄ぼんやりした女ボオイに、義理一遍のビイルや紅茶を命ずる面倒もなく、一円札に対する剰銭を五分もかかって持て来るのに気をいら立てる必要もなく、這入りたい時に勝手に這入って、出たい時には勝手に出られる。自分は山の手の書斎の沈静した空気が、時には余りに切なく自分に対して、休まずに勉強しろ、早く立派なものを書け、むつかしい本を読めというように、心を鞭打つ如く感じさせる折りには、なりたけ読みやすい本を手にして、この待合所の大きな

皮張りの椅子に腰をかけるのであった。冬には暖い火が焚いてある。夜は明い燈火が輝いている。そしてこの広い一室の中にはあらゆる階級の男女が、時としてはその波瀾ある生涯の一端を傍観させてくれる事すらある。Henri Bordeauxという人の或る旅行記の序文に、手荷物を停車場に預けて置いたまま、汽車の汽笛の聞こえる附近の宿屋に寝泊りして、毎日の食事さえも停車場内の料理屋で準え、何時にても直様出発し得られるような境遇に身を置きながら、一向に巴里を離れず、かえって旅人のような心持で巴里の町々を彷徨している男の話が書いてある。新橋の待合所にぼんやり腰をかけて、急しそうな下駄の響と鋭い汽笛の声を聞いていると、いながらにして旅に出たような、自由な淋しい好い心持がする。上田敏先生もいつぞや上京された時自分に向って、京都の住いもいわば旅である。東京の宿も今では旅である。こうして歩いているのは好い心持だといわれた事がある。自分は動いている生活の物音の中に、淋しい心持を漂わせるため、停車場の待合所に腰をかける機会の多い事を望んでいる。何のために茲に来るのかと駅夫に訊問された時の用意にと自分は見送りの入場券か品川行の切符を無益に買い込む事を辞さないのである。」[19]

　明治41年7月、約5年に及ぶ海外生活を終え帰国した荷風は、海外での体験をもとにした小説を発表するが、同時にこの頃から盛んに東京の街を題材とした小説や随筆を書きはじめており、明治44年に書かれたこの作品もその一つである。この執筆姿勢は、一方で欧米の都市に遠く及ばない東京の似非近代化に対する嫌悪を抱きつつも、しかし彼が郷土としての東京をこよなく愛していた何よりの証拠であって、「銀座界隈」中にも大都会東京の眺望が見飽きないほど美しいとする文章が見受けられる。

　荷風はパリをこよなく愛していたけれども、それはたんにこの街が近代的だったからではなく、その存在が独自の深さと高さを有していたからである[20]。したがって荷風にとっての東京も、少なくとも理念的には、欧米の模倣ではなく、この街が伝統的にもっている芸術性を核として独自に発展すべきものであったはずである。しかし、荷風の東京に対する思い入れは、幕臣の子として薩長土肥を中心とした明治政府の東京経営を批判し、具体的な施策にもとづく首都建設を提起した幸田露伴[21]とは異なり、部分的な問題提起[22]はあるものの、いわば情緒的な批判と江戸文化の賛美に終始したといえる。

　そして荷風の中の東京は、彼の資質とも交錯して、失われつつある江戸情緒

をかろうじてとどめている街としての東京、その名残りを確認しこれを懐かしむ対象としての東京へと次第に変容していく。さらにこのことは同時に、彼自身の生い立ちを追憶する行為でもあった。美しい大都会としての東京と江戸情緒を駆逐しつつ醜く近代化する東京、このアンビバレンツな感情を抱きつつも故郷としての東京の存在（幻影）は、戦後千葉県の市川に移り住んでからも彼の頭の中から離れることはなかったのである[23]。

それはともかく、銀座の喫茶店に長く座っていられない荷風が、同じ近代の所産であるはずの新橋駅の待合室で心落ち着けることができたのは、この空間が、彼がパリで感じたのと同様の近代的雰囲気をもっていたからであろう。フランス文化の高さと深さを愛した荷風が、東京において唯一例外的に新橋駅に見出したという真の意味での近代的特質とは何か。

鉄道の発達がその一因ともなった明治の近代化は、たんに我が国の資本主義経済を発展させたばかりではない。大量の物資や人間が遠距離間をしかも短時間で移動できることの利点は、当時の人々に文化的にも精神的にも多大な影響を与えたものと思われる。それは一面で近代的教育制度がそうであるように、人々に閉鎖的な割拠性ではなく国家的な意識をもたらす契機となったであろうし、また逆に国家を超えたより普遍的な個性を生み出したかもしれない。

しかし、荷風がこの待合室で半ば無意識のうちに捉えた風景は、おそらくそのような公式的ないわば目覚めた意識ではなく、近代という時代そのものに深く埋め込まれた超えがたい一つの矛盾であったに相違ない。荷風は、ここでたんに感傷にふけっていただけかもしれないし、かって訪れたパリに思いを馳せていただけなのかもしれない。それでもしかし、彼の駅に対する「あらゆる階級の男女が這入りたい時に勝手に這入って、出たい時には勝手に出られるが、人をして淋しい心持を抱かせる場所」という無意識ながら明晰な認識は、すでに個人の感傷を超えて、近代人に特有なある普遍的な心持ちをいいあらわしているように思う[24]。

すなわち、名前も出自もわからぬ大勢の人々が出入りする待合室があり、料金さえ払えばどのような身分の誰であろうと利用可能な駅という空間は、共同体から決別し自由で平等ではあるが個人の責任において生きてゆかねばならない明治という時代、否応なく近代の「淋しさ」[25]を知りはじめた人々が、これに堪えられるよう訓練できる数少ない場所だったのであり、そこにこそ明治時代を通じて人々に近代的体験の場を保障し続けてきた新橋駅のもつ精神史的な

意味があった。そして、この空間内ではすでに封建的世界観からはほど遠い公共的で、それでいて個人の感覚を重んじる近代的な意識が醸成されつつあったといえよう[26]。

註

（1）　荒正人『増補改訂　漱石研究年表』集英社　1984年。以下、漱石に関する記述はすべて同書および『漱石全集』第19・20巻（岩波書店）による。
（2）　少年時代の乗車経験はまったくカウントされていないが、同じ東京生まれでしかも年少の永井荷風が小田原への転地療養の際、「わたしは既に十七歳になっていたが、その頃の中学生は今日とちがって、日帰りの遠足より外に滅多に汽車に乗ることもないので、小田原へ来たのも無論この日が始めてであった。」（永井荷風『十六、七のころ』（『荷風全集』第17巻　岩波書店　325・326頁）と書いているから、漱石にとってもほとんど乗車の体験はなかったものと考えてよいだろう。ただし、漱石は17歳になった明治17年9月頃に芝金杉1丁目の高橋家に下宿しているから、あるいはそれほど離れていない新橋駅に立ち寄ったことがあったかもしれない。
（3）　正岡子規『筆まか勢』（『子規全集』第10巻　講談社　26-29頁）。子規も復路でとうとう力尽き、神奈川から新橋まで汽車に乗って帰京している。
（4）　田山花袋『東京の三十年』（『田山花袋全集』第15巻　文泉堂書店　453・454頁）。
（5）　田山花袋『時は過ぎゆく』（『田山花袋全集』第6巻　文泉堂書店　298・299頁）。
（6）　幸田露伴『一国の首都』（岩波文庫　緑12-15）岩波書店　1993年　72頁。
（7）　グリフィス　山下英一訳『明治日本体験記』（東洋文庫430）平凡社　1984年　262・263頁。
（8）　前掲『日本その日その日』1　12頁。
（9）　ピエール・ロチ　村上菊一郎・吉氷清訳『秋の日本』（角川文庫602）角川書店　1953年　54・55頁。
（10）　前掲『日本奥地紀行』13・15頁。
（11）　柳田国男『故郷七十年』（朝日選書7）朝日新聞社　1974年　9頁。
（12）　同前　12頁。
（13）　同前　212頁。
（14）　松本荘一郎の官宅を特定することは難しいが、高級官僚の官舎であるから、先にみた平井晴二郎の例にもあるように長屋式のものでないことは確かである。そうすると、「明30構内図」中の第一、二、三、八、十号官舎などが候補にあげられるが、柳田が「駅前の」と書いているから第一号か第十号ということになろう。なお、柳田が訪れたという「鉄道院の汐留駅前官舎」は、もし「東大生の時に」訪れたのなら、その時期は遅くとも明治33年であるから、「鉄道局（もしくは鉄道作業局）の新橋駅前官舎」の誤りであるし、「東大出身者として」あくまで「鉄道院の汐留駅前官舎」を訪れたのなら、その時期は明治41年以降（汐留駅の名称からすると大正3年以降か）ということになる。もし後者なら、官舎の位置も二、三、八、二十五、二十六、二十七号のいずれかということになろう。いずれにせよ、柳田の記述には若干の省略もしくは錯誤があるようで

ある。
　　　　　ちなみに、当時汐留の鉄道官舎に松本一家が住んでいた点に関しては、第Ⅲ
　　　　章第2節で紹介した平井喜久松の『思い出すまま』に、当時としては珍しく自
　　　　転車通学する大学生として息子の烝治の名前がでてくるから、確実である。
(15)　　この言葉が文字として表明されたのは昭和10年に出版された『郷土生活の研
　　　究法』（柳田国男『郷土生活の研究』<筑摩叢書79>筑摩書房　1967年　93頁）
　　　においてであるが、その意識は柳田が経世済民の学として農政を志した明治35
　　　年頃にはすでに芽生えていたと考えてよいだろう。
(16)　　前掲『故郷七十年』217頁。
(17)　　前掲『新橋停車場』122-124、126・127頁。この小説は明治35年9月5日に
　　　発表されたものであるが、待合室の呼称が「上・中等待合室」「下等待合室」と
　　　なっている点から、取材は明治30年以前に行われた可能性が高い。旅客施設お
　　　よび制度の呼称は、明治30年の時点で「上・中・下」から「一・二・三等」に
　　　改正されている（前掲「停車場の変遷」〔『建築雑誌』第57輯第697号　315頁〕）
　　　からである。
(18)　　前掲『明治瓦斯燈錦絵づくし』ガス資料館　1995年　13頁。
(19)　　永井荷風『銀座界隈』（『荷風全集』第7巻　岩波書店　375・376頁）。
(20)　　永井荷風『ふらんす物語』（『荷風全集』第5巻　岩波書店）中の「楡の落ち
　　　葉」（同書　231-261頁）など参照。
(21)　　前掲『一国の首都』（岩波文庫　緑12-15）岩波書店　1993年。
(22)　　永井荷風『日和下駄』（『荷風全集』第11巻　岩波書店　110-189頁）中の
　　　「寺」参照のこと。
(23)　　『葛飾土産』（『荷風全集』第19巻　岩波書店　310-323頁）などを読むと、
　　　この郷愁をともなった荷風の東京への思いは、晩年にいたって「懐かしい風景」
　　　ともいうべき抽象的なものへと昇華されていったように思う。もちろん、その
　　　ストレートの思いは『東京風俗ばなし』（『荷風全集』第19巻　岩波書店　324-335
　　　頁）などにあらわれてはいるが。
(24)　　『銀座界隈』が書かれたのは明治44年のことであるが、荷風はこの年最初の
　　　結婚をしており、さらに、前年の明治43年には慶應義塾の教授になっている。
　　　したがって世俗的には、彼にとってこの時期が人生において最も充実し、また
　　　喜びに満ちた時期であったと想像されるが、それにもかかわらず彼の心の中に
　　　は「淋しさ」が漂っている。明治12年生まれの荷風は、この時まだ33歳の若
　　　さである。
(25)　　「孤独」が近代社会を理解するうえで一つの重要な要素であることは間違い
　　　ない。そしてこの孤独感が、高度に分業化した資本主義社会においては、1人
　　　の人間は史上かつてなかったほど他の多くの人々と密接につながっており、他
　　　人の存在なしには生きていけないにもかかわらず、人と人との関係が商品を介
　　　してしか成立しないという近代特有の構造に由来している点もほぼ疑いがない。
　　　　すなわち、近代以前においてはたとえ家事労働であろうと、共同体に育まれ
　　　た世界ではすぐれて社会的な行為であったように、人々の存在は多くの場合直
　　　接的に社会性を帯びており、したがって共同体内部では、労働にしろ商品生産
　　　にしろ、人と人との関係が目に見える形で認知し得たのにくらべ、資本主義社

会においては、圧倒的に多様化した人間の社会的分業行為がほぼ例外なく匿名性を帯びた商品という形をとるため、人と人との関係がいわば物と物との関係として個性を失って抽象化せざるを得ず、その結果、人は他人とのより密接な関係性の成立にもかかわらず、逆にその複雑性ゆえに自己の社会的存在意義や他人との共生性が見えにくくなり、いいようのない個的疎外感に苛まれることになるのである。

近代というきわめて特殊な時代において歴史上はじめて出現したこの「孤独」に関しては、夏目漱石も『こころ』(『漱石全集』第9巻　岩波書店)の先生に次のようにいわせている。「私は今より一層淋しい未来の私を我慢する代りに、淋しい今の私を我慢したいのです。自由と独立と己れとに充ちた現代に生まれた我々は、その犠牲としてみんなこの淋しさを味わわなくてはならないでしょう」(同書 41頁)。また、漱石自身も『私の個人主義』(『漱石全集』第16巻　岩波書店)の中で「(個人主義とは)もっと解り易くいえば、党派心がなくなって理非がある主義なのです。朋党を結び団体を作って、権力や金力のために盲動しないという事なのです。だからその裏面には人に知られない淋しさも潜んでいるのです。既に党派でない以上、我は我の行くべき道を勝手に行くだけで、そうしてこれと同時に、他人の行くべき道を妨げないのだから、ある時ある場合には人間がばらばらにならなければなりません。そこが淋しいのです」(同書 608・609頁)と述べている。

(26)　明治初期の日本人の公共道徳に関しては、チェンバレンが次のように書いているが、これらの未熟なふるまいも次第に是正されていったものと推測される。チェンバレンは日本の鉄道の便利な点をいくつかあげた後、次のように述べている。「このような便宜があるにも拘らず、この国の汽車旅行は決して楽しいものではない。まだ説明していない或る原因によって、日本人は、自国の風習の中に留まっている時には、身だしなみがきちんとしているが、ヨーロッパ風の生活の或る状態に置かれると、汚らしくなるとまでは言わなくても、だらしなくなってしまう。一等車の中でさえも、足を踏み入れると、蜜柑の皮やこぼしたお茶、煙草の吸殻やひっくり返ったビール瓶の間を縫って歩かなければならないことがしばしばである。旅客は、だらしない服装をしていたり、体裁をかまわぬ格好をして、腰掛の上に半ばごろりと横になっている。」(チェンバレン　高梨健吉訳『日本事物誌』2 (東洋文庫147) 平凡社　1969年　183頁)。

公共道徳に欠ける人間は、明治41年に書かれた『三四郎』(『漱石全集』第5巻　岩波書店　271-608頁)にも「発車間際に頓狂な声を出して、駆け込んで来て、いきなり肌を抜いだと思ったら背中に御灸の痕が一杯あったので」とあるように明治時代を通じてみられたことが予想されるが、三四郎はこの老人を「田舎者」と呼んでおり、次第にこのような批判的な眼が育っていたことがわかる。

なお、駅がもつ公共的な性格に関しては、すでに原田勝正による先駆的な指摘があり(原田勝正『駅の社会史－日本の近代化と公共空間－』(中公新書855) 中央公論社　1987年　197-213頁)、さらに、日本の近代化と鉄道の関係に関しても同氏によるきわめてわかりやすい記述がある(同『鉄道と近代化』(歴史文化ライブラリー38) 吉川弘文館　1998年)。

おわりに

　構内から出土した機関車の部品や新橋工場で使われた工具類350点余りの実測図と写真を携えて大井川鉄道を訪れたのは、発掘調査開始5年目にあたる平成8年のことであった。関連施設のある新金谷駅の事務所で、所長の白井昭さんとたたき上げの工場長さんにこれらをみせ、部品名とその用途に関していろいろな御教示を受けた。もちろん機関車庫にも案内され、様々な機械設備や道具類もみせていただいたのだが、そこで修理中の、中に入ってもみたはずの蒸気機関車そのものに関しては、現在まったく記憶がない。たぶん、調査報告書の締め切りが迫るなか、出土品の名称のことばかりが気になって、肝心の機関車本体のことがみえていなかったのだと思う。

　機関車の動輪内約3分の1ほどを占める扇形の鉄板がカウンターウエイトだと知ったのは、大井川鉄道から帰ってまもなくのことである。この部品に関して、昭和のはじめから40年代まで若き機関士や機関助手の良き手引き書であった『略図の機関車』（機関車工学会　1933年）には、「クランクの反対側にはカウンタウエイトと称する扇形あるいは半月形のウエイトがある。これはクランク上の連結棒や主連棒の重量が、車輪の一方のみに加えられると、ピストンやクロスヘッドの往復運動による不均一の動きが高速回転するに従って大きくなって、機関車に不均衡な動揺を与えるからこれを調整して、極めて円滑なる運動をさせるために設けられているものである」（同書　243頁）とある。

　しかし同時にこの重りは、「近似値的に重心の前後運動と上下運動に対してバランスしているが、動輪の回転にともなって、上下に激しく重りを振りまわすことになる。重いものをひもに結んで振りまわしているような状態になっているわけである。これが激しくレールを打つのであった。ハンマーブロウという、蒸気機関車の致命的欠点がこれであった。ハンマーブロウは速度があがれば、いよいよ激しくレールを打つ。遠心力が働き、機関車を上下に揺さぶって走行するのである。（略）ハンマーブロウはレールを破壊する。同じ理由で、橋梁も激しく打って痛めつけた。」（前掲『日本鉄道物語』61・62頁）、という状況をももたらすのであった。

　すなわちこの扇形の鉄板は、基本的に上下方向である蒸気機関の運動を前後

運動に変換する際に生ずる矛盾を軽減するためのものであり、スムースな動輪の回転のために必須なものであるけれども、しかし同時に厄介者でもあったわけで、詳細はいずれの機会に述べたいと思うが、私にとっての近・現代考古学が、一面で日本考古学の矛盾を照らし出すために必要であるにもかかわらず、最終的には近・現代史研究に包摂されてしまうという弁証法的な性格を抱え込んだ存在であることと似ていなくもない。そして、機関車の動輪からカウンターウエイトを取り除くことが不可能なように、もはや日本の考古学から近・現代考古学の存在を除外することはできないのではないか。

それはともかく、それ以来機関車をみるたびに眼が動輪内のカウンターウエイトに行くようになった。すると不思議なことに、今まで漠然としか捉えられなかった機関車の全体（および細部との関係）がよくみえるようになってきたのである。強い郷愁を感じるほど何度も乗ったという記憶はないし、鉄道マニアでもないので機関車については常識以下の知見しか持ち合わせていなかった。しかし、少し調べただけでも機関車という機械が、限られた条件の下でいかに合理的に造られていたかわかったように思う。

本書執筆に関しては、10数年に及ぶ汐留遺跡の発掘・整理をともに行ってきた小島正裕、斉藤進、石崎俊哉、小林博範、西澤明、小林裕、竹花宏之、小薬一夫、西山博章さんら東京都埋蔵文化財センター汐留分室の歴代調査員および現場作業員の方々に大変お世話になっている。本書の記述は、近代という現在の考古学界において必ずしも認知されたとはいえない研究対象にもかかわらず、これらの方々が寒暑の日々意欲的に発掘し、昼夜検討を加えて整序したデータを基礎にしてはじめて可能であった。近代遺跡の調査を縦しとされたセンター本部関係者の方々に対してともども感謝の意をあらわしておきたい。

関連資料の収集・閲覧に関しては、交通博物館の佐藤美智男さん、運輸調査局の土方規義さん、鉄道総合技術研究所の小野田滋さんらのお世話になり、平井喜郎さんからは元鉄道省技師であった御尊父喜久松氏に関する資料をご提供いただいた。さらに、元国鉄品川機関区の大木政良さんからは戦前から戦後にかけての汐留駅の様子に関して、いく度となく貴重なお話を聴かせていただいた。あわせて感謝する次第である。

和光大学の原田勝正さんとの邂逅は、調査開始直後の今から約10年前、ピントはずれのいくつかの質問からなる不躾な手紙にもかかわらず、丁寧な御教示と基本資料のコピーを送っていただいたことがきっかけである。多くの書簡や

会話、御著作を通じての学恩に報いるには道半ばであるが、原田さんには、事実誤認はいうに及ばず、方法論、解釈についても徹底的に御批判いただけることを期待しつつ、心からの御礼と満腔の謝意を表する次第である。

本書出版に際しては、東京都教育委員会の安孫子昭二さん、雄山閣の宮島了誠さんのお世話になった。特に安孫子さんには、駅舎の保存についても言葉をかけていただいており、そのお気遣いに感謝するとともに御礼を申し述べておきたい。なお、本書のうち、第Ⅱ章第2・3・4節、第Ⅲ章第3節、第Ⅳ章第1節については以前その祖形を発表したことがある。既発表論文との齟齬については本書をもって是としたい。

擱筆するにあたり、発見された新橋駅の駅舎基礎とプラットホーム約35m（本来の長さは151.5m）が、国指定の史跡として保存されることとなり、さらに（財）東日本鉄道文化財団によってその基礎の上に、駅舎およびプラットホームが復元されることになった点を付け加えておく。この保存問題に関しては、短文ではあるが、日本考古学協会編『第三次埋蔵文化財白書』（学生社　2004年刊行予定）にその経緯をまとめておいた。

竣工から131年、焼失から80年、旧新橋駅駅舎復元工事の竣工は、秋に2003年4月のことであった。黒田鵬心が貨物駅になる直前の大正3（1914）年、「新橋停車場を鐵道博物館とせよ」（『建築世界』第八巻第九号　1914年　104・105頁）と絶叫してから90年、不十分ながらようやくその主張の一部が実現したといえるかもしれない。

表22　構内施設変遷一覧表（1）

施設番号	施設名	異称・その他	遺構	明5	6	7	8	9	10	11	12	13	14	15	16	17	18	19	20	21	22
1	駅舎（内部施設含む）（開業時）	停車場、停車場本屋、（7年の電信局含む）	有	◎	○	改							○								
2	便所A（開業以前）		有	△																	
3	便所B（開業時）		有	◎		○							○			○			△?		
4	電信支局（24確認）		?																		
5	十六角便所（24確認）		有																		
6	便所C（24建設）	便所、旅客便所	有																		
7	乗車場（開業時）	東海道線乗車場（上家）、プラットホーム	有	◎		○							増			○					
8	機関車用転車台（開業時）	大車台、（1基目の機関車用転車台）	有	◎	○								○								
9	（扇形）機関車庫（開業時）	扇形庫、機関車舎、第一汽罐車庫	有	◎									○						変		
10	製罐工場（18建設）	修罐場	有																		
11	新工場（19建設）、組立工場	西組立工場、新工場組立部?	有													◎			◎		
12	西鍛冶工場（19建設）	西鍛冶、鍛冶工場	有																		
13	貨車用転車台（開業時）	三ツ車台	有	◎									○								
14	炭庫（開業時）	炭蔵、客車修備所、器械方倉庫	有	4◎		改へ							○			○					
15	機関車修復所（開業時）	汽車庫	有	◎		○							○						合		
16	客車製造所（13建設）	15の別名の可能性あり	有							△			増			○			合		
17	器械科（14-1）		有										○			増			○		
18	鍛冶工場（8建設）	東鍛工場、（北）旋盤工場	有					◎					○						○		
19	甲木工場（30図）		有																		
20	挽立工場（30図）	新工場挽立部?	有																		
21	旋盤工場（30図）	南旋盤工場	有																		
22	仕上工場（44図）		有																		
23	荷物庫（開業時）	荷物舎（蔵）	有	◎																	
24	荷物置所（開業時）		有	◎																	
25	石炭庫（開業時）	（1棟目の石炭庫）	有	◎																	
26	客車庫（開業時）	汽車蔵、客車舎、古客車庫	有	◎															△		
27	外国人職工官舎・賃炊所（開業時）	下等外国人住居	有	◎		○															
28	インジニール官舎・厨（開業時）	建築科長外国人官舎	部	4◎		○							新					名			
29	第四外人官舎（18図）		?																		
30	第四号官舎（30図）	30年に257へ移転か?	有																		
31	水溜（開業時）		有	◎		?															
32	駅長官宅（6確認）	駅長官舎	?		△	○															
33	火夫部屋2棟（6確認）		?		△	○1															
34	石炭庫（7図）	（2棟目の石炭庫）	部		△	○							○								
35	第七号官舎（7図南半）		有		△	○															
36	省庫科・建築課（7図）		?		△	○															
37	器械科（7図）		?		△	○															
38	駅夫部屋（7図）		?		△	○															
39	無名2棟（7図海側）		?		△	○									△						
40	無名2棟（7図道路際）		?		△	○															
41	貨車用転車台（7図）		?		△	○															
42	ランプ部屋・湯合所・大焚所（7確認）		?		△								転			○		?	?	名	
43	第壱会食所（20確認）、後に124を合築	物置、駅吏控所、車掌会食所、車長会食所	?		△																
44	大工小屋（7確認）	ポンプ小屋設置（8年）により廃絶	?		△	×															
45	蔵（7建設）	貯蓄料土蔵、第一貨蔵、倉庫料三階土蔵	部			7															
46	器（機）械方内外詰所（7建設）	在来器械方外国人詰所	有			7															
47	炭庫（8建設）	客車修復所	有				○						○			変					
48	塗師場（14-1）	塗師舎	有										○								
49	丙木工場（30図）		有																		
50	器械科長外国人官舎（8建設）	器械方外国人官舎	有				○						○			○					
51	人力車置場（8建設）	人力車置所	?				○						△								
52	人力車置場（24確認）		?																		
53	器（機）械方設置（8建設）	（鉄製丸屋根の施設）	?				○	○													
54	ポンプ置場（8建設）		?				○	○													
55	石炭庫（9建設）		有					◎					○								
56	客車庫（9建設）	客車舎、新客車庫	有					◎					増			○					
57	流出倉庫局物置・物置（11建設）		部							◎											
58	灰落場（11建設）	灰抽場、灰蒿所	有					△		増			○								
59	職工会食所（12建設）	器械科物置及び職工会食所	?								◎		○								
60	荷物庫附属独家物置（12建設）		未								○		○								
61	ランプ部屋（13建設）	ラン燈室	有									◎	○								
62	貸倉（13建設）		??																		
63	石炭積込場（14-1）		有										△								
64	第一号官舎（14-1）	60坪2戸建	有										△								
65	第二号官舎（14-1南半）		未										△								
66	第三号官舎（14-1南半）		未										△								
67	第五号官舎・官舎（14-1）		有										△								
68	第六号官舎（14-1）		有										△								
69	計理部所属倉庫（31建設）	倉庫	有																		
70	第二号鉄材倉庫（45図）		有																		
71	第八号官舎（14-1南半）		未										△								
72	食部屋（14-1）		部										△								
73	器械科木材置場（12確認）	鉄物置	?										△								
74	器械科（14-1）		?										△								
75	物置（14-1）		?										△								
76	物置2棟（14-1）		?										△						名		
77	長崎用木材置場2棟（15〜17図）		?										△								
78	第三倉庫（14-1）	第三倉庫（18図）	?										△								
79	第二倉庫（15〜17図）	第二倉庫（18図）	?													○					
80	木材物置（14-1）		?													○		名			

23	24	25	26	27	28	29	30	31	32	33	34	35	36	37	38	39	40	41	42	43	44	45	大2	3	4	5	6	7	8	9	10	11	12	変化		出典
	改						○		改												○	○		○									○		F	綱目、庁5、32作年
																																			B	雑綱
																																			B	綱目
	○×																																		B	庁3
	○×																																		B	庁3
	○																							合											H	庁3、変遷
○							増			○	○										増	○	○		○								○		F	綱目、通59.68
																					○	○		△											C	綱目
																																			D	綱目
																																			B	18外年
							○			○											○	○		○									△		H	19外年、通66
							増			△											増	○		○									△		H	19外年、通66
																																			B	綱目
																																			C	綱目
																																			E	綱目
																																			F ?	工18-2
																																			G	
							合																												F ?	寮24
							合			○											○	○		○									△		H	通66
							○			○											○	○		○									△		H	通66
							○			○											○	○		○									△		H	通66
										△ ?											○	?		○									△		H	通66
							△																												B	綱目
							△																												B ?	
							△																												C	綱目
							△																												B ?	綱目
							△																												A	綱目
																																			B D	綱目
																																			D	
							変																												B ?	通50
							転																												B ?	綱目
							○														△														B ?	寮14
							△																												B ?	寮14
							△																												B ?	
							△																												B ?	
							△																												B ?	
							△																												B ?	
							△																												?	
																																			?	
																																			B ?	
							△																												E	寮20、通68
○					合		○			○											○	○		合											E G	局2、通40
																																			B ?	寮20
							△																												C ?	寮20
																																			A ?	寮20
																																			D	
																																			D	寮29
							変			○											○	○		○									△		H	通66
							増																												A	寮29
							△																												B	寮29
転																																			B	庁3
○							転																												C ?	寮29
							△																												B ?	寮29
							△																												B ?	寮29
							△																												C ?	工11-2
							△			○											△														B ?	工11-1、通66
							○			○																									B	工15-2
							△																												C ?	工15-2
							△																												B	工18-1
							△																												?	工18-1
																																			B ?	
							△																												B ?	通43
							転																													
							○														○	○		?									?		H ?	
							○														○	○		?									?		H ?	
							○														○	○		△											H ?	
							○	×																											C ?	
								◎													○	変											○		D	通51
																						○													H	
																					○	○		?									?		H ?	
																																			C ?	
																																			B ?	工15-2
							△																												B ?	
							△																												B ?	
																																			H	
																																			A	
							△																												B ?	
							△																												B ?	
																																			H	

表22 構内施設変遷一覧表（2）

施設番号	施設名	異称・その他	遺構	明5	6	7	8	9	10	11	12	13	14	15	16	17	18	19	20	21	22
81	第四木庫 (18図)		?										○			○					
82	木材物置 (14図-1)					△							○			△					
83	無名 (広場際) (14図-1)		未			△							○			△					
84	貨物用転車台 (14図-1)		未	△		○?							○			○					
85	倉庫 (14建設)	鉄物庫、鉄物置	?										◎			○	△				
86	機関車庫 (15～17図)	第二汽鑵車庫	有													○	△				
87	機関車修繕場 (30図)																○				
88	鋳物場 (15～17図)	鋳工場、丙鋳物工場、鋳物工場	有										△			○					
89	三井荷物方 (6建設)		?		○								○			○					
90	第二会食所 (18図)	24年に124へ移転か?	?													○	変				
91	人力車置場 (30図)	78から機能変更															○		○		
92	人力車溜所 (44図)	人力溜所、45図中の位置ずれている	未														○				
93	湯呑所 (15～17図)	職工場呑所														○					
94	踏切番人小屋 (15～17図南端)	踏切番	未										△			○	○				
95	ポンプ2棟 (15～17図)		?										△			○					
96	第九号官舎 (15～17図)		?										△			○					
97	第十号官舎 (15～17図)	28坪と25坪の2戸建	?										△			○					
98	第五倉庫 (15～17図)	第五号倉庫、244へ変更	有										△			○					
99	巡査派出所 (15～17図)	交番所	?										△			○					
100	建築課倉庫 (15～17図)		?										△			○					
101	第四倉庫 (15～17図)		部										△			○					
102	第六倉庫 (15～17図)		?										△			○					
103	建築分課 (15～17図)		?										△			○					
104	門番所 (15～17図)		未										△			○					
105	ポイントメン詰所 (15～17図)	ポイントメン詰所											△			○					
106	建築課 (18図)		?													△	○				
107	汽車課・倉庫課 (18図)	汽車課	?													△	○				
108	第一建築課 (18図)		?													△	○				
109	第一汽車課 (18図)		?													△	○				
110	石炭庫 (18図)	(4棟目の石炭庫)	部													△	○				
111	職工会食所 (18図)		部													△	○				
112	第一木庫 (18図)		?													△	○				
113	第二木庫 (18図)		?													△	○				
114	第三木庫 (18図)		?													△	○				
115	荷物貸庫 (20確認)	荷物貸庫	未													△	○	○			
116	貨物取扱所 (44図)		未													△	○				
117	貨車修繕場 (22建設)																				
118	南製縫 (纜) 工場 (30図)	製縫工場、製縫工場機関車部	有																		○
119	荷物庫・貨物庫 (20確認)	貨物庫、中九番線卸場、32年上家設置														△	○				
120	石炭庫 (25確認)	(5棟目の石炭庫)	部														△	○			
121	北鍛冶庫 (25確認)	北鍛工場、鍛工場、北鍛工場	有														△	○			
122	セメント庫 (25確認)		?														△	○			
123	第二号貨物卸場・上家 (34確認)	第貳貨物積卸場、貨物積卸場上家	?																△		
124	会食所・第二会食所 (25確認)	24年に90から移転か?	?														△	○			
125	駅長室 (24建設)	駅長事務所、駅長詰所、電信室、受付室、他	有													△	○				
126	貨車用転車台 (25建設)		部														△	○			
127	貨車用転車台 (26建設)		有														△	○			
128	切符印刷所 (28建設)	乗車切符印刷所																△	○		
129	青写真入札所 (44図)	青写真とビ入札所																		△	○
130	貨車用転車台 (25建設)		部														△	○			
131	鍛冶工場 (29建設)	新鍛冶場																△	○		
132	計理課物品検査場 (28建設)	60坪、物品検査所	有															△	○		
133	厠面所 (31建設)	諸職工会食所附属手洗所	有															△	○		
134	乗車場 (30図)	山手 (赤羽) 線乗車場 (上家)																△	○		
135	機関車庫 (30図南半)	機関車庫																△	○		
136	貨物貸庫・第二倉庫 (33建設)	貸車、税○○所属倉庫	未															△	○		
137	客車室 (30図北半)		?															△	○		
138	第二塗師工場 (33確認)		?															△	○		
139	客車庫 (30図南半)	第一塗師工場 (34年)	未															△	○		
140	新塗工場 (38確認)	39年に240へ移転																△	○		
141	塗物場 (30図南半)	旧塗工場																△	○		
142	木挽小屋・挽立工場 (39建設)	挽立工場、大井工場派出所																△	○		
143	鋳形乾場 (25確認)	鋳物工場附属	?														△	○			
144	ランプ室 (30図)	ランプ小屋	?														△	○			
145	乙木工場 (30図)	木工場	有														△	○			
146	玉車庫 (30図車端)	側車庫															△	○			
147	第三会食所 (30図)		有														△	○			
148	第二号会食場 (44図)	会食所	有															△	○		
149	第三号職工会食場 (45図)	会食所	有															△	○		
150	第十一号官舎 (30図)	NO.11、入換用機関車車庫	?														△	○			
151	第十二号官舎 (30図)	25坪1戸建	?														△	○			
152	第十三号官舎 (30図南半)	268へ変更	?														△	○			
153	第十四号官舎 (30図)		?														△	○			
154	計理部所属材料倉庫 (44図)	倉庫	有															△	○		
155	第一号鉄材倉庫 (45図)	倉庫	有															△	○		
156	第十五号官舎 (30図南半)	第十八号官舎 (34年) ?	?															△	△		
157	第十六号官舎 (30図)	第十七号官舎 (34年)	?															△	△		
158	第十七号官舎 (30図南半)	第十六号官舎 (34年) ?	?															△	△		
159	第十八号官舎 (30図南半)	31年に261が建設されたため	?															△	△		
160	第十九号官舎 (27建設)	27年に構内から移築	?													△	○				

23	24	25	26	27	28	29	30	31	32	33	34	35	36	37	38	39	40	41	42	43	44	45	大2	3	4	5	6	7	8	9	10	11	12	変化	出典
							△																											B?	
							△																											B?	
																																		?	
							△																											B?	
							△																											B?	工21-2
			○				変																											D	27局年
							○														△												△	B	通66
		増					○			○											△		○	○	○									F	通66
																																		D	
転?							変	転																										B	通51
							○					○			○		○	△																A	
							△														△													B?	
							○																											B?	
							△							転																				B?	
							○																											B?	通43
			○				○		○						変								○	○	○	△								C?	通38.66
							○																											H	
							合																											H	
							増														△													C?	
							○														△													B?	
							○																											B?	
							△														△													B	
							△																											B	
							△																											B?	
							○																											B?	
	△						△																											B?	
							△																											B?	
							○		改											変増												○	F	局2
																				○	○	○	○										H	
							変			改																							△	D	33作年
							○		○														○	○	○								F	通55, 57
							○														△													B?	局2、通55
	○	○					○			○継																								B?	庁6、通66
	○						○			変																								B?	庁6、通66
										○																								D	庁6
						転	○		改	○																								H	通66、34作年
○																							○	○										C?	庁3、通40
○		○	○					△			×														○	合							○	F	庁3、通44.59
							増				×										変													B	庁6
	?						△		○																									D	27局年、31作年、通35
				○				?																									?	H?	庁6
△					○			○													改	○											△	F	29局年、通43、44院年
							?		○												△												?	B?	通38.66.68
							○																○	○									H	通45
△							○		○														○	○								△	H	通59.60.68
							○																○	○									H	通64.68
							○		○														増	○	○									H	通61、33作年
							○																											D	
							○			変											△													B?	通60
									○			○																						D	通64
												○	○ ×																					B	39帝年
							○																											B	39帝年
															○								○	○	○									H	39帝年
		○	転				○					○ ×																						C?	庁6、通66
												増									△													B	通68
							○																○	○									H	通66
									○												増		○	○	○									F	通55、32作年
							○															名											?	H	
									○												名	名												H	
																					○		○	△										H	
							転																											B?	通43
							○																											B?	
							○														変													D	
																					変													D	
																					○	変		○										H?	
									○		○ ?										転													B?	通68
									○												転													B?	通68
											○ ?										転													B?	通68
										転																								B?	通51
							◎														転													B?	27局年、通35

表22 構内施設変遷一覧表（3）

施設番号	施設名	異称・その他	真偽
161	第二十号官舎（27建設）	27年に構外から移築	?
162	第二十一号官舎（28建設）		?
163	第二十二号官舎（28建設）		?
164	貨車用転車台（34確認）		部
165	貨車用転車台（30図第13倉庫北）	278へ移転	有
166	貨車用転車台（30図北東端）		有
167	貨車用転車台（30図北東端）		有
168	貨車用転車台（30図北東端）		?
169	貨車用転車台（30図北東端）		有
170	貨車用転車台（30図北東端）		?
171	貨車用転車台（30図東）		?
172	貨車用転車台（33確認）		?
173	貨車用転車台（44図）		?
174	貨車用転車台（30図東）		?
175	第十二号倉庫（30図）		有
176	第十三号倉庫（28建設）	倉庫、検査手詰所、（60坪）	有
177	第十四号倉庫（28建設）	（48坪）	?
178	（第十五号）倉庫（28建設）	倉庫、（132坪）	有
179	ヤードメン詰所（30図）		?
180	シグナルメン詰所（30図南半）	信号取扱所	未
181	馬繋場（30図）		?
182	留便馬車置場（30図）		未
183	電信電話支局（30図）	電信支局	有
184	荷物貸舎（30図）	貨物取詰所・速達便貨物扱所	部
185	第四合食堂（30図）	第四合職工会食堂、会食所	有
186	石炭積台（30図）	石炭台	有
187	機関車用転車台（30図）	（2基目の機関車用転車台）	有
188	第二倉庫（30図）		部
189	第一倉庫（30図）	倉庫	有
190	ポンプ小屋（30図）		?
191	第十一号倉庫（28建設）	煉瓦造（入り口3カ所）	有
192	工藝課物置（30図）	物置	?
193	倉庫課・汽車課（25確認）		部
194	貨車用転車台（30図乙木工場西）		?
195	貨車用転車台（30図乙木工場西）		部
196	大工小屋（30図）		?
197	第八号倉庫（30図）	293と同一か？	有
198	運輸課・会計課・計理課（28確認）	計理部	有
199	運輸事務所（44図）	新塙運輸事務所、304を合併	未
200	馬小屋（30図）		未
201	計理課事務所（29確認）		?
202	荷物積卸シ場（20確認）	貨物積卸場上家、第一号貨物積卸場上家	?
203	温繰室（30図）		?
204	商人控所（30図）		?
205	工務課工事搬詰所・掃除夫詰所（30図）	31年に建物のみ314へ移築	?
206	門衛所（30図）	工場番所、工場通用門番所、工場取締番詰所	?
207	憲兵詰所（30図）		未
208	人足控所（30図）		?
209	合羽干場（30図）	第一合羽干場	?
210	人足控所（30図）	人足小舎、人足小屋	?
211	工事科（30図）	工場工事搬詰所	?
212	新永間建築事務所（30図南半）	汽車課（30年）、汽車部（34年）	?
213	倉庫（30図南半）		部
214	線路物置（30図南半）	第七号官舎（34年）	?
215	木庫（30図南半）		?
216	木庫（30図南半）	第三木庫	未
217	木庫（30図南半）	第二木庫	未
218	乾木所（30図南半）	第一木庫	未
219	木燥小屋（30図南半）		未
220	貯水所（27建設）	貯材池、貯水池、貯材場池、貯木池	未
221	無名（30図南半）	27年建設の貯木池の可能性大	?
222	職工給料支払所（31建設）		?
223	第一仕上工場（31建設）	仕上工場、木工部仕上工場？	部
224	第二仕上工場（31建設）	木工部仕上工場？	部
225	第一号会食所（32建設）	会食所	有
226	○鋼工及び電気試験室（45図）		有
227	貨車用転車台（33確認）		?
228	甲仕上仮工場（34確認）	甲仕上工場	?
229	乙仕上仮工場（34確認）		未
230	組立工場上家（32建設）	機関車組立場上家、機関車組立工場	?
231	発電所（34建設）		?
232	貨車用転車台（34確認）		部
233	電機工場（36建設）		部
234	電気工場（40建設）		?
235	仕上工場（41建設）		?
236	鍛工場（41建設）		有
237	貨車用転車台（33確認）		?
238	機関車用転車台（44図南半）	（3基目の機関車用転車台）	未
239	石炭置場（44図）		未
240	塗師工場（39建設）	140から移転、塗工場？	未

23	24	25	26	27	28	29	30	31	32	33	34	35	36	37	38	39	40	41	42	43	44	45	大2	3	4	5	6	7	8	9	10	11	12	変化		出典
				◎		○															転														B?	27局年、通35
					◎	○															転														B?	通38
					◎	○															転														B?	通38
							△														○	○		○	△										B?	通66
							○			×											△														B?	通66
							○		○												○	○		○	○									○	H	通61
							○		○												○	○		○	○									○	H	通61
							○		○												○	○		○	○									○	H	通61
		○					○		○												○	○		○	○									○	H	通61
	○	○					○		○												○	○		○	○									○	H	通61
							○			○											○			○	?										B?	通66
							○	△		○											○	○		○	○									○	H	通61
							○	△													○													△	H	
							○			○											△														B	通66
							○														△														C?	通66.68
				◎	○		○			○											○	○		○		変								△	H	通38.66.68
				◎	○		○			○											△														C?	通38.68
				◎	○		○			○											○	○		○											H	通38.68
							○														?														B?	
							○			○											△														B?	通68
							○														○														B?	通61
							○			×																									B?	通61
							○			○	変										○	○		○	○									△	H	通61
							○														△														C?	通61
							○														○	○		○	○									?	H	
							○														△														B	
							○														△														B?	
							○														△														C?	
							○														△														B?	
							○														○	○		○	○									?	H	
					◎		○		○												○	△												?	H	通36.60
							○														○														B?	
	○	○					○			△																									?	序6
							○														○	○		○	○									○	H	
							○														○	○		○	○									△	B?	
							○														○														?	H?
							○														△														?	H
				○			○			○											台														D	通36.60
							○														○	○		○	○									○	H	
						○	○														△														B?	通61
						○	○														△														B?	通41
							○														増	○		○	○									○	H	局2、通61
							○														△														B?	
							○	転																											B?	通50
							○	転																											B?	通50
							○														○	○		○	?										H	通66
							○														△														B?	
							○			○											△														B?	通66
							○														○													?	B?	通68
							○			増											△														B?	通66
							○														△														A	通68
							○			○											△														B?	通68
							○			○											△														B?	通68
							○														△														B?	
							転														△														B?	通43
							転														△														B?	通43
							転														△														B?	通43
				◎		○															○	○		○										○	H	27局年
				◎		○															△														?	通35
								◎													○	○		○	○									?	H	通50
								◎			?										○	○		○	○									△	H	通45.66、30作年
								◎		△											○	○		○	○									?	DH	通45.66、30作年
									◎												○	変	○	○											D	通54、32作年
																						変													D	
								△	○	○											△														H	通61
								△	○												△														B?	通66
								△	○												△														B?	通66
									◎												△														B?	通54.66
										○			増								○	○		○	○									△	F	34作年、41院年
								△		○											○	○		○	△										B?	通66
										○		○									○	○		○	○									△	H	36作年
														◎							○	○		○	○									△	H	40帝年
																◎																			?	41院年
																◎					○	○		○	○									△	H	41院年
								△	△		×										○	○		○	○									△	H	通61.66
																		◎			○	○		○	○									△	H	39帝年

表22 構内施設変遷一覧表（4）

施設番号	施設名	異称・その他	遺構	明5	6	7	8	9	10	11	12	13	14	15	16	17	18	19	20	21	22
241	塗師工場（44図南半）	塗工場？	未																		
242	鍛鉄工場・汽鑵室（32建設）	鉄道水力締鋲工場、水力締鋲工場	有																		
243	水力締（鋲）鈑工場（45図）	締鋲工場	有																		
244	鍛冶工場・倉庫（44確認）	銅工用鍛冶及五号倉庫、銅工場？、98から	部																		
245	甲鋳物工場（41建設）	鋳物工場	有																		
246	鋳物ヤ工場（34建設）		?																		
247	製罐工場（41建設）	機関車修繕工事（？）	?																		
248	第二製罐工場（45図）	製罐工場、製罐工場機関車室？	?																		
249	機関車組立工場（44確認）	南組立工場上家、組立工場	部																		
250	ランプ小屋（44図）	燈室	?																		
251	新工場（43確認）	43年に治療所開設	有																		
252	新工場事務所（一画に治療所）（45図）	大4年に治療所大井工場へ移転	有																		
253	特別車庫（44図南半）	特別列車庫	有																		
254	セメント小屋（44図南半）	倉庫、便所	未																		
255	製罐仮工場（34確認）	仮セイカン工場	?																		
256	切符印刷場（41確認）	切符印刷所、印刷所	有																		
257	第四号官舎（44図南半）	NO.4、30年に30から移転か？	有																		
258	第二十六号官舎（44図南半）		未																		
259	第二十三・二十五・二十七・二十八・三十～五十六号官舎（44図南半）		未																		
260	信号扱所		?																		
261	経理課倉庫（31建設）	経理倉庫、経理部附属倉庫	有																		
262	倉庫事務所（大4図南半）		有																		
263	計理・倉庫課・物品検査場（40建設）	計理部倉庫課物品検査場、物品検査場	有																		
264	第十二号倉庫・物品検査所（44図南半）	十二号倉庫、倉庫	有																		
265	第十三号倉庫（44確認）	十三号倉庫、倉庫	有																		
266	被服検査場（40建設）	一号倉庫・被服検査場（41建設）	部																		
267	倉庫（大4図南半）		部																		
268	鉄道調査所（44図南半）	調査所、152から変更	有																		
269	倉庫事務所（大4図南半）		有																		
270	荷造場（40建設）	荷造場上家	有																		
271	コークス仮置場（44図）	コークス置場、石炭置場	有																		
272	上家（44図南半）		有																		
273	第二十九号官舎（44図南半）	NO.29	部																		
274	計理課・検査物品置場（44図南半）	物置	部																		
275	調査所分室（44図南半）		部																		
276	工夫会食場（45図南半）		部																		
277	大工小屋（44図）	上家	部																		
278	貨車用転車台（44図中央会仙川寄）	165を移転	?																		
279	貨車用転車台（44図東会仙川寄）		有																		
280	貨車用転車台（44図東会仙川寄）		有																		
281	貨車用転車台（44図南半）		有																		
282	貨車用転車台（44図南半）		?																		
283	貨車用転車台（44図南半）		未																		
284	貨車用転車台（44図東端）		部																		
285	貨車用転車台（44図北東端）		有																		
286	貨車用転車台（44図北東端）		?																		
287	貨車用転車台（44図北東端）		?																		
288	貨車用転車台（44図北東端）		部																		
289	貨車用転車台（44図北東端）		?																		
290	貨車用転車台（44図東）		?																		
291	貨車用転車台（44図中央会仙川寄）		?																		
292	貨車用転車台（44図中央会仙川寄）		?																		
293	倉庫（44図西端道際）	197と同一か？	有															△	△	
294	倉庫（31建設）	煉瓦造	有																		
295	石炭置場（40図）		?																		
296	第三号貨物積卸場上家（34確認）	貨物積卸場上家、中八番線卸場	?																		
297	貨物場上家（44図）	川単一番線卸場	?																		
298	貨物積卸場（44図）		?																		
299	貨物積卸場上家（44図）	中七番線卸場	?																		
300	工事科（44確認）	工場工事科	?																		
301	電接場（44図）		未																		
302	新埼郵便脱出所（44図）		?																		
303	守衛詰所（44図）		?																		
304	郵便物積卸場（43建設）	199に合併	?																		
305	東京鉄道郵便局馬車発着所（44確認）		?																		
306	倉庫（44図）		有																		
307	工務部・建設部、経理部（31建設）	中部（東京）鉄道管理局、鉄道作業局事務所	?																		
308	運輸部事務所（33建設）		?																		
309	運輸部（31建設）	建設部、中部鉄道	部																		
310	石炭試験所（44確認）	試験所	?																		
311	検査場上家（44図）	製罐工場上家、製罐工場客車部？	?																		
312	電気工夫詰所（44図）		?																		
313	上家（44図）	倉庫	?																		
314	車輌検査番詰所（31建設）	204、205を移築	?																		
315	列車電灯検査所（44図）	充電所	?																		
316	機関車主任其他詰所（44図南半）	機関事務所	未																		
317	客車掃除夫詰所（31建設）	掃除夫詰所	未																		
318	人夫休憩所（44図南半）	人夫詰所	未																		
319	第一木庫（44図南半）	一号木庫、木庫	未																		
320	第二木庫（44図南半）	二号木庫、木庫	未																		

23	24	25	26	27	28	29	30	31	32	33	34	35	36	37	38	39	40	41	42	43	44	45	大2	3	4	5	6	7	8	9	10	11	12	変化		出典
							△														○	○		○									△	H		
																?					○	変	○											D		通54
										○											変		○										△	H		
												△									改合	○	○	○									△	F		44院年、通66
																		◎			○	○	○										△	H		41院年
										○											改合	○	○	○										D		41院年、44院年
																	◎					変	○	○									△	H ?		
																					改合	○	○	△										B ?		44院年、通66
																					○	○	○										△	H		
											△										○	○	変										△	D		43院年
											△										○	○		○									△	H		大4院年
							△														○	○	○											A		
							△														○	○	変										△	H		
							△			○											○	○	○											B ?		通66
											△							○	○	○	○	○	○										△	H		通68、41,42,43院年他
							◎														○	○	△											C ?		
							△	○													○	○	○										?	H ?		
							△	○													○	○	○										?	H ?		通50
							△														○	○											△	H		
								○													○	○		○										D		通51
																						○											○	H		
																◎					○	改	○											F		40帯年、大2院年
							△														○	○	○											H		
							△														○	○	○											H		
																	◎				○	○	変											D		通68、40帯年
																					○	○											○	H		
							△														○	○												D		
																					○	○	変										?	H		
																	◎				○	○	○										△	H		40帯年
							△														○	○	○											C ?		
							△														○	○	△										?	C ?		
							△														○	○												H		
																					○	変	○											D		
							△														○	○	○										?	H		通68
										△											○	△	○										△	B ?		通66
										◎											○	○	○										△	H		
							△														○	○	○										△	H		
							△														○	○	○										△	H		
							△														○	○	○											H		
							△														○	○	○										○	H		
											△										○	○	○?										○	H		通66
									△												○	○	○										○	H		通61
									△												○	○	○										○	H		通61
									△												○	○	○										○	H		通61
									△												○	○	○										○	H		通61
							△														○	○	△											B ?		
							△														○	○	○										?	H		
							△														○	○	○										?	H		
							○														○	○	△										?	H		通51
								◎													○	○	○										○	H		通60
									△		○										○	○	○										○	H		通66
							△														○	○	○											H		
							△														○	○	○											H		
							△														○	○	○										○	H		
							△														○	○	△											H		44院年
							△														○	△											?	H ?		
							△														○	合												F ?		
							△														○	合												F ?		
																			◎		○	合												F ?		43院年
							△														○	○												H		
							△														○	合		○										?	F		通28.60、31作年、大2院年
								◎	○												○	合	増	○									○	F		通60
								△		○											○	○	○											C		通50.60
									◎												○	合		○											H		44院年
							△														○	○	△											H		
							△														○	○	△										△	H		
							△														○	○											?	H		
							△														○	○	△											H		通50
								○													○	○	△											H		
							△														○	○	△											H		通51
							△	○													○	○	○											H		
							△														○	○	○											H		
							△														○	○	○											H		

表22　構内施設変遷一覧表（5）

施設番号	施設名	異称・その他	遺構	明5	6	7	8	9	10	11	12	13	14	15	16	17	18	19	20	21	22
321	第三木庫（44図南半）	三号木庫、木庫	未																		
322	貯木場（44図南半）	貯材場、221の造り換えか？	未																		
323	材料置場（44図南半）	物置	未																		
324	仮倉庫（44図南半）	倉庫	未																		
325	工務課新橋派出所・保線区（44図南半）	新橋保線事務所	未																		
326	入札所（44図南半）		未																		
327	青写真室（44図南半）		未																		
328	信号扱所（44図南半）		未																		
329	ペイント庫（44図南半）		未																		
330	二号ペイント庫（43建設）	第二ペイント庫	未																		
331	専門番所（44図）		部																		
332	馬車会社（44図）		未																		
333	二鋳物（44図）	鋳物工場																			
334	緩具置場（44図）		?																		
335	車輌○○小屋（44図）		?																		
336	キカン室（44図）		部																		
337	○○試験場（44図南半）	試験場？	有																		
338	計重台（44図）		有																		
339	計重台（44図）		有																		
340	小型貨車用転車台？（44図）		部																		
341	起重機（44図）		未																		
342	小荷物扱所（30建設）	小荷物倉庫、小荷物扱所	?																		
343	倉庫（45図西端道際）		有																		
344	物置（45図中央）		?																		
345	材用置場（45図中央）		?																		
346	貨車用転車台（大4図中央会仙川際）		?																		
347	貨車用転車台（大12図東曜角）	昭和30年まで有り	有																		
348	貨車用転車台（大12図東曜角）	昭和30年まで有り	部																		
349	貨車用転車台（大12図東曜中央）	昭和30年まで有り	有																		
350	貨車用転車台（大12図東曜中央）	昭和30年まで有り	部																		
351	貨車転台（昭9図-1北東曜）		有																		
352	貨車転台（昭9図-1北東曜）		有																		
353	貨車転台（昭9図-1北東曜）		有																		
354	貨車転台（昭9図-1北東曜）		有																		
355	貨車転台（昭9図-1北東曜）		有																		
356	貨車転台（昭9図-1北東曜）		有																		
357	○管及詰替上家（昭9図-1中央）		有																		
358	貨物上家（昭27確認）	地金（昭30確認）	有																		
359	自動車部品（昭30確認）		有																		
360	倉庫（昭27確認）	燃料（昭30確認）	部																		
361	電気試験（昭30確認）		有																		
362	秘書（昭30確認）		部																		
363	電気用品（昭30確認）		有																		
364	倉庫（昭27確認）	自動車ホーム（昭30確認）	有																		
365	無名（昭27確認）	事務所（昭30確認）	有																		
366	無名（昭30確認）		有																		
367	石炭台上家（44図）		有																		
368	貨物上家（昭27確認）	機械（昭30確認）	?																		
369	倉庫（昭27確認）	電機（昭30確認）	有																		
372	職員官舎（明13参考図）		未				○				○		△								
373	職員官舎（明13参考図）		未				○				○		△								
374	職員官舎（明13参考図）		未				○				○		△								
375	小荷物扱所（24年建設）		部																		
376	○○○○（44図）		?																		
377	職人小屋（44図）		?																		
378	職人小屋（45図）		?																		
379	○○○（44図）	物置	?																		
380	物置（45図）		?																		
381	貨物積卸場（大4図）	中十番線卸場	?																		
382	手荷物配達所（34確認）	342に合併	?																		
383	不明施設（明17参考図-1、2）												△			△					

施設番号の覧に関して

1、番号は施設番号をあらわす。この施設変遷一覧表の施設番号は、構内図中および本文中に出てくる施設番号と共通である。
　なお、構内図中に記載した施設番号は、「明44構内図」以前のものまではすべての施設に付したが、それ以後の構内図に関しては、新たに出現した施設のみ付した。
　さらに、「大12構内図」以降の構内図においては、新出の施設といえども、例外を除いて番号の付与は行わなかった。したがって、施設変遷一覧表に載せた施設はおおむね大正4年までのものに限定される。
2、施設には構内図では確認できないものの、「明13参考図」で確認できた施設が若干ある。表末に掲載した。
3、施設番号370および371は欠番。

施設名の覧に関して

1、（30図）は「明30構内図」の意。構内図には他に「明7構内図」「明14構内図」「明15～17構内図」「明18構内図」「明30構内図」「明44構内図」「明45構内図」「大2構内図」「大4構内図」「大12構内図」「昭9構内図-1」などがある。なお、参考図及び構内部分図のデータは特に断らない限り載せていない。年号の覧においては縦の実線で区画して○を付しておいた。さらに、表中横覧において、複数の施設を囲む実線は、その中に含まれる施設が合併などで関連する施設群であることを示している。
2、数字は明治の年号を示す。
3、他の場合は（大4図）（「大4構内図」の意）というように記載。

23	24	25	26	27	28	29	30	31	32	33	34	35	36	37	38	39	40	41	42	43	44	45	大2	3	4	5	6	7	8	9	10	11	12	変化	出典
																					○	○	○	○									△	H	
							△														○	○	○	○									?	H	
							△														○	○	○	○										H	
							△														○	○	○	○										H	
							△														○	○	○	○										H	
							△														○	○	○	○										H	
							△														○	○	○	○									?	H	
																				◎	○	○	○	○									△	H	43改年
																					○	○	○	○										H	
							△														○	○	○	○									△	H	
							△														○	○	○	○									△	H	
							△														○	○	○	○										H	
							△														○	○	○	○										H	
							△														○	○	○	○										H	
							?														○	○	○	?									△	H	
							△														○	○	○	○										H	
							◎			?											増	合	○										?	F?	通43
																					△	○	○	○									△	H	
																					△	○	○	○									△	H	
																						△	○	○										?	
																							△	○											
																								○											
																																	△	発達	
																																	△	辞典	
																																	△	発達	
																																	△	辞典	
																																	△	辞典	
																																	△	発達	
																																	△	辞典	
							△														○	○	○	○									△	H	
																																	△	発達	
																																		発達	
																																	B	寮29	
																																	B	寮29	
																																	B	寮29	
◎	?				○		○移			?											○	○	○	○	?									F?	庁3
																					○	○	○	△									△	H	
																						△	○	○										H	
																					△	○	○	○									△	H	
																						△	○	○										H	
																							△	○											
							△																合											G	
							△																											B?	

4、(44図南半) は「明44構内図」の南半部分を示す。
5、(44図) というように特に方位がない記載の場合は北半部分を示す。
6、(確認) とは構内図以外の文献もしくはそれにともなう付図、構内部分図などによってその施設の存在が確認されたことを示す。
7、(昭27確認) および (昭30確認) の施設はあくまで参考であり、その名称も検出されたものに限定した。
 なお、この構内図 (以後「昭27構内図」および「昭30構内図」と略称) は『鉄道技術発達史』および『鉄道辞典』所取のものによる。
 ちなみに、『鉄道辞典』所取の構内図の内容を昭和30項のものと判断した理由に関しては本文中の註で述べた。
8、施設名欄○は判読不明文字を示す。

異称その他の一覧に関して
 1、(7年) とは明治7年の時点の意。
 2、「244へ変更」などは表に連続して記載できなかった場合の補足。

遺構の一覧に関して
 1、「有」は遺構が比較的良好に検出された施設。
 2、「部」は遺構の一部が検出された施設。
 3、「?」は構内図などで位置が確認できるものの、遺構が検出されなかった施設。

4、「未」は未調査地区に存在する施設で、当然遺構も未検出。
5、「??」は文献記録で確認できるものの、位置がまったくわからない施設。

明治5年から大正2年までの年号の一覧に関して

1、「◎」は建設を示す。ただし「4◎」は、明治4年建設を示す。
2、「○」は構内図、文献などでその年の存在が確認できたことを示す。ただし、「明15〜17構内図」に関しては、17年の項に記した。他の印も同様。
3、「改×」や「○×」は、それぞれその年に改築後破壊もしくは壊されたことでその存在が確認された場合をあらわす。
4、確認以前の「△」は当該施設が将来確認されるべき位置にその施設がない場合の最新の史料に対し付した。
　　一方、確認後の「△」は、その施設が確認されなくなった史料のうち、最古の史料に対して付した。
　　ただし、やや性格に不明の点が残る「明18構内図」に関しては、この資料がデータを提供していても、その前後の資料にも「△」を付した。
5、「×」は壊された年を示す。
6、「?」は不明を示す。
7、「変」は機能の変化を示す。
8、「合」は建物が合体されたことを示す。
9、「転」は建物の移転を示す。
10、「名」はほぼ同一機能と思われる施設で施設名のみの変更を示す。
11、「改」は施設の改築を示す。
12、「増」は建物の増築を示す。
13、「縮」は建物の縮小を示す。
14、「移」は機能がやや移動したことを示す。
15、「新」は施設の新築を示す。
　　また、年報は年度単位で発行されるため、施設の建設年代に関して、他の記録と最大で1年ずれる場合がある。たとえば、明治30年2月建設の施設は、年報においては明治29年度の建設ということになる。
　　なお、施設の変遷についてのデータの作製に関しては、参考図および部分図はその検討対象から除外した。ただし、先にも述べたように「明13参考図」中の3棟の官舎および「明17参考図」中の不明施設に関しては表末に掲載した。

出典の一覧に関して

1、構内図にある場合は省略した。施設名の一覧を参照のこと。
2、「綱目」は大島盈株「従東京新橋至横濱野毛浦鉄道諸建築費用綱目」(『帝国鉄道協会会報』第1巻第4号)の略。
3、「工」は『工部省記録』鉄道之部の略。数字は巻数を示す(以下他の書類も同様)。
4、「寮」は『鉄道寮事務簿』の略。
5、「局」は『鉄道局事務書類』の略。
6、「庁」は『鉄道庁事務書類』の略。
7、「通」は『通信省公文』の略。
8、「外年」は『Imperial Government Railways Japan Annual Reports by Foreign Staff』(いわゆるお雇い外国人年報)の略。数字は発行年を示す。
9、「局年」は『鉄道局年報』の略。数字は年度を示す(他の年報も同様)。
10、「作年」は『鉄道作業局年報』の略。
11、「帝年」は『帝国鉄道庁年報』の略。
12、「院年」は『鉄道院年報』の略。
13、「発掘」は発掘調査による確認を示す。
14、「辞典」は、『鉄道辞典』(日本国有鉄道　1958年)の略。
15、「変遷」は、伊東淞「停車場の変遷」(『建築雑誌』第697号　1943年)の略。
16、「発達」は、『鉄道技術発達史』第二篇(施設)「　(日本国有鉄道　1959年)の略。

変化の一覧に関して

1、「A」は建物・機能ともに廃絶。
2、「B」は建物は廃絶、機能は新築施設に移転。
3、「C」は建物は廃絶、機能は既存の建物に移転。
4、「D」は建物は残存、機能のみの変更。
5、「E」は建物は残存、元の機能に新たに別の機能が加わる。
6、「F」は建物は増改築はあるものの、機能はそのまま。
7、「G」は建物・機能ともに増築・拡大。
8、「H」は当初の建物で機能もそのまま(下限は大正3年)。

著者略歴

福田　敏一（ふくだ　としかず）

1953年	前橋市生まれ。法政大学大学院修士課程修了。
現　在	東京都埋蔵文化財センター勤務。
論　文	「民俗の変容と地域形成の問題」（『研究論集』Ⅲ　東京都埋蔵文化財センター）、「地下から姿を現した新橋駅」（『懐かしの東海道本線』新人物往来社）、「江戸大名屋敷の船入場」（『考古学ジャーナル』471　ニュー・サイエンス社）他。

2004年5月20日　初版発行
2004年5月25日　二刷発行　　　　　　　　　　　　《検印省略》

新橋駅の考古学

著　書	福田　敏一
発行者	宮田哲男
発行所	株式会社　雄山閣
	〒102-0071　東京都千代田区富士見2-6-9
	電話03-3262-3231（代）　　FAX03-3262-6938
	振替：00130-5-1685
	http://www.yuzankaku.co.jp
印　刷	手塚印刷株式会社
製　本	協栄製本株式会社

© T. FUKUDA
Printed in Japan 2004
ISBN 4-639-01840-1 C3021